KB105670

윈스턴 처칠, 운명과 함께 걷다

Winston Churchill, Walking with Destiny
by Jihang Park

대우학술총서

641

윈스턴 처칠, 운명과 함께 걷다

박지향 지음

아카넷

머리말

 평생 역사를, 그것도 영국사를 공부하면서도 윈스턴 처칠에게 크게 관심을 두지 않았다. 너무나 많이 알려진 인물이고 알 만큼 안다고 생각했기 때문이다. 그런데 그게 아니었다. 그동안 모르던 게 무궁무진했다. 이처럼 대단한 인물이 또 있을까 싶은 깨달음이 늦게 찾아왔다. 아마도 현재 진정한 리더라 부를 수 있는 사람을 이 땅에서도, 다른 곳에서도 찾아볼 수 없다는 안타까움도 작용했을 것 같다. 처칠의 반의 반이라도 따라갈 수 있는 인물은 세상에 정말 없는 걸까.

 처칠의 공로는 무엇보다도 히틀러에 굴하지 않고 궁극적으로 전쟁을 승리로 이끌었다는 것이다. 너무도 당연한 이 사실조차 잘못 알고 있는 사람들이 많다. 제2차 세계대전은 결국 미국과 소련이 이긴 것이라고 간단히 결론짓는 사람들이 너무 많다. 그들이 잊고 있는 혹은 깨닫지 못한 사실은, 유럽이 완전히 히틀러에게 굴복하고 점령당한

1940년 6월에 처칠은 영국 혼자서라도 전쟁을 해나갈 것을 결단했다는 것이다. 그리고 1년 동안 풍전등화와 같은 영국의 운명을 홀로 짊어졌다. 그것이 얼마나 대단한 도박이었는지, 얼마나 대단한 용기를 필요로 했는지 후세인들은 모른다. 결국 영국을 이길 수 없었던 히틀러는 눈을 동쪽으로 돌려 소련을 침공하는 실책을 벌이고 그러면서 무너져갔다. 만약 그때 처칠이 버티지 않았더라면 우린 지금 어떤 세상에서 살고 있을지 상상조차 무섭다.

당시 영국 국민들은 전쟁을 하고 싶어 하지 않았다. 대부분의 영국인들은 적당히 히틀러와 타협해서 그럭저럭 생존을 유지하는 데 만족했을 것이다. 체임벌린과 핼리팩스가 그랬고 거리의 장삼이사가 그랬다. 그런 그들을 전쟁으로 내몰고, 그들이 하고 싶어 하지 않던 임무를 떠맡기고, 궁극적으로는 그것을 영광으로 생각하고 자부심을 느끼게 만든 것은 처칠이었다. 국민이 원하지 않는 일을 하도록 만든 것, 강제가 아니라 영감을 주어 기꺼이 하도록 만든 것, 그것이 처칠의 위대한 지도력이다. 그는 위선을 싫어했다. 입에 발린 말만 해서 국민의 환심을 사려 한 정치꾼이 아니었다. 처칠은 정직함과 진지함으로 국민들에게 다가갔고 그들을 설득했다.

전쟁, 특히 제2차 세계대전과 관련된 처칠의 서사는 끝도 없이 길고 대단히 흥미롭다. 그러나 처칠은 전쟁 지도자로서만이 아니라 다른 많은 분야에서 빛을 발한 인물이었다. '요람에서 무덤까지'로 불리는 영국 복지국가의 초석을 닦은 사람도 처칠이었다. 보수정객으로만 알려진 처칠에게 그런 구석이 있다는 걸 사람들은 모른다. 처칠은 1916년에 다르다넬스 전략 실책의 책임을 지고 해군부 장관직에서 물러나 프랑스 전선에서 군인으로 복무했는데, 목숨을 잃을 뻔한 순간을 여러 번 겪는다. 만약 처칠이 그때 전사했다면 역사는 그를 어떻게 기억할까? 비록 나라를 구한 위대한 수상으로 기억되지는 않았겠지만 모든 것을 떠나서도 처칠은 영국 복지국가의 초석을 닦은 '선구적이고 자비로운' 정치인으로 기억되었을 것이다. 이 책의 4장이 설명하듯, 아일랜드 섬의 안정을 모색하고 기반을 닦은 사람도 처칠이었다. 그는 아일랜드 테러리스트들에게 "이제 죽이는 짓은 그만두고 대화를 합시다"며 손을 내밀었다. 정치무대에서 잠시 쉬어가는 동안에는 글을 써서, 그것도 대단히 훌륭한 글을 써서 1953년에는 노벨문학상을 수상하기도 했다. 이처럼 많은 일을 해낼 수 있었던 것은 그의 생이 무척 길었고 그 긴 생애 동안 남들보다 몇 배나 더 열정적으로 살고 활동하며 여기저기에 족적을 남겼기 때문이다. 그 긴 삶을 통해 그는 자신의 운명만이 아니라 영국의 운명을, 그리고 나아가 세상의 운명을 만들어갔다. 이 책의 제목이 '운명'을 담고 있는 이유다.

처칠은 우리와도 연관이 있다. 우리가 교과서에서 배운 얄타 회담과 포츠담 회담의 주역으로서 처칠은 우리 역사에 영향을 끼쳤다. 무엇보다도 한국전쟁이 발발했을 때 처칠은 의회 지도자로서, 그리고 1951년 10월부터는 수상으로서 우리의 운명에 관여했다. 이 책의 10장은 그 사실을 다루고 있다. 비록 처칠에게는 한반도가 유럽보다 훨씬 덜 중요했던 것이 사실이지만 처칠과 대한민국은 그렇게 엮였다.

처칠이 사망한 지도 어언 60년이 되어간다. 그럼에도 처칠에 대한 책이나 논문이 아직도 끊임없이 발표되고 있다. 그만큼 처칠이 거대한 인물이라는 방증이다. 요즘 잘못된 유행 가운데 하나는 처칠의 실수를 과대 해석하고 자극적인 말로 인터넷을 통해 퍼뜨리는 것이다. 모든 인간에게 공과 과가 있듯 그에게도 당연히 잘못이 있었다. 그러나 그의 공은 과를 훨씬 뛰어넘는다. 그의 결점을 아무리 세세히 끄집어내도 그의 장점은 그것을 압도한다. 처칠을 기억하는 사람들은 '그 시대를 살아보지 않고 처칠을 비판하는 사람들'을 비판했다. 오늘날의 잣대를 들이대기 전에 일단 처칠과 그가 산 시대를 이해해보자. 역사를 제대로 이해하려면 그래야 한다. 나중에 살게 되어 조금은 더 많이 알 수 있게 된 후대인의 오만한 자세로 과거를 재단하지 말자는 말이다.

처칠은 역사를 무척 좋아했고 스스로를 역사가라고 생각했다. 그가 쓴 여러 저작이 역사를 주제로 하고 있다. 그는 '더 멀리 과거를 돌아볼수록 더 멀리 미래를 내다볼 수 있다'고 말했다. 이 책은 그런 통찰력을 지녔던 '역사가' 처칠에게 바치는 한 역사학자의 헌정이다. 이 연구를 지원해준 대우학술재단에 깊이 감사드린다. 이 땅의 학문 발전을 꾸준히 뒷받침해주는 대우학술재단과 아카넷 출판사가 영원히 함께하기를 빈다. 마지막으로 투병 중인 나의 언니 박은덕 교수가 반드시 암을 이겨낼 것을 간절히 기도한다.

2023년 2월
박지향

차례

1장
왜 처칠인가

　윈스턴 처칠(Winston Churchill, 1874~1965)은 20세기 영국의 가장 위대한 정치인으로 간주된다. 영국인들만이 아니라 유럽인들도 그렇게 생각한다. 처칠은 단순히 영국만이 아니라 유럽의 영웅이다. 2002년도에 유럽연합의 단일 화폐인 유로가 공식적으로 시작될 즈음, 새로운 천 년의 개시와 더불어 '유럽'의 정체성에 대한 설문조사가 많이 실시되었다. 영국, 독일, 프랑스, 스페인, 이탈리아, 폴란드 등 유럽 6개국을 대상으로 실시한 '19세기 이후의 유럽 위인들에 대한 선호도' 조사(2003)에서 처칠이 1위를 차지하고 퀴리 부인(Marie Curie)과 드골(Charles de Gaulle)이 뒤를 이었다. 그것은 처칠이 제2차 세계대전에서 행한 역할 때문이다. 유럽이 거의 완전히 히틀러(Adolf Hitler)에게 굴복했을 때 결연히 고독한 투쟁을 이끈 처칠의 존재 없이 오늘날 유럽의 번영은 있을 수 없다는 사실을 유럽인들이 인정하기 때문이다. 만약 1940년에 영국마저 항복했더라면 히틀러는 거의 전능이라

할 세력으로 세상을 지배했을 것이고 그가 지배하는 세상은 조지 오웰(George Orwell)이 『1984』에서 너무나도 생생하게 묘사한 노예들의 세상이 되었을 것이다. 그리고 그 세상은 유럽 땅에서 멈추지도 않았을 것이다. 이처럼 처칠은 무엇보다도 영국을 구하고 나아가 서구 문명을 구한 전시 지도자로 기억된다. 그러나 처칠은 전쟁 지도자로서만이 아니라 여러 방면에 족적을 남긴 탁월한 정치인이었다. 특히 그가 젊은 시절 영국 복지국가의 기초를 닦은 사회개혁가였다는 사실, 그리고 오늘날의 에이레 공화국과 북아일랜드의 공존 체제를 만들어 냈다는 사실은 많이 알려져 있지 않다.

긴 생애만큼이나 처칠의 정치 경력은 다양했다. 처칠은 25세 나이로 의회에 입성하여(1900) 1922~1924년을 제외하고는 89세인 1964년에 은퇴할 때까지 줄곧 하원을 지켰으며, 가장 오랫동안 의원직을 보유한 의원에게 돌아가는 명예인 '의회의 아버지(The Father of the House)'라는 칭호를 부여받았다. 1965년 1월, 처칠의 부음이 전해졌을 때 모든 축구 경기가 연기되었고 노동조합들은 계획했던 파업을 취소했으며 《타임스(The Times)》는 수세기 동안 유지해온 전통을 깨고 그의 죽음을 1면에 보도했다. 국왕은 결코 신하의 장례식에 참석하지 않는다는 불문율을 깨고 엘리자베스 2세가 참석하고 국민들이 애도하는 가운데 처칠의 장례식이 치러졌을 때 거의 모든 국가가 조문단을 보냈고 방송 중계를 했다. 유럽에서는 아일랜드만이 TV 생중계를 하지 않았다. 사후에도 처칠의 명성은 지속되었다. 1968년 뉴욕 외신기자 클럽이 3,500명의 기자들에게 설문조사를 했을 때 처칠은 '우리 시대를 더 낫게 만드는 데 가장 위대한 흔적을 남긴 인물'로 선정되었다. 프랭클린 루스벨트(Franklin Roosevelt)가 두 번째였다. 1971년, 갤럽 조사가 70개국 국가 원수들과의 면담 후 발표한 '역사상 가장 위대한 인물'의 명단에서 처칠은 2위였다. 링컨(Abraham Lincoln)이 처칠을 제쳤고 간디(Mohandas Gandhi)가 3위였으며 셰익스피어(William Shakespeare)와 소크라테스(Socrates)가 그 뒤를 이었다.

하지만 이 같은 이미지의 그늘에 가려 있는 대조되는 기억들도 존재한다. 처칠에게는 제국주의자, 인종주의자, 노동운동을 탄압한 정치가, 반공주의자라는 부정적 이미지가 따라다녔다. 말년에는 수상직에서 은퇴하지 않고 너무 오래 질질 끌어 사람들을 지치게 했다. 그는 뿌리 뽑힌, 사회화되지 않은 인간이라는 평을 듣기도 했는데 그러한 평은 특히 보수당과 자유당 지도부에서 나왔다. 그들은 처칠이 끊임없이 스스로를 대중의 시선에 드러내려 했고 비록 재주가 뛰어나지만 철저하게 자기중심적 인간이라고 비판했다. 그런 비판은 어느 정도 근거가 있는 부분도 있지만 대개는 악의에 의한 것이다. 다만 처칠이 공산주의에 대한 매몰찬 비판가였다는 평가는 사실에 부합한다. 장장 62년에 걸친 하원의원직, 30년에 가까운 각료직(상무부·내무부·해군부·식민부·재무부·전쟁부 및 공군부), 그리고 거의 9년 가까이 두 차례 수상직을 역임한 그에게 많은 공과가 있었음은 당연하다. 그런 만큼 그의 공과에 대한 논란은 뜨겁다.

신이 주신 소명

많은 학자들과 평론가들은 1939년 이전의 처칠을 '실패한' 정치인으로 평가했다. 그 핵심에는 제1차 세계대전 당시의 다르다넬스 작전의 실패, 인도 민족주의 운동에 대한 반대, 에드워드 8세의 퇴위 사건 때 왕을 옹호한 것 등이 있다. 그러나 1939년 이전, 특히 20세기 초의 처칠은 데이비드 로이드 조지(David Lloyd George)와 더불어 가장 주목받은 정치인이었고 많은 업적을 이루어냈다. 처칠을 단순히 전시 지도자로만 국한시킬 수 없는 이유다. 그저 그런 평범한 사람들 가운데 처칠은 단연 눈에 띄는 인물이었다. 남들보다 훨씬 빨리 돌아가는 머리와 창의적이고 대범한 성격 등 한마디로 그는 너무나 재주가 많은 사람이었다. 그는 정치인이며 스포츠에 능했고, 예술가이면서 역사가이고, 언론인이며 에세이 작가였고, 군인이며 모험가이기도 했다. 스탠리 볼드윈(Stanley Baldwin) 수상이 1936년에 비서에게 한 말은 처칠의 다재다능함과 동시에 사람들이 그에게 품은 불신을 드러낸다.

윈스턴이 태어났을 때 수많은 요정들이 찾아와 그의 요람에 선물을 놓았네. 상상력, 능변, 근면, 능력 등등 온갖 선물을 다 가져왔지. 그러다 요정 하나가 나타나 "어떤 누구도 한 사람이 이렇게 많은 선물을 받을 권리가 없다"고 선언하면서 윈스턴을 붙잡아 흔들었는데 그 모든 선물들도 마찬가지로 흔들렸네. 그 와중에 판단력과 지혜가 사라져버렸어. 그것이 우리가 그의 연설을 듣고 즐거워하지만 그의 권유를 받아들이지 않는 이유지.[1]

물론 이 말을 했을 때 볼드윈은 처칠과 완전히 대척관계에 있었고 처칠은 아무런 공직도 없이 광야를 헤매고 있었다. 따라서 볼드윈의

---

1 Martin Gilbert, *Churchill, A Life*(New York: Henry Holt and Co. 1991), 400.

비판을 너무 강조할 필요는 없다. 클레멘트 애틀리(Clement Attlee)는 처칠의 독창성에 대해 "그는 항상 아이디어를 던졌다. 어떤 것들은 별로 훌륭하지 않고 어떤 것들은 매우 위험했다. 그러나 계속 아이디어가 솟아났고 많은 아이디어들은 매우 훌륭했다"고 평가했다.[2] 분명 처칠에게는 사람들로 하여금 그를 불신하고 싫어하게 만드는 무언가가 있었다. '처칠의 마술'이라 부를 수 있는 것에는 끌어당기는 힘만큼이나 밀치는 힘도 있었다. 경력상의 단계마다 끌어당기는 힘이 지배적이기도 하고 밀치는 힘이 지배적이기도 했다. 처칠이 1936년에 신설된 통합국방부 장관직에서 탈락했을 때 각료들은 "하나님 감사합니다. 우리를 윈스턴으로부터 구해주셔서"라며 고마워했다고 한다. 그러나 그는 궁극적으로 그 누구도 해낼 수 없었던 구국의 영웅이 된다. 결점으로 간주되던 것은 전쟁이 터지자 누구도 감히 따를 수 없는 장점이 되었다. 그의 고집스러움은 불굴의 의지가 되어 나락에 빠진 국가와 국민과 서구 문명을 지키는 횃불이 되었다.

젊은 시절부터 처칠은 종종 신이 주신 소명을 느꼈다. 그는 어린 시절에 이미 몇 차례 죽음을 피했는데 절벽에서 떨어져 죽을 뻔한 적도 있었고 호수에 빠져 익사할 뻔한 적도 있었다. 군인으로 여러 차례 전투에 투입되었을 때 옆의 동료들이 총탄에 쓰러지는 가운데 혼자만 죽음을 피할 수 있었던 것도 운명을 의식하게 만들었다. 기병 장교였지만 인도 북서부 파슈튼 족과의 전투에서는 보병 연대로 편입되기도 했는데 백인 장교가 3명밖에 살아남지 못했기 때문이었다.

---

2   Leo McKinstry, *Attlee and Churchill: Allies in War, Adversaries in Peace*(Atlantic Books, 2019), 210.

옴두르만 전투에서 그의 부대의 사상자는 25퍼센트가 넘었고, 보어 전쟁에서는 더욱 높았다.[3] 샌드허스트 육군사관학교 동급생 가운데 상당수가 보어전쟁과 제1차 세계대전 때 사라졌다. 그럴 정도로 치열한 전쟁터에서 여러 차례 살아남는 경험을 한 후에 처칠은 "신께서 나처럼 강력한 존재에게 그처럼 평범한 결말을 준비하시지는 않을 것"이라고 믿게 되었다.

처칠의 가장 큰 업적은 무엇보다도 제2차 세계대전을 승리로 이끌었다는 것이다. 처칠이 수상직을 넘겨받은 1940년 5월의 시점에 영국은 마치 파도치는 대양 한가운데 홀로 떠 있는 돛단배와 같은 상황에 처해 있었다. 유럽 대륙은 거의 전부 히틀러의 손에 넘어가 버렸고, 스탈린(Joseph Stalin)은 히틀러와 조약을 맺고 영토 늘리기에 몰입하고 있었으며, 미국은 멀리 떨어진 채 고립주의를 고집하고 있었다. 영국만이 홀로 남아 히틀러에 대항했다. 프랑스가 항복한 1940년 6월부터 1941년 6월에 독소조약을 깨고 나치가 소련을 침공할 때까지 처칠은 혼자서 자유를 위한 인류의 투쟁을 이끌었다. 물론 처칠 혼자서는 히틀러를 이길 수 없었다. 그러나 처칠이 영국을 통치하는 한 히틀러는 전쟁에서 승리할 수 없었다. 처칠의 공은 소련과 미국이 참전할 때까지 혼자서 버틴 것이다. 매일 밤 독일 폭격기의 공습으로 수십, 수백 명의 민간인들이 죽어가고 거의 매일 영국해군 함정과 병사들이 독일 전투기와 잠수함 공격으로 사라져가는 절망의 순간에 처칠의 지도력이 없었다면 영국인들은 견디지 못했을 것이다. 중요한

---

3 윈스턴 처칠, 임종원 옮김, 『윈스턴 처칠, 나의 청춘(My Early Life)』(행;북, 2020), 184쪽. 그 외 여러 곳.

것은 영국 국민들이 그 시련을 견디어냈을 뿐만 아니라 그것을 영예로운 의무로 받아들였다는 사실이다. 처칠의 영감에 의해 영국 국민, 나아가 세계인들은 사악한 나치 세력에 맞서겠다는 결심을 '감히' 했고 그것을 실천에 옮겼다. 좌파 지식인 해럴드 라스키(Harold Laski)도 인정했듯, 패배가 어쩔 수 없어 보이는 그 순간에 국민들에게는 승리에 대한 믿음이 생겨났는데 그것은 "처칠의 승리이고 어떤 누구의 것도 아니었다." 물론 영국 국민들이 해낸 것이었지만 그들이 그것을 해낼 수 있었던 것은 "처칠의 완벽한 리더십" 덕분이었다.[4]

이처럼 처칠은 우선적으로 전쟁 지도자로서 연구되고 기억된다. 그러나 그는 제2차 세계대전 전에 이미 많은 업적을 이룬 정치인이었다. 우선 처칠에게는 20세기 초라는 이른 시기에 사회개혁의 필요성을 알아보고 그를 위한 사회입법을 추진한 젊은 급진적 정치인의 모습이 있다. 영국은 1945년 이후 모든 국민에게 '요람에서 무덤까지'를 보장하는 세계 최초의 현대적 복지국가를 수립했는데, 처칠은 실상 그러한 복지국가의 기초를 닦은 정치인이었다. 기존 연구들은 정치인, 전쟁 지휘관으로서의 처칠의 면모에 강조점을 두면서 사회개혁가로서의 그의 위상은 상대적으로 무시해왔다. 처칠은 아버지 랜돌프 처칠 경(Lord Randolph Churchill)이 속했던 보수당 의원으로 정치 경력을 시작했지만 1904년에 자유당으로 당적을 옮겼고 1908년에 애스퀴스(Herbert Asquith) 정부에서 상무부 장관에 임명되었다. 그는 자유당 내 가장 급진적 정치인인 로이드 조지와 함께 사회개혁을 앞장

---

4 Harold J. Laski, "Winston Churchill in War and Peace"(1942), 1. https://www.thenation. com/article/archive/winston-churchill-war-and-peace/

서 추진했는데, 특히 실업과 불완전 고용을 해소할 수 있는 노동 교환소(Labour Exchanges) 설치와 실업보험, 그리고 노령연금의 도입은 거의 전적으로 처칠의 공적이었다.

그러나 제2차 세계대전 중에 「베버리지 보고서」가 발표되고 복지국가가 국민적 여망이 되었을 때 처칠은 오히려 신중한 태도를 보인다. 이제 국가의 최고 책임자로서 처칠은 총체적 관점에서 국가가 필요로 하는 우선 과제가 무엇인지를 결정해야 했다. 복지국가 건설에 대한 처칠의 우려는 막대한 비용과 재정 부담 때문이었다. 궁극적으로 처칠의 우려가 상당 부분 사실이라는 점을 국민들이 깨닫게 된 것은 1970년대에 이르러서였다. 물론 정치인 처칠은 시대정신을 읽을 수 있었고 1951년에 다시 정권을 잡았을 때 전임 노동당 정부가 도입한 복지제도를 대부분 그대로 유지했지만 비판적 시각을 거두지는 않았다. 특히 복지정책을 운영하기 위한 과다한 세금을 비판했는데, 그는 '국가가 세금을 부과해 번영으로 나아간다는 생각은 인간의 정신을 혼미하게 만든 가장 잔인한 환상 가운데 하나'라는 통찰력을 남겼다.

1930년대에 히틀러의 사악함을 그 누구보다 먼저 정확히 인식한 처칠의 명철함은 너무나 잘 알려져 있다. 더욱 놀라운 사실은, 나치당이 독일 총선에서 압도적 존재로 부상하고 히틀러의 야욕이 감지되기 전인 1920년대부터 이미 처칠은 독일 민족주의의 위험을 인식하고 장차 닥쳐올 혼란을 경고했다는 사실이다. 당시 영국사회의 분위기는 로카르노 조약(1925) 이후 평화에 대한 기대감이 커지고 있었으며 '어떤 대가를 치르고라도 평화'라는 식의 평화 지상주의가 압도적이었다. 1933년 2월에 있었던 옥스퍼드 유니언(Oxford Union

Society)의 '국왕과 조국' 논의가 대표적이다. 그 논의는 '어떤 상황에서도 결코 왕과 조국을 위해 싸우지 않을 것'이라는 발의문을 272 대 154로 통과시켰다.

이러한 분위기에 맞서 처칠은 영국의 군비 확충을 촉구했지만 단순히 그것만을 주장한 것이 아니었다. 처칠의 구상에는 국제연맹(League of Nations)을 중심으로 영국과 프랑스, 그리고 동유럽과 북유럽의 작은 나라들을 아우르는 대동맹을 결성하여 어떻게든 전쟁을 막아보려는 생각이 있었다. 물론 무력에는 무력으로 대처해야 하므로 독일의 빠른 재무장에 대비한 군비 확충이 필요하지만 동시에 국제기구와 집단 방위를 통한 평화의 길도 모색하려 했던 것이다. 1930년대에 그가 행한 많은 연설과 저술이 이 주제에 관한 것이다. 그러나 이 사실 역시 이제껏 제대로 조명받지 못했다. 당시 일반적 인식은 국제연맹을 힘 빠진 명목상의 국제기구로 보는 것이었다. 그러나 처칠은 세계 평화를 위해 국제연맹을 적극적으로 이용할 것을 주장했다. 처칠의 생각을 정리하면, 정부가 주도하는 '재무장에 국제연맹을 통한 집단 안보'를 결합한다는 것이었다. 1931년에 일본이 만주사변을 일으키고 1935~1936년에는 이탈리아가 에티오피아를 무력으로 침공, 합병함으로써 국제연맹의 한계가 여실히 드러난 시점에도 처칠은 이 무력해 보이는 국제기구를 집단안보체제의 구심점으로 삼으려는 노력을 시도했던 것이다.

처칠은 또한 아일랜드 섬에 '에이레 공화국과 북아일랜드가 공존'하는 오늘날의 체제를 탄생시킨 장본인이다. 1921년 2월부터 20개월 동안 처칠은 식민부 장관으로 봉직했는데 그때 20세기 아일랜드 역사에서 가장 중요한 사건들이 연속적으로 일어났다. 영국과 아일랜드 사이의 전쟁, 영국 – 아일랜드 조약(Anglo-Irish Treaty) 체결과 아일랜드 자유국(Irish Free State)의 탄생 등이 그것이다. 그 모든 과정의 한 가운데 처칠이 있었다. 그는 매우 단호한 정치인으로 알려져 있지만 유연한 리더십을 보이기도 했다. 그에게 영제국(the British Empire)의 수호는 일생의 가장 큰 과업이었지만 그가 식민부 장관으로 진행했던 아일랜드 민족주의자들과의 협상과 자유국의 성립은 그의 유연함을 잘 보여준다. 아버지 랜돌프 처칠 경은 글래드스턴(William Gladstone)의 아일랜드 자치법안을 완강히 반대한 대표적 보수주의 정치가였고 아들도 처음에는 아버지의 신념을 이어받았다. 그러나 1908년쯤 되면 아들은 아버지를 극복하게 된다. 즉 19세기 말에 아일랜드 자치법안이 통과되었더라면 사태가 훨씬 나았을 것이라는 결론에 도달한 처칠은 영국에 대항해 게릴라전을 펼치던 아일랜드 공화국군(Irish Republican Army) 수장 마이클 콜린스(Michael Collins)와 개인적 친분을 쌓는 등 파격적 행동을 하면서 아일랜드 자유국의 성립을 도왔다. 그가 테러리스트들에게 한 충고는 시대와 공간을 넘어 아직도 유효하다. "이제 죽이는 짓은 그만두고 대화를 합시다."

처칠에 대한 비판 가운데 가장 흔한 것은 그가 노동운동을 탄압했다는 주장이다. 이것은 그가 내무부 장관 시절인 1910년에 1년 가까이 지속되던 웨일스 광부들의 파업에 군대를 동원했다는 소문과 재무부 장관 시절에 발발한 총파업에 대해 취한 강경한 입장 때문이다. 두 사건 모두 노동자들의 과격한 파업을 저지해야 할 당위성은 당대인들에게도 명백했다. 처칠이 파업에 엄하게 대응한 것은 그가 반(反)노동계급이기 때문이 아니라 국가의 권위에 도전하는 그 어떤 세력에도 엄했기 때문이다. 처칠이 노동계급에 적대적이었다는 주장이야말로 사실과 다르다. 그는 20세기 초에 어느 누구도 '복지국가'라는 개념을 모르고 있을 때 노동 대중을 위해 그 기초를 닦았으며, 1920년대에 재무부 장관 시절에는 연금제도를 개선하는 등 대중의 삶을 개선하고자 노력했다. 게다가 1940년에 처칠이 수상이 된 것은 거의 전적으로 노동당이 네블 체임벌린(Neville Chamberlain)을 불신임하고 그를 지지한 덕분이라는 사실, 그리고 그가 구성한 전시 내각에 노동당의 애틀리와 그린우드 등이 참여했으며 1945~1951년간의 노동당 정부와도 원만한 관계를 유지했다는 사실에서도 노동계급과 처칠의 관계를 유추해볼 수 있다.

제국과 자유

한편 영제국의 위대함을 유지하려는 처칠의 집념은 그의 급진주의를 종종 가렸는데 인도의 자치를 반대한 그의 고집은 아마도 가장 큰 실수로 남을 것이다. 영제국은 처칠에게 거의 모든 것이었고 인도는 영제국의 상징이었다. 그런 그이기에 영제국의 해체는 상상도 할 수 없는 일이었다. 따라서 제1차 세계대전이 종결된 후 강성해진 인도 민족주의 운동에 대해 처칠은 완강히 반대했는데 이는 인도에 점차적으로 자치를 허용하려는 영국 정부의 의도에 상반되는 것이었다. 처칠은 인도 문제로 보수당 지도부와 척을 지고 1929년 이후 10년 동안 아무런 공직도 없이 광야를 헤매게 되는데, 그에게는 인도의 자치 문제가 당시 세상을 흔들던 대공황과 경제 위기보다 더욱 중요해 보였다. 그는 간디를 '허풍쟁이, 사기꾼, 위선자'로 인식했고, 만약 영국이 떠나면 인도는 즉시 힌두교도와 무슬림들 사이의 무정부 상태로 전락할 것이며 그것은 영국의 사명을 저버리는 짓이라고 경고했다. 처칠은 인도 대중이 자국 정부를 원하는지조차 확신할 수 없었다. 그는 '무능하고 부패한 자국민의 정부'보다 '유능하고 선한 이민족의 정부'가 더 낫다고 판단했으며 영국이 인도에서 행하고 있던 '문명화 사명'을 굳건히 믿었다. 여기서 그는 민족주의의 거대한 힘을 간과한 것처럼 보이는데 그가 1920년대에 독일 민족주의를 우려하고 히틀러와 같은 인물의 등장을 경고했다는 사실을 기억할 때 그가 인도 민족주의를 과소평가했음을 알 수 있다. 아마도 인도가 아직 민족이 아니라 단지 지리적 표현에 불과하다는 인식 때문이었을 것이다.

처칠은 아일랜드에 대해서는 자치를 적극 추진하면서 인도에 대해서는 자치를 극력 반대했다. 이 때문에 처칠은 인종주의자라는 비난을 받기도 하는데, 비록 인종주의자는 아니지만 그가 인종의 사다리를 믿은 것은 확실하다. 영제국에 대한 처칠의 인식에는 분명 백인 중심의 문명관이 작용했다. 19세기에 태어나 성장한 처칠은 그 세기가 낳은 문명 개념을 받아들였고 그에 기반을 두고 유럽과 비유럽 세계를 바라보았다는 한계를 보였다. 19세기 영국인으로서 그는 사회적 다윈주의를 받아들였다. 1920년대에 쓴 에세이에서 처칠은 인류사회가 "치열한 진화과정"을 통해 "가장 우수하고 적응력이 뛰어난 종족들"이 지도적인 지위에 서게 되었다고 말한다.[5] 그러나 기억할 점은 그런 믿음은 단지 처칠만의 믿음이 아니었다는 사실이다. 사

---

5 윈스턴 처칠, 조원영 옮김, 『폭풍의 한가운데(*Thoughts and adventures*)』(아침이슬, 2003), 362쪽.

회주의자로 자처한 베아트리스 웹(Beatrice Webb)도, 허버트 조지 웰스(H. G. Wells)도, 심지어 카를 마르크스(Karl Marx)조차 그렇게 믿었다. 처칠의 시각에서 볼 때 아일랜드는 비록 뒤처지기는 했지만 영국과 동일한 기독교 문명권에 속한 데 반해 인도 문명은 전혀 다른, 수용하기 어려운 문명이었다. 처칠이 육군사관학교를 졸업한 후 기병 장교로 첫 주둔한 곳이 인도였고 그 기억은 평생 그를 사로잡았다. 처칠은 힌두 전통, 특히 여성과 불가촉천민에 대한 학대를 혐오했다. 그는 만일 예수가 다시 이 세상에 돌아온다면 "제일 먼저 불가촉천민을 찾아갈 것"이라고 말할 정도로 그들이 겪는 천대에 분노했다. 처칠은 영국이 떠나는 순간 인도는 브라만 계급의 독재로 전락할 것이며 인종적, 종교적 분쟁과 폭력의 나락으로 떨어질 것이라고 예견했다.

　아일랜드와 인도에 대한 처칠의 상반된 태도는 그가 상정한 문명 개념에 기반을 두고 있었다. 처칠은 '문명'이라는 개념의 핵심으로 "시민들의 의견에 기반을 둔 사회"를 제시했다. 문명의 핵심적 원칙은 "통치자의 권위가 헌법을 통해 표현되는 국민의 관행과 의지에 복종"하는 것이다.[6] 그런 기준으로 볼 때 영국의 의회 민주주의는 인류 역사상 가장 위대한 성과물이고, 그는 그것을 인정하고 자랑하는 데 불편함을 느끼지 않았다. 그는 독일이 그 기준으로 볼 때 한참 뒤떨어진 나라이며 그러한 부족함이 나치와 히틀러라는 현상으로 나타났다고 믿었다. 여기서 드러나듯 그는 여전히 19세기 식의 '문명화 사명'을 믿고 있었다. 처칠에게 제국은 백인의 짐, 양심에 의해 강대국에 부과된 책임이었다. 영국인들만이 '제국과 자유'를 결합할 수 있

6　Winston Churchill, *Blood, Sweat, and Tears*(New York: G. P. Putnam's Sons, 1941), 46.

다는 것이 그의 확신이었다. 헌데 "일단 우리가 동양에서 우리의 사명에 대한 신뢰를 잃는다면, 일단 우리가 그 거대한 무력한 인구들에 대한 우리의 의무를 조용히 그리고 겁 없이 행할 수 없다고 느낀다면, 그곳에서 우리의 존재는 모든 도덕적 인가를 빼앗길 것"이라고 처칠은 믿었다.[7] 제1차 세계대전 이후가 되면 인도에 자치령을 허용하는 데 반대한 사람은 없었다. 문제는 속도였다. 인도도 언젠가 자치에 도달하겠지만 아직은 아니라는 것이 처칠의 평결이었다.

그러나 제국은 이미 시대착오적인 것이 되어 있었다. 제2차 세계대전 당시 누구보다도 이를 명료하게 지적한 사람은 루스벨트였다. 그는 처칠이 여전히 영제국을 옹호하는 것에 강하게 도전했다. 특히 처칠이 스탈린과 맺은 영향권의 분할이 문제가 되는데, 루스벨트는 처칠이 낡고 위험한 세계관을 가지고 있으며 계급사회와 구태의연한 권력 정치를 옹호하고 개혁과 정의를 거부한다고 불만을 토로했다. 물론 루스벨트도 탈식민이 즉각적으로 가능한 게 아니라 긴 기간 동안의 지도가 있은 후 실현할 수 있는 과정이라는 사실을 인정했다. 그러나 처칠은 "나는 제국의 파산을 관장하기 위해 국왕 폐하의 재상이 된 것은 아니다"라며 반발했다.

처칠이 제2차 세계대전 수행 중에 범한 실책 가운데 하나는 일본 세력을 과소평가한 사실이다. 싱가포르와 말라야 등 아시아에 있는 영제국이 일본의 공격 위협에 직면했던 1941년 말에 처칠은 상징적으로 두 척의 군함을 보내면 그들을 제어할 수 있을 것이라고 생각했

---

7 John Lukacs, *Churchill: Visionary. Statesman. Historian*(New Haven: Yale University Press, 2002), 15.

다. 처칠이 단지 모호한 위협과 영제국이란 이름만으로도 일본인들을 견제할 수 있으리라 믿었다는 사실은 이상할 정도인데 그에게 내재해 있던 비백인에 대한 차별적 시각이 일본의 실체를 보지 못하게 만들었을지 모른다. 그의 주치의 모랜 경(Lord Moran, Charles Wilson)은 처칠이 인도나 중국을 말할 때면 그가 "빅토리아 시대 사람임을 기억하게 된다"고 솔직하게 쓰고 있다.[8] 처칠은 일본이 전쟁을 시작한다 해도 그 여파가 크지는 않을 것이라고 나름 판단했다. 여기서 그의 전적인 판단 착오가 드러났다. 1941년 말~1942년 초에 영국, 네덜란드, 미국 식민지에 대한 일본군 공격이 성공함으로써 최악의 결과가 빚어졌다. 말라야 전투에서 일본 측 전사자는 1만 명 미만인데 반해 13만 8,700명의 영국 병사들 가운데 13만 명이 항복하고 포로가 되는 대참사가 벌어졌다. 공포에 질린 오스트레일리아 수상은 "이제부터 영국을 대신해 미국을 맹방으로 바라보겠다"고 선언했고 오스트레일리아는 태평양전쟁을 수행하기 위한 미군 기지가 되었으며 종국에는 미국의 영향권에 들어가게 되었다.[9] 일본군이 아시아의 유럽 제국을 점령한 상황은 궁극적으로 그 지역에서 반제국주의 운동을 부추김으로써 전후 유럽 제국들이 해체되는 계기가 되었고 인도도 그러한 과정에서 독립하게 되는 것이다. 이처럼 식민지 및 유럽과의 관계라는 맥락에서 처칠에 대한 기억은 미묘한 문제들을 안고 있다. 하지만 19세기 말 이래, 그리고 특히 제1차 세계대전 후 영제국의 위상이 날로 기울어가던 상황에서 하루아침에 제국에 대한 기

8 Lord Moran, *Churchill, the Struggle for Survival* taken from the Diaries of Lord Moran(Boston: Houghton Mifflin, 1966), 140.
9 David Reynolds, *Britannia Overruled*(Longman, 2000), 149.

대와 미련을 떨쳐버린다는 것은 누구에게든 그리 쉬운 선택이 아니었다.

1945년 이후에 영국이 유럽과 거리를 둔 것도 일정 부분 처칠에게 책임이 돌아간다. 전쟁을 수행하면서 영국은 미국의 부와 러시아의 인력에 크게 의존했고, 1943년 테헤란 회담에서 처칠은 영국의 위상을 "커다란 발톱을 길게 뻗은 러시아 곰과 거대한 미국 물소 사이에 있는 작고 보잘것없는 당나귀"로 표현했다. 그럼에도 전후 유럽 내에서 영국의 지배력은 괜찮았다. 전쟁 동안의 처칠의 지도력과 서유럽과 스칸디나비아 나라들이 영국과 영 연방군에 의해 해방되었다는 사실 때문에 영국은 굳건한 위상을 차지할 수 있었던 것이다. 그러나 전쟁에 지친 영국은 유럽적 프로젝트에 관심이 없었고 처칠도 마찬가지였다. 그럼으로써 영국은 유럽에서 조금 더 영향력을 행사할 수 있는 기회를 놓치고 말았다. 처칠은 사실 유럽 합중국이라는 아이디어를 지지했지만 그 안에 영국을 포함시켜 생각하지는 않았다. 처칠의 생각은 '우리는 유럽에 있지만 그것에 속하지는 않는다'는 것이었다. 처칠은 1950년대 초에 '자유로운 민주주의 국가들로 구성된 세 개의 거대한 원'이라는 개념을 제시했다. 즉 영연방, 영어 사용권 나라들, 그리고 유럽이 그것인데 '이 세 개의 원에 모두 포함되는 나라는 우리밖에 없다'는 인식이 그로 하여금 독자 노선을 걷게 했다. 특히 미국에 대한 처칠의 애착은 영제국에 대한 헌신만큼 굳건했고, 그는 미래를 '영어 사용권'이라고 부른 영역의 통합에 두었다. 그럼으로써 영국이 유럽 통합으로의 진전에 한걸음 늦게 동참하는 결과를 낳은 데 일정 부분 책임이 있었던 것이다. 그러나 최근의 브렉시트가 보여주듯 처칠은 아마 유럽 대륙으로부터 거리를 두고자 하는 영국

〈포효하는 사자〉, 유서프 카쉬, 1941년.
사진가 유서프 카쉬가 캐나다 의회에서 찍은 처칠.

국회의원에 처음 출마했을 때의 처칠,
1900년.

얄타 회담에서의 처칠, 루스벨트, 스탈린(좌측부터), 1945년.

인들의 본성을 대변한 것인지 모른다.

자유 vs 전체주의

처칠은 스스로를 역사가라고 부를 만큼 역사에 대한 지식이 풍부하고 모든 사건을 역사적 전망에서 파악했다. 처칠의 역사적 통찰력은 러시아혁명 후의 공산주의 체제의 전망에 대해 부정적 평가를 내리게 했고, 나치즘의 확장에 두려움을 느꼈듯 공산주의의 팽창에 두려움을 느끼게 했다. 젊은 시절 처칠이 견지했던 원칙은 자유무역이었고 그 때문에 그는 보수당에서 자유당으로 당적을 옮겼다. 1924년에 그가 다시 보수당으로 돌아왔을 때 그것은 공산주의에 대한 반감때문이었다. 그는 사회주의/공산주의는 인간의 본성에 맞지 않으며인간의 창의력과 동기를 빨아먹는다고 비판했다. 처칠은 러시아혁명이 발발했을 때 백군을 지원할 것을 주장하여 신뢰를 잃었지만 반 공산주의는 그의 신념이었고 그는 평생 그 신념을 버리지 않았다. 단한 번 그가 공산주의에 대한 적대감을 숨긴 것은 제2차 세계대전 당시 히틀러에 대항하여 스탈린을 동지로 받아들였을 때였다. 20세기초에 급진적 자유주의자로 사회개혁을 추진하던 시기에도 처칠은 자신이 사회주의자가 아님을 확실히 했다. 그는 사회주의와 자유주의원칙의 분명한 차이를 지적했는데, 사회주의가 '부를 끌어내리려' 한다면 자유주의는 '빈곤을 끌어올리려' 하며, 사회주의가 '개인의 이익을 파괴'하려 한다면 자유주의는 '개인의 이익을 공공의 권리와 화해시키고 유지'하려는 체제라는 것이다. 처칠이 볼셰비키에 대해 가졌던 적대감은 그들의 비민주적이고 폭력적인 방법에 대한 혐오 때문에 더욱 강해졌다. 1930년대에 처칠이 나치에 대해 유화정책을 펴던 평화 지상주의자들에게 내린 평결도 그들이 독재와 민주주의의 차이를 파악하지 못한다는 것이었다. 처칠은 공산주의와 나치 독재를 '다른 식으로 쓰인 같은 것'으로 파악했다. 공산주의와 마찬가지로 나치는 자신들 의견 외에 다른 의견은 절대 용납하지 않으며, 공산주의와 마찬가지로 증오를 먹고 살기 때문이다. 처칠의 오랜 친구 브랜던 브래큰(Brandon Bracken)은 "독재정의 위험을 노출시키려는 처칠의 오랜 투쟁이야말로 그의 파란만장한 생애에서 최고의 장이 될 것"이라고 예측했다.

처칠의 명민함은 1930년대에 소련에 대한 환상에 휩싸인 지식인들과 달리 스탈린 체제의 본색을 처음부터 알고 있었다는 사실에서도 드러난다. 1930년대에 얼마나 많은 지식인들이 스탈린과 소련 체제에 매혹되었는지는 놀라울 정도이다. 새로운 사회체제에 대한 환상이 그처럼 거셌다는 것은 자유민주주의와 자본주의에 대한 비판이 그만큼 강했다는 말이 된다. 특히 웰스, 조지 버나드 쇼(George Bernard Shaw)와 같은 저명한 문인들, 그리고 페이비언 사회주의자 시드니 웹(Sidney Webb)과 베아트리스 웹 부부는 처칠과도 개인적 인연을 맺고 있었는데 그들은 소련을 새로운 문명으로 열렬히 환영했다. 그러나 처칠은 이들 좌파 지식인들이 영국사회를 판단하는 기준과 소련을 보는 기준이 얼마나 이중적이고 위선적인지를 정확히 꿰뚫고 있었다. 웰스는 '과학소설의 셰익스피어'라 불렸는데 처칠은 웰스의 작품을 무척 좋아하여 그의 작품을 전부 읽었다고 자랑할 정도였다. 그러나 두 사람의 관계는 웰스가 소련을 다녀오고 소련을 찬양하는 글을 발표하면서 소원해졌다. 처칠과 웰스가 갈라서게 된 이유 가운 데에는 웰스가 지향하던 '세계국가(World State)'의 전망에 처칠이 동의 하지 않은 것도 있었다. 한편 더블린 출신의 극작가 쇼는 1925년 노 벨문학상을 수상할 정도로 성공했지만 평생 영국사회를 비판하고 조 롱한 것으로 유명하다. 처칠은 쇼의 '정신적 고향은 말할 나위도 없이 러시아'라며 그를 '이 세상에서 가장 유명한 지식인 광대'라고 불렀 다. 처칠은 다른 사회의 독재자들에게 열광하면서 자신들이 사는 사 회의 결함에는 참을 수 없어 하는 지식인들의 위선과 이중 잣대를 지 적했다. 제2차 세계대전이 끝나고 동서가 냉전에 접어들면서 처칠은 다시 한 번 공산주의의 위험을 환기시키고 세계평화를 위해 역할을 하려는 사명감에 의욕을 불태웠다.

그런 입장에서 처칠은 1950년 6월에 한국에서 전쟁이 발발했을 때 지체 없이 미국을 도와 참전할 것을 노동당 정부에 촉구했다. 처칠이 볼 때 북한군의 무력 침공은 명백히 소련의 세계적 침략 구상의 일환 이었고 무슨 수단을 써서라도 즉시 대응해야 했다. 전쟁 초만 해도 사람들은 즉각적으로 북한의 침략을 징계하기로 한 유엔 결의를 히 틀러에 대한 실패한 유화정책과 비교하면서 환영했다. 노동당 내 좌 파도 마찬가지였다. 그러나 전쟁의 비용이 증가하면서, 그리고 전쟁 이 정치적으로 점차 지지하기 어렵게 됨으로써 합의가 와해되기 시 작했다. 무엇보다도 영국 정부를 궁지로 몰아넣은 문제는 재무장이 었다. 재무장은 '빵이냐, 총이냐'라는 양자택일의 문제를 단도직입적 으로 부상시켰다. 한국전쟁을 계기로 추진된 재무장정책은 가뜩이나 독일 등의 경쟁에 쫓기던 영국 산업에 심각한 타격을 가해 영국 경제 의 상대적 쇠퇴를 가속화했다. 처칠은 비록 한국전쟁의 진행 과정에

만족하지 못했지만, 미국이 멀리 떨어진 한반도에서 공산 세력의 침공에 즉각적으로 대응했다는 사실, 그리고 1945년 이후 팽창 일변도에 있던 공산주의 세력이 이 전쟁을 계기로 일단 억제된 점을 높이 평가했다.

그 어떤 희생을 치르고라도

이 책에서는 제2차 세계대전기의 처칠의 행적에 대해 특별한 관심을 기울이지 않는다. 이미 너무나 많은 저작들이 주목했던 주제이기 때문이다. 그럼에도 처칠을 다루는 데서 1940년을 언급하지 않을 수 없다. 그만큼 영국 혼자 히틀러에 대항했던 1940년 6월부터 1941년 6월까지의 시간은 처칠에게도, 영국에게도, 세계사적으로도 중요한 순간이다. 처칠 자신도 만일 그에게 '다시 돌아갈 수 있는 1년'이 주어진다면 그것은 1940년이라고 했다. 전쟁이 시작되고 나서, 특히 프랑스가 함락되고 나서 영국인들은 히틀러와의 협상만이 살아남을 수 있는 유일한 길이라고 믿었다. 내각이, 보수당 다수가, 그리고 많은 국민들이 그렇게 생각했다. 그러나 처칠은 그것을 단호히 거부했다. 1940년 여름에 영국이 과히 영웅적이라 부를 만한 용기로 히틀러에 대항하여 고독하게 투쟁한 기억은 오늘날에는 '가장 좋은 시간(the Finest Hour)'으로 국민적 신화가 되어 있지만, 당시에는 계속해서 싸운다는 것이 당연한 결론은 아니었다. 전쟁이 시작되고 나서도 체임벌린 수상과 핼리팩스(Lord Halifax, Edward Wood)[10] 외무부 장관은 영국의 독립과 통일이 보장된다는 조건하에 히틀러와 평화협상을 맺으려 했다. 그때 협상이 실제로 시작되었다면 그것은 되돌릴 수 없는 미끄러운 경사 길의 첫걸음이었을 것이다. 이 모든 것에 처칠은 결연히 반대했는데 결국 체임벌린이 실각함으로써 그에게 기회가 왔다.

절체절명의 순간에 영국과 유럽을 이끌게 된 처칠 앞에 놓인 어려움은 다른 정치인이었다면 견디기 힘들었을 것이다. 그러나 처칠의 결단력과 의지력이 영국을 지탱해주었다. 프랑스가 독일에 항복한 후 최대 쟁점 가운데 하나가 대서양과 지중해 곳곳에 퍼져있던 프랑스 함대의 향방이었다. 히틀러는 영국 본토를 침공하려는 야욕을 감추지 않았고 프랑스 함대가 그 야욕에 악용될 가능성이 큰 상황에서 처칠은 과감히 북아프리카 오랑 근처에 정박해 있던 프랑스 함대의 폭격을 결단했다. 비록 처칠은 프랑스 함대가 폭격된 후 눈물을 흘렸지만 그 사건으로 인해 "필요하다면 영국 혼자서라도 끝까지 싸우겠다"고 한 그의 결기가 확인되었고 그 후 루스벨트 미국 대통령도 전쟁 수행에 보다 협조적이 되었다. "우리의 목표는 승리. 그 어떤 희생을 치르고라도 승리"라는 처칠의 말이 단순한 레토릭이 아니라는 사실이 확인된 것이다.

그러나 1970년대 이후 제2차 세계대전의 기억이 약해지고 소련 및 공산권의 영향력이 강해지면서 과연 처칠의 결단이 옳았는지에 대한 비판이 제기되었다. 즉 승리를 위해 국력을 쇠진하는 바람에 영국이 전후에 쇠락기에 접어들었다고 주장하는 학자들이 나타난 것이다.

---

10 본명은 에드워드 우드(Edward Wood)로 1925년부터 1934년까지는 어윈 경(Lord Irwin), 1934년부터 1944년까지는 핼리팩스 자작(Halifax Viscount)으로 불렸으며, 1944년에 제1대 핼리팩스 백작이 되었다. 영국 귀족은 작위 계승 여부에 따라 불리는 명칭이 달라지는데, 이 책에서는 불렸을 당시를 기준으로 표기했다.

총력을 기울여 전쟁에 임하기보다는 히틀러와 타협해서 영국의 국력이 바닥나도록 싸우는 일은 피했어야 했다는 것이다. 신중한 국가 지도자라면 '어떤 대가를 치르더라도 승리를'이라는 결정은 회피했어야 한다는 수정주의적 해석이 한동안 주목을 끌었다. 그러나 이들의 주장은 불합리한 추측에 근거하고 있다. 즉 나치 독일이 지배하는 유럽에서 영국이 자유롭고 독립적인 국가로 남았을 것이라는 추측인데, 이 추측은 히틀러와 나치를 조금이라도 아는 사람이라면 절대 수긍할 수 없는 것이다. 어떤 대가를 치르더라도 끝까지 나치와 싸워야 한다는 처칠의 생각은 옳았다. 물론 대가도 컸다. 그가 이끈 대독전쟁의 승리는 매우 비싼 값을 치렀다. 그러나 패배의 대가는 훨씬 더 심각했을 것이다. 영국이 굴복했을 경우, 세상은 나치가 유럽 대륙을 지배하고 영국은 그런 유럽의 곁에서 명맥을 유지하다가 결국엔 그 일부가 되는 그런 세상이 되었을 것이다. 그것을 알기에 노동당 당수를 역임한 마이클 풋(Michael Foot)이나 거물 좌파 정치가인 토니 벤(Tony Benn)조차 '처칠은 위대했다'고 한목소리를 내는 것이다. 비록 전쟁은 국력을 소진시켰지만 영국은 자유로운 문명국가로 지속될 수 있었던 것이다.

처칠의 양면성

처칠에게는 양면성이 뚜렷이 발견된다. 그의 성격의 한 면에는 정확하게 사태를 파악하고 면밀하게 계산하여 장기적 준비를 통해 위험을 타개하려는 현실주의자가 있었다. 그는 남들이 따라오지 못할 정도로 머리회전이 빨랐고 용기와 결단력을 갖춘 정치인이었다. 다른 한편, 그는 여전히 기적을 바라는 도박사이며 충동적인 소년이었다. 그는 괴팍하고 성급하고 조급하며 고집스러웠기에 가까운 주변 사람들에게 때로 참을 수 없는 부담이 되곤 했다. 그러나 바로 그런 성정 덕분에 최악의 상황에서 최고의 전쟁 지도자가 될 수 있었다. 처칠이 젊은 시절에 좋아했던 어떤 여성의 말은 그의 본성을 잘 지적해준다. "처음 만났을 때 당신은 윈스턴의 단점을 모두 보게 됩니다. 그리고 그 후에는 그의 장점을 발견하느라 일생을 보내죠."[11] 1940년 이후에 영국인들이, 그의 많은 적들을 포함해서, 그렇게 했다. 처칠에 대한 이야기가 1938년 혹은 1939년에 끝났다면 1915년에 애스퀴스가 한 코멘트가 핵심을 장식했을 것이다. "처칠은 그가 가진 모든 놀라운 재능에도 불구하고 영국 정치에서 결코 최고 지위에 오르지 못할 것이다."[12] 그러나 처칠의 이야기는 1939년 이후에 더욱 흥미진진해졌다.

처칠의 성격에 대해 많은 사람들이 간과한 것 가운데 하나는 그가 극도로 진지한 인간이었다는 사실이다. 세간에 비친, 그리고 역사에 남은 처칠은 뛰어난 유머 감각으로 주위 사람들을 즐겁게 하고 매사를 쉽게 처리하는 인물이다. 예를 들어 그는 애틀리를 '양의 가죽을 쓴 양'이라고 표현했는데 이러한 촌철살인의 평은 언제나 처칠의 무기였다. 그러나 처칠은 동시에 지독히 진지한 사람이었다. 처칠을 가장 가깝게 경험한 사람들이 그 사실을 증언한다. 주치의 모랜 경이

11 Lukacs, *Churchill: Visionary. Statesman. Historian,* 144.
12 Robert Rhodes James, *Churchill, A Study in Failure 1900-1939*(Weidenfeld and Nicholson, 1970), 348-349.

전하는 1943년 테헤란 회담에서의 일화는 남들이 잘 모르는 처칠의 본성을 보여준다. 처칠, 루스벨트, 스탈린 세 사람이 만난 자리에서 처칠을 놀리려고 작정한 스탈린은 전후 독일 문제를 논의하던 중 전쟁이 끝나면 독일군 수뇌부를 다 없애야 하며 적어도 5만 명을 죽여야 한다고 말했다. 처칠은 그런 피바다에 동참하지 않겠다고 발끈해서 대답했다. 스탈린이 또다시 5만 명을 총살해야 한다고 하자 처칠의 얼굴이 벌게졌다. 이때 루스벨트가 농담에 가담했다. "내가 타협안을 제시하겠소. 5만이 아니라 4만 9,000명만 처형합시다." 그러자 처칠이 방을 나갔고, 스탈린이 따라 나가 단지 농담을 했을 뿐이라고 설득하여 함께 돌아왔다는 것이다.[13]

젊은 시절의 처칠도 마찬가지였다. 애스퀴스 정부에서 함께 사회개혁을 추진했던 찰스 마스터만(Charles Masterman)의 기록에 의하면 세 사람이 모인 자리에서 마스터만과 로이드 조지가 처칠을 놀리려 농담을 했다. 즉 트라팔가 광장에 기요틴을 설치하고 사회개혁에 반대하는 사람들을 호송하자는 농담이었다. 두 사람의 대화를 듣던 처칠은 화가 나 안절부절못하다가 "아주 엄숙하게" 그런 길로 간다면 "당신들을 떠날 것"이라고 선언했다. 로이드 조지는 "그처럼 유머 감각 없는 사람은 처음 봤다"는 반응을 보였다.[14] 젊은 시절부터의 친구인 바이올렛 카터(Violet Carter)도 삶에 대한 처칠의 경외를 확인해주는 일화를 들려준다. 처칠과의 대화 중에 카터가 "무기 징역을 감당하느니 차라리 교수형 되는 게 나을 것"이라고 말하자 처칠은 거

---

13 Lord Moran, *Churchill: the Struggle for Survival*, 152.
14 Violet Bonham Carter, *Winston Churchill: An Intimate Portrait*(New York: Harcourt, Brace & World, 1965), 145.

세계 반대하며 "절대 삶을 포기하지 마라"고 말했다. "모든 것에는 빠져나올 길이 있어요, 죽음 외에는." 카터가 "삶은 우리가 그것을 끝까지 방어한다는 전제하에 우리에게 주어진다"라는 디킨스(Charles Dickens)의 문장을 인용하자 처칠은 그 말을 좋아해서 몇 번이고 되뇌었다고 한다.[15] 그런 그가 수많은 사람들을 죽음으로 몰아넣을 수밖에 없는 전쟁을 지휘했다는 것은 개인으로서 비극이었음이 분명하다.

처칠이 처음부터 적극적이고 실천에 능한 인간은 아니었다. 삶은 결코 쉽지 않았다. 귀족 가문에서 태어났지만 유산을 거의 받지 못했으며 씀씀이도 컸기에 그는 항상 돈 걱정을 하며 살아야 했다. 그가 글을 쓴 것도 우선적으로는 돈을 벌기 위해서였다. 어릴 적 처칠은 부모에게 사랑받지 못하고 무척 수줍음을 타는 왜소한 체격에, 크리켓 볼이 자기에게 날아오는 것이 무서워 나무 뒤로 숨은 나약한 소년이었다. 그런 소년이 부단히 자기와의 투쟁을 벌이고 두려움을 극복해 마침내, 오스트레일리아 수상 로버트 멘지스(Robert Menzies)의 표현에 의하면, "거의 신과 같은 존재"로 추앙받게 된 것이다. 다르다넬스 후에 그의 초상화를 그린 화가는 그의 얼굴에 어려 있는 고통에 대해 말하며 처칠을 고통의 인간이라고 불렀다. 1930년대 광야에서 헤매던 시절에도 처칠은 "나는 끝났어"라고 줄곧 말했다. 처칠은 그 자신이 '검은 개(black dogs)'라고 이름 붙인 우울증을 앓았는데 그의 사후, 주치의였던 모랜 경이 그 사실을 밝혀 문제가 되었다. 그 내용이 포함된 모랜 경의 책이 발간되자 처칠의 부인과 아들이 책의 유포

15 Ibid., 151.

를 금지하려 시도했지만 성공하지 못했다. 그러나 결과는 오히려 처칠에게 이롭게 작용했는데, 신화 속의 처칠을 보다 인간적인 모습으로, 따라서 더욱 친근한 영웅으로 인식하게 만든 계기가 되었다는 평을 받았던 것이다.

1945년에 전쟁이 끝난 직후 실시된 총선에서 처칠이 패배하고 수상직에서 물러났을 때 거의 모든 사람들은 그의 정치 경력이 끝났다고 확신했다. 그러나 그는 부활했고, 다시 한 번 지도자가 되었다. 처칠은 스스로도 자신을 '빅토리아 시대의 아이'였다고 정의했는데, 노년이 되면서 일생의 과업이 허망한 것이었지 않았나 하는 공포를 느끼게 되었다. 1946년, 풀턴으로 가는 기차에서 그는 "이제 세계의 희망은 미국"이라며 "다시 태어난다면 미국인으로 태어나고 싶다"고 했다.[16] 1955년 4월에 수상직에서 은퇴한 후에 처칠은 "매일 죽게 해달라고 기도한다"고 토로했다. 수상직에서 물러나고 10년 후에 세상을 뜨기까지 처칠은 남은 삶을 혐오했고 "오래 지연되고 있는 자신의 장례식을 애도하는 문상객"으로 살았다.[17] 너무도 오래 지속된 처칠의 생애는 그를 어쩔 수 없이 시대의 낙오자로 만들어버렸던 것이다. 그는 평소 자신이 아버지와 같은 날 죽을 것이라고 예언했는데 실제로 그 예언이 현실이 되었다. 처칠은 1965년 1월 초에 무의식 상태에 빠졌지만 비서는 그가 24일까지 버틸 것이라고 확신했다. 실제로 그는 1965년 1월 24일에 숨을 거두었는데 그날은 정확히 그의 아버지가

---

16 Paul Addison, "Churchill's three Careers" in *Winston Churchill in the Twenty-First Century* edited by David Cannadine and Roland Quinault(Cambridge: Cambridge University Press, 2004), 24.

17 Lord Moran, *Churchill: the Struggle for Survival*, 840.

70년 전 세상을 하직한 날이었다.

살아 있는 신화

그가 세상을 떠났을 때 전쟁을 겪지 않은 세대에게 처칠은 어떤 메시지도, 어떤 비전도 남기지 못할 것이라는 말이 있었다. 그러나 단순히 전쟁 지도자로서가 아니라 불굴의 의지와 위험에 직면하는 용기의 인간으로서의 처칠은 시대를 떠나 여전히 역할 모델로, 그리고 신화로 남아 있다. 《뉴욕타임스(*The New York Times*)》는 1953년에 처칠이 이미 지난 반세기 동안 세계사의 일부였다고 썼다. 1940년에 히틀러와 싸우고자 했을 때, 그리고 1946년에 스탈린주의에 반대했을 때 그의 결정이 세계사의 과정을 바꾸었다는 것이다. 1963년에 존 F. 케네디(John F. Kennedy) 미국 대통령은 처칠이 '생전에 이미 신화'가 되었다고 말했다. 케네디만 그렇게 생각한 것이 아니었다. 영국 노동당 정부의 국방부 장관을 지낸 신웰(Emanuel Shinwell)은 처칠이 국왕·교회·의회·언론과 더불어 "우리의 가장 위대한 다섯 번째 제도"라고 선언했다. 당시 세상의 많은 사람들은 그를 '우리 시대의 가장 큰 인물'로 생각했다. 미국에서 온 편지의 수신인 란에 '이 세상에서 가장 위대한 사람에게, 영국'이라고만 쓰여 있어도 곧장 처칠에게 배달되었다. 처칠의 위대함은 그가 그러한 세상의 판단에 관심이 없었다는 것이다. 처칠은 대중에 영합하는 정치인이 아니었다. 그는 듣기 좋은 말만 하는 정치가가 결코 아니었다. 그는 정치적 인기에 무관심했고 원칙에 충실했다. 근대 정치 담론의 상식은 정치가는 오직 투표를 염두에 두고 행동한다는 것인데, 처칠은 반대로 거의 모든 사람들이 그와 동의하지 않을 때 최고였다. 수상이 되고 얼마 되지 않아 그가 지휘한 됭케르크 철수 후 모든 국민이 감동에 젖어 있을 때 처칠은 "전쟁은 철수로 이기지 않습니다"라는 냉철한 한마디를 던졌다. 그러나 동시에 그는 같은 연설에서 "절대로 포기하지 않겠다"고 약속했다. 그의 그러한 솔직함과 불굴의 의지가 영국인들을 감동시키고 그 혹독한 전쟁을 겪어내게 만들었던 것이다.

처칠을 정의하는 특색은 도전을 피하지 않고 직면하는 것이며 절대 포기하지 않는다는 것이다. 전쟁 중 모교인 해로우 학교에서 처칠이 행한 연설은 이제 신화가 되었다. "절대로, 절대로, 절대로 포기하지 마라." 이 연설이 시사하듯 처칠의 레토릭은 공격적이고 도전적이지만 그는 사실 타협과 화해를 마다하지 않았다. 처칠은 제1차 세계대전 후 프랑스에 세워질 전쟁 기념비에 새길 문구에 자신의 전망을 다음과 같이 요약했다.

전쟁에서는 결의(In War: Resolution)
패배에서는 도전(In Defeat: Defiance)
승리에서는 아량(In Victory: Magnanimity)
평화 시에는 선의(In Peace: Goodwill)[18]

그의 삶은 이 전망을 비록 완벽하지는 못하지만 상당 부분 실현했음을 보여준다. 처칠에 대한 비판 가운데 여전히 회자되는 것 가운

---

18 Winston Churchill, *Memoirs of the Second World War*(New York: Bonanza, 1978), vi.

데 작금의 아랍-이스라엘 분쟁을 발생시키는 데 그가 한 역할에 대한 주장이 있다. 처칠이 제1차 세계대전 후 오스만제국이 해체될 때 식민부 장관이었기 때문에 받는 비판이다. 그러나 처칠을 옹호하는 입장에서 보면 당시 그 누가 식민부를 책임지고 있었든 간에 더 나은 처방은 나오기 힘들었을 것이다. 수많은 부족들의 이해관계가 복잡하게 얽혀있는 곳에서 신생국가들을 만들어내는 일은 결코 쉽지 않았다. 처칠에 대한 비판 가운데 또 하나는 1943년에 발생한 벵골 지역의 기근을 묵과했다는 사실이다. 이 기근으로 약 300만 명이 아사했다고 추정되는데 처칠이 이 기근에 적극적으로 대처하지 않은 것은 사실이다. 그러나 당시 전쟁을 지휘하는 총책임자로서 생각하는 긴급한 일처리의 순서가 있었고 불행히도 인도의 기근은 그 순위에서 밀렸다. 벵골 기근과 관련해서 처칠에 대한 비난은 주로 식민지를 경험했던 나라, 특히 인도에서 집중적으로 제기되는데, 전 세계적 관점에서 당시 전시 상황을 바라보면 처칠의 결정을 이해할 수 있다. 그럼에도, 여러 번 언급되었듯, 처칠에게 인종적 편견이 있었음은 사실이다. 이 문제들은 아직 객관적 연구가 부족한 상황이고 더 많은 논의를 거쳐야 제대로 된 면모가 드러날 것이다. 수정주의 학자들은 또한 처칠이 미국에 너무 순종적이었다고 비난했다. 그러나 그것은 두 차례의 세계대전을 치르면서 '당당한 사자'에서 '볼품없는 당나귀'가 되어버린 조국을 지키기 위한 행보였음을 기억해야 한다.

윈스턴 처칠을 궁극적으로 어떻게 정의해야 할까? 처칠은 무엇보다도 다층적 인간이었다. 그는 정치인으로는 극히 드문 다양성과 복합성을 가진 인물이었다. 처칠에게 결코 호의적이지 않은 역사가 테일러(A. J. P. Taylor)는 처칠이 너무나 다양해서 한 사람이 아니라 "인류 전체의 축도"로 보인다고 평가했다. 처칠은 급진주의자면서 보수주의자였고, 귀족적이었지만 대중의 고통을 공감했고 그들로부터 존경받았으며, 나라를 구한 지도자였으면서 조국의 쇠퇴를 지켜봐야 했던 정치인이었다. 처칠은 빅토리아 시대에 태어나고 경력을 시작했다는 어쩔 수 없는 시대적 한계를 지니고 있었지만 역사적 통찰력을 통해 현재를 누구보다도 정확히 파악하고 누구보다도 미래를 멀리 내다볼 수 있었다. 처칠은 여러 이데올로기를 아우른 정치인이었을 뿐만 아니라 시기적으로도 3세기를 아우른 인물이었다. 애틀리가 처칠에 대하여 내린 정의가 참으로 정확하다. 그는 처칠의 성격이 "몇 개의 층으로 형성되어 있는데 각 층은 각기 다른 세기, 즉 18세기, 19세기, 20세기를 대표"한다고 말했다.[19] 처칠은 기존 제도가 사라져가는 것을 아쉬워했다. 그런 의미에서 처칠은 확실히 보수주의자였지만 '귀족적 민주주의자'라는 말이 더 맞을 것이다. 그는 시대의 변화에 따라 민주주의를 인정하고 따르게 됐지만 동시에 구세계의 엘리트가 할 역할도 버리지 않았던 귀족적 민주주의자였다.

2020년에 이르면 처칠에 관한 저작이 무려 1,000권이 넘는다는 통계가 있을 정도로 처칠은 현대사를 압도하고 있다. 요즘도 그와 관련된 논문이나 책이 출간되지 않는 해는 없다. 그 수많은 저작 위에 하나를 더 얻는 이유는 두 가지다. 우선 그에 대한 맹목적 열광과 비난 사이에서 균형을 잡아보려는 시도이다. 두 번째는 처칠이 여전히 깊은 영감을 주는 인물이기 때문이다. 노동당 정치가 벤의 회고가 당대

---

19 Paul Addison, "The Political Beliefs of Winston Churchill", *Transactions of the Royal Historical Society* vol. 30(1980), 23, 26−27.

인들이 처칠에 대해 느낀 감정을 잘 보여준다.

윈스턴과 동시대에 살았고 그를 알았다는 것을 대단히 자랑스럽게 생각한다. 그의 기억은 말한 것을 믿고, 믿는 것을 말하고, 말한 것을 실행할 것이 확실한 사람의 전범으로 남을 것이다. 비록 당신이 그와 전혀 동의하지 않는다 할지라도.[20]

많은 사람들은 '그 시대를 살아보지 않고 처칠을 비판하는 사람들'을 비판했다. 저명한 정치학자 아이제이아 벌린(Isaiah Berlin)은, 처칠은 그의 상상력과 의지를 국민들에게 부과할 수 있었고 페리클레스와 같은 압도적 지배를 즐겼지만 자유 체제를 무너뜨리거나 뒤틀지 않고 그 안에서 그러한 환상을 만들어냈으며 그것이 처칠의 독특하고 잊을 수 없는 업적이라고 평가했다. "우리 시대의 가장 거대한 인간, 현실에 속하면서 동시에 전설에 속하는 신화적 영웅"이라는 벌린의 찬사는 과장이 아니다.[21]

60년이 넘는 경력 동안 처칠은 많은 이슈들에 관해 너무나 선견지명이 있었지만 몇몇 이슈들에는 황당할 정도로 틀리기도 했다. 그러나 가장 중요한 이슈에서 그는 옳았다. 아무도 부인할 수 없는 처칠의 분명한 업적은 영국이 완전히 패배할 것처럼 보일 때 결연히 히틀러와 맞섬으로써 영국만이 아니라 서구 문명을 구했다는 사실이다.

---

20 Tony Benn et al., "Churchill Remembered", *Transactions of the Royal Historical Society* 6th series vol. 11(2001), 397.

21 Isaiah Berlin, "Winston Churchill in 1940", *The Atlantic*(September 1949), 21, 29. https://www.theatlantic.com/magazine/archive/1949/09/mr-churchill/303546/

중요한 것은 그가 히틀러와 결연히 싸우려 결심했을 때 궁극적으로 그의 결단은 '도덕적' 결단이었다는 사실이다. 그것은 싸우다 쓰러지더라도, 나라의 역사가 거기서 끝나더라도 옳은 것을 위해 싸워야 한다는 신념이었고, 그 신념에 의해 그는 이 세상을 히틀러로부터 구해내었다. 그것은 인류가 그때까지 이룩해온 것들에 대한 그의 신념이기도 했다. 처칠 덕분에 국민 개개인의 자유라는 소중한 가치가 살아남았고, 국가가 국민들을 짓밟지 않아야 한다는 대원칙이 지금도 엄중한 명분이 되어 있다. 그는 인간의 자유와 존엄성을 구해내었다. 그 사실만으로도 처칠은 인류 역사에 결코 지워지지 않을 명예의 자리를 얻은 것이다.

2장
운명과 함께 걷다: 정치인 처칠

영웅 처칠은 1940년이 되어서야 탄생했다고 말해진다. 1874년생이니까 66세가 되어서야 전성기가 시작된 것이다. 그 2년 전만 해도 처칠의 인생은 실패작으로 인식되었다. 처칠은 1940년 5월 10일, 국왕에게 불려가 정부를 구성하라는 말을 들었을 때 자신이 '운명과 함께 걷고 있음'을 느꼈다고 회고록에 썼다. 그는 1908~1910년 상무부 장관으로 사회복지정책에 몰입해 있을 때는 신이 자기를 가난한 사람들에게 보냈다고 확신했다. 처칠은 항상 영웅적인 것에 대한 환상을 가졌으며 대의를 위해 행동하는 선지자 같은 인물로 행세했다. 그의 레토릭은 유명했는데 어느 평자는 처칠에게는 모든 것이 "항상 운명의 시간이며 최후의 심판일"이라고 야유했다. 그는 자신이 천재이며 운명의 인간이라는 확신에 의해 충동되며 때로 어깨에 "이 세상 전체를 들어올릴 수 있을 것"으로 느낀다고 말했다.[1] 그러면서 동시에 자신이 아무것도 아니라는 공포에 시달렸다. 그는 "때로 나는 무엇이든지 할 수 있을 것이라고 생각하오. 그러다가 내가 그저 나약하고 허영심 많은 바보일 뿐임을 깨닫소"라고 아내에게 토로했다.[2]

처칠은 이데올로기에 집착한 정치인이 아니었으며 정파적 정치인도 아니었다. 따라서 그의 사상에는 보수주의, 자유주의, 사회적 자유주의 등 여러 이데올로기가 혼재해 있었다. 그는 보수당으로 시작해서 자유당, 그리고 다시 보수당으로 당적을 옮겼으며, 1940년에 체임벌린을 이어 보수당 지도자가 되었지만 자신이 이끄는 당과 별로 가깝지도 않았다. 처칠이 평생 견지한 신념에는 세 가지가 있다. 첫째는 자유무역에 대한 신념이다. 그러나 20세기는 19세기식 자유방임주의 경제와 다른 것을 요구한다는 사실을 알았고 어느 정도의 집산주의를 받아들였다. 처칠이 평생 견지한 두 번째 신념은 반(反)공산주의였다. 그는 국가가 국민 개인을 통제하고 명령하는 체제를 혐오했고 그 신념에 근거해 나치즘과 공산주의에 대한 반대 투쟁을 전개했다. 마지막으로 처칠은 토리 민주주의(Tory Democracy), 즉 엘리트가 대중의 삶을 개선하기 위해 노력해야 한다는 디즈레일리(Benjamin Disraeli) 이후의 '하나의 국민(One Nation)' 전통을 견지했다. 애스퀴스의 딸이면서 처칠의 친구였던 카터는 처칠이 "지적인 독재자"였으며 다른 사람들의 길을 따르는 것을 싫어하고 "철저히 자신의 길을 좋아했다"고 평했다.[3] 그는 고독한 자신의 길을 걸어간 정치인이었다. 그

---

1 Rhodes James, *Churchill, A Study in Failure 1900-1939*(Weidenfeld and Nicholson, 1970), 34.

2 Robert Skidelsky, *Interests and Obsessions*(Macmillan, 1994), 169-170; Paul Addison, "The Political Beliefs of Winston Churchill", *Transactions of the Royal Historical Society* vol. 30(1980), 35.

3 Violet Bonham Carter, *Winston Churchill: An Intimate Portrait*(New York: Harcourt,

러면서도 절체절명의 위기의 순간에 국민들을 결집해내는 리더십을 발휘한 정치인이었다.

나의 청춘

처칠은 1874년에 보수당의 거물 정치인 랜돌프 처칠 경과 뉴욕 금융가 백만장자의 딸 사이에 태어났다. 랜돌프 처칠 경은 스페인 왕위계승전쟁(1702~1713)에서의 눈부신 활약으로 영국 역사상 가장 위대한 지휘관 가운데 한 명으로 불리는 초대 몰버러(Malborough) 공작인 존 처칠(John Churchill)의 8대손이었고, 윈스턴 처칠은 몰버러 공작이 앤 여왕으로부터 하사받은 블레넘궁에서 태어났다. 처칠의 어린 시절은 행복하지 못했다. 아버지는 정치에, 어머니는 사교계에 몰두해 있었다. 사랑을 갈구하며 외로운 어린 시절을 보낸 처칠은 엘리트 사립학교인 해로우에 입학했지만 학업 성적이 좋지 못해 옥스브리지 진학을 포기하고 간신히 샌드허스트 육군사관학교에 진학할 수 있었다. 처칠은 자신이 대학에서 광범위한 인문학 교육을 받지 못한 것을 약점으로 생각해 끊임없이 책을 읽고 지식을 갈구했다. 샌드허스트를 졸업하고 기병 장교로 임관한 처칠의 첫 근무지는 인도였다. 인도에 대한 그의 과도한 집착은 이때 형성되었다고 할 수 있다. 처칠은 1897년에는 인도 북서 국경에서, 1898년에는 수단에서, 1899~1900년에는 남아프리카에서 싸웠다. 그러한 군인으로서의 경력과 경험은 제1차

Brace & World, 1965), 158.

세계대전 당시 해군부 장관으로 봉직할 때 큰 힘이 된다. 전시내각에서 전쟁을 직접 경험한 각료는 처칠밖에 없었던 것이다.

군인으로서의 경력은 궁극적으로 정치인이 되기 위한 준비작업이었다. 정치는 그에게 숙명이었다. 14세 소년 처칠은 인척 아주머니에게 "내게 두 개의 삶이 있다면 군인도 되고 정치가도 될 거예요. 그러나 내가 사는 동안 전쟁은 없을 터이니 정치가가 될 수밖에 없어요"라고 말했다.[4] 그가 사는 동안 세상은 크게 변했고 처칠은 군인도 되고 정치가도 되었다. 아버지의 너무 이른 죽음(1895)은 처칠에게 혼자 자기 힘으로 경력을 쌓아야 하는 시련을 주었지만 다른 한편으로는 항상 차가웠던 아버지의 냉정한 시선으로부터 자유를 누릴 수 있게 해주었다. 그는 자신의 목표는 군인으로서의 영광이 아니라 정치라는 사실을 일찍이 어머니에게 밝혔다.[5] 그 꿈을 이루기 위해 1899년 3월에 처칠은 인도를 떠나 영국으로 돌아왔다. 돌아오자마자 올덤 선거구에서 보수당 의원의 갑작스런 죽음으로 보궐선거가 치러졌을 때 입후보했지만 낙선했다. 그러나 표 차가 많지 않았고 그가 선거에서 선전하자 보수당 지도부도 관심을 갖게 되었다. 처칠 스스로도 자신이 생겼다. 선거를 치르면서 준비 없이도 연설을 할 수 있게 되었는데 그것은 "닳아 없어지지 않을 새로운 무기"라고 친구에 쓴 편지에 자랑했다.[6]

4 Martin Gilbert, *The Will of the People*(Vintage Canada/Random House, 2006), 6.

5 Winston Churchill to Lady Randolph Churchill[December 22, 1897]. Randolph Churchill, *Winston S. Churchill* vol I *Youth*(Hillsdale, Michigan: Hillsdale College Press, 1966), 363.

6 Gilbert, *The Will of the People*, 17.

선거에서 낙선한 처칠은 다시 모험을 찾아 떠나기로 결심했다. 이
번에는 보어인들과의 전쟁이 진행되고 있던 남아프리카였다. 그곳에
장교로 파견되는 것이 불가능해지자 처칠은 차선책으로 종군 기자
의 일거리를 찾았다. 남아프리카에서의 그의 모험은 전설이 되었고
궁극적으로 그는 성공적으로 정치 무대에 등단하게 된다. 보어전쟁
에서의 처칠의 모험은 초기 자서전 『윈스턴 처칠, 나의 청춘(My Early
Life)』에 자세히 묘사되어 있다.[7] 처칠은 1899년 11월 15일에 무장 열
차가 전복되어 보어인들의 포로로 잡혔다. 그는 탈출하여 지도도, 먹
을 것도 없이 헤매다 정말 운 좋게 영국인이 감독하는 광산에 숨어들
게 되었다. 쥐가 득실거리는 갱도에 숨어 있던 처칠은 예순네 시간을
화물차에 숨어서 중립국인 모잠비크에 도착해 목숨을 구하게 된다.
이때 그의 목에는 '죽었든 살았든' 보어 측이 건 25파운드의 현상금이
걸려 있었다. 처칠의 탈출 성공은 전쟁에서 지지부진하던 영국군은
물론 영제국 전체의 사기를 북돋아주었고 처칠은 국민적 영웅이 되
었다.

처칠은 1900년 여름까지 남아프리카 전선에 남아 있었다. 그가 아
직 그곳에 있을 때 본국의 여러 선거구가 그를 초대했는데 영웅이 된
그가 누리게 된 당연한 관심이었다. 보어전쟁 때 얻은 대중적 인기
를 바탕으로 처칠은 1900년에 의회에 입성할 수 있었다. 물론 아버지
를 이어 보수당 소속이었다. 그러나 처칠은 그 후 두 번이나 당적을
바꾸어 1904년에는 자유당으로 옮겼다가 1924년에 다시 보수당으로
돌아온다. 그 때문에 그는 뻔뻔스러운 기회주의자라 불리며 큰 대가

---

7   처칠, 『윈스턴 처칠, 나의 청춘』, 19~22장.

를 치르게 된다. 그러나 처칠에게 일관성이 결여되었다는 비판을 너무 신중하게 받아들일 필요는 없다. 어느 누구건 긴 경력 동안 자신의 의견을 바꿀 수 있기 때문이다. 처칠은 실제로 마음을 바꿀 수 있고 바꾸었던 사람이다. 그는 초기에는 민주주의를 탐탁지 않게 여겼지만 나중에는 의회 민주주의의 대변자가 되었으며, 아일랜드 자치에 대해서도 마음을 바꾸었다. 그는 말년에 "새로운 증거가 나왔는데도 생각을 바꾸지 않는 사람은 쓸모가 없다"고 말했다.[8]

처칠의 용맹은 대중의 인정을 받으려는 욕망에서 나온 측면이 있다. 어린 처칠은 몹시 수줍어하는 겁이 많은 소년이었기 때문이다. 인도에서 복무할 때 처칠은 북서 국경선에서 치러진 전투에 참가해 매우 용감하게 싸웠는데 그 직후 어머니에게 쓴 편지에서 속내를 토로했다. "모든 사람들이 엎드려 있을 때 저는 조랑말을 타고 달렸어요. 어리석은 행동이었는지 몰라도 도박을 한 거죠. 보는 사람들이 있었으니까요. 보는 사람들이 없었으면 아마 달랐을 거예요."[9] 처칠은 육체적으로 호감을 주지 못했고 카리스마가 있는 것도 아니었다. 5피트(약 150센티미터) 조금 넘는 작은 키에 구부정한 몸, 얇은 윗입술에 피부도 희끄무리 했다. 어떤 공정한 관찰자가 기록했듯이 그는 "중간 크기의, 두각을 나타내지 못한 젊은이로, 말할 때 혀가 잘 돌아가지 않았다."[10] 옥스브리지 교육을 받지 못한 사실은 그로 하여금

---

8 Lord Moran, *Churchill, the Struggle for Survival* taken from the Diaries of Lord Moran(Boston: Houghton Mifflin, 1966), 202.

9 Randolph S. Churchill, *Winston S. Churchill, Companion* vol. I, Part II(William Heinemann, 1967), 792.

10 David Cannadine, "Introduction" in *the Speeches of Winston Churchill* edited by Cannadine(Penguin, 1990), 2.

지적 열등감을 느끼게 했을 뿐만 아니라 대학에서 받을 수 있는 즉흥 토론이나 즉석연설의 훈련 기회도 앗아가버렸다. 그러나 그는 이 모든 약점을 각고의 노력으로 극복했다. 그는 크롬웰(Oliver Cromwell), 버크(Edmund Burke), 피트(William Pitt), 디즈레일리, 글래드스턴의 위대한 연설을 면밀히 공부하고 연구하고 암기했다. 그는 아버지의 연설을 외웠고 복장과 매너를 따랐으며, 영웅적인 노력으로 말더듬이 습관을 극복했다. 오랫동안 그는 미리 써서 외우지 않은 말은 전혀 할 수 없었는데 너무나 철저히 준비했기 때문에 아무도 그가 연설을 외웠다는 사실도, 그가 말을 더듬는다는 사실도 알아채지 못할 정도였다. 역사에 남은 명연설가 처칠은 그처럼 후천적 노력에 의해 만들어진 것이다. 그 결과 1920년대에 이르면 처칠은 "의원으로서 완벽한 능력을 가졌을 뿐 아니라 배우의 재능도 모두 갖추었습니다. 명석함, 레토릭, 경솔함, 유머, 이 모든 것이 그의 연설에서 역할을 담당합니다"라고 볼드윈 수상이 왕에게 보고할 정도가 되어 있었다.[11]

그 좋은 배경을 가지고도 옥스브리지에 진학하지 못할 정도로 '지적 열등아'로 생각되던 처칠은 일생 많은 양의 글을 썼고 베스트셀러 작가가 되었으며 1953년에는 노벨문학상을 수상했다. 그는 37권의 책을 집필하고 610만 단어를 썼는데 이는 셰익스피어와 디킨스를 합친 것보다 더 많은 양이다.[12] 그가 글을 쓴 이유는 돈이 필요했기 때문이었다. 귀족가문 출신이었지만 상속받은 유산이 거의 없었고 정치에는 돈이 필요했을 뿐만 아니라 그 자신 사치스런 생활을 영위했

---

11 Martin Gilbert, *Churchill, A Life*(New York: Henry Holt and Co. 1991), 471.
12 Andrew Roberts, *Churchill: Walking with Destiny*(New York: Viking, 2018), 972.

기에 그는 항상 돈이 부족했다. 처칠이 특히 닮고자 했던 저자는 기번(Edward Gibbon)과 매콜리(Thomas Macaulay)였는데, 그는 기번의 『로마제국 쇠망사(*The History of the Decline and Fall of the Roman Empire*)』와 매콜리의 『잉글랜드 역사(*The History of England*)』를 대단히 주의 깊게 읽고 문체를 공부했다. 처칠의 대표적 저작들 가운데는 아버지의 전기인 『랜돌프 처칠 경(*Lord Randolph Churchill*)』, 『영어권 국민들의 역사(*A History of the English Speaking Peoples*)』, 회고록인 『제2차 세계대전(*The Second World War*)』 시리즈 등의 베스트셀러가 포함된다. 그는 스스로를 역사가로 생각했으며 항상 "역사를 공부하라. 그 안에 통치학이 다 들어 있다"고 주장했다. 그러나 그가 본 역사는 기본적으로 정치적이고 군사적인 것이었고, 그는 영웅들이 만들어낸 역사를 좋아했다.

경력의 첫 단계에 있을 때 처칠의 공적 이미지는 긍정적이지 않았다. 그는 자기중심적이고 곧잘 흥분했으며 일반적으로 '성질 급한 젊은이'로 알려져 있었다. 그는 극적인 사람이었다. 모든 사람이 처칠의 천재성과 불안정성의 교묘한 교합을 언급했다. 처칠을 잘 알고 지내던 로이드 조지는 그를 "평소 운전을 잘하다가 갑자기 당신을 절벽으로 몰아넣는 운전기사"로 표현했으며, 1930년대에 히틀러에 대한 정책을 두고 그와 가장 격렬한 정쟁을 벌이게 되는 체임벌린은 처칠을 "뛰어나지만 괴상한 인물"이라고 평했다. 체임벌린과 더불어 처칠의 가장 큰 정적이었던 핼리팩스 역시 처칠의 정신은 "어린아이의 감정과 성인의 이성이 가장 묘하게 뒤섞여 있다"고 평가했다.[13] 이들

---

13 Martin Gilbert, *Winston S. Churchill* vol. V *the Prophet of Truth*(Hillsdale, Michigan : Hillsdale College Press, 1976), 324; James, *Churchill, A Study in Failure*, 276.

의 발언은 처칠이 전형적 영국 정치인이 아니었다는 반증이다. 페이비언 사회주의자인 베아트리스 웹은 1903년에 그를 처음 만난 후 "영국 귀족이라기보다 미국의 투기업자" 같다고 평했다.[14] 처칠의 놀라운 재능과 민첩함, 그리고 대세를 거스르는 판단은 사람들을 혼란스럽게 만들었다. 그의 가까운 친구였던 버켄헤드 경(Lord Birkenhead, F. E. Smith)은 처칠이 "당신의 아이디어를 가져가 나중에 어떤 버전으로 제시할지 아무도 모른다"고 했다.[15]

여명

역사학자 폴 애디슨(Paul Addison)은 처칠의 경력을 세 단계로 구분한다. 첫 번째 단계는 1900년 하원 진출로부터 1915년 다르다넬스 작전의 실패까지, 두 번째 단계는 1940년 수상에 오르기 전까지 실패와 좌절의 시기, 그리고 마지막으로 1940년 이후 국민적 영웅으로 떠오른 시기이다.[16] 그러나 애디슨의 정의와 달리, 두 번째 단계는 좌절만은 아니었다. 다르다넬스 작전의 실패로 불명예 퇴진했던 처칠은 1917년에 군수부 장관으로 복귀했고 1920년경에는 다시 식민부 장관

---

14 Beatrice Webb, *Our Partnership* edited by Barbara Drake & Margaret Cole(Longmans, Green and Co. 1948), 269.

15 John Charmley, *Churchill: the End of Glory*(New York: Harcourt Brace, 1993), 52.

16 Paul Addison, "Churchill's three Careers" in *Winston Churchill in the Twenty-First Century* edited by David Cannadine and Roland Quinault(Cambridge: Cambridge University Press, 2004). 이언 우드도 애디슨과 의견을 같이 한다. Ian S. Wood, *Churchill* (New York: St. Martin's Press, 2000). viii.

이 되어 중동에서의 오스만 제국의 해체와 교착 상태에 있던 아일랜드 자치 문제를 해결하는 데 중요한 역할을 했다. 1922~1924년 사이에 잠시 의회를 떠났지만 1925년부터 1929년까지 처칠은 볼드윈 정부에서 수상 다음으로 중요한 재무부 장관직을 맡았다. 그가 진정 잊혀지는 정치인이 된 것은 1930년대였다. 물론 그가 1940년 이전에 사망했어도 그는 영국 역사에 남을 여러 업적을 남겼다. 예를 들어 복지국가의 기반을 마련한 선각자로서의 그의 명성은 그가 1930년대에 정계를 영원히 떠났다 해도 역사에 남았을 것이다.

특히 두 번이나 당적을 옮긴 것이 그에게 치명적 결함으로 따라다녔다. 처칠은 전통적 의미에서의 정당 정치인은 절대 아니었다. 처칠은 1900년에 보수당 의원으로 의회선거에서 당선되었지만 보수당에 대해 회의를 품게 되고 자유당으로 옮기게 된다. 원인은 주로 자유무역을 포기하자는 체임벌린의 관세개혁 운동에 대한 반대로 알려져왔지만 당시 사회개혁에 막 눈을 뜬 처칠에게는 사회 문제에 관심을 보이지 않는 보수당의 태도가 보호무역 못지않게 불만스러웠다. 처칠은 자신이 보수당에서 멀어지게 된 이유 가운데 또 하나는 보수당이 보어전쟁에 보인 태도, 즉 '징고이즘' 때문이었다고 30년 후에 회고했다. 그에게 내재해 있던 자유주의적 성향이 징고이즘에 부정적으로 반응했던 것이다. 물론 다음 선거에서 정권을 잃을 것이 확실한 보수당을 떠나 승리가 명백해 보이는 자유당으로 옮기려는 의도가 있었던 것도 사실이었다. 이런 여러 요인들이 복합적으로 작용하여 처칠은 1904년에 보수당을 떠나게 된다. 처칠은 의회에서의 첫 4년 동안 토론에 적극적으로 참여했다. 그는 의원들이 잘못 인도된다고 생각하면 반대편 자유당만이 아니라 자신이 속한 보수당 의원들에게도 비판을 가했다. 의원들의 진정한 의무는 독립적 견해를 표명하는 것이라는 생각이 처칠의 의회 민주주의 개념의 핵심 주제였다. 그러나 그것은 보수당 지도부에게는 매우 거슬리는 일이었다.

보수당에 대한 처칠의 실망감은 점차 커지고 있었다. 1903년 말에 자유당이 그의 인척인 트위드마우스 경(Lord Tweedmouth, Edward Marjoribanks)을 통해 자유당에 합류할 것을 제안했지만 처칠은 거절했다. 그러나 점점 더 보수당을 떠나야겠다는 생각이 강해졌고 1904년 4월에 북서 맨체스터 자유당 지역구로부터 자유무역 후보로 나서 달라고 초대하자 승낙했다. 5월 31일에 유대인 이민을 감소시키려는 보수당 정부의 이방인 관련 법안을 비난하는 연설을 끝낸 후 처칠은 보수당이 아니라 자유당 쪽으로 가서 자리를 잡았다. 처칠의 이 극적인 제스처는 "의회 체제에서 의원 개인의 자유를 궁극적으로 확인하는 것"이었다고 처칠의 전기 작가인 마틴 길버트(Martin Gilbert)는 주장한다. 자유당은 처칠을 따뜻하게 환영했다. 1906년 총선에서 승리하여 오랜만에 정권을 장악한 자유당 정부에서 처칠은 식민부 차관직을 맡았다. 이때 남아프리카에서 변호사로 활동 중이던 간디를 만났고, 장차 미국 대통령이 될 루스벨트와도 만났다. 1908년 애스퀴스 정부가 들어서자 상무부 장관으로 내각에 진입한 처칠은 본격적으로 자신의 꿈을 펼칠 수 있었다. 그는 당시 가장 급진주의적 정치인으로 간주되던 로이드 조지와 함께 복지개혁, 토지세, 인민예산 등 사회개혁 정책을 추진했다. 이때 처칠을 움직인 충동은 고전적 자유주의를 벗어나 국가의 적극적 개입을 옹호하는 사회적 자유주의(New Liberalism)였다. 그러나 사람들은 그런 처칠의 모습을 믿으려 하지 않았다. 웨일스 출신의 로이드 조지가 급진주의자로서 완벽한 경력을 가지고 있다면 귀족 출신의 처칠의 행동은 위선이라는 인상을 주었던 것이다. 어찌 되었든 처칠은 상무부 장관으로 재직하면서 오늘날의 복지국가의 기초가 되는 여러 사회입법을 추진했다.

처칠은 1910년 총선 후에는 내무부 장관직을 얻어내었는데 그때 그의 나이 35세였다. 로버트 필(Robert Peel)이 1822년에 내무부의 수장이 된 이래 가장 젊은 장관이었다. 1911~1914년은 특히 노동 소요가 심각했고 처칠은 어려운 경험을 하면서 정치와 행정을 익혀갔다. 1911년 가을에 해군부로 자리를 옮긴 처칠은 그 직에 있으면서 제1차 세계대전을 맞았다. 처칠도 초기에는 전쟁이 길어야 1년 동안 계속될 것이라고 생각했지만 모든 사람들의 예견은 철저히 틀렸다. 해군부 장관 처칠의 공과를 평가할 때 다르다넬스 패전이 가장 우선적으로 언급된다. 프랑스 전선이 교착 상태에 빠지자 처칠은 다르다넬스 해협에 함대를 돌진시켜 일거에 이스탄불을 점령함으로써 터키를 붕괴시키고 배후로부터 독일을 때린다는 전략을 구상했다. 1915년 3월에 시작되어 8개월간 감행했던 작전에 투입된 병력은 50만 명을 넘었고 사상자는 20만 명에 이르렀다. 그해 말 야음을 틈타 해안의 생존자들을 구출함으로써 다르다넬스 - 갈리폴리 작전은 대단원의 막을 내렸다. 그러나 후대 학자들은 다르다넬스 작전이 비록 여러 가지 현실적 준비가 미비했고 결과적으로 참담하게 실패했지만 아이디어 자체는 매우 획기적이었다고 평가한다. 다르다넬스 패전의 일차적 책임은 물론 해군부 장관으로서 그 작전을 밀어붙인 처칠에게 있지만 더욱 중요한 것은 사실 영국 군조직의 구조적 결함이었다. 육군과 해군의 협력이 제대로 이루어지지 않은 상황에서 처칠의 원래 계획과 달리 해군 혼자서 작전을 수행할 수밖에 없었던 것이다. 전쟁부 장관 키치너(Herbert Kitchener)는 군대를 제때 보내지 않은 책임을 면키 어려우며 수상 애스퀴스의 처리 방식도 적절치 못했다. 결국 1917년에 발표된 다르다넬스 조사위원회 보고서는 다르다넬스 참패가 처칠만의 잘못이 아니라고 결론지었고 처칠의 정치적 회복이 가능해졌다.

다르다넬스 사건은 처칠의 가장 훌륭한 면모와 가장 형편없는 면모를 동시에 보여주었다. 처칠은 자신이 장군들보다 전쟁의 원칙을 더 잘 이해한다고 자부했는데, 아마도 조상인 초대 몰버러 공작 존 처칠을 항상 기억하고 있었고 자신이 그 피를 이어받았다고 생각했던 것 같다. 게다가 이전에 아시아, 아프리카의 여러 전투에서 직접 겪은 영국군 장군들의 형편없는 무능도 그로 하여금 자만심을 가지게 만들었다. 그가 없었다면 다르다넬스 작전이 그처럼 오래 지속되지도 않았을 것이다. 작전이 실패했을 때 처칠은 다른 사람들이 그의 추진력과 강력한 힘을 따라오지 못했다고 불평했다. 하지만 그 작전이 성공해서 터키가 전쟁에서 떨어져 나갔다 해도 발칸반도는 독일의 핵심부를 점령하는 길이 아니었다는 것도 확실하다. 다르다넬스 작전은 처참하게 실패했지만 무시하지 못할 처칠의 공로도 있다. 특히 영국 해군의 연료를 석탄에서 석유로 바꾼 것인데, 그 결과 빨라진 속도가 독일군함에 대한 결정적 우위를 가능하게 해주었다.

한편 국내 정책에서의 처칠의 실책도 여러 개 지적된다. 특히 노동계급과의 관계에서 비난의 대상이 되었다. 내무부 장관 시절에 그는 웨일스 광부들의 파업 현장에 병력을 투입했다는 혐의를 받았는데 사실은 군대가 아니라 경찰력을 투입했다. 재무부 장관 시절에 벌어진 총파업(1926)에서는 볼드윈 수상이 타협과 협상을 추구할 때 노동자들을 '적'이라고 부르면서 노조를 불법 단체로 만들려 했다. 그럼으로써 그는 반(反)노동계급이라는 비난을 평생 짊어지게 된다. 그러나 그것은 편파적인 이미지인데, 실상 그는 광부들이 정부와 고용주들에 의해 잘못된 대우를 받았다고 생각해 동정적이었다. 그러나 광부들이 도전해왔을 때 그의 동정심은 사라졌다. 그에게는 '공공의 이익을 해치는 파업'에 대한 인내심이 없었던 것이다. 처칠의 신념에 의하면, 정부와 국민의 올바른 관계는 자비로운 정부가 국민을 위해 시혜를 베풀고 국민은 순종하는 관계였다. 그것이 그가 이해하는 토리 민주주의의 원칙이자 동시에 그것의 한계였다. 처칠은 집산주의적 온정주의에 경도되었고 인간의 존엄성과 사회 정의를 옹호하는 주장에 쉽게 공감했지만, 공공의 이익을 해치는 파업을 인내하지는 않았다. 영국 노동조합회의(Trade Union Congress) 의장을 역임하고 전후 노동당 정부의 각료를 지낸 아이작스(George Isaacs)는 처칠이 정치적으로 뛰어난 재능을 가지고 있었음에도 노조의 활동과 역할을 제대로 이해하지 못했다고 평했다.[17] 처칠의 반응은 정치적 신념에 의거했는데 그는 특히 생디칼리즘이 주장하는 '직접 행동', 즉 총파업을 민주주의에 대한 위협이며 의회 정부를 전복하려는 시도라고 간주했다. 그리고 그것이 처칠로 하여금 점차 급진주의로부터 후퇴하게 만든 하나의 원인을 제공했던 것이다.

1917년에 발발한 러시아혁명은 처칠의 정치적 성향을 우측으로 돌리는 데 결정적 역할을 했다. 그는 1924년에 영국 역사상 최초의

---

17 George Isaacs, "Churchill and the Trade Unions" in *Churchill by His Contemporaries* edited by Charles Eade(New York: Simon & Schuster, 1954), 310−334.

노동당 정부가 들어섰을 때 그에 대한 심각한 경고를 발했다. 만약 "2, 3년 전만 해도 총파업을 주도했던 세력에 치안의 의무가 넘어가면" 어떤 상황이 전개될지 상상하기 힘들다는 주장이었다. 그는 "거대한 사회적, 경제적 붕괴"가 있을 수 있으며 "의회제도가 전복되거나 한편으로 밀려" 날 수 있다고 우려했다. 처칠에 의하면 노동당은 "공식적으로 모든 기존체제의 적이라고 스스로 선언한 사람들"이다. 그들은 수세기 동안 공들여 형성해온 모든 제도를 전복시키겠다고 맹세한 정당이다. 그들은 이윤 창출을 죄악으로, 토지와 건물의 지대와 이자를 단순 사기로 보는 사람들이다. 물론 존경할 만한 노조 지도자들이 정부를 구성하겠지만 그들이 통제력을 가질 수 있을지는 장담하지 못한다는 것이 처칠의 입장이었다.[18]

전반적으로 봤을 때 처칠의 재무부 장관직(1924~1929) 수행은 성공적이라 평가받지 못하며 특히 금본위제로 복귀하면서 전쟁 전과 동일한 달러-파운드 환율을 적용한 결정은 큰 실책이었다는 데 학자들은 동의한다. 그러나 당시에는 비판자가 거의 없었다. 재무부와 잉글랜드 은행이 적극적으로 추진한 그 정책은 국제적 금융 중심지로서의 런던의 위치를 회복시키는 것으로 당연하게 받아들여졌다. 금본위제보다 더 근본적인 문제는 대공황이 정점에 이르렀던 1930년대라는 시점에서 5년 동안이나 재무부 장관을 역임했던 처칠이 그 거대한 경제적 문제에 대해 아무 말도 하지 않았다는 것이다. 1920~1930년대에 처칠은 자신이 두 개의 소명을 맡았다고 믿었다.

18 Winston Churchill, *His Complete Speeches* vol. V edited by Robert Rhodes James(Chelsea House Publishers, 1974), 4553, 4555.

첫째는 독일의 위협을 인식하고 준비하도록 영국 정치인들과 국민들을 각성시키는 것이고, 둘째는 인도에 자치를 허용하려는 '나약한' 사람들을 억제하고 인도를 현상대로 유지하는 것이었다. 그의 소명에는 경제 위기가 포함되지 않았다. 그는 실업과 경제 부흥에 대한 심각한 논쟁에서 침묵을 지키면서 오히려 인도 문제에 정치적 열정을 쏟아부었다. 처칠은 심프슨 부인과의 결혼으로 야기된 에드워드 8세의 퇴위 위기 때(1936)도 왕을 옹호했는데, 당시 많은 보수당 의원들은 처칠이 국왕 편을 든 것은 단순히 볼드윈 수상에 반대하기 위해서라고 생각했다. 물론 그의 태도의 저변에는 왕실과 왕정에 대한 존경심이 있었다.

처칠은 일찍이 히틀러 정권의 위험을 감지하고 영국 정부의 대독 유화정책을 강력히 비판하면서 영국의 군비 확충을 주장한 선지자였다. 처칠은 아직 히틀러가 권력을 장악하기 전인 1930년 10월에 이미 히틀러에 대한 우려를 표명했는데, 그때는 영국은 물론 독일에서도 아마 히틀러 본인을 제외하고는 아무도 그가 장차 총통이 되리라고는 생각지 못한 시점이었다. 처칠은 베르사유 조약 이후 팽배해지던 독일 민족주의의 위험을 감지했고 언젠가는 히틀러와 같은 인물이 등장할 것임을 예견했다. 히틀러와 나치가 부상하면서 처칠은 독일 재무장의 위험을 경고하고 영국의 군비 확충과 국제연맹을 통한 집단 안전보장 체제에 영국 국민과 정치인들의 관심을 돌리려 노력했지만 그 누구도 귀 기울이지 않았다. 1930년대의 대공황이 야기한 경제 위기와 무슨 수를 써서라도 또 다른 전쟁은 회피해야 한다는 평화 지상주의 분위기에서 처칠은 고독한 투쟁을 해야 했다. 처칠은 유화주의자들을 "악어에게 먹이를 주면서 악어가 자기를 제일 마지막으로 잡아먹을 것을 바라는 사람"으로 정의했다.[19] 그러나 1930년대 말 영국의 지배적 여론은 처칠을 전쟁광으로 매도하고 체임벌린을 '뮌헨 회담의 영웅'으로 환영할 만큼 평화를 갈망하고 있었다. 그러나 유화정책에 일관되게 반대한 결연한 입장 덕분에 처칠은 궁극적으로 수상의 지위에 오르게 된다.

패배해본 적 없는 나라의 지도자

1939년 9월에 전쟁이 발발하자 처칠은 1914년과 마찬가지로 다시 해군부 장관으로 임명되었다. 1930년대를 통해 다르다넬스 실책이 계속 그를 따라다녔고 그의 반대자들은 인도 자치 문제에 대한 그의 완고한 고집 등을 들어 그를 몰아붙였다. 그러나 막상 전쟁이 발발하자 그가 지난 10년간 내각에 포함되지 못했다는 사실이 오히려 장점이 되었다. 이제 죄인은 뮌헨협정을 맺은 사람들이었기 때문이다. 1930년대의 유화정책은 결국 '명예로운 평화', '명예로운 전쟁', '명예롭지 못한 전쟁' 가운데 마지막 선택지로 몰고 갔을 뿐이었다. 명예도, 평화도 건지지 못했던 것이다. 그리고 8개월 후인 1940년 5월 10일에 처칠은 그의 아버지가 그토록 원했지만 가질 수 없었던 최고 영예의 자리에 올랐다. 그의 나이 65세였다. 처칠은 5년간 나라를 이끌며 전쟁에서 승리를 거두었다.

처칠과 루스벨트 그리고 스탈린이라는 인물 세 명이 동시대인으로

---

19 Ibid., 6023.

함께 역사의 흐름을 주도해갔음은 무척 흥미로운 사실이다. 그들의 관계는 피상적으로 보이는 것보다 한층 더 미묘하고 복잡했다. 처칠은 미국이 참전하지 않는 한 승리는 불가능하다는 사실을 처음부터 인식했고 미국의 참전을 위해 공을 들였다. 처칠과 루스벨트는 1939년 9월부터 1945년 4월 루스벨트가 세상을 뜨기 전까지 2,000통 가까운 편지와 전보를 교환했는데, 처칠이 1,161통, 루스벨트가 788통의 편지를 썼다. 처칠의 오랜 구애는 결국 결실을 맺었지만 무척 어려운 과정을 겪은 결과였고 당연한 결과도 아니었다. 처칠을 근접 수행했던 주치의 모랜 경은 1941년 12월, 진주만 폭격 직후 워싱턴에서 루스벨트와 만나 회담을 한 다음 캐나다의 오타와에 도착했을 때의 처칠의 태도를 "마치 더블린 다음에 벨파스트에 도착한 것 같다"고 기록했다. 그만큼 미국이라는 존재는 처칠에게 버거웠다. 그는 런던에서 자유프랑스 망명정부를 이끌고 있던 드골에게 다음과 같이 일갈했다.

이것 보시오. 나는 패배해본 적이 없는 강한 나라의 지도자요. 그런데도 매일 아침 눈을 뜨면 첫 번째 하는 생각은 '어떻게 루스벨트 대통령을 즐겁게 해줄 것인가'이고, 두 번째 생각은 '어떻게 스탈린 원수의 비위를 맞출 것인가'입니다. 당신의 상황은 매우 다릅니다. 그런데도 당신이 눈을 뜨자 하는 첫 번째 생각이 '영국인과 미국인들에게 어떻게 손가락을 까딱할까'이어야 하겠소?[20]

---

20 Richard Langworth ed., *Churchill By Himself*(New York: Public Affairs, 2008), 337.

루스벨트도 결국 처칠에 화답했다. 1942년에 루스벨트는 처칠에게 "당신과 같은 시대에 살고 있는 것은 재미있는 일입니다"라고 고백했다.[21] 그럼에도 1943년 이후 두 사람의 거리는 멀어져갔다. 루스벨트가 결코 스탈린의 본질을 이해하지 못한 데 반해 처칠은 스탈린이 소련의 영토를 확대하고 공산주의를 확장하려는 욕구로 가득 찼다는 사실을 깨달았던 것이다.

일부 학자들은 처칠이 히틀러에 대항한 전쟁에서 소련 세력을 과다하게 키워줌으로써 전후에 공산권이 창궐하게 되었다는 비판을 제기해왔다. 즉 제2차 세계대전 때 영국이 독일과 협상했더라면 '독일 지도하에 있는 다소간 통일된 유럽'은 받아들일 만했을 뿐만 아니라 장기적으로는 영국에게 유리했을지도 모른다는 주장이다. 여기서 우리는 '나치가 지배하는 유럽 전체'와 '소련이 지배하는 유럽의 반'에 대한 처칠의 판단을 살펴보아야 한다. 1940년 초에 이미 처칠은 독일이 유럽 전체를 지배하든지, 아니면 러시아가 유럽의 반쪽을 지배하든지라는 두 가지 선택지를 예상하고 있었다. 그리고 그는 반쪽이 아무것도 없는 것보다 낫다는 판단을 내렸던 것이다. 전쟁의 끝이 보일 때 드골을 포함한 많은 사람들은 처칠이 동유럽에서 러시아에게 너무 많이 양보한다고 비판했다. 그들이 불평할 만큼 처칠이 스탈린에게 양보한 이유는 대독 전쟁에서 행한 소련의 활약과 공헌을 인정했기 때문이다. 스탈린그라드 이후 러시아인들은 '날뛰면서' 요구했고 처칠은 더 많이 양보할 수밖에 없었다. 처칠은 끝까지 스탈린에 대한 신의를 지켰다. 히틀러가 자살하기 며칠 전, 히믈러는 제3제국이 '서

21 Lord Moran, *Churchill, the Struggle for Survival*, 27.

방 동맹국들'에게 무조건 항복하겠다고 통고했다. 그러나 처칠은 이를 거부하고 항복은 '소련을 포함한' 모든 동맹국들을 대상으로 해야 한다고 잘라 말했다. 스탈린의 반응은 "당신이 그렇게 하리라는 것을 의심하지 않았소"였다.[22]

죄악과 비애의 세상에서

처칠은 긴 경력 동안 여러 이데올로기에 접하고 영향을 받았으며 대단히 복잡하고 복합적인 이념적 성향을 갖추게 된다. 그는 25세 나이에 보수당 의원으로 정치 경력을 시작했지만 당적을 두 번 바꾸었다. 기존 정치 행태에 맞추기에는 너무 독자적인 성향을 가지고 있던 것이다. 비록 아버지를 좇아 보수당 의원으로 경력을 시작했지만 처칠의 성향은 반드시 보수주의적이지 않았다. 1897년에 그는 어머니에게 쓴 편지에서 "나는 이름만 빼고 자유주의자입니다. 아일랜드 자치 문제만 아니라면 자유당으로 의회에 진출하고 싶어요"라고 토로했다.[23] 당시 그는 국내 여러 사안에서 가장 급진적 입장을 취하고 있었다. 즉 모든 성인 남성 보통선거권, 보편 교육, 모든 종교의 허용, 지방정부의 확대, 여덟 시간 노동제, 누진 소득세 등을 찬성하는 입장을 취했던 것이다. 정치에 입문한 후 그는 자유주의자들과 많은 교류를 했으며 보수당 지도부와 마찰을 빚었다. 특히 정부가 나서서

---

22 윈스턴 처칠, 황성수 외 옮김, 『제2차 세계대전』(향우사, 1970) 제12권, 255~256쪽.

23 Churchill to Lady Randolph Churchill, Randolph Churchill, *Winston S. Churchill* vol. I *Youth*(Hillsdale, Michigan: Hillsdale College Press, 1966), 318.

제4경기병연대 군복을 입은 처칠, 1895년.

[좌] 브로츠와프에서 군사훈련 중인 독일의 빌헬름 2세(좌)와 처칠, 1906년.
[우] 왕립 스코틀랜드 퓨질리어 연대 제6대대 지휘관 시절의 처칠(가운데), 1916년.

[좌] 랜돌프 처칠 경과 아내 제니 제롬(Jennie Jerome), 1874년.
[우] 처칠의 아내, 클레먼타인. 1915년.

사회적 약자를 보호해야 한다는 신념이 점차 강해지고 보수당이 이 문제에 무관심함을 알면서 보수당에 대한 환멸이 심해졌다. 1903년이 되면 그는 자신이 "영국식 자유주의자"이며 자신은 "토리당, 그 사람들, 그들의 말과 방법을 싫어한다"는 사실을 확실히 했다.[24]

처칠은 정치가가 되기 전부터 사회적 약자에 대한 관심을 가지고 있었다. 보어군이 포위하고 있던 도시 레이디스미스가 구조된 후에 그는 종군기자로서 쓴 기사에서 전쟁에서 최종 승리하고 나면 사회적 개선과 개혁 정책을 통해 국민 정신을 고무해야 한다고 주장했다.[25] 처칠은 20세기 초에 시드니 웹과 베아트리스 웹의 '국민 최저 수준'이라는 개념을 받아들였다. 즉 국민들이 그 이하로는 살거나 일할 수 없도록 하는 선을 긋자는 것이다. 제1차 세계대전이 끝나고 1918년 12월에 치른 총선에서 로이드 조지의 자유 – 보수 연합의 승리가 확실해지자 그는 로이드 조지에게 "이 나라의 모든 역량과 영향력을 긁어모으고 이끌어 사회적 약자들을 구제하기 위한 과학과 조직의 길을 따라가길 바랍니다"라고 격려했다.[26] 이처럼 사회적 약자에 대한 배려는 처칠이 일생 견지한 관심사였다. 물론 그의 입장은 온정적 가부장주의자, 토리 민주주의자의 그것이고 '민중을 이끄는 귀족'이 그가 생각한 지도자와 국민의 관계였다.

한편 처칠에게는 전통적 자유주의자의 면모가 남아 있었다. 1904년에 보수당을 떠나 자유당으로 당적을 옮길 때 처칠의 명분은 자유

---

24 Churchill to Lord Hugh Cecil. Randolph Churchill, *Winston S. Churchill* vol. II *Young Statesman*(Hillsdale, Michigan: Hillsdale College Press, 1967), 71.

25 Gilbert, *The Will of the People*, 18.

26 Ibid., 55.

무역 옹호였다. 죽는 날까지 자유무역을 옹호한 점에서 처칠은 자유 주의자였다. 그의 아내는 종종 처칠이 마음에서 자유주의자이고 자 유당이 1920년대에 무너지지 않았다면 여전히 그 당에 속했을 것이 라는 점을 환기시켰다. 그러나 젊은 시절의 처칠은 고전적 자유주의 가 아니라 자유주의에 일정 정도의 집산주의를 접목시킨 사회적 자 유주의를 받아들였다. 특히 보수당을 떠나 자유당으로 옮길 무렵에 는 확실하게 집산주의의 영향하에 있었다. 물론 그것은 사회적 자유 주의가 허용할 수 있는 범위의 집산주의였다. 오랜 친구인 카터는 처 칠이 "뼛속까지 민주주의자였고 의회를 경외하고 인권에 대한 강한 의식"을 가지고 있었지만 사실 "자유주의자는 결코 아니었다"고 평했 는데 그 이유로 그가 문제 해결에 있어 자유주의자들과 달리 '주저없 이' 권력을 행사했다는 사실을 들었다.[27]

처칠은 특히 20세기라는 급변하는 시대의 특징을 전문성과 과학 의 발달에서 찾았는데 그러한 시각이 그로 하여금 민주체제의 한계 에 눈을 돌리게 했다. 처칠은 과학의 발달에 대단히 예민했다. 그가 웰스의 『타임 머신(The Time Machine)』을 읽고 열광했다는 사실이 단적 으로 그 사실을 보여준다. 처칠은 이처럼 엄청난 과학기술의 발전이 가져올 미래 세상에서 의회 민주주의가 제대로 작동할 수 있을지 걱 정했다. 무엇보다 일반 대중이 그런 급격한 변화를 적절히 수용할 수 있는 방법을 선거에서 투표로 결정할 능력이 있을지 의문을 품었다. 그는 1920년대에 쓴 글에서 이 세상의 의회들은 전 세계적 현안인 경 제 문제를 처리하는 데 매우 부적절하다는 사실이 입증되었다고 말

---

27 Carter, *Winston Churchill: An Intimate Portrait*, 158.

한다.

> 민주주의 정부는 최소한도의 반발과 근시안적인 정책, 선심과 자선, 진부
> 하기 이를 데 없는 사탕발림 수법 등을 수단으로 삼고서 표류하고 있다.
> 민주주의는 매번 옳은 결정을 내릴 수 없다. 공산주의자들만이 계획과 복
> 음을 가지고 있는데 불행히도 그것은 인간의 자유를 질식시키는 계획이
> 며 증오에 기초한 복음이니, 그것이 바로 문제인 것이다.[28]

1922년 10월에 로이드 조지 정부가 무너지고 처칠도 식민부 장관
직에서 물러났을 때 함께 일했던 동료인 로버트 혼(Robert Horne)이
처칠에게 '정치적으로 어디 서 있는지' 의중을 캐보았다. 처칠은 자신
이 평생 견지한 하나의 입장은 '토리 민주주의'라고 실토했다. 토리
민주주의는 엘리트와 대중이 가부장적으로 맺는 관계를 통해 노동계
급의 이해관계가 보존된다고 주장한, 디즈레일리로부터 시작된 보수
당의 한 원칙이다. 혼에 의하면, 처칠은 상황이 그를 다른 당으로 안
내했지만 자기 생각은 결코 변하지 않았으며 "다시 보수당으로 돌아
갈 수 있다면 내 생각이 실현될 기회가 될 것"이라고 대답했다는 것
이다.[29] 이때쯤 처칠이 다시 보수당으로 복귀할 생각을 하고 있었음
은 확실하다. 그러나 보수당이 보호무역을 도입하려 한다는 소리에
주춤했다. 자유무역은 처칠이 평생 견지했던 신념이었고 그가 보수
당을 떠나 자유당으로 옮긴 대의였다. 그 대의를 저버리고 다시 보호

---

28   처칠, 『폭풍의 한가운데』, 401~402쪽.
29   Gilbert, *The Will of the People*, 61.

무역을 지지하는 보수당으로 돌아갈 수는 없다고 생각한 처칠은 애스퀴스의 지도하에 자유당이 다시 통합해야 한다고 촉구했다. 그는 대중 연설에서 자유주의를 "명쾌한 지성과 고귀한 원칙"의 "확실하고 건전하고 안전한 유일한 중간 길"이라 칭송하며 자신이 자유주의자임을 재차 천명했다.[30]

그러나 애스퀴스와 로이드 조지는 통합하지 못했고 자유당이 선거에 이길 가능성은 거의 없었다. 한 달 후에 치러진 총선에서 처칠은 패함으로써 정치를 시작한 후 처음으로 의석을 잃었다. 이 선거에서 자유당은 효과적인 통치기구의 자격을 잃어버렸다. 보나 로(Andrew Bonar Law)가 이끄는 보수당이 344석, 노동당이 142석, 로이드 조지파가 62석, 애스퀴스 파가 53석을 차지했다. 처칠은 자신을 여전히 로이드 조지 측 자유주의자로 간주했고 궁극적으로는 당에서 자신의 선거구를 찾아줄 것이라고 믿었다. 그러나 자유당이 노동당을 도와 보수당 정부를 무너뜨릴 것이라는 소리에 분노하여 "사회주의 정부가 집권하는 걸 돕는 당에 속할 수 없다"고 선언했다.[31] 자유당에 대한 환멸이 확실해졌던 것이다. 1924년 2월에 처칠은 웨스트민스터 선거구 보궐선거에 나섰다. 이번에는 독립 반사회주의자(Independent Anti-Socialist)라는 이름으로 나섰지만 근소한 표차로 낙선했다. 그 후 처칠은 정치 현장에서 떠나 그림을 그리고 차트웰 저택을 보수하는 동시에 제1차 세계대전 회고록 집필에 열중했다. 1924년 10월 또 한 차례 총선이 치러졌다. 이때쯤 처칠은 영국 정치에서 자유당의

---

30 Ibid., 63.
31 Ibid., 64.

자리는 없으며 자유당은 보수당을 지지해야 한다는 결론에 도달해 있었다. 보수당 중앙당이 처칠에게 보수당 후보가 아니라 헌정주의 (Constitutional) 후보로 런던 근교의 에핑을 추천했고 보수당이 후보를 공천하지 않은 채 치른 선거에서 처칠이 당선되었다. 볼드윈은 처칠을 재무부 장관으로 임명했고 처칠은 보수당으로 복귀했다. 던디, 웨스트 레스터, 웨스트민스터에서 세 번 내리 패배하고 네 번째인 1924년 총선에서 승리한 것인데 마지막 네 번째 선거에서는 1만 표의 압도적 표차로 승리했다. 2년이 채 안 되는 짧은 기간에 4차례나 선거를 치른 것이다. 이때가 유일하게 처칠이 의석을 잃었던 시기였다.

처칠이 자유당을 떠난 배경에는 보수당의 획책도 있었는데, 보수당 지도부는 이미 애스퀴스 파와 로이드 조지 파로 분열되어 있는 자유당을 산산조각 낼 방법으로 처칠을 보수당으로 끌어오는 계획을 세웠던 것이다. 한편 처칠은 자유당이 분열된 상태로 있는 한 집권은 불가능하고 그 역사적 사명도 다했다는 사실을 깨닫고 있었다. 그러나 그가 보수당으로 돌아간 가장 큰 이유는 보수당만이 사회주의를 패배시킬 확실한 기반을 제공한다고 믿었기 때문이었다. 1924년경에 다시 보수당으로 돌아올 즈음 처칠의 내면에는 진정한 변화가 있었다. 그의 반(反)볼셰비즘적이고 반사회주의적인 노선을 생각할 때 보수당으로의 회귀는 어쩌면 예견된 과정이었다. 처칠은 러시아혁명 후 반 공산주의에서 자신의 정치적 정체성을 찾았다. 한때의 급진주의자가 이제는 아주 분명하게 반공주의자가 된 것이다. 그는 소련식의 폭정은 인류 역사에서 최악이라는 확고한 믿음을 가지고 그 체제를 비판했다. 따라서 두 번째 당적 바꾸기는 첫 번째보다 덜 기회주의적이었다. 그러나 버나드 쇼와 같은 좌파 지식인들은 소련을 새로운 문명이라 간주하며 처칠을 반동주의자로 몰았다.

처칠은 사회주의/공산주의에 대한 반대를 일관되게 유지했고 일생을 통해 '경쟁의 활력을 해치는 모든 것'을 싫어한다는 입장을 취했다. 1910년경부터 그가 우익으로 옮겨가고 있다는 징후가 드러났다. 사회 질서를 옹호하는 보수 정객으로서, 그리고 운명을 타고났다고 느끼는 군사적 지도자로서의 성격이 나타나면서 처칠 안에 잠재해 있던 보수적 성향과 급진적 성향 가운데 하나가 다른 하나를 압도하기 시작한 것이다. 그러나 1937년에는 공산주의와 나치즘 사이에서 선택해야 한다면 공산주의를 택하겠다고 선언함으로써 히틀러가 스탈린보다 더 사악한 적이라는 자신의 판단을 공표했다. 전후세계에 대한 처칠의 구상에서는 반 공산주의가 핵심이었고 1946년에는 '철의 장막'의 위협을 경고하고 나서면서 냉전의 선지자 역할을 했다. 역사적 연속성을 중요시하던 그는 무엇보다도 볼셰비키들이 역사의 유산을 감히 거부한다는 사실에 경악했다.

한편 처칠에게 의회는 평생 숭고한 곳이었다. 처칠은 1950년 10월에 행한 의회 연설에서 의회는 '행정부의 억압에 대항하는 챔피언'이며 혼자서 과두정과 일인 독재에 대항해왔다고 천명했다. 그에게 의회는 수백 년 동안 "인류가 축적한 지혜, 즉 자유와 법"을 상징하는데 그것이야말로 "모든 의회의 어머니인 우리 영국 의회가 전 세계에 주장할 수 있는 메시지"라는 것이다.[32] 제1차 세계대전이 끝난 후에 처칠은 "우리는 참호에서만 독일을 이긴 게 아니다. 정치 시스템에서도

---

32 Martin Gilbert, *Winston S. Churchill* vol VIII *Never Despair*(Hillsdale, Michigan : Hillsdale College Press, 1976), 563.

그들을 이겼다"며 영국의 의회 민주주의 제도를 찬양했다. 그가 1939년에 집필하기 시작한 『영어 사용권 국민들의 역사』의 주제도 자유와 법, 개인의 권리의 대두와 성장이었다. 영어 사용권 국가의 국민들이 이 원칙들을 "창조해내었고 그것의 챔피언"이 되었다는 것이 처칠이 말하고 싶은 요지였다.[33] 처칠은 제2차 세계대전을 치르면서 그 전쟁이 전 세계 민주주의 제도와 가치들을 지키기 위한 전쟁이라는 명분을 내세웠다. 단순히 단치히나 폴란드를 위해 싸우는 것이 아니며 "나치 독재의 악성 전염병"으로부터 이 세상을 구하고 "인간에게 가장 성스러운 모든 것"을 방어하기 위해 싸운다는 것이었다.

60년간 의회를 지키고 '의회의 아버지'로 불렸으며 나치즘과 공산주의에 대항한 싸움을 이끌었던 처칠이 민주주의의 신봉자였음은 당연하다. 민주주의에 대한 처칠의 믿음은 1941년 8월에 그와 루스벨트가 맺은 대서양 헌장(Atlantic Charter)에 확실하게 적혀있다. 즉 영국과 미국은 나치로부터 해방된 모든 국민이 정부 형태를 선택할 권리를 존중한다는 서약이었다. 1945년 2월에 있은 얄타 회담에서도 처칠은 전쟁이 끝난 후 동유럽 국가들이 자유로운 선거를 통해 국민들이 지도자를 스스로 선택할 수 있기를 바란다고 선언했다. 그는 특히 스탈린에게 동의를 구했다. 처칠은 자신이 국민들의 보편적인 투표에 의해 "언제라도 내쳐질 수 있는" 지도자라며 그런 위험 속에 있는 것을 "영광"으로 생각한다고 스탈린에게 말했다. 그는 자신이 그런 선거를 두려워하지 않을 뿐만 아니라 영국 국민들이 원할 경우 언

---

33 Ronald Quinault, *British Prime Ministers and Democracy from Disraeli to Blair*(Continuum International Publishing Group, 2011), 143; Gilbert, *The Will of the People*, 98.

제라도 정부를 바꿀 수 있는 권리를 가졌다는 사실에 자부심을 느낀다고 선언했다.[34] 1945년 총선에서 노동당이 승리했을 때 처칠은 측근들에게 "우리에겐 기분 상할 권리가 없다. 이것을 위해 우리는 싸웠던 것"이라고 담담하게 말했다.[35] 처칠이 간과한 점은 그가 상정한 민주주의 원칙이 영제국에 속한 유색인들에게는 온전히 적용되고 있지 않다는 것이었다. 인도 자치정부에 대한 그의 완강한 반대에서 알 수 있듯 그가 단기적으로는 민주주의를 백인들만이 실시할 수 있는 제도로 보았음이 확실하다.

그러나 그는 민주주의를 맹신하지 않았고 대중을 존중하면서도 경계했다. 민주주의에 대한 처칠의 태도는 사실 양가적이었다. 1901년에 처칠은 "민주주의는 정부들보다 복수심이 강하며 대중들의 전쟁은 왕들의 전쟁보다 더 끔찍할 것"이라고 전망했다.[36] 처칠이 1947년에 민주주의에 대해 남긴 유명한 발언은 여러 형태로 인구에 회자되지만, 정확하게는 다음과 같다.

이 죄악과 비애의 세상에서 많은 형태의 정부가 시도되었고 시도될 것이다. 아무도 민주주의가 완전하거나 현명하다고 믿지 않는다. 사실 민주주의는 역사상 때때로 시도되었던 모든 다른 형태의 정부들을 제외하고는 최악의 정부 형태라고 말해진다.[37]

34 존 미첨, 이중순 옮김, 『처칠과 루스벨트(Franklin and Winston)』(조선일보, 2004), 522~523쪽.
35 Leo McKinstry, Attlee and Churchill: Allies in War, Adversaries in Peace(Atlantic Books, 2019), 438.
36 Lukacs, Churchill: Visionary. Statesman. Historian, 3.
37 International Churchill Society. https://winstonchurchill.org/resources/quotes/the-

한편으로 처칠은 민주주의가 20세기의 지배적 시스템임을 인정했다. 즉 입법자가 아니라 유권자가 주권자가 되는 체제를 받아들였던 것이다. 그는 "국민의, 국민에 의한, 국민을 위한 정부"는 여전히 "민주주의의 최고 정의"로 남아 있다고 인정했다.[38] 그러나 그는 끊임없이 그 체제가 최상은 아니라는 사실, 민주주의를 더 나은 것으로 만들기 위해 노력해야 한다는 사실을 지적했으며, 주권자인 유권자가 '자격이 있는 유권자'인지를 따져보려 했다. 그는 1944년에 전후 그리스 정치 체제를 둘러싸고 스탈린과 갈등을 벌이던 중 민주주의는 "기관총을 가진 사람이 거리에서 아무렇게나 고르는 매춘부"가 아니라고 선언했다. 어떤 나라의 국민이건 그들을 신뢰하지만 그들이 "진짜 국민인지 아니면 산에서 내려온 산적들인지" 확인해야겠다는 것이다. 그들이 폭력을 휘둘러서 헌정 상의 권위를 전복시키고 오랜 역사를 가진 의회와 정부와 국가를 전복시킬 수 있다고 믿는 "도둑떼"가 아닌지를 확인해야 한다는 뜻이었다.[39]

지금 싸우기를 멈출 수는 없다

국민적 영웅이라는 칭호에도 불구하고 유럽 전쟁이 끝나고 실시된 총선에서 처칠이 이끈 보수당은 노동당에게 크게 패했다. 물론 그 결과는 처칠에 대한 거부감이 아니라 전쟁 전에 나라를 제대로 운영하

worst-form-of-government/
38 Langworth ed., *Churchill By Himself*, 385.
39 Gilbert, *The Will of the People*, 114; Langworth ed., *Churchill By Himself*, 385.

지 못했던 보수당에 대한 반감이 반영된 것이었다. 총선 결과가 밝혀지자 모든 사람이 깜짝 놀랐다. 포츠담에 있던 소련 외무부 장관 몰로토프(Vyacheslav Molotov)도 얼굴이 하얗게 변했다. 이제 처칠의 정치 경력은 완전히 끝난 것처럼 보였다. 처칠은 그때 이미 71세 노인이었다. 총선에서 패하자 처칠이 은퇴해야 한다는 목소리도 커졌다. 처칠은 가까운 친구에게 "일생을 싸워왔는데 지금 싸우기를 멈출 수는 없다"고 심경을 말했다. 총선 후 처칠은 겉으로는 침착했지만 주변 사람들은 그의 대단한 실망감을 느낄 수 있었다. 처칠이 참을 수 없는 건, 나라가 "고작 애틀리를 위해 자기를 저버렸다"는 사실이었다.[40] 그가 애틀리를 두고 '양의 가죽을 쓴 양'이라고 농담을 한 것은 유명한데, 처칠은 비록 애틀리를 신뢰했지만 존경할 수는 없었다. 처칠의 기질과 출신 배경은 애틀리와 같은 중간계급의 전망을 이해하는 걸 어렵게 했다. 게다가 처칠을 더욱 실망시킨 것은 노동당과 보수당이 획득한 의석수의 차였다. 그는 모랜 경에게 자신은 리비에라로 갈 생각이며 영국을 "다시 못 본다 해도 상관하지 않겠다"고 비통하게 말했다.[41]

1945년 총선 직후 처칠은 노동당 정부가 사회주의 정책을 상당히 멀리 밀고 갈 것이며 한동안 보수당이 정권을 다시 잡을 수 없을지 모른다고 걱정했지만 동시에 사회주의 정책의 재정적 결과가 그들을 "망칠 것"이기에 보수당에게 희망이 있다고 생각했다. 그는 기본적으로 사회주의 정당의 정권 장악을 반대했다. 1924년에 단기 지속된 노

---

40 Lord Moran, *Churchill: the Struggle for Survival*, 334.
41 Ibid., 308, 310−311.

동당 정부에 대해서도, 그리고 1929년의 노동당 정부에 대해서도 같은 입장이었다. 그는 램지 맥도널드(Ramsay MacDonald) 정부가 들어선 1929년 12월에 만약 노동당이 "그들 마음대로 한다면 이 나라를 하나의 거대한 무료급식소로 전락시킬 것"이라고 말했다.[42] 그가 노동당 정부를 반대한 이유는 그들이 공식적으로 '기존체제의 적'이라고 스스로 선언'한 사람들이기 때문이다. 노동당은 영국인들이 수세기 동안 공들여 형성해온 모든 제도를 전복시키겠다고 맹세한 정당이라는 것이다. 그는 사회주의가 부와 가난의 차이를 강조하고 역사가 시작된 이후 인류가 밟아온 길을 괴롭힌 모든 비극에 대한 책임을 기존 사회체제에 떠넘기는 것에 불과하다고 보았다.[43] 처칠이 판단하기에 사회주의는 영국 국민의 심성에 맞지 않을 뿐 아니라 사회주의 정당인 노동당에는 애국심이 부족했다. 어떤 영국의 사회주의자도 사회주의 교리에 기여한 바가 없으며, 그 교리는 전부 독일과 러시아에서 빌린 것이라고 처칠은 주장했다. 1945년 총선을 위한 유세 기간에 처칠은 만약 사회주의 정부가 들어선다면 소규모의 "국제적인 군사 정권의 결정에 따라 움직이는 꼭두각시 정부"를 갖게 될 것이라고 주장했다.[44] 한편 영국에는 자유가 있고, 법이 있고, 국가에 대한 사랑이 있고, 계급들 사이에는 상당한 선의가 존재한다. 영국사회에는 비록 완전한 수준은 아니지만 번영이 확대되고 있고 잘못된 일들을 바로잡을 기회가 훨씬 더 많아지며 더 많은 진보를 이루어내고 있다는 것이다.[45] 그런데도 노동당은 이 사실을 깨닫지 못한다는 것이 처칠의

42 Langworth ed., *Churchill By Himself*, 416.
43 Churchill, *His Complete Speeches* vol. V, 4712.
44 Ibid., 4555-4556.

판단이었다.

그러나 막상 애틀리 정부가 사회주의 노선을 추구할 때 처칠은 크게 반응하지 않았다. 처칠은 복지국가 건립에 대해서는 반대하지 않은 채 주로 기업에 대한 과잉 규제와 식량 배급, 그리고 국유화에 초점을 두고 공격했다. 기업 규제와 국유화정책은 처칠의 자유주의적 정신에 위배되었다. 그는 국가가 산업을 소유하는 사회주의적 생산을 믿지 않았다. 단지 사기업과 개인의 근면, 개인의 이익에 의해 유지되는 경제 체제만이 제대로 작동할 수 있다고 확신했기 때문이다. 앞서 살펴보았듯이 처칠은 1906년 이후 사회적 자유주의를 받아들였지만 시장의 가치와 미덕에 대한 신념은 버리지 않았다. 그는 현존하는 사회 조직은 '경쟁적 선택'에 의해 앞으로 나아간다고 믿었다. 물론 20세기의 국제적, 경제적 상황에서 19세기식 시장 중심의 경제정책이 한계를 가진다는 것은 잘 알고 있었다. 그는 평생 자유무역을 주장했지만 모든 것이 시장에서 결정된다고는 믿지 않았다. 1920년대에 쓴 글에서 처칠은 "임금이 시장에서 흥정으로 결정되어야 한다는 주장에 동조할 사람이 세상에 어디 있겠는가?"라고 묻는다. 경제 문제는 정치적 주제와는 달라서, 아무리 국민의 뜻이라고 열렬히 주장하고 나선다고 해서 해결될 수 있는 것이 아니고 오로지 정확한 처방과 행동만이 요구되는 분야라는 주장이다. "암을 치료하는데 다수결로 할 수 있는가?" 필요한 것은 정확한 치료 방법이다. 누구나 국민이 무엇을 원하는 줄은 안다. 그들은 보다 나은 생활을 원하는데 그것을 어떻게 얻을 수 있을지는 전문가들에게 맡겨야 할 대단히 까

---

45 Churchill, *Blood, Sweat, and Tears*(New York: G. P. Putnam's Sons, 1941), 45.

다로운 질문이라는 것이다.[46]

기본적으로 처칠은 사회적 약자의 운명을 개선하고자 한 가부장적 온정주의자였다. 그러나 그는 모든 것을 움켜쥔 국가가 시혜를 베푸는 식의 진행에는 반대했다. 그는 국가가 국민 개인의 삶을 지배하는 것을 용납하지 못했다. 권력을 움켜쥔 막강한 관리들이 모든 사람이 어떻게 살지, 개인들이 번 돈을 어떻게 쓸지를 결정해 주는 체제, 그것이 바로 처칠이 이해하는 사회주의였다.[47] 그는 노동당 정부하에서 관료제가 확대되는 것을 비판하면서 정부의 "억압적 기구와 통제"를 위해 생산적 부문에서 45만 명의 대(大)부대가 공무원이 되어 "엄청난 비용과 낭비"를 야기한다고 목소리를 높였다. 노동당 정부의 강령에 대해서는 "자유롭게 태어난 영국인으로서 나는 히틀러든 애틀리든 누군가의 자비나 권력에 놓인다는 느낌을 싫어한다"고 선언했다.[48] 아무도 소심하고 점잖은 애틀리를 히틀러와 동일시하지 않았지만 처칠의 메시지는 분명했다. 그는 애틀리 정부가 부과하는 높은 세율에 반대하면서 "국가가 세금을 부과해 번영으로 나아간다는 생각은 인간의 정신을 혼미하게 만든 가장 잔인한 환상 가운데 하나"라고 일침을 놓았다.[49]

1951년쯤 되면 지친 애틀리 정부는 정권을 내줄 준비가 되어 있었다. 처칠은 1951년 10월 총선 과정에서 '국민을 자유롭게'라는 슬로건을 열정적으로 활용했다. 처칠은 자신이 추구하는 전망과 사회주의

46 처칠, 『폭풍의 한가운데』, 339, 340, 345쪽.
47 Churchill, *His Complete Speeches* vol. VIII, 8665.
48 Langworth ed., *Churchill By Himself*, 404.
49 Ibid., 415.

의 전망의 차이를 명확히 했다. 미국 독립선언문이 '모든 사람은 평등하게 창조되었다'고 말한다면 영국 노동당은 '모든 사람들은 평등하게 유지될 것'이라고 말한다는 것이다.[50] 1951년 10월에 있은 방송에서 처칠은 자신이 주장하는 '사다리 오르기'와 사회주의자들이 주장하는 '줄 서기'의 차이를 다음과 같이 갈파했다.

우리는 사다리를 선호합니다. 모든 사람이 최선을 다해 오르도록 합시다. 저 사람들은 줄서는 것을 좋아합니다. 모든 사람이 그 자리에서 자기 차례를 기다리게 만듭니다. 우리는 묻습니다. "만약 어떤 사람이 줄에서 벗어나면 어떻게 되죠?" 아, 사회주의자들은 대답합니다. "우리 관리들이 — 게다가 우리에겐 관리들이 무척 많은데 — 그 사람을 다시 줄에 돌려놓거나 다른 사람들에게 교훈을 주기 위해 원래 자리보다 더 뒤에 세우죠." 그들이 우리에게 묻습니다. "당신들은 누군가가 사다리를 벗어나면 어떻게 합니까?" 우리의 답은 이렇습니다. "우리는 좋은 그물과 이 세상에서 가장 좋은 사회적 앰뷸런스를 갖추려 합니다."[51]

처칠의 메시지는 노동당 정부 내내 계속된 내핍 상태와 관료제 확대에 불만을 품게 된 중간계급을 각성시켰다. 그들은 5년 전에는 노동당에 표를 주었던 사람들이었다. 1950년 6월에 발발한 한국전쟁도 재무장 문제와 재정 부담을 증가시키면서 노동당 정부의 어려움을 가중시켰다. 1951년 11월, 처칠이 다시 다우닝가 10번지로 돌아오고

50 Ibid., 416.
51 Churchill, *His Complete Speeches* vol. VIII, 8256.

나서 관방 차관이 관리들을 소개하자 처칠은 그들을 둘러보고는 "사회주의에 푹 젖어 있군"이라고 농을 했다.[52] 그러나 1951년 이후에도 그는 온건파였고 동료들에게도 온건함을 요구했다. 따라서 처칠의 두 번째 정부는 첫 번째보다 강렬한 추진력이 부족했다. 그러나 1950년대의 처칠은 한 정당의 지도자가 아닌 거국적 국가 지도자였으며 그의 관심은 점점 더 가공해지는 현대 무기와 전체주의 정권과의 갈등에서 자유세계를 지키는 데 집중되었다. 이미 민주세계의 수장 역할이 미국으로 넘어간 상황에서 처칠은 제한된 힘이나마 세계평화를 지키려 노력했다. 특히 1953년 3월의 스탈린의 죽음을 계기로 처칠은 다시 한 번 정치적 영향력을 발휘하여 냉전을 완화시키려 시도했다.[53]

말년의 처칠은 노령에도 불구하고 은퇴하지 않아 주변의 애를 먹었다. 특히 후계자로 자타가 인정한 앤서니 이든(Anthony Eden)이 노심초사했다. 1955년 1월에 해럴드 맥밀런(Harold Macmillan)은 처칠이 그동안 "박수칠 때 떠날 수 있는 기회를 너무 많이 놓쳐서" 이제 그렇게 쉽지 않을 것이라고 시니컬하게 평했는데 그로부터 3개월 후 처칠은 수상직에서 물러났다.[54] 여왕은 공작 작위를 제안했지만 처칠은 거절했다. 끝까지 하원의원으로 남기를 고집했던 것이다. 그는 끝까

52 McKinstry, *Attlee and Churchill*, 574.
53 처칠은 '정상회담(Summit)'이라는 용어를 처음 사용한 정치인이다. 그가 등산 용어인 정상을 최고위층 회담의 의미로 차용한 후 1950년대 이후 일반적으로 사용되었다. 데이비드 레이놀즈, 이종인 옮김, 『정상회담(*Summits*)』(책과함께, 2009), 11쪽. 스탈린 사후 처칠은 소련 지도부와의 만남을 추진해 냉전을 완화시키려는 계획을 세웠지만 뜻을 이루지 못했다.
54 Lord Moran, *Churchill: the Struggle for Survival*, 666.

지 자신의 길을 걸어간 고독한 리더였다. 보수당과 자유당을 왔다 갔다 한 처칠은 평생 특정 정당에서 안전을 느끼지 못했다. 전후 처칠에게 어떤 젊은 보수당 의원이 다가와서 "건너편에 적이 있는데 친구들이 모여 있는 이쪽에 있는 게 멋지지 않습니까?"라고 하자 처칠은 으르렁거리며 대꾸했다. "건너편엔 야당이 있고 적은 자네 주변에 온통 널려 있네."[55] 그의 놀라운 통찰력과 그 통찰력을 표현하는 재치는 동지는 물론 적들까지도 감탄하게 만든 자산이었다.

---

55 Tony Benn et al., "Churchill Remembered", *Transactions of the Royal Historical Society* vol. 11(2001), 408.

3장
자비로운 토리 신사: 처칠의 사회개혁

처칠은 영국 복지국가의 기초를 닦은 정치인이다. 말년의 처칠은 가장 자부심을 느끼는 자신의 업적으로 영제국과 사회개혁, 두 가지를 들었다. 그만큼 사회개혁은 일생을 통해 처칠의 주된 관심사였다. 1908년에 애스퀴스 정부에서 상무부 장관에 임명된 처칠은 당시 가장 급진적 정치인으로 간주되던 데이비드 로이드 조지와 함께 사회개혁을 추진했다. 20세기 초에 '복지국가'란 개념은 존재하지 않았다. 그런 정치 환경 속에서 처칠은 사회개혁의 중요성에 눈을 떴고 대중의 삶을 개선하기 위해 노력했다. 상무부 장관으로 재직한 20개월 동안 처칠은 노동 교환소 설립, 실업보험 도입, 착취노동을 방지하기 위한 직종위원회 법안(Trades Boards Act)을 성공적으로 통과시켰다. 노동 교환소는 불완전 고용을 줄이는 데 중요한 역할을 했고, 고용주·근로자·정부가 각각 기여하는 실업보험제는 역사상 처음으로 국가를 개입시킴으로써 오늘날까지 유지되는 국가보험 체제의 근간을 놓았다. 1909년에 일차적으로 만들어진 영국 복지국가는 어떤 의미에서는 처칠의 것이었다. 1911년 10월에 상무부에서 해군부로 자리를 옮기면서 처칠의 관심은 사회개혁에서 국방과 외교 부문으로 옮겨갔지만 1925년에 재무부 장관으로 임명되었을 때 그에게는 젊은 시절의 꿈을 추진할 또 한 번의 기회가 주어졌다.

처칠이 사회개혁에 경도하게 된 배경에는 우선 20세기 초의 시대정신이 있었다. 19세기 말, 20세기 초 영국사회는 국가 효율성(national efficiency) 문제로 떠들썩했다. 자신 있게 시작한 보어전쟁 중에 밝혀진 병사들의 부적절한 건강 상태, 그리고 전투에서의 패배와 비효율성은 가뜩이나 독일, 미국 등 후발 산업국들의 도전에 불안해하던 영국인들에게 예사롭지 않은 문제의식을 안겨주었다. 처칠 자신도 아시아, 아프리카에서 치러진 여러 전투에 장교로 혹은 종군 기자로 투입되었기에 상황을 누구보다 잘 알고 있었다. 영제국은 아직은 굳건했지만 언제까지 그럴 수 있을지 장담할 수 없었다. 사실 보어전쟁 전에 처칠은 이미 그러한 문제의식을 깨닫고 있었다. 정치 경력을 시작하면서 최초로 행한 대중연설(1898년 10월)에서 그는 영제국을 유지하기 위해 "자유롭고, 교육받고 영양 상태가 좋은" 국민을 가져야하며 그것이 노령연금을 포함한 사회개혁이 필요한 이유라고 역설했다.[1] 아버지 랜돌프 처칠 경으로부터 물려받은 토리 민주주의의 배경도 대중의 삶에 대한 그의 관심을 부추겼다.

처칠은 국가 통합을 위해서도 사회개혁이 필요하다고 확신했다.

---

1 Paul Addison, "The Political Beliefs of Winston Churchill", *Transactions of the Royal Historical Society* vol. 30(1980), 34.

처칠은 당시 사회적 자유주의에 경도되어 있었으며 20세기가 요구하는 국가는 자유 방임식 소극적 국가가 아니라 정치적 평등을 넘어 경제적, 사회적 측면에서 보다 적극적으로 국민을 보살피는 국가라는 사실을 깨달았다. 그는 영국 국민의 주된 소망은 "정치적이라기보다 사회적인 성격"임을 깨달았다.[2] 사회개혁은 또한 사회주의에 대한 건설적 대안으로 보였다. 그는 자신이 주장하는 사회개혁이 사회주의와는 다르다는 점을 확실히 했는데, 국가가 모든 것을 통제하는 사회주의에 대항해 국민 개개인의 자유를 침범하지 않으면서도 전체적으로는 사회안전망을 확보하려는 기획을 꿈꾸었던 것이다. '자유와 사회적 안전망의 공존'이 그의 구상이었다. 따라서 처칠은 1945년 이후 노동당 정부가 주도한 복지국가에 크게 반대하지 않았다. 그러나 종전 후 맞닥뜨리게 될 재건 문제 및 국가 경제에 대한 우려 때문에 「베버리지 보고서」가 제시한 대로의 복지국가를 전적으로 수용할 수는 없었다. 1900년대의 처칠과 1940년대의 처칠은 사회문제에 대한 관심에서 크게 다르지 않았다. 다만 1900년대의 처칠의 관심이 노동계급의 안위에 집중되었다면 1940년대의 처칠은 국가의 재건과 미래라는 더욱 넓은 관점에서 복지국가로의 행보를 바라보았다는 차이가 있다.

---

2 Winston Churchill, *Liberalism and the Social Problem*(Hodder & Stoughton, 1909), 69.

하수구는 관리하지 못하는 제국

20세기 초에 처칠의 문제의식을 실질적으로 자극한 것은 라운트리 (Seebohm Rowntree)의 사회조사 보고서인 『가난: 도시생활에 대한 연구(*Poverty: A Study of Town Life*)』였는데, 그 책을 처칠에게 추천한 사람은 자유당의 지도급 인사인 존 몰리(John Morley)였다. 처칠은 소속 정당에 관계없이 여러 정치인들과 어울렸는데 자신은 당시 보수당 의원이면서 자유당 정치인들과도 가까웠다. 처칠이 하원의원으로 당선된 지 거의 1년이 지난 1901년 12월, 만찬 자리에서 몰리는 라운트리의 빈곤 연구를 읽어보라고 그에게 권했다. 라운트리가 잉글랜드 북부 도시 요크에서 발견한 사실은 충격적이었다. 즉 하인을 고용하지 않은 가구의 총 4만 6,000명 주민들 가운데 반이 넘는 2만 4,000명이 빈곤 수준에 처해 있고 28퍼센트는 기본 필수품을 구입할 돈이 없다는 것이었다. 충격에 빠진 처칠의 소명 의식이 치솟았다. 책의 여백에 써놓은 처칠의 메모는 정부가 빈곤과 실업 문제를 논의해야 한다고 강조하고 있다.[3] 극도로 열악한 주거 환경도 충격이었다. 처칠은 "영제국이 이렇게 거대한데 살 곳이 없다니"라고 한탄했다. 영제국의 과학이 그렇게 심오한데 국민은 막상 앵글로색슨 시대 백성보다도 못한 건강 상태를 보인다는 사실은 충격이었다. 처칠은 "바다를 지배하지만 하수구는 제대로 관리하지 못하는 제국"을 비판하면서 보수당 정부의 주의를 사회 문제에 돌리려 시도했다.[4] 1902년 2월, 블랙

---

3 Martin Gilbert, *The Will of the People*(Vintage Canada/Random House, 2006), 25.
4 Randolph Churchill, *Winston S. Churchill* vol II *Young Statesman*(Hillsdale, Michigan: Hillsdale College Press, 1967), 31; Martin Gilbert, *Churchill, A Life*(New York: Henry

풀의 보수주의 청중을 대상으로 한 연설에서 그는 세상에서 제일 부유한 나라인 영국에서 갈 곳이라고는 "구빈원 아니면 교도소" 밖에 없는 사람들이 있다는 사실은 끔찍한 일이라고 목청을 높였다. 국민들이 불가피하게 재앙으로 떨어지는 것을 막아줄 사회 조직을 설립하지 않는 정당에게는 미래가 없다는 전망도 내놓았다.[5]

그러나 보수당의 반응은 미지근했다. 처칠의 끈질김에 밸푸어(Arthur Balfour) 수상은 처칠을 포함한 특별위원회를 구성했지만 그가 제안하는 규모로 사회개혁을 추진할 생각은 없었다. 당시 보수당에 대해 느끼고 있던 처칠의 환멸은 더욱 커졌다. 결국 1904년에 보수당을 떠난 처칠은 1906년 총선에서 북서 맨체스터 선거구의 자유당 후보로 나섰다. 유세 중에 맨체스터 노동계급 거주 지역을 실제로 보고 또다시 충격을 받은 그는 "이런 거리에서 산다는 것, 아름다운 것은 아무것도 보지 못하고……"라며 비서에게 혼잣말처럼 한탄했다.[6] 이러한 일련의 발언은 20대의 처칠이 비로소 직면한 대중의 가난과 결핍에 대해 어떻게 반응했는지를 보여준다. 그런 양심의 발견은 그 시대가 요구하는 것은 정치적 민주주의를 넘어 경제적, 사회적 민주주의라는 깨달음에 의해 더욱 강화되었다. 당시 처칠의 정치적 동료였던 마스터만은 1908년 2월에 약혼자에게 쓴 편지에서 "윈스턴은 방금 발견한 가난한 사람들 생각에 가득 차" 있으며 그들을 위해 무언가를 하라는 "하나님의 계시를 받았다"고 생각한다고 썼다. 처칠은

Holt, 1991), 146.

5 Churchill, *Liberalism and the Social Problem*, 69.

6 Leo McKinstry, *Attlee and Churchill: Allies in War, Adversaries in Peace*(Atlantic Books, 2019), 35.

이미 아프리카와 인도에서 군인으로 혹은 전쟁 특파원으로 활동하는 동안 여러 차례 죽음을 비켜갔다. 그는 자신이 "왜 항상 죽기 일보 직전에 살아남았을까?" 의문을 가졌는데 "이런 일을 하라는 사명 외에는 없다"고 결론지었다는 것이다.[7]

아일랜드 자치법안 문제로 분열되었던 자유당은 한동안 정권을 잡지 못하다가 1906년 총선에서 승리하여 오랜만에 정부를 구성했는데 1908년 4월, 밸푸어의 뒤를 이어 애스퀴스가 수상이 되었다. 애스퀴스 정부에는 급진적 성격의 각료들이 여럿 포함되었다. 로이드 조지가 재무부 장관, 처칠이 상무부 장관, 그리고 마스터만이 지방정부청 차관으로 임명되었다. 이 세 명이 사회개혁의 새로운 국면을 주도하게 되는데 그 가운데 가장 중요한 부분은 처칠이 주도한 실업보험이었다. 당시 처칠의 상무부 장관 입각에 대한 잘못된 이야기가 퍼졌다. 즉 애스퀴스가 원래 처칠에게 지방정부청을 맡으라고 했는데 처칠이 "시드니 웹 부인과 무료 급식소에 갇히기 싫다"며 거절했다는 풍문이었다. 애스퀴스의 딸이면서 처칠의 친구인 카터는 그 이야기가 사실이 아니라고 증언한다. 진실은, 애스퀴스가 처칠에게 해군부 장관직을 제안했지만 그가 거절했고 대신 지방정부청을 요구했다는 것이다. 애스퀴스는 당연히 그의 선택에 놀랐는데, 이미 존 번스(John Burns)에게 그 자리를 주었기 때문에 처칠이 상무부를 맡게 되었다는 것이다.[8] 처칠이 해군부보다 상무부를 택한 것은 그가 당시 얼마나 사회개혁에 집중하고 있었는지를 잘 보여준다.

---

7 Violet Bonham Carter, *Winston Churchill: An Intimate Portrait*(New York: Harcourt, Brace & World, 1965), 129.
8 Ibid., 123.

비록 사회개혁에 눈을 뜨고 열정이 넘쳤으나 처칠은 실질적 지식은 거의 없는 문외한이었다. 그런 그에게 길을 보여준 것이 시드니 웹과 베아트리스 웹 부부였다. 그들이 처칠에게 사회 입법의 정치적 중요성과 최저임금 개념을 가르쳤다. 처칠은 1903년 7월에 처음으로 웹 부부를 만났는데 그의 첫인상에 대한 베아트리스 웹의 평가는 매우 인색했다. 그는 처칠이 "참을 수 없을 정도로 안절부절못하고" "자기중심적이고 잘난 체하며 피상적이고 반동적"이라고 파악했지만 그가 개인적 매력과 약간의 독창성을 가지고 있는 것도 감지했다. 베아트리스 웹에게 처칠은 "영국 귀족이라기보다는 미국의 투기꾼"으로 보였다.[9] 다음 해에 처음으로 처칠과 진지한 대화를 나눈 베아트리스는 그가 사회문제에 무지함을 발견했다. 당시 그는 시드니 웹이 주장하고 있던 '국민 최저수준(national minimum)'에 관해 전혀 모르고 있었다. 그러나 새로운 지식을 자기 것으로 만드는 데 무척 빨랐던 처칠은 웹 부부의 생각을 받아들여 그것을 곧바로 자신의 것으로 만들었다.

처칠은 짧은 시간에 사회복지에 관해 당시 거론되던 학설과 이론을 학습하여 자신만의 비전을 제시할 수 있었다. 1908년 3월에 이르면 그는 모든 국민의 질병, 실업, 노령으로 인한 어려움에 대항해 국가가 지원해주는 안을 구상함으로써 베아트리스 웹을 감탄하게 만들었다. 베아트리스 웹은 처칠의 "재빠른 이해력"과 새로운 생각들을 "재빨리 실천에 옮기는 미국인의 능력"을 칭찬했다. 물론 그가 그 바

---

9 Beatrice Webb, *Our Partnership* edited by Barbara Drake & Margaret Cole(Longmans, Green and Co. 1948), 269.

탕에 깔려 있는 철학을 "제대로 이해하지 못한 채" 그렇게 한다는 사족을 붙이기는 했다.[10] 그럼에도 베아트리스 웹은 어쨌든 "그가 좋다"고 일기에 솔직히 적었다. 처칠이 상무부 장관이 되었을 때 베아트리스 웹은 왕립 구빈법위원회(Royal Commission of Poor Law) 위원이 되었는데 그때쯤에는 처칠에 대한 베아트리스 웹의 평가는 처음 만났을 때와 완전히 바뀌어 있었다. 그녀는 처칠이 "대단히 능력 있는 사람"이며 단순히 미사여구를 늘어놓는 사람이 아니라고 평가했다. 무엇보다 그녀의 마음에 든 점은 처칠이 '국가의 건설적인 행동'을 확실하게 지지하는 편이라는 것이다.[11]

처칠과 애스퀴스 정부의 사회 입법은 일단 노령연금 신설(1908)로 시작되었다. 그러나 처칠은 다뤄야 할 문제는 노인층 빈곤만이 아니라 실업이며, 더 엄밀히 말해 불완전 고용이야말로 아킬레스건이라는 사실을 직감했다. 처칠은 상무부 장관이 된 후 해외 시찰을 떠나 영국과 무역관계에 있는 나라들을 두루 방문했는데, 귀국 전에 카이로에 머물면서 사회정책에 대한 기획을 정교하게 다듬었다. 그는 상무부 관리들에게 독일 시스템을 조사 연구하라고 지시했다. 당시 사회복지에서 가장 앞선 나라는 독일이었다. 비스마르크(Otto von Bismarck)가 1883년에 도입한 산재보험과 노령연금 등은 복지정책의 선구자로 간주된다. 런던으로 돌아온 후 처칠의 연설은 사회문제에 국가가 적극적으로 개입할 것을 주장하는 내용으로 점철되었다. 도착 다음 날 전국 자유주의 클럽에서 행한 연설에서 그는 자신이 '전투

10　Ibid., 404.
11　Ibid., 416-417.

에 임하는 심정'으로 돌아왔으며 그 전투는 사회 부문이 될 것이라고
선언했다.

1908년에 실업률이 갑자기 극적으로 상승했다. 1890년대 이래 최
악이었다. 처칠은 1908년 12월 29일에 애스퀴스 수상에게 쓴 편지에
서 "독일은 전쟁만이 아니라 평화를 위해서도" 조직되어 있다며 비
스마르크가 시작한 사회보장 제도와 비슷한 정책을 영국에도 도입해
야 한다고 설득했다.[12] 처칠은 노동 교환을 통해 노동자들이 일자리
를 구하는 제도를 도입해야 한다고 강조했는데, 그 아이디어는 사실
웹 부부의 생각이었다. 이처럼 처칠의 사회개혁 법안은 여러 소스로
부터 빌린 것이었지만 그의 독특한 상상력이 더해져 나름의 총체적
기획으로 탄생했다. 그리하여 처칠은 사회 복지에 대한 종전의 생각
들과 다른 새로운 제안을 하게 되고 그 문제에 대해 그에게 가르침을
준 웹 부부로부터도 떨어져 나오게 된다.

처칠은 사회개혁이 영국 정치에서 한 번도 시도해보지 않은 "완전
히 새롭고 아무도 걷지 않은 길"임을 인지했다. 그는 조지프 체임벌
린(Joseph Chamberlain) 이후 보수당이 추진한 관세개혁이 실업에 대한
구제책이 될 수 없으며, 관세개혁에 맞서 자유무역을 주장하는 사람
들 역시 실업문제에 대해 손 놓고 있는 것은 마찬가지라고 생각했다.
처칠은 애스퀴스에게 빈곤과 실업에 대항해 나라를 방어하는 것은
마치 외국의 공격으로부터 나라를 지키는 것과 마찬가지라며, '가난
에 대한 전쟁'을 수행하기 위해 재무부 장관이 위원장을 맡아 예산을

---

12 Paul Addison, "Churchill and Social Reform" in *Churchill: A Major New Assessment of his
Life in Peace and War* edited by Robert Blake & Wm. Roger Louis(New York: Oxford
University Press, 2002), 62.

조정하고 부서들 간의 갈등을 완화하며 사회개혁의 지속적 정책을 관장하는 위원회를 만들자고 제안했다.[13] 처칠의 끈질긴 주장은 애스퀴스정부에 의해 받아들여져서 정부는 사회보험을 자유당 개혁의 새로운 국면으로 정립했다. 그러나 로이드 조지를 제외하고 다른 각료들은 미지근한 태도를 보였다. 자유당의 주류는 여전히 고전적 국가 개념에 머물고 있었던 것이다.

첫 번째 발자국

처칠은 정부 산업 정책의 잘못을 다음과 같이 지적했다. 즉 불완전 고용이 점차 증가하고 있고 아동 노동 역시 증가하고 있는 상황에서 산업 증진이나 구제 활동에 필요한 정부 지출을 통제할 중앙 조직이 전혀 없다는 것이었다. 처칠 구상의 핵심은 두 가지다. 즉 실업과 불완전 고용을 타개하기 위해 노동 교환소를 설치하고, 고용주와 노동자와 국가가 함께 부담하는 사회보험을 도입하는 것이었다. 1908년 10월에 자신의 선거구인 던디에서 행한 연설에서 처칠은 실업이 국가 정책으로 일정 부분 해결될 수 있다는 의견을 개진했다. 우선 잉글랜드은행이 이자율을 조절하듯 상무부가 실업의 정도를 예측해서 정부 계약을 조절하는 등의 방법으로 실업율을 조절해야 한다는 것이었다.

노동자들은 정보와 기동력이 부족하기 때문에 전국적 차원에서는

13 Gilbert, *Churchill, A Life*, 205.

일자리를 구하는 게 가능한 상황에서도 지역적 실업이 생기게 마련인데, 처칠이 제안한 노동 교환은 그러한 국지적 실업을 완화시키기 위해 한 지역의 실업자들에게 다른 지역 일자리에 대한 정보 및 교통비를 제공해주자는 것이었다. 앞서 언급되었듯이 원래 노동 교환소는 웹 부부의 아이디어였다. 베아트리스 웹은 왕립 구빈법위원회에서 실업에 대한 해결책으로 노동 교환 체제를 소개하고 위원들의 찬성을 받아내었다. 중요한 것은 처칠이 몇 가지 점에서 웹 부부의 기획과 다른, 자신만의 독창적 체제를 창조해냈다는 사실이다. 웹 부부가 작성한 왕립 구빈법위원회의 소수 의견 보고서는 강제 노동 교환 체제를 옹호했다. 즉 노동 교환을 통하지 않고는 어떤 사람도 노동자를 한 달 미만으로 고용할 수 없게 법으로 정하자는 것이었다. 기본적으로 웹 부부의 발상은 '고용 가능한 모든 일자리를 일정 비율로 노동자들 사이에 나누는 것'이었는데, 그것은 그야말로 사회주의적인 발상이었다. 그러나 처칠의 계획은 달랐다. 처칠은 노동 교환소를 자발적 체제로 운영할 것을 제안했다. 물론 위험 부담이 있다는 사실을 알고 있었다. 즉 숙련공들은 막강한 노동조합을 가지고 있기 때문에 노동 교환소가 필요 없다고 생각할 것이고 따라서 정부가 만들어낼 체계는 가장 열악한 환경에 있는 노동자들만이 사용할 것이라는 추측이 가능했다. 그럼에도 처칠은 노동교환소를 강제가 아니라 자발적 조직으로 운영하고자 했다. 대신 처칠은 노동 교환을 실업보험과 연계시켜 두 시스템이 상호보완적으로 운영하도록 하자고 제안했다.[14]

14 Churchill, *Liberalism and the Social Problem*, 76.

처칠은 노동 교환의 전국적 조직을 신설하는 법안을 1909년 5월에 의회에 상정했는데 그 전에 일련의 대중 연설을 통해 자신의 기획을 선전하고 길을 다졌다. 그는 자신의 개혁이 빈곤과 실업에 맞선 전쟁에서 독일을 앞지르려는 계획이며 자신의 제도가 다른 모든 나라에서 그때까지 실시된 것보다 더 높은 수준과 더 큰 규모라며 웅대한 포부를 펴보였다. 노동 교환소 도입을 추진하는 과정에서 반드시 넘어야 할 걸림돌 가운데 하나는 노동당 의원들을 설득하는 일이었다. 정부의 의도를 의심한 노동계를 상대로 처칠은 정부가 노사 양측에서 균형을 잡을 것이며 노동 교환이 파업을 분쇄하는 데 악용되지 않을 것임을 약속했다. 그 법의 목표는 단지 노동자들이 일자리를 더 쉽게 찾게 하고 고용주들이 쉽게 사용할 인력 풀을 만드는 것이라고 설득했던 것이다. 처칠은 노동 교환소가 중앙에서 통제되지만 관리들이 아니라 노동조합원, 사회개혁가, 그리고 상무부 장관이 임명하는 사람들에 의해 운영될 것임을 약속했다. 동시에 처칠은 웹 부부를 이용했는데, 즉 셰클턴(David Shackleton), 반스(John Barns), 헨더슨(Arthur Henderson) 등 노동당 지도부를 초대하여 노동 교환 이론에 대한 웹 부부의 설명을 듣도록 했던 것이다. 노동당 의원들도 처칠의 구상에 반대하지 않았다. 오히려 그들 중 한 명은 처칠의 제안이 그동안 발의된 사회 입법 가운데 가장 장기적인 안목 가운데 하나라고 평가해주었다. 훗날 애틀리도 처칠의 노동 교환 정책이 노동시장을 조직하기 위한 첫 번째 발자국이었다고 평가했다.[15] 140만 명을 대표하는 노동조합회의 법안 상정 두 달 전인 1909년 3월에 처칠의 아이

---

15 Gilbert, *Churchill, A Life*, 204.

디어에 찬성했다. 노조 측의 걱정은 그 조직이 고용주들이 노동자들을 착취하는 데 악용될 수 있다는 것이었지만 노동조합회의는 고용주와 노조 대표 동수로 구성되는 운영위원회를 설치한다는 조건으로 법안에 찬성했다.[16]

처칠의 법안은 그 회기에 의회를 통과할 정도로 신속히 추진되었다. 처칠이 이룬 것은 그의 웅대한 포부에 비추면 미미했지만 그럼에도 불구하고 40년 후에 영국을 복지국가로 만드는 기초를 다진 선구적인 조치였다. 노동 교환소 법안을 준비하면서 찾아온 우연한 결실은 처칠의 자문단에 젊은 윌리엄 베버리지(William Beveridge)가 있었다는 사실이다. 웹 부부가 당시 페이비언 협회 회원이던 베버리지를 소개해주었는데 처칠은 베버리지를 상무부 임시직으로 고용했다가 1909년 7월에 전국 노동 교환소의 초대 소장으로 임명했다.

실업보험

다음으로 처칠이 심혈을 기울인 사회 입법은 실업보험이었다. 비록 입법 도중 처칠이 상무부에서 내무부로 자리를 옮기는 바람에 막상 법안이 통과될 때는 로이드 조지가 주도하게 되었지만 처칠은 실업보험 법안을 준비하는 데 상당한 공을 들였고 그 과정에서 그의 정치적 지위를 강화시킬 수 있었다. 여기서도 두 가지 선택지, 즉 자발적 보험과 강제 보험이 가능했다. 처칠은 노동 교환소와는 달리 실업

---

16 Churchill, *Liberalism and the Social Problem*, 73.

보험에서는 강제 제도를 옹호했다. 그는 자발적 실업보험 기획이 언제나 실패했음을 알고 있었다. 실업자가 될 가능성이 큰 사람들이 주로 실업보험에 의존함으로써 부담이 큰 반면에 보험을 지불하는 측은 위험 부담이 적은 사람들만 받아들이는 것이 현실이었다. 이미 노동조합과 공제조합에 가입하고 있는 상층 노동자들은 국가가 운영하는 보험을 거부할 것이 분명했다. 반면에 노동자의 부담금으로만 운영되는 강제보험은 파산에 직면할 것이 확실했다. 이 복잡한 상황에 대한 해결책으로 처칠은 고용주와 노동자가 각각 부담금을 내고 국가도 보조금을 지원하는 방법을 제안했다.[17] 그것은 노동조합 가입 여부에 상관없이 모든 고용주와 노동자들에게 강제로 실시될 것이었다. 물론 모든 직종에 이 강제 실업보험을 적용하자는 것은 아니었다. 처칠은 우선적으로 건설, 기계 제작, 조선업 등 실업율이 높을 뿐만 아니라 만성적이거나 계절적으로 변동이 높은 직종들을 지목했다. 그는 당장 적용 가능한 수를 약 250만 명으로 계산했는데 대략 영국 제조업 종사자의 3분의 1에 해당하는 숫자였다.[18]

처칠이 해결해야 할 또 하나의 갈등 사안은 실업수당 지급에 따르는 조건이었다. 노동당 의원들은 국가가 지급하는 실업수당은 아무런 조건이 없어야 한다고 주장했다. 그러나 웹 부부를 포함한 인사들은 그것을 노동계급을 교육시킬 기회로 간주했다. 베아트리스 웹은 개인이 받는 모든 보조금은 "행동 개선을 조건부"로 해야 한다며 조건 없이 수당을 지급하면 "꾀부리는 사람들을 조장"할지도 모른다고

---

17 David Willetts, *Modern Conservatism*(Penguin, 1992), 140.
18 Churchill, *Liberalism and the Social Problem*, 76-77.

주장했다. 국가가 돈을 지급하는 대가로 아무것도 얻지 못해서는 안 되며, 사람들로 하여금 자신의 행동이 어떻든 간에 수당을 받을 권리가 있다고 느끼게 해서는 안 된다는 것이었다. 베아트리스 웹은 "앞으로 좋은 날이 올 때는 어떨지 모르겠지만" 당장은 아무 조건 없는 실업수당 지급을 "완전 미친 짓"이라고 비판했다.[19] 여기서 처칠과 웹 부부의 차이가 드러난다. 처칠은 웹 부부에게 다음과 같이 반박했다.

> 나는 도덕률과 수학을 뒤섞는 걸 좋아하지 않습니다. 우리 관심은 실업이라는 악에 있지 그 원인에 있지 않습니다. 우리 관심은 실업이라는 사실에 있지 실업자의 성격에 있지 않습니다. (……) 어떤 영국인이든 원하는 대로 더럽게 지낼 천부의 자유가 있고 그것에 간섭하면 안 됩니다. 실업보험법은 도덕과 수학을 뒤섞는 것이 아닙니다.[20]

사회주의자인 웹과 정반대로 처칠은 개인의 자유를 옹호했던 것이다. 그는 국민의 고통을 완화시키는 것 외에 그 어떤 목적을 위해서도 국가가 권력을 휘두르는 것을 거부했고, 국가는 자격 있는 자와 자격 없는 자를 구별하도록 허용되어서는 안 된다고 생각했다. 국가는 구제를 요청하는 사람을 "벌을 주어서는 안 된다." 비록 그 사람이 "아무리 더럽고 무식하더라도" 개선을 요구해서는 안 된다는 것이 처

---

19 Webb, *Our Partnership*, 417−418, 430. 베버리지도 노동자들이 술에 취하거나 정직하지 못한 경우 급여에서 제외할 것을 제안했다.

20 Bentley B. Gilbert, "Winston Churchill versus the Webbs: the Origins of British Unemployment Insurance", *The American Historical Review* vol. 71 no. 3(April 1966) 855−856.

칠의 믿음이었다.[21] 엘리트주의 페이비언 사회주의자보다 처칠이 노동 대중을 더욱 신뢰하는 모습을 보이고 있는 것이다.

이처럼 노동 교환과 실업보험을 연계시키는 것에 대해 웹 부부와 처칠은 동의했지만 그 시행에 대한 생각은 달랐다. 정리하자면, 웹 부부는 강제적 노동 교환과 자발적 실업보험을 원했고, 처칠은 반대로 선택적 노동 교환과 강제적 실업보험을 원했다. 결국 처칠은 실업 문제에 있어 사부 격인 웹 부부의 고집을 피해 자신이 원하는 방향으로 노동 교환과 실업보험 법안을 통과시켰다. 실업보험 법안이 통과되기 전에 노동조합회의가 독일에 조사단을 파견했고 결국 정부안을 승인하는 과정이 있었다. 노동계의 반응은 중요했다. 독일의 경우, 비스마르크의 복지정책이 도입될 당시 사회주의자들이 반대한 사례가 있었기 때문이다. 독일 사회민주당의 베벨(August Bebel)이 엥겔스(Friedrich Engels)에게 비스마르크의 제안에 대해 어떤 태도를 취해야 할지를 물었을 때 엥겔스는 반대해야 한다고 답했고 독일 사민당은 그 말을 따랐다. 결과적으로 세상에서 최초로 국가가 주도한 복지정책은 사회주의자들의 반대 속에 만들어졌던 것이다.[22]

처칠과 로이드 조지는 그들의 개혁을 제한적인 안전망에 국한시켰다. 처칠의 구상은 모든 사람에게 사회보장을 제공하려는 의도가 아니라 가난의 최악의 상태에서 고통받는 가족들을 도우려는 것이었다. 따라서 실업보험은 선택된 직종에게만 적용되고 급여는 단 15주 동안만 지급되었다. 그럼에도 처칠이 발의한 실업보험은 고용주·근

---

21 Ibid., 861.
22 마르크스는 그 몇 주 전에 사망했다. George Watson, "The Forgotten Churchill", *The American Scholar* vol. 80 no. 3(Summer 2011), 68.

로자·정부가 각각 기여하는 체제로 오늘날까지 유지되고 있는 국가 보험 체제의 기초를 마련해주었다. 사실 처칠의 강제 보험 계획은 큰 경제적, 정치적 위험 부담을 안고 있었다. 어떤 나라에서도 시행되지 않았던 선례가 없는 제도였기 때문이다. 그 누구도 도대체 강제 실업 보험이 작동할 것인지, 혹은 어떻게 작동할 것인지를 몰랐다. 그런데 그 일을 처칠이 해냈던 것이다. 처칠이 추진한 노동 교환과 실업보험의 연계는 매우 효율적 측면을 가지고 있었다. 즉 노동자에게 보험 카드를 지급하고 일자리가 없는 노동자가 이것을 노동 교환소에 가져가면 교환소는 그에게 일자리를 구해주거나 아니면 보험 관리소와 연결하여 실업급여를 지급한다는 구상이다. 그것은 현실적으로 순조롭게 시행되었고 도입 초기에 300만 근로자들이 혜택을 받았는데 주로 조선공과 기계공들이 수혜자였다.[23]

처칠이 실업 다음으로 중히 여긴 문제는 아동 노동이었다. 성인이 아니라는 이유로 성인 몫의 노동을 하면서도 아동 임금을 받는 등 아동 착취가 흔했다. 1908년 12월에 처칠이 발의한 직종위원회 법은 최저임금을 설정하고 공장 감독관을 임명하여 저임금 등의 방법으로 노동자를 착취하는 고용주를 고발할 수 있는 권리를 위원회에 부여하도록 했다. 그 외 처칠이 발의한 여덟 시간 광산법(The Mines Eight Hours Act)은 광부들의 작업 시간을 여덟 시간으로, 그리고 지하 작업 시간을 여섯 시간으로 단축시켰다.

처칠은 1910년 2월에 내무부로 옮겼지만 실업보험은 국민보험법 (The National Insurance Act, 1911)에 포함되어 그의 계획대로 추진되

---

23 Churchill, *Liberalism and the Social Problem*, 78.

었다. 1910년에 2만 4,290명이 노동 교환소를 통해 일자리를 구했고 기차표를 사기 위한 대출도 순조롭게 이루어졌다. 한편 실업보험 적립은 1912년 7월 15일에, 급여는 6개월 후에 시작되었다. 다행히 1913~1914년에 실업율이 2퍼센트 이하로 떨어져서 실업보험 제도가 시작되는 데 도움을 주었다. 1913~1914년에 225만 명이 실업보험에 가입했고 100만 건의 실업보험 급여 신청 가운데 55만 명 이상이 지급받았으며, 적립금은 급여액보다 320만 파운드 더 적립되었다. 1914년에 전쟁이 발발하자 노동 교환소는 새로운 기능을 맡게 되었다. 즉 병사들과 핵심 산업 노동자들을 모집하는 센터로 이용됨으로써 전쟁 수행을 위한 동원에서 중심 역할을 하게 된 것이다.[24] 그때쯤 되면 노동 교환의 장점이 모든 사람에게 분명해졌고 노동 교환소는 확실하게 뿌리를 내렸다.

상무부 장관으로 중요한 사회개혁을 추진하면서 처칠은 자신감 넘치는 성숙한 정치인으로 변했다. 어떤 자유당 정부의 각료도 처칠만큼 의지와 열정이 없었다. 노동당에서도 마찬가지였다. 베아트리스 웹의 관찰이 그 사실을 확인해준다. 1910년 11월 30일자 일기에 웹은 지난 2년 동안 일어난 가장 큰 일은 로이드 조지와 처칠이 그들 동료들로부터가 아니라 노동당으로부터도 집중적으로 관심을 받은 것이라고 기록했다. 두 사람이 가장 진보적인 정치인으로 우뚝 섰다고 평가한 웹은 만일 의원 봉급이 지급되면 많은 수의 젊은 페이비언들이 의회로 달려갈 것인데 그들은 노동당보다는 이 "두 급진적 지도자들"에게 모일 것이라고 예견했다.[25]

---

24 Randolph Churchill, *Winston S. Churchill* vol II, 313-314.

그물치기

노동 교환소 설치를 위한 입법을 추진하고 난 후인 1909년에 처칠은 사회개혁에 관한 자신의 생각을 정리하여 『자유주의와 사회 문제 (*Liberalism and the Social Problem*)』를 출간했다. 홉슨(J. A. Hobson)은 서평에서 이 책을 "사회적 자유주의에 대한 가장 명료하고 설명이 잘 되어 있고 잘 쓰인 책"이라고 평했다. 여러 번 언급되었듯이 처칠은 당시 사회적 자유주의에 경도되어 있었다. 그 말은 그가 자유주의자이면서 고전적 자유주의자와 달리 국가의 적극적 역할을 받아들였다는 말이다. 당대인들과 후대 평가자들 가운데 일부는 사회 문제에 대한 처칠의 관심이 그의 야심과 기회주의 때문이었으며 그가 사회 문제에 관심을 보이기 시작한 것은 1907년 후반에 이르러서였다고 주장한다. 그러나 앞서 살펴보았듯 처칠은 이미 세기 전환기에 사회 문제를 깊이 인식하고 소명 의식을 느끼고 있었으며 고전적 자유주의의 한계를 깨닫고 정치적 자유주의 너머의 미래를 전망하고 있었다.

20세기 초의 영국사회는 비록 사회적 자유주의와 사회주의가 강해지고 있었지만 대세는 여전히 19세기 식의 고전적 자유주의였다. 그러나 처칠은 더 이상 그것을 따르지 않았다. 1908년 3월 7일자 언론 기고문에서 처칠은 자신이 정치에서 아직 가보지 않은 분야, 즉 '사회적 민주주의'라는 개념에 대해 숙고하고 있음을 고백했다. 정치적 자유가 아무리 소중하다 해도 경제적, 사회적 독립 없이는 절대적으로 불완전하기에 정치적 자유를 넘어 사회적으로도 민주주의를 실천

---

25 Webb, *Our Partnership*, 465.

해야 한다는 주장인데, 그것은 곧 국민의 경제적 삶에 국가가 개입할 수 있고 개입해야 한다는 의미였다. 처칠은 국가가 기술 훈련, 일정한 산업 지원과 공익사업을 통해, 그리고 최저임금을 설정함으로써 개인을 도와야 한다고 주장했다. 물론 그가 강조한 국가의 역할은 사회 최하위층에 대한 지원에 국한되어 있었다. 그 위에서는 "경쟁이 건전하고 자유롭게" 이루어져 세상을 생기 있고 풍요롭게 만들도록 해야 한다고 믿었다.[26] 처칠은 개인주의와 집산주의의 중간을 지향하고 있었다. 그즈음 글래스고에서 행한 연설에서도 처칠은 "인류는 개인의 필요와 공동체의 필요"를 함께 가진다는 자신의 생각을 발표했다.[27] 처칠은 여전히 강한 영국사회의 자유주의적 전통에 직면하고 있었다. 국가가 지급하는 노령연금에 반대하는 사람들은 노동자가 부담금을 내지 않는다면 평소 절약하지 않고 노후 대책을 세우지 않을 것이라고 주장했다. 이에 대해 처칠은 실제로 그들이 "노후 대책을 세울 수나 있나"라고 반박한다. 대부분의 노동자들은 노후 대책을 세울라치면 도중에 비참하게 구빈원으로 향하게 될 것이기 때문이다. 처칠은 공포를 통해서만 절약을 조장하는 것은 큰 잘못이며 절약 정신은 공포만이 아니라 희망에서도 솟아난다고 반박하면서 "희망이 없는 곳에 절약도 없다"고 명쾌하게 정리했다.[28]

주목할 점은 국가의 적극적 개입을 주장하면서도 처칠은 자신이 사회주의자가 아니라는 점을 강조했다는 사실이다. 비록 급진적 사회개혁가로 자처했지만 그는 자유주의와 사회주의의 차이를 강조했

---

26 Randolph Churchill, *Winston S. Churchill* vol II, 278.
27 Ian S. Wood, *Churchill*(New York: St. Martin's Press, 2000), 118.
28 Churchill, *Liberalism and the Social Problem*, 61.

예산안을 의회에 보고하러 가는 재무부 장관 처칠(앞줄 왼쪽에서 두 번째), 1924년.

다. 자유주의는 결코 사회주의가 될 수 없다는 것이다. 그는 자신이
추진한 노동 교환, 실업보험, 최저임금 입법은 경쟁 체제를 대체하는
것이 아니라 단순히 완화시키는 것임을 확실히 했다. 처칠은 사회의
기본 조직은 "경쟁적 선택이라는 태엽"으로 움직인다고 보았다. 그것
이야말로 "우리와 야만 사이에 있는 모든 것"이며 그것이야말로 수세
기 동안 "노력과 희생을 통해 창조해낸 모든 것"이다. 그러면서 그는
"경쟁의 활력"이 손상되는 것을 원치 않지만 경쟁에서 실패한 사람들
의 불행을 완화시키기 위해 많은 것을 할 수 있다고 주장한다.

우리는 자유 경쟁이 위로 향하는 것을 원한다. 자유 경쟁은 사회가 하향

베버리지, 1910년경.

[좌] 로이드 조지(좌)와 처칠, 1907년.
[우] 소련 여행 중인 시드니 웹과 베아트리스 웹(우) 부부, 1932년.

곡선을 걷는 것을 원치 않는다. 사회와 문명의 구조를 끌어내려서는 안 된다는 것이다. 그러나 사람들이 심연을 건너갈 때 그물을 치는 일은 해야 한다.[29]

처칠의 주장 어디에도 기존 사회구조의 기본을 뒤엎거나 그에 도전하려는 시도는 없었다. 개선과 개혁은 사회를 근본적으로 뒤흔들기 위해서가 아니라 사회를 조금 더 효율적으로 보존하기 위해 바람직한 것이다. 기존의 과학과 문명의 구조를 무너뜨리기를 원치 않지만 '심연을 건널 그물'은 제공해줘야 한다는 것이 처칠의 사회개혁 구상이었다.

'요람에서 무덤까지'의 시작

단기간 유지되던 맥도널드의 노동당 정부가 물러나고 1924년 10월에 총선이 실시되었다. 이때 처칠은 자유당을 떠나 있었고 총선 후에 보수당 정부가 구성되었을 때 그의 입각은 이미 당연한 일이었다. 처칠의 아내 클레먼타인(Clementine Churchill)은 남편에게 보건부를 맡아 예전에 상무부에서 했던 중요한 사회정책을 계속 추진하라고 권유했다. 그러나 네블 체임벌린이 보건부로 가기로 결정함으로써 처칠은 뜻하지 않게 재무부 장관이 되었다. 재무부 장관이 된 처칠의

---

[29] *Winston S. Churchill, His Complete Speeches* vol. I edited by Robert Rhodes James(Chelsea House Publishers, 1974), 676.

주요 관심은 사회개혁, 특히 사회보험과 연금 분야였고 장관 봉직 시에 그 두 문제를 확실히 했다. 총선 직후 처칠은 "정부가 이것저것에 다 손대는 것"을 원치 않으며 "거대한 표지표가 될 한두 가지"에 집중할 것을 원한다고 말했는데 그가 지목한 것은 주택 건설과 연금이었다.[30] 처칠은 정부예산에 관해 선임 재무부 장관들을 따르지 않았다. 개인 비서 그리그(P. J. Grigg)의 증언에 의하면 처칠은 재무부를 그때까지의 관행인 정부 사회정책에 적극 반대하는 기관이 아니라 오히려 반대로 사회정책의 "적극적 도구"로 만들려 했다. 그럼에도 재무부 장관으로서 국가재정의 균형을 맞춰야 한다는 책임감이 처칠로 하여금 보다 포괄적인 사회정책을 펼칠 수 없게 만들었다. 금본위제로의 복귀가 가져온 국가 재정의 한계도 그의 활동 범위를 좁혔다.[31] 처칠은 특히 1920년 불황 이후 계속 확대되던 높은 실업률을 끊임없이 걱정했으며, 금본위제 복귀를 공적으로는 지지했지만 사적으로는 잉글랜드 은행장 몬태규 노만(Montague Norman)과 재무부 관리들을 비난했다.[32] 1920년대의 영국은 그때까지 번영을 가져다주었던 막강한 영국 해군과 금본위제라는 두 축을 잃었고 재무부 장관 처칠은 그 흐름을 막기에 역부족이었다.

재무부는 처칠에게는 낯선 부서였고 처칠은 재무부 장관으로서 첫 예산안을 준비하는 데 공을 들였다. 그는 특히 연금 문제에 집중했는데 여행 중이던 아내에게 쓴 편지에서 일요일인데도 하루 종일 연금

---

30 Martin Gilbert, *Winston S. Churchill* vol *V the Prophet of Truth*(Hillsdale, Michigan : Hillsdale College Press, 1976), 69-70.

31 Addison "Churchill and Social Reform", 67-68.

32 Ibid., 69.

에 몰두하고 나서 매우 피곤하다고 전했다. 노령연금은 1908년에 70세 이상의 국민들을 상대로 시작되었는데 처칠은 개시 시점을 65세로 낮추려 했다. 첫 번째 예산안을 의회에서 발표하기 전에 처칠은 체임벌린에게 보낸 편지에서 자신의 구상을 설명했다. 즉 모든 연금을 65세에 시작하고 예외적으로 전쟁미망인들은 새로운 연금제도가 시작되자마자 즉시 수혜를 받도록 하자는 것이었다. 그것은 노동계급, 특히 가장이 없는 집의 빈곤화를 막고 실업수당의 낙인을 피하게 만드는 방법이었다. 1925년 4월 28일에 재무부 장관으로서 첫 예산안을 의회에 제출하면서 처칠은 두 시간 사십 분 동안 연설했다. 예산안의 첫 번째 항목은 금본위제 복구였고 두 번째가 미망인 및 고아에게 지급할 연금이었다. 그는 미망인 및 고아 연금을 "자신의 생명과 최대한을 나라를 위해 바친 사람들과 사랑하는 이들을 나라에 바친 사람들"에게 주는 "가장 훌륭한 기념탑"이라고 규정했다.[33] 특히 미망인 및 고아 연금은 법이 통과되는 대로 즉시 실시하자는 것이 그의 구상이었는데 그렇게 되면 20만 명 이상의 미망인들과 35만 명의 아이들이 즉각 수혜자가 될 것이었다. 처칠은 이미 상무부 장관 시절에 착취노동 방지법을 입법하면서 "미망인들, 가장 가난한 사람들의 아내, 망가지고 취약하고 병든 사람들"을 도와야 한다고 주장한 바 있다.[34] 그는 국민들이 그처럼 혐오하던, 마치 경찰 취조와도 같은 소득 심사(means test)도 철폐하겠다고 약속했다. 처칠은 연설을 다음과 같이 마무리했다. "이 예산안은 봉급생활자와 그의 아내와 아이들에

33 International Churchill Society. https://winstonchurchill.org/the-life-of-churchill/rising-politician/1920-1932/spring-1925-age-50/
34 Churchill, *Liberalism and the Social Problem*, 70.

게 훨씬 더 큰 안전을 제공하고 만족과 안정을 증진시키고 우리나라를 그들 모두에게 더욱 진정한 집으로 만들 것입니다."[35]

처칠의 연설이 끝난 후 볼드윈 수상은 미망인과 고아 연금제도는 매우 대담한 것이라고 평하면서 그것이 그의 명성의 확립을 도울 것이라고 예견했다. 실제로 예산안 제출 후 세간에 "윈스턴 처칠은 마치 글래드스턴과 같다"는 평이 돌았다.[36] 처칠에 대해 절대 좋은 감정일 리 없는 자유당 의원들 일부도 사회개혁에 대한 그의 진지함을 받아들이고 그의 구상을 지지했다. 물론 처칠이 "우리를 약속의 땅으로 이끄는 선지자가 될 것으로 확신"하고 있다는 시니컬한 비판도 있었다. 그 약속의 땅에는 "소득세도 없으며 모든 사람이 영원히 행복할 것"이라는 환상을 불러일으킨다는 것이었다.[37] 현실적으로 이 모든 사회개혁을 추진하기 위해 처칠의 예산안은 방위비를 과감하게 삭감했는데 그것은 평소 그의 신념과 사뭇 다른 것이었다. 처칠은 그리 치밀한 재무부 장관이 못되었고 여전히 균형 재정이라는 당시 틀에 매어 있었다. 재무부 장관으로서 처칠의 업적은 지지부진했다는 것이 역사적 평가지만 연금제도의 도입은 복지국가로 향한 영국의 여정에서 특별한 계기가 되었다.

처칠이 통과시킨 미망인, 고아 및 기여 노령연금법(Widows, Orphans and Contributory Old Age Pensions Act, 1925)은 육체노동자 및 하위 화이트컬러 근로자에게 65세부터 사망 시까지 매주 10실링의 노령연금을 지급했을 뿐만 아니라, 가구주의 사망 시 미망인은 동일한 급여,

---

35 Gilbert, *Churchill* vol V, 113–115.
36 Gilbert, *Winston S. Churchill* vol V, 116.
37 Ibid., 145.

그리고 아이들은 매주 3~5실링을 받도록 했다. 처칠이 특히 미망인 연금제도에 집중한 것은 그가 어렸을 때 애착을 느꼈던 유모 때문이기도 했다. 부모로부터 관심받지 못한 외로운 소년에게 애정을 준 유모 에버리스트 부인은 처칠이 샌드허스트 학생일 때 세상을 떴다. 그는 나중에 집필한 회고록에서 인생의 마지막을 돌봐 줄 사람도 없고 의지할 곳도 없는 불쌍한 늙은 여성들의 운명을 생각하면 "어느 나라와도 비교가 되지 않는 연금보험 제도를 만드는 데 내가 조금이나마 기여했다는 사실이 기쁘다"고 썼다.[38] 사실 보수당에는 19세기 후반에 디즈레일리가 주창한 '하나의 국민' 전통이 존재한다. 부자와 가난한 사람들이라는 두 개의 국민들로 분열되어 있는 영국인들을 하나의 국민으로 만들기 위해서는 엘리트가 노블레스 오블리주를 실천해 대중의 복지를 살펴야 한다는 것이 디즈레일리의 가르침이었다.[39] 랜돌프 처칠 경이 주도한 토리 민주주의도 '하나의 국민' 보수주의와 맥을 같이 했다. 사회적 조화를 강조하는 이 전통은 20세기에도 지속되었는데 조지프 체임벌린의 관세개혁도 사실 '하나의 국민' 전통에서 사회개혁을 위한 재정을 어떻게 조달할 것인지 라는 문제의 해결책으로 제시되었던 것이다.

처칠이 재무부 장관 시절에 추진한 연금제도의 개편도 같은 전통에 서 있었다. 1937년 말, 노령연금의 수혜를 받는 사람 수는 210만 명 정도이고 보험 가입자는 2,050만 명에 이르렀다.[40] 1939년의 기준

---

38 처칠, 『윈스턴 처칠, 나의 청춘』, 96쪽.
39 박지향, 『정당의 생명력: 영국 보수당』(서울대학교 출판문화원, 2017), 제2장.
40 Alexander Fleisher and Eric Kocher, "British Contributory Pensions", *Social Security bulletin*, (April 1939), 14, 18.

으로 봤을 때 영국의 사회복지는 세계에서 가장 발전한 형태였다.[41] 그것은 20세기 초부터 처칠과 자유당 정부가 주도한 사회정책의 결과였다. 제2차 세계대전이 발발하기 직전인 1939년 6월에 징집령이 도입되고 나서 새로 징집된 병사들의 체력은 1914년과 비교해서 대단히 향상되어 있었다. 처칠은 "어린이들에게 우유와 음식과 교육을 제공하는 것보다 더 장기적인 투자는 없다"고 흡족해했다.[42] 두 번째 수상직을 내려놓기 직전인 1954년 9월에 처칠은 1920년대를 회상하면서 자신이 연금 개시 나이를 70세에서 65세로 낮춘 것은 "대단한 사건"이었다고 회상했다.[43] 이처럼 복지정책에서 이미 다른 나라보다 앞섰던 영국은 제2차 세계대전을 거치면서 또다시 선구자가 되었다. '요람에서 무덤까지'를 표방하는 복지국가를 탄생시킨 것이다.

베버리지와 토리 신사

제2차 세계대전을 겪으면서 거의 모든 영국인들은 전쟁 후에는 새로운 세계를 만들어야 한다는 데 의견 일치를 보았다. 그러한 시대정신에서 가장 두각을 나타낸 인물은 단연 케인스(John Keynes)였다. 케인스 경제학은 당시 노동당 정부는 물론 일부 보수주의자들 가운데도 강력한 영향력을 행사했다. 그러나 케인스보다 더욱 막중한 과

---

41 Paul Addison, *The Road to 1945*(Quartet Books, 1977), 33.

42 Addison "Churchill and Social Reform", 71.

43 Lord Moran, *Churchill, the Struggle for Survival* taken from the Diaries of Lord Moran(Boston: Houghton Mifflin, 1966), 636.

업을 행한 사람은 사실 베버리지였다. 앞서 살펴봤듯이 처칠과 베버리지의 인연은 처칠이 상무부 장관으로 노동 교환소를 설치할 때 시작되었다. 베버리지는 케임브리지 대학을 우등으로 졸업하고 1884년에 케임브리지 대학 성직자와 교수들이 세운 복지관인 토인비 홀(Toynbee Hall)에서 일을 시작했다. 당시 사회개혁에 뜻을 품은 젊은 엘리트가 가는 길이었다. 보어전쟁 후 전개된 국가 효율 운동의 영향을 받은 베버리지는 가난이 제국의 생존에 장애가 되며 정부의 첫 번째 의무는 '영국 인종의 미래 보장'이라는 입장에 동조했다. 베버리지는 곧 선행을 통해 사회 문제를 해결한다는 전통적 접근 방법을 거부하고 개인 차원이 아닌 제도적 사회개혁을 선호하게 되었다. 그는 고위직 전문 관료가 봉사하는 자비로운 국가 기관을 통해 개혁이 이루어져야 한다고 생각했으며 처칠이 그를 상무부에 고용했을 때 그 기회를 포착했다. 중요한 점은 베버리지가 사람이 아니라 '사회'에 관심이 있었다는 사실이다. 베버리지는 빈곤의 희생자들에게 개인적으로는 동정심을 느끼지 않았다. 그는 전형적인 테크노크라트였고 일생 그 입장을 버리지 않았다. 아이러니는 그런 그가 글래드스턴 다음으로 '국민의 윌리엄'으로 불렸다는 사실이다.[44]

한동안 존재감 없이 지내던 베버리지는 1942년에 그 유명한 보고서를 발표하기에 이른다. 전시 거국 정부의 노동부 장관 어니스트 베빈(Ernest Bevin)이 1940년 6월에 베버리지를 노동부 복지과 책임자로 발탁했는데 그 자리는 별로 중요하지 않은 인력 조사를 담당하는 임시직이었다. 실상은 베빈이 베버리지를 싫어해서 실천권이 없는 위

---

44 Robert Skidelsky, *Interests and Obsessions*(Macmillan, 1993), 74-76.

원회를 맡겨 전후 복지제도를 구상하는 보고서를 작성하는 임무를 준 것인데 그 보고서가 세상을 뒤흔들게 된 것이다. 베버리지는 사실 복지국가가 상징하는 유모국가나 의존 문화를 믿지 않고 자기 개선을 믿은 전형적인 19세기식 자유주의자였다. 그는 복지국가라는 문구를 결코 좋아하지 않았으며 철저히 엘리트에 의한 개혁을 주장했다. 베아트리스 웹의 1940년 8월 11일자 일기에서 베버리지의 면모를 파악할 수 있다.

> 영국 산업이 쇠락으로부터 구원되려면 계획적 생산과 소비가 이루어져야
> 한다. 베버리지는 자신과 자신의 계급이 그 일을 해야 한다고 확신한다.
> 노동조합은 무시되어야 하고 임금 노동자들은 일하도록 명령 받으면 된
> 다는 것이다. 언제 어디서 어떻게는 관리들이 정할 것이다. 그는 사회의
> 경제 구조에 혁명이 일어나야 한다는 데 동의한다. 그러나 훈련받고 지식
> 을 갖춘 사람들, 곧 자기 자신과 자기가 선택한 동료들이 지도해야 한다
> 고 믿는다.[45]

애틀리도 젊은 시절 페이비언 협회에서 베버리지를 만났을 때 그가 괴팍하고 자기만족에 빠져 있음을 발견했다. 그러나 베아트리스 웹이 베버리지에 대해 가한 평은 페이비언들 자신에게도 적용된다. 애틀리가 경험한 페이비언 사회주의자들 역시 다르지 않았던 것이다. 애틀리는 그들이 "남을 깔보는 듯하고 자기만족에 빠져 있는" 지

---

45 Beatrice Webb, *Diary of Beatrice Webb*[August 11, 1940], British Library of Political and Economic Science. Addison, *The Road to 1945*, 117에서 재인용.

식인들이며 실제로 가난한 사람들과 접촉하기보다는 이론을 교환하는 데 관심이 있다고 관찰했다.[46] 그런 지식인들을 싫어했다는 점에서 처칠과 애틀리는 한마음이었다.

「베버리지 보고서」는 모든 아이들에게 적절한 교육을 받을 기회, 모든 사람에게 적절한 집에서 살 기회, 완전 고용, 수입에 상관없이 치과 치료를 포함해 병원 진료를 받을 수 있는 기회를 제안했다. 특히 빈곤층이 혐오했던 소득 심사 없이 지급하는 가족 수당, 포괄적 사회보험을 약속했는데 골자는 기존의 모든 수혜제도를 통합하고 수혜에서 제외되었던 중상층 이상의 국민들까지 포괄했다는 것이다. 「베버리지 보고서」는 몇 주 만에 63만 5,000부가 팔릴 정도로 센세이션을 일으켰다. 이처럼 「베버리지 보고서」가 폭발적 반응을 보이자 처칠이 이끈 거국 정부는 재건 우선 위원회에 그에 대한 검토를 의뢰했다. 어떻게든 정부의 공식 입장을 밝혀야 했기 때문이다. 이로써 전후 재건이라는 이슈가 1942년에 이르러 정부 차원에서 1순위의 중요 문제로 다루어지게 되었다. 그러나 「베버리지 보고서」가 발표된 1942년 11월부터 1944년 초에 의회 토론이 이루어질 때까지 처칠의 생각은 복잡했다.

처칠의 첫 반응은 조심스런 경고였다. 젊은 시절 그는 「베버리지 보고서」에 제시된 여러 아이디어를 그 스스로 구상한 적이 있었다. 예를 들어 보편적 연금이라는 아이디어가 그러한데, 이미 1913년에 처칠은 "연금은 노동해서 번 돈을 나중에 지불받는 것"으로 간주해야 한다고 주장했고 재무부 장관으로서 전 국민을 대상으로 하는 연

---

46 McKinstry, *Attlee and Churchill*, 38, 339.

금제도를 도입하려는 계획을 세웠다.[47] 그러나 1940년대 수상으로서 처칠이 생각한 복지는 더 선별적이되 사회적 약자들을 보호하는 '안전망'에 기본을 둔 제도였다. 처칠은 「베버리지 보고서」에 대해 두 가지 주장을 폈다. 첫째는 복지제도의 전반적 확대는 막대한 재정을 요구하는 것이므로 국가 자원을 필요로 하는 다른 정책들과 연관되어 처리해야 한다는 것이다. 특히 군인들 처우 및 영국 경제를 위해 결코 소홀히 할 수 없는 수출 회복 필요성을 염두에 두어야 한다는 것이다. 처칠은 '위험한 낙관론'을 경고했다. 전후 너무 과한 욕심을 급격히 추진하는 것에 반대한다는 처칠의 입장은 재무부의 공식 입장이기도 했다. 재무부 장관 킹슬리 우드(Kingsley Wood)는 베버리지 기획이 비현실적인 재정 부담을 요구하며 필요하지 않은 사람들에게까지 돈을 뿌려대는 낭비라고 격하게 비판했다.[48]

처칠의 두 번째 입장은 전후 미래에 대한 낙관적 분위기를 위험하다고 보는 것이었다. 처칠은 "유토피아와 엘도라도의 잘못된 희망과 망상"에 대해 경고했는데, 만약 장밋빛 낙관론이 현실화되지 못하면 국민들은 속았다며 화를 낼 것이기 때문이다. 이 발언에 애틀리가 화를 내자 처칠이 되받아 반박했다. "어떻게 비용을 지불할 것이오?"[49] "우리가 어디 있는지"를 알 때까지 법안을 통과시켜서는 안 된다는 것이 처칠의 입장이었다. 1943년 1월, 루스벨트 대통령과의 회담을 위해 모로코로 떠나기 직전 처칠은 재정과 과세율에 미칠 충격을 고려해 「베버리지 보고서」가 가진 강점을 요약하는 각서를 준비

---

47   Richard Langworth ed., *Churchill By Himself*(New York: Public Affairs, 2008), 419.
48   Wood, *Churchill*, 132.
49   McKinstry, *Attlee and Churchill*, 340.

하라고 내각에 주문했다. 이때쯤 되면 사회개혁에 대한 그의 젊은 시절의 열정은 상당히 약화되어 있었다. 애틀리는 훗날, 재건 계획이라는 주제를 다룰 때면 "윈스턴은 편치 않았다"고 회고했다. 그는 항상 애틀리가 사회주의자임을 불평했고 내각이 군사에 관련되지 않은 안건을 내밀면 언제나 "사회주의자들의 음모가 아닌지" 의심했다는 것이다.[50]

「베버리지 보고서」가 발표된 시점은 마침 영국이 드디어 전쟁에서 승기를 잡기 시작한 시점과 일치했다. 1942년 11월에 드디어 처칠과 영국 국민들이 고대하던 기쁜 소식이 날아왔다. 엘 알라메인 전투에서 영국군이 완승했다는 소식이었다. 승리의 역설은, 많은 사람들에게 전쟁이 이제 더 이상 나라를 구원하는 게 아니라 더 좋은, 더 공정한 영국을 위한 것이 되었다는 점이다. 처칠은 당연히 그런 분위기를 받아들이려 하지 않았다. 알라메인 전투는 개전 후 처음으로 영국이 승리한 전투였다. 앞으로도 히틀러에 대항한 긴 투쟁이 기다리고 있는데 국민들이 더 이상 그에 올인 하지 않는 것을 경계했던 것이다. 처칠과 영국 정부가 고려해야 할 또 다른 요인은 미국이었다. 무기 대여법에 의존해 전쟁을 치르고 있는 영국 정부가 "미국 기준으로 봐도 훨씬 앞선 이렇게 후한 선물"을 국민들에게 약속하면 미국인들은 자기들에게 그 비용을 부담하라는 의미로 받아들일 것이라며 걱정했다. 그러나 당장 「베버리지 보고서」의 채택을 요구하는 노동당의 일치된 분노에 직면해 처칠은 후퇴할 수밖에 없었다. 결국 처칠은 실행 시기를 정하지 않는다면 법안을 상정하는 것에 반대하지 않겠다

50 Ibid., 341.

고 입장을 정리했다.[51]

한편 처칠은 정부 차원이 아니라 보수당 차원에서 「베버리지 보고서」를 연구하는 위원회를 비밀리에 임명했다. 1943년 1월에 보고된 그들의 코멘트도 심각했다. 보고서는 특히 실업수당을 두고 유예 조건을 제안했다. 즉 실업급여는 임금보다 상당히 낮아야 하며 최저 생계비를 반영해서는 안 된다는 점을 강조했으며, 만약 실업자가 국가가 주선하는 일자리와 임금을 받아들이지 않는다면 6개월 후에 실업급여 지급을 중단해야 한다는 의견이었다. 보고서는 특히 모든 국민을 대상으로 하는 국민의료서비스의 문제점을 지적하면서 연소득 420파운드 이하의 사람들에게만 강제적 건강보험을 적용할 것과 민간 의료업을 유지할 것을 제안했다. 총체적으로 보고서는 모든 것이 전후 경제에 달려 있다는 점을 강조한 점에서 처칠과 의견을 같이했다. 베버리지는 실상 국민 소득이 계속 증가할 것이라고 전제할 뿐만 아니라 사람들의 건강이 개선되고 있으니 건강보험에 드는 비용도 점차 감소할 것이라는 대단히 나이브하고도 잘못된 가정 위에서 복지국가 건설을 제시했지만 보수당 조사위원회는 그러한 전제를 받아들이지 않았다.[52] 거국 정부를 구성하고 있던 보수당과 노동당의 입장 차이는 뚜렷했다. 보수당은 「베버리지 보고서」를 미래 개혁의 안내서로 간주한 반면 노동당은 그것의 완벽한 실천을 당장 준비하자고 목소리를 높였다. 처칠의 입장은 재건 계획을 준비할 수는 있지만 반드시 실행할 수는 없다는 것인데 반해 애틀리는 만약 계획을 받

51 Ibid., 340, 343.
52 Willetts, *Modern Conservatism*, 137.

아들이지 않는다면 거국 정부를 종식시키고 총선을 치르자는 입장이 었다. 처칠은 전쟁이 끝난 후에도 국가 재건을 위해 한동안 거국 정부를 유지하려는 생각이었는데 애틀리가 그 점을 이용한 것이다. 정부의 미지근한 태도에 불만을 품은 노동당은 '지금 당장 베버리지(Beveridge Now)' 캠페인을 전개했다.

한편 「베버리지 보고서」가 세상에 나오자 보수주의자들 가운데도 열렬한 지지자들이 등장했다. 보고서가 발표되기 직전에 보수당에는 전후 새로운 세상을 열어갈 새로운 보수주의를 주창하는 모임이 결성되었다. 퀸턴 호그(Quintin Hogg), 피터 소니크로프트(Peter thornycroft), 힌친브룩 자작(Viscount Hinchinbrook)의 주도하에 약 40~50명의 평의원들이 뭉친 토리 개혁위원회(Tory Reform Committee)가 그것이다. 이들은 「베버리지 보고서」에 적극적으로 호응하면서 사회보장부의 신설을 요구했다. 「베버리지 보고서」 때문에 디즈레일리의 전통이 보수당 내에 다시 부각되었다. 토리 개혁가들은 「베버리지 보고서」에서 보수주의를 부활시킬 소명거리를 찾았다고 믿었으며, '하나의 국민' 전통에 충실했던 맥밀런 같은 사람들도 「베버리지 보고서」를 적극적으로 받아들였다. 토리 개혁위원회는 당시를 혁명의 시대로 간주하고 "국민에게 사회개혁을 주지 않으면 그들이 사회혁명을 줄 것"이라고 경고했다.[53] 그러나 그들은 대체로 사회보장 제도와 완전 고용은 지지하지만 국유화에는 반대 입장을 취했다. 예외적으로 토리 개혁위원회의 좌장 격인 힌친브룩은 케인스를 따라 '자유시장 경제의

---

53 Gary Love, "Making a 'New Conservatism': the Tory Reform Committee and Design for Freedom, 1942–1949", *English Historical Review* vol. CXXXV No. 574(June 2020), 612–613; Addison, *The Road to 1945*, 232.

시대는 끝났다'고 선언하면서 정부가 경제에 개입할 것을 지지했지만 다른 사람들은 그에 동조하지 않았다. 토리 개혁위원회의 견해는 너무 앞서갔고 1947년쯤 되면 그들의 전성기는 지나갔다. 그렇지만 토리 개혁위원회가 낡은 세력이 보수당을 통제하는 것을 막는 데 도움을 준 것은 사실이다.[54]

한편 처칠은 베버리지 열풍을 잠재울 대책을 모색하기 위해 리처드 버틀러(Richard Butler)를 위원장으로 하는 전후 문제 중앙위원회(Post-War Problems Central Committee)를 구성했다. 대중 교육의 확대가 베버리지 기획보다 덜 부담이 된다는 생각에서 교육 문제를 띄워 그것을 묻어 버리려는 기획이었다. 그에 따라 의무 교육을 16세까지 연장하는 것을 골자로 하는 버틀러 법안이 1944년 3월에 제2독회에서 토의되었다. 의무 교육의 연장은 사실 처칠의 오랜 꿈이었다. 그가 상무부 장관으로 사회개혁을 주도할 때 제시한 과제 가운데 16세까지의 의무 교육이 포함되어 있었는데 1940년대에 이르러 그 구상이 드디어 실현될 기회를 찾은 것이다. 버틀러 교육법안은 처음에는 노동당 의원들이 반대하면서 어려움을 겪었지만 1944년에 통과되어 무상 중등교육이 실시되었다.

「베버리지 보고서」를 보류하려는 처칠의 시도는 전반적으로 볼 때 성공하지 못했다. 처칠은 국내 문제에서 거국 정부의 한 축이던 노동당에게 많은 힘을 실어주었기 때문에 갑자기 국내 문제에 목소리를 높일 수 없는 상황이었고, 그것을 원하지도 않았다. 처칠은 타협을 택했다. 1943년 3월 21일 BBC 라디오 방송에서 처칠은 다시 한 번

---

54 Love, "The Tory Reform Committee", 574, 612-613.

사회개혁가의 모습으로 복귀했다. 전쟁 지도자로서 처칠은 국민들에게 전쟁 수행에 최선을 다해달라고 호소하면서 국내 현안을 다룰 4개년 계획을 준비하겠다고 약속했다. 그것은 「베버리지 보고서」가 제시하듯 국민 의료보험, 국가가 부담하는 교육의 확장, 사회보장을 포함할 것이었다. 그는 전후에 실업은 없을 것이라고 장담했다. 처칠의 방송은 베버리지에 관한 폭풍을 잠재웠지만 단지 일시적이었다. 대부분의 영국 국민에게 처칠은 위대한 전쟁 지도자였지만 국내 문제에서 그는 뒤섞인 반응과 우려를 자아냈다. 갤럽이 1943년 여름에 실시한 여론조사에서 노동당은 보수당보다 7퍼센트, 그 후에는 11퍼센트 많은 지지율을 보였다.[55] 영국인들은 전후 세계의 청사진을 보수당이 아니라 노동당에게 맡길 준비가 되어 있었던 것이다.

처칠은 희소한 국가 자원을 감안해 입법을 추진해야 한다는 입장을 되풀이 강조했다. 처칠이 더 이상 버티지 못하게 된 것은 그동안 「베버리지 보고서」를 꾸준히 제어해오던 재무부 장관 우드가 1943년 9월에 갑자기 사망했기 때문이었다. 우드의 재정적 보수주의라는 방패 막 없이 처칠은 버티기 힘들었고 결국 훨씬 더 타협적인 태도를 취할 수밖에 없었다. 물론 베버리지에 대한 처칠의 감정은 부정적이었다. 1943년 10월, 언론과의 대담에서 베버리지에 대해 질문을 받자 그는 "베버리지라니! 그 사람은 너무 많은 사안에 코를 들이밀고 있소"라고 대꾸했다. 그는 베버리지가 "끔찍한 허풍쟁이이고 몽상가"라고 생각했다.[56] 1943년 2월, 루스벨트 대통령과의 회담을 위해 미국

55 Addison, *The Road to 1945*, 227−228.
56 Ibid., 243; McKinstry, *Attlee and Churchill*, 339.

으로 가는 항해에서 처칠 일행은 베버리지가 승객임을 알게 되었고 그를 오찬에 초대했다. 주치의 모랜 경의 기록에 의하면 처칠은 예의를 지켰지만 베버리지를 앞에 두고 무료한 표정으로 딴 생각을 하고 있었다. 베버리지는 자신이 나라에 좋은 일을 했다는 자부심으로 뿌듯해했지만 처칠에게는 "그 생각이 떠오르지 않았다."[57]

궁극적으로 복지국가에 대한 처칠의 입장은 1944년 3월 2일에 하원에서 행한 연설에서 정리되었다.

> 질병은 공격되어야 합니다. 그 병이 가난한 사람, 부자, 남자 혹은 여자 가운데 누구를 공격하든, 질병은 적이기 때문입니다. 마치 소방관이 오막살이집에 불이 나건 대저택에 불이 나건 똑같이 불을 꺼야 하는 것처럼 말입니다. 우리 정책은 이 나라의 모든 사람이 나이, 성별, 직업에 상관없이 가장 훌륭하고 가장 최신의 의료서비스의 혜택을 받을 동등한 기회를 갖게 만드는 국민의료서비스를 만들어내는 것입니다.[58]

1944년 11월, 의회 회기가 시작되었을 때 국왕의 국정 연설에는 국민의료서비스의 창설 안이 포함되어 있었다. 처칠 수상은 모든 정당이 이 위대한 사회 입법에 헌신하고 있다고 정부 입장을 밝혔다.

1945년 7월에 실시된 총선에서 수상 자리를 애틀리에게 넘겨준 처칠은 노동당 정부가 본격적으로 국민의료서비스와 사회보장제도를 도입할 때 반대하지 않았다. 이미 그의 거국 정부와 1945년에 작성

---

57 Lord Moran, *Churchill, the Struggle for Survival*, 100.

58 Gilbert, *Winston S. Churchill* vol. III *the Challenge of War*(Hillsdale, Michigan: Hillsdale College Press, 1976), 651.

된 보수당 강령도 그 계획을 지지했던 것이다. 야당이 된 처칠은 주로 기업에 대한 과잉 규제와 식량 배급, 그리고 국유화정책에 초점을 두고 정부를 비판했다. 처칠은 전후 출간한 『제2차 세계대전』에서도 「베버리지 보고서」에 대해 언급하지 않았다. 그렇지만 1951년 7월에 자신의 선거구 에핑에서 행한 연설에서 그는 다음과 같이 일갈했다. "복지국가가 해대는 모든 자랑은 이 하나의 사실을 염두에 두고 판단해야 합니다. 즉 그들이 한 손으로 준 것을 다른 손으로 슬쩍 가져간다는 사실 말입니다."[59] 이 혜안은 1970년대 중반이 되어서야 영국 국민들이 확실히 깨닫게 될 것이었다.

처칠은 본질적으로 토리 민주주의자이고 자비심 많은 온정주의자였다. 마스터만은 1900년대에 함께 어울릴 때의 처칠을 "근면하고 감사할 줄 아는 노동계급에게 은혜를 베푸는 상냥한 상류계급"으로 정의했다. 제2차 세계대전 중 거국 정부의 일원이었던 노동당의 허버트 모리슨(Herbert Morrison)도 같은 점을 다르게 표현했다. 처칠은 자기 사람들을 위해 모든 것을 다하는 "구식의 자비로운 토리 신사"라는 것이다. 단 그들이 "선하고 복종하는" 사람들이고 그의 지위와 자신들의 지위를 "충성스럽게" 인식한다는 조건하에 말이다.[60] 그러나 대부분의 토리 신사들이 사회적 약자를 위한 정책에 무관심과 무능을 드러내고 있던 20세기 초부터 처칠은 사회적 약자를 도우려는 의지를 보였고 그 실천에 열성을 기울였다. 아버지 랜돌프 처칠 경의 토리 민주주의가 단지 립서비스에 불과했다면 처칠은 진심으로 그것

---

59 Langworth ed., *Churchill By Himself*, 397.
60 Addison, "Churchill and Social Reform", 77.

을 실현시키고 싶어 했다. 반세기 넘는 긴 세월 동안 사회개혁에 대한 처칠의 언어는 놀라울 정도로 일관성이 있었으며 그것은 단순한 레토릭이 아니었다. '요람에서 무덤까지'를 보장하는 영국의 선구적 복지국가는 20세기 초에 처칠의 작업으로부터 시작되었다. 만약 처칠이 1914년 이후에 아무런 공직도 맡지 않았더라면, 혹은 다르다넬스 패전 후에 장교로 복무 중 서부 전선에서 전사했더라면 역사는 그를 어떻게 기억할까. 그럴 경우 비록 그는 히틀러를 굴복시키고 조국을 구한 위대한 수상은 아니더라도 현대적 복지국가의 초석을 닦은 선구적 정치인으로 기억되었을 것이다. 유감스럽게도 사회개혁가 처칠의 모습은 오늘날 많이 잊혀 있다.

4장
분열된 섬: 아일랜드 문제

'영국을 얻으려는 자는 먼저 아일랜드를 취해야 한다'라는 이행시가 튜더시대에 불린 적이 있었다. 이 시가 표현하듯 브리튼 섬에 붙어 있다가 1만여 년 전 해빙기에 떨어져나간 아일랜드는 영국에게 전략적 취약점이었다. 영국과 아일랜드의 악연은 적어도 신교도들의 이주가 시작된 튜더시대로 거슬러 올라간다. 엘리자베스 1세의 대신이던 프랜시스 월싱엄(Francis Walsingham)은 아일랜드에는 "신의 저주가 있어 어떤 개혁도 일어날 수 없다"고 선언했다. 동시대인 월터 롤리(Walter Raleigh) 역시 아일랜드를 "재앙의 땅이라고 부를 정도로 버려진 지역"이라고 했다. 400년이나 지난 19세기 영국인들에게도 아일랜드 사람은 혐오스런 야만인, 원숭이나 마찬가지였다. 아일랜드의 가톨릭 원주민과 영국에서 이주한 신교도들 간의 갈등은 여러 차례 무력 충돌로 나타났다. 대표적으로 1798년에 울프 톤(Wolf Tone)이 이끈 봉기, 그리고 19세기 중엽 대기근 후 활동하기 시작한 폭력 단체들의 테러 활동이 있었다. 아일랜드의 폭력 사태는 1916년 부활절 봉기에서 절정을 이루었고, 그 후 영국 – 아일랜드 전쟁과 내전을 거쳐 1922년 말에 아일랜드 자유국이 성립된 후에야 잠잠해졌다. 그러나 북아일랜드에 소수로 남아 있는 가톨릭 동포들을 '해방'시키려는 폭력적 시도는 1960년대에 아일랜드 공화국군의 활동으로 다시 점화되었고, 테러가 일상이 되자 영국인들은 '차라리 저 섬이 바다에 가라앉았으면' 하고 바랐다.[1]

일반인들이 거의 모르는, 혹은 생각이 못 미치는 처칠의 활동이 사실 아일랜드 역사에서 가장 결정적인 순간을 둘러싸고 진행되었다. 오늘날 우리가 아는 대로의 아일랜드, 즉 신교도들이 다수를 이루며 영국의 일부로 남아 있는 북아일랜드, 그리고 가톨릭교도들로 구성된 남쪽의 에이레 공화국의 모태가 탄생한 것은 1921~1922년의 일이다. 그 무대에서 처칠은 결정적 역할을 했다. 처칠의 공식 전기를 집필한 마틴 길버트는 처칠의 생애 가운데 가장 무시된 시기가 식민부 장관(1921년 2월~1922년 11월)으로 일했던 20개월이라고 말한다. 식민부 장관의 직함으로 처칠은 영국 – 아일랜드 전쟁 후에 영국과 아일랜드의 협상을 주도하면서 아일랜드 자유국의 탄생을 지켜보았다. 처칠은 무엇보다도 콜린스, 아서 그리피스(Arthur Griffith) 등 아일랜드 민족주의운동 지도부를 대화에 끌어들여 협상을 성공시켰으며, 아일랜드 자유국이 탄생하기까지 아일랜드에 관한 의회에서의 모든 상황을 처리했다. 특히 영국 정부를 상대로 테러를 벌이던 아일랜드

---

1 영국과 아일랜드의 증오의 역사에 대한 간략한 서술은 박지향, 『슬픈 아일랜드』(기파랑, 2008) 중에서 특히 1장과 에필로그에 소개되어 있다.

민족주의자들을 협상 테이블로 끌어내 조약을 체결하도록 한 일은 처칠 일생의 가장 위대한 업적 가운데 하나이다. 물론 처칠이 희망했던 분열된 아일랜드 섬의 궁극적 통일은 아직 미완으로 남아 있다.

인도보다 더 중요한 땅

처칠과 아일랜드의 인연은 사실 1876년부터 시작되었다. 처칠이 처음으로 더블린에 모습을 드러낸 것은 그의 나이 두 살 때였다. 할아버지인 제7대 몰버러 공작이 디즈레일리 수상에 의해 아일랜드 부왕(Viceroy)으로 임명되면서 처칠의 셋째 아들 랜돌프를 개인비서로 대동했을 때 처칠도 함께 더블린으로 갔던 것이다. 아일랜드는 어린 시절 처칠의 첫 번째 기억이었다. 그는 할아버지가 주관한 동상 제막식을 어렴풋이 기억했고 유모가 들려준 아일랜드 테러범 이야기는 또렷이 기억했다.[2] 할머니 몰버러 공작부인은 아일랜드의 유력한 개신교 집안인 런던더리(Londonderry) 가문의 딸이었기에 런던더리 후작과 처칠은 가까운 인척이었다. 1904년에 처칠이 자유당으로 옮겼을 때 런던더리 가문과 불편해졌는데 그 불편한 관계는 제1차 세계대전이 끝나서야 정상으로 회복되었다. 혈연관계만이 아니라 개인적 친분관계로도 처칠은 아일랜드와 엮여 있었다. 처칠의 가장 헌신적인 친구이자 동료이며 한때 그의 숨겨놓은 아들이라는 소문까지 돌았던 브래큰이 아일랜드 출신이었다. 젊은 시절 보어전쟁 당시 군인

---

2 처칠, 『윈스턴 처칠, 나의 청춘』, 10쪽.

이자 신문 통신원으로 활약할 때 처칠은 아일랜드 인들의 군사적 용맹을 무척 인상적으로 보았다. 처칠이 1900년 총선에서 당선되고 다음 해 의회에서 행한 처녀연설은 보어전쟁에 대한 것이었는데, 처칠은 그 연설에서 아일랜드 출신 병사들의 용기와 희생, 그리고 그들의 군사적 능력을 높이 평가했다.

처칠의 아버지 랜돌프 처칠 경은 아일랜드 자치에 대해 반대 입장을 취한 대표적인 보수당 정치인이었고 1908년경까지 아일랜드 문제에 대한 처칠의 생각도 아버지의 뜻을 따르는 것이었다. 아일랜드 자치에 반대하는 북아일랜드 신교도들의 캐치프레이즈가 된 '얼스터는 싸울 것이고 얼스터는 옳다(Ulster will fight, Ulster will be right)'는 문구를 만든 게 바로 랜돌프 처칠이었다. 그는 1880년대에 글래드스턴의 토지법과 토지연맹의 선동에 직면한 지주들에게 동정적이 되면서 아일랜드 민족주의에 적대감을 가지게 되었다. 1883년 12월, 랜돌프 처칠은 연설에서 "우리가 인도를 잃는다 해도 우리는 여전히 강대국입니다. 그러나 아일랜드를 잃으면 우리는 다 끝난 것입니다"라고 주장했다.[3] 그가 알려진 것보다 실제로는 아일랜드 자치에 동정적이었다는 증거가 있다고 하지만 그럼에도 그는 일관적으로 아일랜드 자치에 반대했고 아일랜드를 잃는 것은 영제국을 끝장내는 것이라는 입장을 견지했다.

아버지의 유산을 엄정히 받아들인 처칠 역시 처음에는 아일랜드 자치에 반대했다. 1897년에 그는 어머니에게 보낸 편지에서 "아일랜드 자치에 결코 찬성할 수 없는데 아일랜드 자치 문제만 아니라면

---

3 Paul Bew, *Churchill and Ireland*(Oxford: Oxford University Press, 2016), 22.

사실 자유당으로 의회에 진출하고 싶어요"라고 쓰고 있다.[4] 그러나 1908년경이 되면 처칠은 아일랜드 자치의 불가피성을 받아들이게 된다. 처칠은 처음에는 아일랜드 문제를 민족 문제나 정치 문제 혹은 종교 문제라기보다 '돈 문제'로 파악했다. 그는 아일랜드에 세금이 과도하게 부과되었다는 1896년 왕립조사 위원회 의견에 동의하면서 '아일랜드가 조금 더 번영을 누린다면 그들은 조금 더 충성스러울 것이고 조금 더 충성한다면 조금 더 자유로울 것'이라고 이해했다.[5] 시간이 지남에 따라 처칠은 아일랜드 문제를 복합적 차원에서 바라보게 되었는데 그 과정에서 가톨릭 민족주의에 대한 태도는 온화해졌고 반면 얼스터에 대한 어조는 차가워졌다. 그럼에도 자유당으로 이적할 때만 해도 처칠은 아일랜드 자치에 동의하지 않았다.

처칠이 1904년에 보수당을 떠났지만 곧바로 자유당에 입당하지 않은 주된 이유도 아일랜드 자치 법안을 상정한 당에 충성할 수 없기 때문이었다. 지도급 자유주의자로 처칠과 가까웠던 몰리는 그에게 너무 각을 세우지 마라고 충고했다.[6] 결국 자유당으로 옮기자 처칠은 자유당의 기본 입장인 아일랜드 자치를 받아들이라는 압력하에 놓이게 되지만 그는 한동안 그 압력을 버티어냈다. 아버지의 영향만이 아니라 아일랜드 자치를 허용하기에는 영제국에 대한 애착이 너무 강했던 것이다. 그러나 1908년 무렵에는 불가피한 결단을 내릴 준비가

4 Churchill to Lady Randolph Churchill[April 6, 1897]. Randolph Churchill, *Winston S. Churchill 1874-1965* vol. I *Youth*(Hillsdale, Michigan: Hillsdale College Press, 1966), 318.
5 Bew, *Churchill and Ireland*, 32.
6 John Charmley, *Churchill: the End of Glory*(New York: Harcourt Brace, 1993), 34-35.

되어 있었다. 그 후 처칠의 태도에는 일관성이 있었다. 즉 아일랜드 민족주의를 인정하고 자치정부를 허용하자는 것이 처칠의 일관된 원칙이었다. 한편 북아일랜드에 대한 그의 태도는, 자치의 허용 여부는 북아일랜드와의 합의를 전제로 해야 한다는 것이었다. 비록 아일랜드에 자치를 허용하지만 얼스터를 강제하는 것이 아니라 얼스터에 호소함으로써 추진되어야 한다는 것이었다. 그는 자치를 얻게 되면 아일랜드는 영제국을 떠나지 않을 것이라고 믿었다. 그의 낙관적 전망은 남아프리카 보어인들의 사례에 근거를 두고 있었다. 즉 영국인들과 전쟁까지 치렀던 보어인들이 영제국의 일부로 남은 것처럼 아일랜드 민족주의자들도 그토록 원하던 자치를 얻으면 기꺼이 영제국에 남을 것이라는 논리였다.

찰스 파넬(Charles Parnell)의 불륜과 이혼 소송이 세상에 알려지고 글래드스턴의 자치 법안이 무산되면서 1890년대에 아일랜드 자치 문제는 수면 밑으로 가라앉았다. 자치 문제가 정치적으로 다시 부상한 것은 1909년에 치러진 총선 이후였다. 1906년 총선에서 자유당은 여유 있게 정권을 잡았지만 1909년 총선에서는 그렇지 못했다. 애스퀴스 정부는 이제 아일랜드 민족당에 의존해야 했고, 그 대가는 또다시 자치법안의 통과였다. 그때쯤 처칠은 글래드스턴이 처음 시도했을 때 아일랜드에 자치를 허용했어야 했으며 아버지가 언제나 옳은 것은 아니었음을 깨달았다. 1930년대에 쓴 에세이에서 처칠은 신교도였던 파넬이야말로 "모든 아일랜드 사람을 아우를 수 있는 마지막 위대한 지도자"였다고 평가했다.[7] 그럼에도 처칠의 관심사 가운데 아일

---

7 Winston Churchill, *Great Contemporaries* edited by James W. Muller(Wilmington,

랜드는 그리 중요하지 않았다. 따라서 1910년 2월에 정부를 다시 구성하면서 애스퀴스 수상이 처칠에게 아일랜드 장관직을 제안했을 때 그가 거절한 것은 이해할 만한 일이다. 처칠은 수상에게 "그 자리는 매력적이지 않습니다"라고 솔직한 심정을 밝혔다.[8] 밸푸어를 제외하고 아일랜드 장관직은 야심 있는 정치인들에게는 재앙이었다. 글래드스턴 정부를 무너뜨리고 영국 정치를 수십 년 동안 혼란으로 빠져들게 한 아일랜드의 혼란에 처칠은 발을 담그고 싶지 않았던 것이다.

아일랜드 사람들의 정신 상태는 영국인들에게 수수께끼였다. 1911년에 에드워드 7세를 이어 왕위에 오른 조지 5세가 그해 7월에 닷새간 더블린을 방문했다. 그만큼 아일랜드의 충성심을 유지하는 것은 영국 정부에게 긴급한 일이었기 때문이다. 방문 중 소규모 공화주의자들과 사회주의자들의 반발과 시위가 있었지만 왕의 방문은 성공적이었다. 더블린 대중은 환호로 새 국왕을 맞았는데 8년 전 있었던 에드워드 7세의 방문 때보다 환영 분위기가 더욱 강했다. 이처럼 아일랜드 문제는 파악하기가 대단히 어려웠다. 조지 5세에 대한 대중의 환호와 아일랜드 민족운동 지도자들의 과격함 사이에 괴리가 있는 것은 분명했다. 그러나 1912년에서 1914년 여름 세계대전이 발발하기 직전까지 아일랜드의 저주가 다시 시작되었고 아일랜드 문제는 최고의 정치적 긴장을 야기했다. 문제는 아일랜드 민족주의자들만이 아니었다. 북쪽의 신교도들도 골칫거리였다. 자치법안을 재앙으로 간주한 얼스터 신교도들은 점점 비타협적이 되어 가톨릭 민족주의자

Delaware: ISI Books, 2012), 336.

8 Randolph Churchill, *Winston S. Churchill* vol II *Young Statesman*(Hillsdale, Michigan: Hillsdale College Press, 1967), 364.

들에 반항했으며 가톨릭 폭력 단체에 맞서 방위대를 조직했다. 그들은 자치를 받아들이느니 차라리 분단이 낫다며 무력 투쟁을 선언했고 이에 가톨릭들도 대응하면서 아일랜드는 혼란에 빠졌다. 영국 정부가 가톨릭 민족주의자들에게 휘둘린다고 생각한 개신교 통합주의자들(Unionists)은 반발했고 얼스터 의용군은 갈수록 '반란군'처럼 되어갔다. 이러한 상황에서 당시 해군부 장관이던 처칠은 아일랜드 문제에 자연스레 연루되었다.

얼스터 의용군이 위협적이 되자 애스퀴스 수상은 처칠을 예비 군사행동을 책임지는 내각위원회 위원장으로 임명했다. 상황은 상당히 심각했다. 위기를 해결하기 위해 처칠이 얼스터에 군대를 투입할 것이라는 소문이 돌자 신교도들을 지원하고 있던 보수 언론들은 처칠을 비난했다. 그런 불신 속에서 처칠은 얼스터에서 열리는 자유당 행사에 참석한다는 결단을 내렸다. 1912년 2월에 얼스터 홀, 그의 아버지가 26년 전에 신교도 충성파들의 가슴에 불을 질렀던 바로 그곳에서 행한 처칠의 메시지는 아버지의 메시지와 달랐다. 그의 아버지는 신교도들에게 아일랜드 자치법안에 반대하도록 종용했는데, 이제 아들은 그 반대를 말했다. 신교도 통합주의자들의 험악한 분위기 속에서 처칠의 아내 클레먼타인의 존재만이 간신히 폭력 사태를 막을 수 있었다.

얼스터 방문 후 처칠은 북부 신교도들이 결코 더블린에 수립될 자치정부에 참여하지 않을 것임을 확신했다. 그는 각료회의에서 얼스터 신교도들의 거주 지역을 일정 기간 동안 자치에서 제외할 필요성을 제기했다. 그는 그 생각을 아일랜드 민족운동 지도자인 레드먼드(John Redmond)에게 편지로 알렸고 레드먼드도 처칠의 입장을 수용했다. 그러나 내각의 다수는 반대 의견이었다. 1912년에 애스퀴스 정부의 3차 아일랜드 자치법안이 하원을 통과했지만 상원에서 저지되었다. 그러나 새로운 의회법에 따라 상원은 법안이 법률화하는 것을 막을 방법이 없었다. 궁극적으로 애스퀴스 수상은 얼스터가 주민 투표에 의해 6년 동안 자치에서 제외될 수 있다고 의회에서 선언했다. 그러나 개신교 통합주의자들의 지도자인 카슨(Edward Carson)은 그 제의를 '6년 동안 유예된 사형선고'라며 비난했고 보수당도 카슨을 지지했다.[9]

처칠은 '얼스터를 더블린 의회에 들어가도록 강요할 수 없다'는 입장이었지만 동시에 얼스터를 제외한 지역들이 원하는 의회를 얼스터가 방해할 수도 없다고 생각했다.[10] 1914년 4월 29일 자 의회 연설에서 처칠은 얼스터를 단호하게 통제할 필요성을 지적했다. 즉 "얼스터가 우리를 강제하는 것을 방지"하는 것이 급선무임을 지적했던 것이다. 그는 얼스터 신교도들이 내전도 고려하고 있다는 소문에 대해 만약 반란이 일어나면 "우리는 진압할 것이고 이기기 위해 최선을 다할 것"이라고 경고했다. 그러나 "당신들이 일으키지 않는다면 내전도 없고 반란도 없을 것이다." 처칠은 타협을 호소하면서 연설을 마무리했다. 얼스터의 위엄과 이익을 지키면서 아일랜드를 영연방 체제 안의 통일체로 남겨두기 위해 개신교 통합주의자들이 약간의 위험을 감수하라는 권고였다.[11]

---

9   Ian S. Wood, *Churchill*(New York: St. Martin's Press, 2000), 143.

10 Winston Churchill, *The World Crisis* vol. I *1911-14*(Thornton Butterworth, 1929), 182.

11 *Winston S. Churchill: His Complete Speeches* vol. III 1914-1922 edited by Robert Rhodes James(Chelsea House Publishers, 1974), 2303-2304.

1914년 7월에 정당 지도자들이 버킹엄궁에 모였다. 자치법안이 법이 되기 전에 동의를 얻으려는 마지막 시도였다. 북아일랜드와 남쪽 아일랜드 경계선에 대한 논의에 자유당과 보수당은 마치 내전과 같은 분위기에서 서로를 물어뜯었다. 이 문제가 진행될 때 오스트리아가 세르비아에 최후통첩을 보냈다. 1914년 여름, 전쟁이 발발하자 아일랜드 문제는 수면 밑으로 가라앉았고 사람들은 거의 안도감을 느낄 정도였다. 그러나 전쟁이 끝났을 때 아일랜드 문제는 예전과 똑같은 무게감으로 다시 수면 위로 떠올랐다. 처칠은 아일랜드 문제의 영속성을 다음과 같이 표현했다.

전쟁으로 모든 기관이 해를 입었고, 위대한 제국들이 사라지고, 유럽의 지도가 바뀌고, 사람들의 생각도, 사태의 대한 전망도, 정당의 구성도 모두 변했는데, 이 세상을 덮친 대재앙에도 불구하고 그 싸움은 전혀 변치 않았다. 그 사실은 민족주의자든 오렌지 당원이든 간에 아일랜드 사람들이 얼마나 끈질기게 목표를 추구하는지, 그들이 영국의 삶에 얼마나 중대한 영향을 미치고 영국의 정치를 얼마나 오랫동안 장악할 수 있는지 보여주었다.[12]

피의 희생

제1차 세계대전이 시작된 날 아일랜드 민족당 지도자인 레드먼드

---

12   Richard Langworth ed., *Churchill By Himself*(New York: Public Affairs, 2008), 167.

는 웨스트민스터 의회에서 "아일랜드 자치주의자들은 이 위기의 순간에 영국 편에 설 것"이라고 맹세했다. 레드먼드의 발언은 아일랜드 민족주의자들을 분열시켰다. 대다수는 그를 따랐지만 소수는 떨어져 나가 새로운 조직을 만들었는데 이들은 1798년 봉기 때 사용된 바 있는 전략, 즉 '영국의 어려움을 이용한다'는 전략을 채택했다. 특히 그 동안 근근이 명맥을 유지해오던 폭력 단체인 '아일랜드 공화국 형제단(Irish Republican Brotherhood)'은 독일의 지원을 받아 영국에 저항하는 봉기를 계획했다. 거사 일은 1916년 부활절 날로 결정되었다. 그 날이 휴일이기 때문에 많은 시민들이 참여할 것이라는 기대도 있었지만 더욱 중요하게는 부활절에 봉기함으로써 '피의 희생'을 통한 민족의 부활이라는 이미지를 전달하려는 의도였다. 봉기는 준비도 엉망이었고 모든 면에서 수준 미달이었다. 그들은 봉기가 성공해야 한다는 것보다 '일어나야 한다'는 것을 더욱 중요시했다. 봉기 직전 총을 들고 나서는 제임스 코널리(James Connolly)에게 누군가가 성공할 수 있는지 묻자 그는 "천만에"라고 대답했다.[13]

1916년 4월 24일, 더블린 시민들이 놀란 눈으로 바라보는 가운데 시인 패트릭 피어스(Patrick Pearse)가 중앙우체국 정문 앞에 나타나 '아일랜드 공화국'을 선포했다. 봉기를 일으킨 사람들은 아일랜드 국민 전체가 자신들을 지지하여 봉기할 것으로 믿었지만 일주일 동안 아무런 움직임이 없었다. 드디어 영국군의 진압이 시작되었고 모든 것이 끝났을 때 76명의 봉기군, 300명의 시민, 130명의 영국군 및 경찰

---

13 부활절 봉기와 '피의 희생'에 관해서는 박지향, 「아일랜드 역사에 나타나는 유혈과 폭력의 신화」, 『仁荷史學』, 10(2003년 2월) 참조.

사망자 등 총 450명의 사망자와 2,614명의 부상자가 발생했다. 제1차 세계대전이 끝난 후 영국을 상대로 한 투쟁에서 지도자 역할을 하는 콜린스와 이몬 데 발레라(Eamon de Valera)도 봉기에 가담했다가 체포되었다.

미숙함과 허구로 점철된 사건이었지만 부활절 봉기는 매우 중요한 실질적 결과를 가져다주었다. 봉기가 일어났을 때 아일랜드 일반인들의 반응은 부정적이었다. 대중은 폭력을 통한 독립이 아니라 헌정적 절차에 따른 자치를 지지했을 뿐만 아니라 전쟁 중에 그런 일을 벌인 것에 대해서도 비판적이었다. 그러나 영국 측의 가혹한 처벌이 시작되자 여론이 바뀌었다. 코널리를 위시해 군사재판에서 처형된 봉기 지도자들은 순교자의 반열에 올랐고 모든 수준에서 순교자 숭배가 일어났다. 이제 아일랜드 사람들은 '자치'가 아니라 '독립'을 목표로 설정했고 '아일랜드 공화국'은 실현 가능한 이상으로 자리잡게 되었다. 1906년에 그리피스가 만든 정치 조직인 신페인(Sinn Fein)은 그때까지 그다지 주목받지 못했지만 봉기를 통해 민족주의 정서의 구심점이 되는 어부지리를 얻게 되었다. 영국군이 부활절 봉기를 신페인이 주도한 반란으로 규정하자 실제 봉기에 참여하지도 않은 신페인이 졸지에 대중 운동의 선봉이 되었던 것이다.

전쟁이 끝난 직후인 1918년 12월에 행해진 영국 총선에서 자치주의자들이 전몰하고 대신 신페인 후보자들이 대거 당선되었다. 그들은 웨스트민스터로 가는 대신 더블린에 독자적 의회를 구성하면서 부활절 봉기가 선언했던 아일랜드 공화국을 재가했다. 런던에 있는 정치인들은 자치를 목표로 하는 온건한 민족운동을 주도하던 레드먼드와 그 지지자들의 위상이 부활절 봉기를 거치면서 얼마나 약화되었는지를 몰랐다. 처칠도 깨닫지 못했다. 영국 정부로서는 독자적 의회를 구성한다는 신페인을 방치할 수 없었기에 그 단체를 불법으로 선언하고 더블린에 성립된 아일랜드 자체 의회도 금했다. 1919년 1월 29일, 콜린스가 신페인 부속의 무장 단체로 새롭게 조직한 IRA가 이른바 '독립 전쟁'의 첫 번째 총알을 발사하면서 테러와 살상이 시작되었다.

IRA의 첫 총성이 울렸을 때 처칠은 전쟁부 장관으로서 아일랜드에 군대를 배치해야 하는 의무를 맡고 있었다. 처칠의 논리는 '테러는 반(反)테러로 막는다'는 것이었다. 처칠과 수상 로이드 조지는 내내 아일랜드 '살인범 강도들'이 진압될 것이라고 주장했지만 1920년 초반에 이르면 정부의 질서 회복이 역부족임이 드러났다. 냉철한 어느 외무부 관리는 "3년 내에 아일랜드는 실질적으로 공화국이 될 것이고 그보다 더 일찍 영국 군대는 아일랜드에서 철수할 것"이라고 예언했다.[14] 심각한 상황이지만 군대 파병을 꺼린 영국 정부는 보조경찰을 모집해 경찰력을 강화하자는 처칠의 아이디어를 받아들였다. 그러나 검은 모자와 담갈색 제복을 착용한 보조경찰들(Black and Tans)은 오히려 상황을 악화시켰고 그들의 난폭한 행위에 대한 비난이 도졌는데 처칠은 '명예롭고 용맹한 장교들'이라며 그들을 옹호했다. 중요한 사실은 처칠이 IRA를 인정할 수 없었다는 것이다. "이 소위 군대라는 집단"은 암살이나 매복 등으로 국왕의 군대에 대한 공격을 목적으로 존재하기 때문이었다. 그들은 전쟁의 규칙에 따라 심각한 전투를 한 적이 전혀 없었다. 처칠이 보기에 테러리스트들이 자기 자신을 '자

---

14 Bew, *Churchill and Ireland*, 96.

유 투사'라 부르는 것은 가장 사악한 방법으로 행동해도 되는 면허를 갖는 것이었다. 처칠의 아일랜드 정책은 '항복은 없다'는 입장을 따랐고, 그 자신은 인내와 확고함으로 "IRA라는 살인 갱단"을 패배시키고 아일랜드를 안전한 상태로 회복시키는 것임을 확인했다.[15]

그런 처칠의 생각을 바꾼 계기는 1920년 10월에 있은 IRA 지휘관이며 코크시 시장인 맥스위니(Terence MacSwiney)의 감옥에서의 단식 투쟁이었다. 많은 사람들이 대단히 쇠약해진 그를 석방하라고 주문했지만 처칠은 암살이 영제국의 역사를 바꾸도록 허용되어서는 안 된다며 반대했다.[16] 처칠은 의회 연설에서 맥스위니의 단식 투쟁을 희화화했다.

맥스위니는 죽기를 원치 않습니다. 정부도 그가 죽기를 원치 않습니다. 그러나 아일랜드에는 그가 죽었으면 하는 많은 친구들이 있습니다. (……) 이제 단식 9주째인데 그는 아직 살아 있습니다.[17]

처칠의 연설이 있고 나흘 후에 맥스위니가 죽었다. 그 효과는 극적이었다. 바짝 말라 작은 원숭이처럼 보이는 그의 시신은 모든 사람에게 충격이었고 IRA의 진정성을 깨닫게 해주었다. 처칠도 감명을 느꼈다. 처칠의 친구이자 화가인 존 레이버리(John Lavery)가 맥스위니의 초상화를 보여주었을 때 그것을 면밀히 검토하고 난 처칠이 말했

---

15 Churchill, *The World Crisis: the Aftermath*(Thornton Butterworth, 1929), 311; Charmley, *Churchill: the End of Glory*, 165.

16 그때까지 199명의 영국 경찰관들이 IRA에 의해 희생되었다.

17 Bew, *Churchill and Ireland*, 101.

다. "그는 용감한 사람이었소! 그들은 훌륭한 사람들이고 우리는 그들을 잃어서는 안 됩니다. 우리는 석 달 안에 악수를 하게 될 것입니다."[18]

1920년 12월에 결국 아일랜드를 두 나라로 분리해 자치를 허용하는 아일랜드 정부법이 웨스트민스터 의회를 통과했다. 북아일랜드는 앤트림, 런던더리 등의 6개 주, 남쪽은 26개 주로 구성되며 각각 자치의회를 갖는다는 내용이었다. 각각의 의회는 매우 제한적인 권력을 가질 것이며 웨스트민스터가 궁극적 주권을 유지하면서 왕실, 군사력, 화폐, 대외무역 등에 대한 권력을 가질 것이었다. 이 법안이 뜻하는 바는 현실적으로 얼스터를 더블린에 남겨둔 채 문제를 해결하는 것은 불가능하다는 사실을 인정한 것이었으며, 그것은 남북아일랜드의 분리를 의미했다. 이때 얼스터 통합주의자들의 지도자인 제임스 크레이그(James Craig)가 도움을 주었다. 그는 그의 추종자들보다 더 넓고 더 정치가다운 비전을 가진 인물이었는데, 남쪽의 데 발레라와의 회담을 제안했던 것이다. 물론 폭력이 난무하는 아일랜드 상황에서 남쪽에 남겨진 신교도들이 언제고 공격당할 수 있다는 걱정도 그의 결단에 역할을 했다. 코크의 신교도들은 벨파스트에 있는 가톨릭 교도들보다 더 위험에 노출되어 있었던 것이다.

---

18 Ibid., 103.

그들의 입장에서

1921년 2월에 처칠이 식민부 장관으로 임명되었을 때 상황은 아일랜드 정부법안이 의회를 통과한 상태였지만 게릴라전은 여전히 진행 중이었다. 남부와 북부에 각각 의회와 행정부를 설치하려는 아일랜드 정부법안은 신페인과 IRA 지도부에 의해 거부되었다. 처칠과 로이드 조지는 영국군이 IRA보다 우세하므로 아일랜드 민족주의자들을 결국엔 대화로 유도할 수 있을 것으로 자신하고 있었다. 그러나 IRA의 게릴라전은 영국 측이 예견했던 것보다 끈질겼고 그에 대응하는 영국 보조경찰의 잔인함은 극에 달했다. 처칠의 아내 클레먼타인은 남편에게 "강철 주먹을 휘두르는 훈족 스타일의 방법"을 취하지 말고 아일랜드 사람들의 입장에서 생각해보라고 충고했다. "아일랜드에서 온건 정책이 실행되도록, 혹은 어찌 되었든 정의가 구현되도록 당신의 영향력을 사용하세요. 당신을 그들의 입장에 놓아보세요. 항상 완고한 방식이 결국 이길 것이라고 생각하는 당신을 볼 때마다 저는 실망합니다."[19] 그러나 처칠은 아내의 말을 들으려 하지 않았다. 사실 보조경찰이 그녀가 생각하는 만큼 잔인한 것도 아니었고 폭력은 양편에서 모두 자행되고 있었다. 그러나 얼마 지나지 않아 처칠은 영국 정부와 신페인 간의 휴전을 지지하고 영국과 아일랜드 민족주의자들의 협상을 주도하게 된다.

1921년 5월에 분리된 남북아일랜드 의회를 구성하기 위한 선거가 실시되었다. 선거 후에 북쪽에는 크레이그를 수반으로 하는 신교도

---

19 Martin Gilbert, *Churchill, A Life*(New York: Henry Holt and Co. 1991), 440.

정부가 수립될 터였다. 한편 남쪽에서는 신페인이 압도적 다수를 얻었지만 신페인을 불법으로 간주한 영국 정부는 그 단체를 인정하지 않았다. 마치 전쟁 상태처럼 폭력이 난무했는데 이때 상황을 극적으로 타개한 것은 국왕 조지 5세였다. 왕은 아일랜드 사태로 매우 심란한 상태였다. 남아프리카 공화국 수상인 얀 스머츠(Jan Smuts)가 이때 영국 정부가 먼저 신페인과의 협상을 제안하라는 내용의 편지를 수상 로이드 조지에게 보내면서 아일랜드 사태에 개입했다. 6월 12일에 국왕이 스머츠를 윈저궁으로 초대해 의견을 들었다. 당시 왕은 북아일랜드 의회를 개회하도록 요청받았지만 그렇게 하는 게 남쪽에게 도전으로 보일까봐 고민하고 있던 중이었다. 스머츠는 국왕에게 의회 개회를 선언하되 그 이상을 하라고 제안했다. 즉 왕이 그 기회에 아일랜드 전체에, 그리고 영연방 모두에 평화의 메시지를 전하도록 조언했던 것이다. 왕의 동의하에 스머츠가 초안을 작성하여 로이드 조지에게 보냈고 초안이 그대로 채택되었다.[20]

1921년 6월 22일, 조지 5세가 벨파스트에서 있은 북아일랜드 의회 개원 연설에서 호소했다.

모든 아일랜드 인에게 호소합니다. 멈추라고. 관용과 화해의 손길을 내밀어달라고. 잊고 용서하라고. 그리고 당신들이 사랑하는 그 땅에서 새롭게 평화와 만족과 선의의 시대를 만드는 데 함께 해달라고. 멀지 않아 남쪽 아일랜드에서도 오늘 이 자리에서와 같은 흡사한 일이 일어날 것을 진심으로 바랍니다. 비슷한 기회가 가능해지고 비슷한 행사가 열리기를 기대

---

20   Tim Pat Coogan, *Michael Collins*(Penguin, 2015), 214.

합니다. 그를 위해 영국 의회는 최대한의 협력과 조치를 취할 것입니다.[21]

왕의 연설은 남쪽 사람들의 마음을 움직여 상황을 다시 생각하게 만들었다. 남쪽 아일랜드가 호의적으로 반응하자 처칠은 휴전을 선언하고 협상을 시작해야 한다고 내각을 종용했다. 수상도 동의하면서 드디어 1921년 7월 11일에 휴전이 선언되었다. 3일 후에 로이드 조지 수상이 신페인의 지도자이자 아일랜드 독립 의회 의장인 데 발레라와 최초의 회담을 가졌다. 영국 정부 내에서는 공식적으로 데 발레라와 회담을 갖는 것에 대해 견해가 엇갈렸는데, 처칠은 물리력을 사용하는 정책이 실패했음을 인정하고 협상을 벌여야 한다고 주장했다. 수상이 협상단에 처칠을 포함시킴으로서 처칠은 아일랜드 민족주의자들을 상대하는 이 모든 복잡한 과정에서 핵심 역할을 맡게 되었다.

드디어 1921년 10월 11일, 영국 정부의 협상단과 아일랜드 민족주의자들이 다우닝가에서 얼굴을 맞대고 앉았다. 영국 측은 처칠 외에 로이드 조지, 버켄헤드, 오스틴 체임벌린(Austin chamberlain, 네블 체임벌린의 이복형) 등 가장 막강한 정치인들로 구성되었고 아일랜드 민족주의자들은 그리피스와 콜린스를 포함했다. 데 발레라는 더블린에 남아 있었다. 처칠의 솔직한 판단에 의하면 아일랜드 사람들은 "기이한 사람들"이었다. 아일랜드 대표단과 협상하는 동안 아내에게 보낸 편지에서 처칠은 어떤 순간에는 그들을 이해하는 것이 자신의 능력을 넘어서는 것이라고 토로했다. 그는 키플링의 시구를 인용하여 아

---

21 Churchill, *The World Crisis: the Aftermath*, 294-295.

영국-아일랜드 조약 협상을 위해 런던에 온 콜린스, 1921년.

콜린스(가운데)와 데 발레라(우).
1919년.

1916년 봉기 이후의 더블린 중앙우체국.

일랜드에는 "소총 개머리판의 강철조차 잡아먹을 것 같은" 증오가 만연해 있다고 한탄했다. 그러면서도 그들은 모두 영국 정부가 부과하는 세금을 내고 경마대회에도 기록적으로 사람들이 몰리며, 그러면서 내전을 벌인다는 것이다.[22]

처칠은 무엇보다도 IRA 대장인 콜린스와 대화하기로 결심했다. 그를 위해 콜린스와 개인적 친분을 쌓아야 했다. 콜린스는 사실 영제국에서 가장 많은 현상금이 걸려 있는 최상위 수배 인물이었다. 1921년 10월 30일, 처칠은 협상을 위해 런던에 온 콜린스를 집에 초대했다. 당시 콜린스는 29세, 처칠은 47세였다. 처칠은 보어전쟁 당시 자신의 목에 현상금이 걸렸던 경험을 이야기하며 그와 친해지려는 제스처를 보였다. 두 사람은 처칠의 친구이며 화가인 레이버리의 집에서도 여러 차례 만났다. 그때까지 아일랜드 민족주의자들은 처칠을 대단히 불신했다. 특히 랜돌프 처칠의 아들이라는 사실, 제1차 세계대전 전에 아일랜드 자치에 대해 반대한 것, 그리고 영국-아일랜드 전쟁 초기에 얼스터 보조경찰을 인정한 것 등이 처칠에 대한 아일랜드 인들의 불신과 혐오감을 부추겼다. 처칠은 그러나 궁극적으로 콜린스와 그리피스의 신뢰와 존경심을 얻는 데 성공했다. 다행히도 영국과 아일랜드 모두 군사적 투쟁에 지쳐 있었으며 게다가 콜린스는 데 발레라와 달리 현실주의자였다. 그는 아일랜드 테러 전쟁이 영국을 매우 불편하게 만들었지만 그렇다고 영국이 군사적으로 패배한 것은 아니며 아일랜드 측이 평화 조건을 마음대로 결정할 수 있는 위치에 있는 것도 아니라는 사실을 냉철하게 인식하고 있었다.

22 Bew, *Churchill and Ireland*, 14.

협상은 비교적 순조롭게 진행되었지만 마지막 단계에서 아일랜드 측은 여전히 몇 가지 유보사항을 지적했다. 협상의 주안점은 남북아일랜드의 분할이 아니었다. 처칠만이 아니라 가톨릭 민족주의자들도 얼스터 신교도와 한 국가를 이룰 수 있다는 희망은 이미 버렸던 것이다. 문제는 장차 태어날 아일랜드 국가와 영제국 사이의 '헌정 상의 관계'였다. 영국 측 입장은 아일랜드가 자치령 지위를 가지면서 영국 왕에 대한 충성심을 유지해야 한다는 것이었다. 그것이 영국 정부 입장에서 타협할 수 있는 가장 명예로운 해결책이었고 처칠은 이것을 끝까지 주장했다. 처칠과 영국 측 협상단은 영제국에서 탈퇴하기 위해 자기 파괴적 투쟁을 계속하는 것은 가톨릭 아일랜드에 도움이 되지 않으며, 형식적으로 속령임을 인정하기만 하면 아일랜드는 캐나다와 같은 수준의 자치권을 누릴 수 있음을 아일랜드 사절에게 약속했다. 결국 콜린스와 그 동료들은 '훗날의 완전한 자유'를 위해 영국 정부와 타협하고 조약을 받아들이게 된다. 그러나 데 발레라를 비롯한 일부 과격파의 논리는 아일랜드가 이미 공화국을 선포하고 영제국에서 탈퇴했기 때문에 다시 속령이 될 수 없다는 것이었고 이 때문에 후에 내전이 일어나게 된다.

협상에 임한 처칠의 또 하나의 목표는 얼스터 정부의 권리를 인정해주고 그들을 지탱하는 것이었다. 그에게 남쪽 가톨릭들의 권리를 인정해주는 것과 북아일랜드 신교도들의 권리를 인정하는 것은 동일선상의 문제였다. 당시 북아일랜드에서는 신교도와 가톨릭들의 살상과 보복이 이어지고 있었는데, 수적으로 적은 가톨릭 주민들이 신교도들보다 두 배의 사상자를 내고 있는 상황이었다. 얼스터 통합주의자들은 어떤 형태의 자치에도 반대하면서 영국의 일부로 남기를 원했다. 처칠의 마지막 고려는 아일랜드 자치국 성립 후 영국 해군이 아일랜드 항구를 사용할 수 있을지 여부였다. 언제나 영제국의 전략적 고려를 중시한 처칠에게 '영국에 적대적이지 않은 아일랜드'의 존재와 '영국이 활용할 수 있는 대서양 항구'의 존재는 대단히 중요했다. 아일랜드 대표단은 그러한 우려를 비웃으며 아일랜드는 언제나 중립국으로 남을 것이라고 장담했지만 처칠은 안심할 수 없었다.

1921년 11월 29일, 영국-아일랜드 조약의 초안이 신페인 대표단에 전해졌는데 그 초안 작성에는 처칠이 크게 기여했다. 초안은 남쪽 아일랜드가 국왕에 충성하고 제국의 일부로 남으며 남서쪽 항구들을 영국 해군이 사용할 수 있게 할 것이고 북아일랜드는 전적인 선택권을 가지게 된다는 것이었다. 초안에는 처칠의 구상이 거의 모두 들어 있었다. 그리피스와 콜린스는 이 초안을 더블린으로 가져갔고 이틀 후에 다시 세부 사항을 명확히 하기 위해 런던으로 돌아왔다. 영국 팀과 또 한 차례 회의를 거친 아일랜드 대표단은 다시 더블린으로 돌아갔다가 하루 만에 런던으로 왔다. 마지막 난관은 영국 왕에 대한 충성 서약이었다. 로이드 조지는 12월 5일을 협상 타결의 최후 시한으로 선언한 참이었다. 그날 아일랜드 대표단은 자정이 지나서야 회의장에 들어섰다. 오랜 침묵 후 그리피스가 몇 가지 항목을 조정하면 합의안을 수용하겠다고 선언했다. 그는 개인적으로 협상안에 동의하며 그것을 아일랜드 국민들에게 추천하겠다고 말했다. 처칠이 기억하는 당시 현장의 모습이다. "그러자 콜린스가 마치 누구를 쏘기라도 할 것 같은 모습으로 벌떡 일어섰다. 나는 지금까지 그렇게 고통과 격정을 억누른 표정을 본 적이 없다." 새벽 3시가 다 된 시점에 양측은 합의안에 서명했다. 아일랜드 대표단이 일어설 때 "강한 충동에 이끌린" 영국 각료들은 테이블로 돌아가 "처음으로 그들과 악수를 나누었다."[23] 8년 후에 처칠은 영국과 아일랜드 대표단이 "동일한 대의에 의해 연합한 동맹"이 되었다고 당시를 회상했다. 그 대의는 "두 인종과 두 섬 사이의 평화"였다.[24]

영국-아일랜드 조약은 26개 주로 구성된 아일랜드 자유국이 영제국 내에서 캐나다, 오스트레일리아 등과 동일한 헌정적 지위를 갖는다고 규정했다. 한편 북아일랜드는 자유국에 포함되지 않을 권리를 가지며 신교도들을 위한 신교도 의회를 가질 것이었다. 조약은 또한 북아일랜드의 최종 국경을 결정할 경계선 위원회를 설치할 것을 약속했다. 영국과 아일랜드가 드디어 협상에 성공했다는 소식이 전해지자 전반적 분위기는 악몽에서 깨어났다는 것이었다. 조지 5세는 이른 아침에 관련 각료들을 버킹엄궁에 불러 함께 사진을 찍는다는 전례 없는 일을 함으로써 자신의 기쁨을 표현했다. 처칠의 판단에 의하면 누구보다도 기뻐한 사람들은 "아일랜드의 가난한 평범한 사람들"이었다.[25] 아일랜드 대중은 조약의 결함이 무엇이든 평화를 원했고 반쪽의 빵이 없는 것보다 낫다는 사실을 받아들였던 것이다.

후에 처칠은 당시 영국 정부와 협상을 벌였던 그리피스, 콜린스, 그 외 멀케이(Richard Mulcahy)와 오히긴스(Kevin O'Higgins)를 "최상의 현실주의자, 조국을 사랑하고 신을 경외하고 약속을 지키는 사람들"

---

23 Churchill, *The World Crisis: the Aftermath*, 305-306. 다음 날 처칠은 내각회의에서 영국-아일랜드 전쟁 중 체포되어 사형선고를 받은 신페인 단원들 가운데 아직 처형되지 않은 사람들을 사면하도록 제안했고 그의 의견이 받아들여졌다.
24 Gilbert, *Churchill, A Life*, 441.
25 Churchill, *The World Crisis: the Aftermath*, 308.

이라고 추앙했다.[26] 처칠은 그들을 이해했을 뿐만 아니라 존경하기까지 했다. 그는 보어전쟁 당시의 보어인들의 경우와 마찬가지로 외국에 맞서 고국을 지키려는 아일랜드 인들의 입장에 공감했다. 만일 그가 아일랜드 인이었다면 틀림없이 '협상 테이블의 맞은편에 앉았을 것'이라는 그의 아내의 말은 처칠을 정확하게 파악한 발언이었다.[27]

마이클 콜린스

영국-아일랜드 조약 과정에서 드러난 아이러니는 콜린스의 게릴라 전략이 궁극적으로 영국으로 하여금 협상 테이블에 앉게 만들었다는 사실이다. 앞서 언급되었듯 처칠은 게릴라전과 암살을 혐오했다. 그 자신 장교이며 신사 층을 대표하는 처칠은 제대로 제복을 갖춰 입은 부대를 상대로 포효하는 총알에 맞서 싸우는 전통적 방법의 전쟁은 옹호했지만 제복도 없이 침대에서 자는 사람을 쏴 죽이는 식에는 절대 공감할 수 없었다.[28] 따라서 IRA와 대화를 한다는 것은 상상도 못할 일이었다. 무엇이 그 두 사람을 결집하게 만들었을까? 그것은 냉철한 현실 판단과 행동의 철학이었다. 처칠은 목표와 행동의 강한 힘을 찬양했는데 그것을 콜린스에게서 보았던 것이다. 그것이 처칠과 콜린스를 의기투합하게 만든 단서였다.

---

26 Ibid., 313.
27 제프리 베스트, 김태훈 옮김, 『절대 포기하지 않겠다(*Churchill: A Study in Greatness*)』(21세기북스, 2010), 148쪽.
28 Churchill, *The World Crisis: the Aftermath*, 310-311.

평범한 아일랜드 사람들에게 비친 콜린스는 어린아이 같고 친절하면서 시끌벅적한 사람이었다. 콜린스의 정치적 사고의 발달에 영향을 준 사람은 어린 시절의 학교 교사였다. 어린 마이클은 일찍이 소작인을 강제 퇴거시키는 영국인 지주에 대한 미움을 품게 되었는데 그때 들은 '저들이 이해하는 단 한 가지는 폭력'이라는 말을 기억했다. 그는 자신의 사촌을 강제 퇴거시킨 악명 높은 지주의 집을 지나면서 '내가 어른이 되면 저 사람과 그 종자들을 아일랜드에서 쫓아낼 거야'라고 말했다고 한다.[29] 아일랜드에서 지주나 대기업 고용주들은 다 신교도였고, 신교도와 가톨릭은 하나의 아일랜드 민족이 아니었다. 18세가 되던 해에 콜린스는 먼저 런던에 정착한 누이를 좇아 런던으로 가서 우체국 직원으로 일했으며 한때 회계회사에 근무하기도 했다. 런던에서 콜린스는 아일랜드어를 배워서 자신의 이름을 아일랜드식(Miceal O'Coileain)으로 서명하기 시작했으며 과격한 폭력단체인 아일랜드 공화국 형제단에 가담했다. 1915년에 아일랜드로 돌아온 그는 다음 해에 부활절 봉기에 참가했다. 그러나 그때조차 그는 현실주의자의 본성을 잃지 않았다. 영국군에 포위된 더블린 중앙우체국에서 그를 본 사람의 표현에 의하면 콜린스는 구석에서 "무미건조하고 무덤덤한 얼굴"로 다른 봉기자들과 함께 종말을 기다리고 있었다.[30] 봉기가 실패로 끝난 후 콜린스는 웨일스 수용소에 갇혔다가 그해 12월에 석방되는데 수용소에 있는 동안 그는 봉기의 결과를 분석하고 미래를 구상했으며 석방 후 IRA를 결성하고 그 지휘를 맡았

---

29 Coogan, *Michael Collins*, 11.
30 Ibid., 43.

다. IRA는 수가 적었다. 영국인들을 그렇게도 괴롭혔던 주요 부대인 스쿼드(The Squad)는 단 12명에 불과했다. 그렇게 적은 인원이 당시 최대 제국인 영제국을 상대로 다우닝가에서 협상을 벌일 만큼 충분한 충격을 가할 수 있었던 것은 전적으로 콜린스의 능력이었다. 콜린스는 게릴라전에 매우 능했다. 그는 목표물을 잘 선정했는데, 그보다 더욱 중요한 것은 그의 에너지와 조직력, 용기와 카리스마였다.

콜린스가 그리피스와 영국 정부와의 협상을 위해 런던으로 향했을 때 그는 조약에 서명하는 것이 자신의 사형 집행문 서명이 될 것이라는 것을 알았다. 영국과의 휴전은 자신이 이끄는 비밀 군대인 IRA의 종결을 의미한다는 것도 그는 알고 있었다.[31] 그럼에도 런던으로 가고 영국-아일랜드 조약에 서명한 것은 그가 진정 조국을 위해 목숨을 바칠 각오가 되어 있었기 때문이었다. 콜린스는 그때가 아일랜드의 완벽한 자유를 당장 쟁취할 시점이 아니라 '자유로의 발판'을 마련할 시점이라는 사실을 인식했다. 협상 과정에서 콜린스와 깊은 개인적 유대감을 느낀 처칠은 그를 마지막으로 만나고 10년 후에 출간된 에세이에서 콜린스의 용기를 높이 평가했다. 처칠은 콜린스를 진실하고 겁이 없는 아일랜드 애국자라고 불렀다. 처칠은 콜린스의 양육 과정과 일생이 그에게 영국에 대한 증오를 채워 넣었고 자기 손으로 직접 잔인한 테러를 행했지만 그는 더 이상 영국을 미워하지 않았다고 판단했다. 아일랜드에 대한 사랑이 여전히 그의 영혼을 사로잡았지만 '더 넓은 이해력'이 그것에 더해졌다고 처칠은 이해했다.[32] 콜린

---

31 Ibid., xv.
32 Churchill, *The World Crisis: the Aftermath*, 336.

스에게 가해졌던 긴장과 스트레스는 상상을 초월한 것이었다. 처칠은 과거 동지들의 끊임없는 살해 위협과 그에게 씌워진 배신과 거짓의 누명, 열댓 번이 넘는 실제 암살 음모, 그리고 자신의 "절박한 선택으로 인해 생겨난 마음속의 갈등"이 그의 격정적인 성격과 어우러지면서 엄청난 부담이 되었을 터인데도 불구하고 그가 "그토록 오랫동안 증오해왔지만 결국에는 신뢰하게 된" 영국 정부의 각료들과 맺은 약속만큼은 철저히 지켰다고 회상했다. 처칠에 의하면 그것은 아일랜드의 명예를 지키려는 콜린스의 확고한 결의 때문이었다.**33** 콜린스가 전에는 단 하나의 충성심만 가졌다면 영국 – 아일랜드 조약 체결 후 그는 두 개의 충성심을 가졌고, "그는 둘 다에 충성했고 둘 다를 위해 죽었다"는 것이 처칠의 평가였다. 아일랜드 자유국이 언젠가 궁극적으로 영 연방국들 가운데 번영하고 행복하고 적극적이고 강력한 세력이 된다면 콜린스의 삶과 죽음에 대한 평가가 광범위하게 이루어질 것이라고 처칠은 예견했다.**34** 콜린스에 대한 역사적 평가는 처칠이 예견한 대로 실현되어, 콜린스는 아일랜드 역사에서 가장 존경받는 민족주의 지도자로 우뚝 서 있다. 처칠의 평가대로 콜린스와 그리피스야말로 현대 아일랜드의 정치적 구조를 만들어내는 데 가장 크게 공헌한 사람들이었다. 그러나 그들은 런던에서 협상 테이블 건너편 사람들을 다루는 것보다 더 심각한 문제를 더블린에서 직면하게 된다.

---

33 처칠, 『폭풍의 한가운데』, 326쪽.
34 Churchill, *The World Crisis: the Aftermath*, 336−337.

아일랜드 자유국 수립의 조건

영국 - 아일랜드 조약이 서명된 후 처칠은 영국 - 아일랜드 사태에서 더욱 적극적인 역할을 맡게 되었다. 영국 - 아일랜드 조약은 이제 웨스트민스터와 더블린 의회에서 각각 승인받는 일이 남았는데, 로이드 조지는 아일랜드 임시정부를 구성하고 제반 사안을 총괄할 위원회의 위원장에 처칠을 임명하고 의회에서 영국 - 아일랜드 조약을 통과시키는 임무를 맡겼다. 그러나 보수당에게 영국 - 아일랜드 조약은 영제국의 지배를 배반하고 남쪽의 신교도들을 배신하는 것일 뿐이었다. 처칠은 보수당 의원들을 설득하는 대단히 어려운 작업을 해내야 했다. 그는 1921년 12월, 조약 체결 직후 행한 의회 연설에서 남쪽 아일랜드에 자신들을 통치할 권리를 주는 것은 "지혜이고 치국책"이라며 아일랜드 자유국 설립을 옹호했다. 그는 글래드스턴을 실각하게 만들고 내전으로까지 치달았던 "미친 싸움"을 이제 끝내게 되었다며 조약을 받아들일 것을 의원들에게 강력히 요구했다. 이 연설에서 처칠은 "언젠가 얼스터가 남쪽 아일랜드와 결합할 날이 올 것"이지만 그 결합은 얼스터의 "자유 의지와 그들의 시간"에 따라 그렇게 될 것이라고 확언했다. 처칠의 연설은 의회에서 엄청난 반응을 야기했다고 국왕에게 보고되었다.[35]

아직 모든 것이 혼란스럽고 불확실한 가운데 처칠은 두 가지 목표를 추구했다. 첫 번째는 남쪽 아일랜드에 책임감 있는 정부 조직을 만들어내는 것인데, 그 정부는 남쪽 아일랜드의 내부 평화와 질서를

---

35 Gilbert, *Churchill, A Life*, 442.

책임지고 국가의 기반을 잡아야 했다. 그리고 그 일은 민주적 선거를 통해 권위를 인정받은 임시정부에 의해서만 이루어질 수 있을 것이었다. 처칠은 그리피스와 콜린스에게 선거의 중요성을 강조했고 그들도 그 점을 잘 인식하고 있었다. 문제는 데 발레라가 이끄는 과격한 공화주의자들이었다. 처칠의 판단에 의하면 데 발레라는 자신이 소수라는 것을 알고 있고, 그것도 상당히 소수라는 사실을 알고 있기 때문에 선거를 방해하고 지연시키고 가능하면 막으려고 할 것이며 그 목적을 위해 폭력에 의존할 것이 분명했다. 그러나 데 발레라 추종 세력은 소수파였고 1922년 1월 8일에 더블린의 아일랜드 의회는 영국 – 아일랜드 조약을 64 대 57, 즉 7표 차로 통과시켰다. 데 발레라는 곧바로 대통령직에서 물러났고 1월 15일에 그리피스가 의회 의장, 그리고 콜린스가 수상이 되었다. 1922년 1월 16일에 영국 지배의 중심이고 상징이던 더블린 캐슬이 자유국에 넘겨졌다. 그곳은 처칠이 유년시절을 보낸 곳이었다. 그러나 이제 자유국 지지자들과 공화파 사이의 갈등은 봉합할 수 있는 수준을 넘어섰다.

아일랜드 자유국이 순조롭게 정착하기 위해 풀어야 할 두 번째 문제는 남북 경계선의 확정이었다. 그 문제를 해결하기 위해 남쪽과 북쪽 아일랜드의 지도자들이 만나 대화를 해야 할 필요성이 제기되었다. 1922년 1월 21일에 처칠은 북아일랜드의 크레이그와 남쪽의 콜린스를 초대해 모든 문제를 대화로 풀겠다는 합의를 이끌어내었다. 그날 저녁에 처칠과 콜린스는 전에도 들렀던 화가 레이버리의 집에서 축하 만찬을 함께 했다. 그러나 현실적으로 경계선 문제는 쉽게 풀리지 않았다. 2월 초에 신페인 봉기가 얼스터 경계선에서 일어났고 벨파스트에서는 100여 명의 사상자가 발생한 폭력 사태가 벌어졌다.

한편 처칠은 1922년 2월 16일에 아일랜드 자유국 법안을 의회에
제출했다. 그는 보수당과 자유당 의원들 모두를 설득해야 했다. 한편
에는 아일랜드 자치를 제국의 와해로 보는 성난 보수당 의원들이 있
었고 그 반대편에는 남쪽과 북쪽 아일랜드를 분리한다는 생각을 결
코 해본 적이 없는, 마찬가지로 성난 자유당 의원들이 있었다. 그는
두 시간 넘게 영국-아일랜드 조약을 설명하면서 의원들을 진정시키
고 회유했다. 투표가 행해졌을 때 반대 60명에 302명이 찬성함으로
써 법안이 통과되었다. 처칠과 협상단의 압도적 승리였다. 비록 법안
이 통과되었지만, 처칠에 의하면, "찬성표를 던진 의원들의 대부분은
비참했고 반대표를 던진 소수는 모두 분노"했다. 법안이 통과되는 데
기여한 처칠의 역할은 크게 칭송받았는데 국왕의 개인비서인 놀리
경(Lord Knollys, Francis Knollys)은 친구에게 쓴 편지에서 "이런 판단력
의 행사는 누구보다도 처칠을 수상 자리에 근접시킬 것이라고 생각
하네. 많은 사람들이 생각을 달리하게 될 걸세"라고 전망했다.[36]

1922년 3월 31일에 아일랜드 자유국 법이 공표되었다. 처칠은 다
음 단계로 그리피스와 함께 자유국 헌법을 만드는 일에 집중했다. 아
일랜드 자유국은 영연방의 동등한 일원이 될 것이고, 더블린 의회는
자유국 정부 예산을 통제하고 전쟁 선포의 권한을 가질 것이며, 남쪽
의 신교도들은 보호될 것을 약속받았다. 그러나 그 과정은 결코 순조
롭지 않았다. 4월 4일에 처칠은 각료회의에서 "아일랜드 사람들은 통
치보다는 음모에 천재성을 보인다"고 고충을 토로했다. 임시정부 인
물들조차 항상 음모를 꾸미고 있고 그러면서도 "적극적이고 대담하

---

36 Ibid., 446.

며 수치를 모른다"는 것이었다.[37] 한편 아일랜드 정부의 무기력함이 영국 여론을 악화시키고 있었다. 조약을 반대하는 과격파의 폭력적 항의가 아일랜드 곳곳에서 벌어지고 있었는데 특히 데 발레라가 영국-아일랜드 협정을 비난하면서 추종자들에게 저항을 부추기고 있었다. 데 발레라는 자신의 동의 없이 조약에 서명했다는 구실로 콜린스와 그리피스를 체포하려는 소극을 시도했지만 실패했다. 한편 콜린스는 IRA를 통제하겠다고 약속했지만 IRA 자체도 조약 지지파와 반대파로 분열된 상황에서 그도 통제력을 잃어버렸다. 협정에 반대하는 IRA 내 공화파는 여기저기서 자유국 정부에 반대하면서 신교도에게 테러를 가하고 있었다. 결국 처칠은 4월 중순에 자유국 군대를 강화시키기 위해 무기를 지원하기 시작했다. 다행히 영국-아일랜드 조약은 더블린 의회에서 소수 표차로 통과되었다.

이제 남북 양쪽에서 선거를 치르고 자치정부를 수립하는 일이 남았다. 북아일랜드에서는 바위와 같이 굳건한 크레이그가 모든 과정을 추진하고 있었지만 남쪽에서는 사정이 그렇지 못했다. 실제로 처칠이 상상도 못 한 길로 사태가 진전되었는데 선거를 얼마 남기지 않은 5월 20일에 갑자기 콜린스가 데 발레라와 선거 계약을 맺었던 것이다. 의회에서 자유국 후보가 58석, 공화주의자들이 35석을 차지하고 내각은 5 대 4로 구성되도록 사전에 선거를 조작한다는 내용이었다. 바로 전날, 그리피스는 데 발레라 측이 아일랜드 사람들의 "2퍼센트도 대표하지 못할 정도로 소수"라고 처칠에게 장담했는데 다음 날 콜린스가 데 발레라와 계약을 맺은 것이다. 처칠은 그것은 "선거

37 Ibid.

라는 의미에서의 선거가 결코 아니고 단순히 웃음거리"라고 비난하면서 강하게 반발했다.**38** 그러자 콜린스가 런던으로 와 그런 계약을 맺은 이유를 처칠에게 설명했다. 자유로운 선거는 현 상황에서 불가능하다는 것이 콜린스의 현실적 판단이었다. IRA가 투표소를 점령하고 표를 파괴해버리면 "아무도 감히 투표할 생각을 못 할 것"인데, 어찌 되었든 선거가 실시되면 영국-아일랜드 조약은 살아남을 것이라는 판단이었다.**39** 데 발레라는 각료자리와 약속된 의석을 차지하면 조약을 인정할 것이라는 게 콜린스의 생각이었고, 그렇게 되면 콜린스가 처칠과 영국 정부에 한 약속은 이행할 수 있게 되는 것이다.

데 발레라와의 선거 계약을 설명하기 위해 런던에 왔던 콜린스는 런던을 떠나면서 자신이 오래 견디지 못할 것이라고 처칠에게 말했다. 자신의 생명은 저당 잡혀 있다는 말이었다. 마지막 만남이 끝나고 떠나면서 콜린스가 처칠에게 말했다.

나는 잘 압니다. 얼마 못 가서 내가 살해당할 것이라는 사실을 말이죠. 그러나 그것이 오히려 도움이 될 것입니다. 내가 살아서 할 수 있는 것보다는 나의 죽음이 평화를 위해서 훨씬 더 많은 일을 해줄 수 있을 것이란 사실을 잘 알고 있다는 말입니다.**40**

처칠은 모든 게 다 잘될 것이라는 말을 되풀이하며 콜린스를 보냈다. 그는 다신 콜린스를 보지 못했다.

---

38 Churchill, *The World Crisis: the Aftermath*, 330.
39 Ibid., 330-332.
40 Ibid., 336; 처칠, 『폭풍의 한가운데』, 326.

보리밭을 흔드는 바람

1922년 6월 15일 아일랜드 자유국 헌법 내용이 공개되었고 다음 날 선거가 실시되었다. 사전 협약대로 조약 찬성파가 58석, 공화파가 36석을 차지했다. 선거에서 민심을 확인하게 된 자유국 파는 아예 데 발레라 파를 소탕하기로 결단을 내렸다. 마침 4월부터 조약 반대파 IRA가 법원 건물을 점령하고 있었다. 1922년 6월 28일에 자유국 군대와 공화파의 전투가 시작됨으로써 내전의 국면으로 접어들었다. 내전은 실상 콜린스와 데 발레라의 권력 투쟁이었다. 처칠은 영국 왕에 대한 충성 맹세를 결코 받아들일 수 없는 데 발레라와 공화파를 이해할 수 없었고 "너그러운" 아일랜드 인들이 "현실적으로 전혀 중요하지 않은" 문제 때문에 서로를 죽이려 하는 것을 이해할 수 없었다.

1922년 7월 7일 콜린스에게 보낸 사적인 비밀 편지에서 처칠은 콜린스가 보여준 결의와 침착함이 아일랜드를 무정부 상태에서 구해내고 조약이 무력화하는 사태를 막아주었다며 칭송했다. 아일랜드는 이제 "자신의 집에서 여주인"이 될 것이고 자유국의 권위가 확립되면 아일랜드에는 그때까지 경험하지 못한 새로운 국면이 전개될 것이라는 희망도 표명했다. 다음 단계의 목표는 "아일랜드의 통일"이어야 했다. 언제 어떻게 이루어질는지는 말할 수 없지만 그것이 목표여야 함은 분명했다. 처칠은 남아프리카 연방의 예를 들면서 때로 역사는 매우 충동적으로 이루어지기도 한다는 사실을 상기시켰다.[41] 그 편지

---

41 Churchill to Michael Collins[July 7, 1922]. Churchill, *The World Crisis: the Aftermath*, 345-346.

는 처칠이 콜린스에게 보낸 마지막 편지가 되었다. 그 편지가 전해지고 한 달여 후인 1922년 8월 22일에 콜린스가 살해되었다. 콜린스는 몇 차례 암살의 덫을 피했지만 결국 희생되었다. 그는 살해되기 얼마 전에 자신의 죽음을 예감했는지 처칠에게 메시지를 전해 달라고 친구에게 부탁했다. "윈스턴에게 그가 없었으면 아무것도 할 수 없었을 거라고 말해주게."[42] 비슷한 시기에 그리피스도 심장마비로 사망했다.

콜린스가 살해되었을 때 처칠은 아일랜드 정부의 결심이 약해질 수 있다고 걱정했지만 오히려 반대 상황이 전개되었다. 콜린스 사후에도 자유국 임시정부는 영국 – 아일랜드 조약을 지키겠다는 약속을 지켰고, 정부의 통제를 유지했다. 처칠은 콜린스의 후계자인 코스그레이브(William Cosgrave)에게 콜린스에게 제공했던 것과 동일한 지원을 해주었다. 그리고 1922년 12월에 아일랜드 자유국이 공식 출범했다. 한편 1922년 11월에 영국에서 총선이 실시되었는데 보수당이 패했을 뿐만 아니라 처칠도 22년 만에 처음으로 의석을 잃었다. 그에 따라 아일랜드에 대한 처칠의 임무도 끝이 났다. 총선 직전에 맹장수술을 한 처칠은 '의석도, 맹장도 없는 상태'가 되어버린 자신을 발견했다. 그러나 선거가 끝난 후 지지자들과의 작별인사 중 어떤 아일랜드 청년이 외쳤다. "콜린스는 당신을 믿었습니다. 우리도 당신을 믿습니다."[43]

처칠이 수상이 되고 히틀러에 대항한 힘든 전쟁을 지휘할 때 있었

---

42 Gilbert, *Churchill, A Life*, 449.

43 Ibid., 456.

던 에피소드가 아일랜드에 대한 처칠의 본심을 보여준다. 데 발레라는 내전이 종결된 후 한동안 조용했지만 1932년에 정권을 장악하고 1937년에 아일랜드 자유국을 에이레로 만들면서 공화국 헌법을 공포했다. 1938년에는 네블 체임벌린과 데 발레라 정부 사이에 영국 – 아일랜드 합의(Anglo-Irish Agreement)가 성립되어 영국이 영국 – 아일랜드 조약 때부터 견지하던 아일랜드 항구들을 양보하기로 합의했다. 처칠은 당연히 분노했고 그의 분노는 근거가 뚜렷했다. 히틀러에 맞서 싸우는 전쟁이 시작되고 모든 유럽 국가들이 히틀러에 굴복하고 영국이 혼자 싸울 때 아일랜드 섬의 해군 기지는 매우 중요했다. 처칠은 해군 제독 및 고위 관료들과 아일랜드 항구의 안보상의 중요성을 논하다가 본심을 드러냈다. 어느 맥락에서인가 비티(David Beatty) 제독이 미소 지으며 "아! 그러나 아일랜드는 거기 있습니다"라고 말하자 처칠이 심각한 얼굴로 대꾸했다. "아일랜드가 거기 없기를 우리는 얼마나 간절히 원했던가."[44] 1949년에 아일랜드가 공식적으로 공화국을 천명했을 때 처칠은 아일랜드 사태를 다시 돌이킬 수도 있었을 거라며 아쉬워했다. 처칠은 미련을 버리지 못한 채 어찌 되었든 "방황하는 딸을 위해 창가에 촛불을 켜놓을 것"이라고 말했다.[45]

식민부 장관으로 아일랜드 문제를 담당하고 있을 때 처칠은 대단한 열성을 기울였다. 몇 날 며칠 밤을 해결을 위해 힘써 일하면서 처칠은 아일랜드 문제가 조약과 협상만으로 해결될 수 없다는 사실을 이해했다. 그리고 그러한 이해 위에 성립된 양측의 타협과 화해가 영

---

44 Coogan, *Michael Collins,* 244.
45 Lord Moran, *Churchill, The Struggle for Survival* taken from the Diaries of Lord Moran(Boston: Houghton Mifflin, 1966), 326.

국과 아일랜드, 그리고 아일랜드 섬 안의 평화를 유지해오는 데 큰 역할을 했다. 물론 평화의 길이 결코 쉽지는 않았지만 신페인 지도부를 협상 테이블로 끌어들인 것은 처칠의 전략과 인내의 걸작이었다. 그는 아일랜드 테러리스트들에게 죽이는 짓을 그만두고 대화를 하자고 접근했다. 처칠 자신의 전망은 적절한 과정을 거쳐 남부와 북부가 각자 상대편의 권리를 침해하지 않으면서 '전체 아일랜드 의회에서 손을 잡는 것'이었다. 그의 전망은 아직 구현되지 않았다. 그러나 오늘날 아일랜드 섬의 남쪽과 북쪽이 더 이상 서로를 살상하지 않으며 에이레 공화국이 누구도 예상치 못했던 경제적 번영을 누리는 데에는, 콜린스가 인정했듯, 처칠의 기여가 적지 않았음을 기억해야 한다.

5장
늑대와 소년: 나치의 부상

처칠은 나치의 깃발 아래 뭉치기 시작한 독일의 야심이 제기하는 위험을 감지하고 대중의 관심을 촉구한 최초의 영국 정치인이었다. 어떤 영국 정치인도 그처럼 일찍 히틀러의 본질을 꿰뚫어본 사람이 없었다. 처칠은 히틀러가 정권을 장악하기 전부터 이미 그 위험을 경고하기 시작했다. 그러나 1930년대 내내 처칠은 고독한 싸움을 벌여야 했다. 그 싸움의 대상은 히틀러뿐만 아니라 영국 정치인들과 대중이었다. 그가 상대해야 했던 첫 번째 대상은 영국사회에 만연해 있던 평화 지상주의였다. 1930년대 영국사회의 분위기는 전쟁에 대한 극도의 혐오로 요약될 수 있다. 재무부 장관직을 떠난 1929년부터 1939년에 전쟁이 터지고 그가 다시 해군부 장관으로 부름을 받을 때까지 꼬박 10년의 세월 동안 처칠은 광야를 헤매었다. 그는 경력이 끝난 정치인, 실패한 정치인으로 간주되었지만 끈질기게 독일의 재무장을 경고하고 영국의 군비 확충을 촉구했다. 처칠은 당시 내각에 속해 있지 않았기에 정부 밖에서 그렇게 할 수밖에 없었다. 그렇지만 그에게도 전쟁을 피하고 싶은 절실함이 있었고 처칠은 그 해결책을 국제연맹(League of Nations)과 집단방위 체제에서 찾았다. 즉 국방을 확충하되 국제연맹을 중심으로 크고 작은 나라들이 가상적 침략국에 대항하여 집단안보체제를 만듦으로써 세계평화를 유지하자고 제안했다. 그는 평화를 유지하려는 나라들이 서로 협력해야 할 당위성과 그것을 실현할 유일한 기구로서 국제연맹에 대해 지속적으로 설파했다. 당시 국제연맹은 그저 명목상의 국제기구로 평가받으며 역할을 하지 못했으며 더욱이 일본의 만주 침략에 제대로 대응하지 못함으로써 결정적으로 신뢰를 잃게 된 시점에 있었다. 그런데도 처칠은 국제연맹을 통한 결집을 주장하고 나섰다. 처칠도 국제연맹의 한계를 인식하고 있었지만 유럽에서 독일의 위협을 억제하는 데에는 구심 역할을 할 수 있다고 믿었던 것이다.

처칠의 예견대로 1933년 1월에 전권을 장악한 히틀러는 곧바로 국제연맹과 연맹이 주도하던 세계 군축회의에서 탈퇴했으며, 1935년 3월에는 독일 재무장을 선언하고, 1936년 3월에 라인란트를 재점령하고, 1938년 3월에는 오스트리아를 합병해버렸다. 이처럼 히틀러가 일련의 국제법과 조약을 어기는 행동을 하는 동안 영국의 집권 정부는 아무런 제어를 하지 않으면서 히틀러의 비위를 맞추는 데 급급한 유화정책을 추구했다. 볼드윈과 체임벌린이 이끄는 정부는 요동도 하지 않았고 끊임없이 히틀러의 위험을 경고하면서 재무장과 집단방위를 주장하던 처칠은 '늑대와 소년' 이야기의 소년과 같은 취급을 받았다. 처칠은 1938년 9월, 히틀러와 협정을 맺고 뮌헨에서 돌아온 체임벌린에게 "작은 나라를 늑대에게 던져줌으로써 안전이 지켜질 거라고 믿는 것은 치명적인 망상"이라고 힐난했다. 결국 뮌헨 협정과 제2차 세계대전의 발발로 1930년대는 막을 내렸다. 체임벌린 정부의 태도는 유화정책을 조롱의 대상으로 만들었고 그 후 유화라는 단어는 '원칙을 저버리고 약자를 희생시켜 평화를 얻으려는 수치스러운 항복'의 의미로 쓰이게 되었다.

속지 마라

1930년대 영국사회의 분위기를 단적으로 보여준 것은 1933년 2월에 옥스퍼드 유니언이 채택한 '국왕과 조국' 선언이다. 즉 '어떠한 상황에서도 국왕과 조국을 위해 싸우지 않겠다'는 결의문이 275 대 153으로 채택된 것이다. 발문이 채택되고 3주 후에 당시 옥스퍼드 학생이던 처칠의 아들 랜돌프가 이 결의문을 유니언 기록에서 삭제하자는 동의안을 제출했지만 138 대 750으로 패했다. 옥스퍼드 유니언의 결의는 맨체스터 대학 등 다른 대학에도 퍼졌다. 처칠은 이런 영국 젊은이들과 독일 젊은이들을 비교했다. 즉 옛부터 전해 내려오는 민족의 노래를 부르며 '군대에 징집되기를 요구'하고 있는 독일 젊은이들과 국왕과 나라를 위해 절대 무기를 들지 않겠다고 다짐하는 영국 젊은이들은 천지 차이라는 것이었다. 처칠이 1934년에 옥스퍼드 대학에서 나라의 안보를 걱정하는 강연을 했을 때 그는 웃음거리가 되었다. 영국만이 아니라 전반적인 유럽인들의 정서도 그러했는데, 국제연맹이 1934~1935년에 행한 유럽인들의 의식 조사가 그 사실을 잘 보여준다. 어떤 한 나라가 다른 나라를 공격할 때 경제적이거나 비군사적인 방법을 사용할지 혹은 군사적 방법으로 중단시켜야 할지를 묻는 질문에 비군사적인 방법을 선호한 사람들이 1,100만 명, 군사적 방법을 택한 사람들이 800만 명 미만이었다. 과반수가 군사적이 아닌 억제책을 선호했던 것이다. 이 조사는 아직 여론조사가 활성화되지 않았던 1930년대에 실시된 세계적 이슈에 대한 조사로, 매우 중요한 자료이다.[1]

1920~1930년대를 통해 영국사회에는 독일에 대한 동정심 내지 '친독일' 정서가 확산되어 있었다. 영국인들 다수는 제1차 세계대전이 끝난 후 독일에 막중한 책임을 물은 베르사유 조약에 죄책감을 느꼈고 그것의 잘못이 교정되기 전에는 평화가 오래 지속될 수 없을 것이라 생각했으며 독일의 재무장을 묵인하려는 분위기였다. 전후 독일이 겪은 극심한 인플레이션과 경제 위기도 죄의식을 느끼는 데 일조했다. 따라서 영국인들은 독일이 "약간의 무기를 모으고 있는 것은 사실"이지만 단지 러시아 볼셰비키의 침략을 두려워하기 때문이라며 독일을 비호했다. 영국인들은 유럽 대륙에서 무슨 일이 벌어지든 상관하지 않으려 했다. 독일군이 라인란트를 점령했을 때 이든이 전한 택시기사의 말, "제리(Jerry, 독일군의 멸칭)는 자기 뒷마당에서는 무슨 짓이라도 할 수 있는 거 아닌가요?"가 일반적 정서였다.[2] 독일이 영국 이익에 직접적 위협을 제기한다는 처칠의 견해에 사람들은 동의하지 않았던 것이다.

처칠은 그런 대중의 정서를 잘 알고 있었다. 그러나 평화는 원한다

---

1 Rhodes James, *Churchill, A Study in Failure 1900-1939*(Weidenfeld and Nicholson, 1970), 260.
2 John Charmley, *Churchill: the End of Glory*(New York: Harcourt Brace, 1993), 309.

고 해서 얻을 수 있는 것이 아니라는 사실도 잘 알고 있었다. 현실주의자로서 처칠은 전쟁 가능성을 항상 생각하고 있었다. 1925년에 발표한 글에 삶과 문명을 바라보는 그의 시각이 잘 드러나 있다. 처칠은 인간의 삶 자체가 공격성에 뿌리를 두고 있다고 간주했으며 이 세상을 '동물의 왕국'이나 '전장'에 비유했다. 비록 시간이 흐르면서 인간의 호전적 충동이 선거나 국제적 협상과 같은 평화적 형태로 승화되었다고 해도 "인류의 역사는 전쟁의 역사"이며 잠시 "불안한 휴식"은 있어도 평화란 애초에 존재하지 않는다는 것이 처칠의 확신이었다.[3]

처칠은 독일 국민의 군사적 저력을 잘 알고 있었다. 1914년 이전에 독일의 전쟁 유발 가능성을 과소평가했다가 당한 경험도 있었다. 처칠은 상무부 장관 재임 시절인 1909년에 황제 빌헬름 2세의 초청으로 독일을 방문해 제국군대를 시찰한 적이 있었다. 당시 처칠은 사회 개혁을 선구적으로 실시한 독일을 높이 평가하고 있었는데 이때 독일의 군사력에 대한 우려가 싹트게 되었다. 독일 방문 전에는 독일과의 전쟁이 전적으로 불가능하다고 생각했지만 막상 독일군의 위력을 직접 보자 생각이 바뀌었던 것이다. 1911년에 해군부 장관이 된 처칠은 제국 방위위원회에 보낸 메모랜덤에서 독일의 갑작스런 공격을 전제하는 것은 아니지만 해군부로서는 그들이 "하지 않게" 만드는 것이 아니라 "할 수 없게" 만드는 게 중요하다고 강조했다.[4] 그럼에도

---

3   처칠, 『폭풍의 한가운데』, 353쪽.
4   Gordon Craig, "Churchill and Germany" in *Churchill, A Major New Assessment of his Life in Peace and War* edited by Robert Blake & Wm. Roger Louis(New York: Oxford University Press, 2002), 27.

1914년 여름, 전쟁은 처칠에게도 청천벽력과 같이 찾아왔다. 그런 교훈 덕분에 처칠은 제1차 세계대전의 종결로 유럽에서 전쟁의 위험이 사라졌다고 생각하면 큰 오산이며 1920년대는 일종의 휴전 상태로 언제고 다시 전쟁이 발발할 수 있다고 생각했다. 1920년대 중반 이후 로카르노 조약 등의 영향으로 평화에 대한 기대가 한층 고조된 분위기에서 처칠의 경고는 쓸데없는 걱정으로 들렸다. 그러나 처칠은 당분간은 잠잠하겠지만 독일과 프랑스라는 유럽 대륙의 커다란 두 세력이 언제까지나 현 상태에 만족한 채 가만히 있을 리가 없다고 냉철하게 판단했던 것이다.[5]

독일에 동정적인 사회 분위기는 공산주의에 대항해 나치즘을 이용하려는 계산에 의해 더욱 조장되었다. 당시 많은 사람들은 독일보다 소련을 더욱 위험한 존재로 파악했다. 특히 보수주의자들은 독일이 소련 공산주의에 대한 방패막이 될 수 있다고 믿었고 공산주의자와 노동조합을 가차 없이 대하는 강력한 나치 정부를 응원하는 사람들도 있었다. 보수당 지도자인 볼드윈도 그런 입장이었다. 즉 히틀러의 목적이 반볼셰비즘이면 해로울 것이 없으며 독일이 서쪽이 아니라 동쪽으로 전진할 것이기 때문에 영국으로서는 별로 속 썩일 일이 아니라고 생각했던 것이다. 볼드윈은 만약 유럽에서 전쟁이 일어난다면 그것은 "볼시와 나치"의 전쟁이고 자신은 그들이 "싸우는 꼴을 보고 싶다"고 직설적으로 표현했다.[6] 처칠의 친지들도 그런 인식에서 그의 마음을 돌리려 노력했다. 처칠의 인척 런던더리 후작은 1936년

---

5 처칠, 『폭풍의 한가운데』, 359쪽.
6 Martin Gilbert, *Churchill, A Life*(New York: Henry Holt, 1991), 561.

5월에 베를린에 다녀온 후 처칠에게 다른 시각에서 독일 문제를 바라볼 것을 권했다. 후작은 두 시간 동안 히틀러와 면담했는데 그 자리에서 히틀러는 공산주의의 위협에 대해 주로 이야기했다며 "이 나라에는 공산주의가 존재하지 않지만 독일은 다르다"며 처칠을 설득하려 했다.[7]

처칠은 이런 친 독일적 견해에 직접적으로 도전한 거의 유일한 정치인이었다. 처칠은 사실 히틀러를 걱정할 이유를 찾기 훨씬 전부터 독일을 불안한 눈으로 바라보고 있었다. 1930년 9월, 독일 총선에서 나치당은 두각을 나타내 650만 표를 획득하면서 제국의회에서 107석을 차지했다. 영국, 미국, 그 외 여러 나라들은 대공황이 야기한 문제들에 몰두해 이 중요한 사건에 거의 눈을 돌리지 않았다. 그러나 처칠은 예외였다. 독일 총선이 있은 지 한 달 후, 처칠은 런던 주재 독일대사관 고문인 크리스티안 폰 비스마르크(Christian von Bismarck, 오토 폰 비스마르크의 손자)를 만나 경고했다. 비스마르크가 베를린에 보고한 바에 의하면, 처칠은 히틀러가 전쟁을 일으킬 의도가 없다고 선언했지만 처칠 자신은 히틀러나 그의 추종자들이 "무력에 의존할 첫번째 기회를 잡을 것으로 확신"한다고 말했다.[8] 그로부터 2년 후인 1932년 7월에 나치당은 제1당이 되었고 다음 해 1월에 히틀러가 총통이 되어 정권을 장악했다. 처칠의 아들 랜돌프는 언론인 자격으로 1932년 7월 총선을 보도하러 갔다가 히틀러에 대한 대중의 열렬한 호응을 보고 놀랐다.[9] 물론 처칠에게도 공산주의의 확장을 막는 것은

7 Martin Gilbert, *Winston S. Churchill* vol. V *the Prophet of Truth*(Hillsdale, Michigan: Hillsdale College Press, 1976), 731-732.

8 Craig, "Churchill and Germany", 31-32.

중요했다. 예를 들어 1933년 초에 일본이 만주국을 세우고 국제연맹이 만주국 인정을 거부했을 때 처칠은 일본의 입장을 두둔하면서 대응을 자제해야 한다고 주장했다. 일본이 극동에서 공산주의를 막는 벽이 될 것을 바랐던 것이다.[10] 그럼에도 히틀러의 나치 독일은 일본과는 비교가 되지 않을 사악하고 위험한 존재라는 것이 처칠의 판단이었다.

독일 총선이 실시될 즈음인 1932년 7월에 처칠은 얼마나 빨리 독일이 전후 재건에 성공했는지, 그 나라가 얼마나 무서운 나라인지, 그리고 영국 여론이 얼마나 친 독일적이 되었는지를 언급했다. 11월 23일 자 의회 토의에서도 처칠은 독일이 얼마나 무서운 나라인지를 의원들에게 다시금 환기시켰다. 제1차 세계대전에서 독일 병사 1명이 연합국 병사 2~3명을 대항했으며 인구 면에서도 독일은 군대에 동원할 수 있는 나이의 젊은이들이 프랑스보다 두 배 더 많다. 처칠이 볼 때 그런 물리적 차이보다 더욱 심각한 문제는 독일의 정치 체제를 신뢰할 수 없다는 사실이다. 독일은 의회 제도와 그 제도를 지키는 여러 보호 장치가 제대로 작동하고 있지 않는 나라라는 것이다. 그는 불만에 가득찬 독일 국민의 정서와 거세지는 민족주의에도 주의를 기울였다. 처칠이 볼 때 민족주의는 "그것을 위해 죽기까지 할 어떤 것"이었다.[11] 그리고 그런 강한 민족주의에 기반을 두고 독일 재무장이 진척되고 있기 때문에 더욱 위험하다고 판단했다. 독일은

---

9 Gilbert, *Winston S. Churchill,* vol V, 446.

10 Ian S. Wood, *Churchill* (New York: St. Martin's Press, 2000), 78.

11 Churchill, *Arms and the Covenant* compiled by Randolph S. Churchill(George G. Harrap & Co. 1938), 77, 151.

나치가 정권을 잡기 전부터 재무장을 허락해 달라고 줄기차게 요구했는데 처칠은 줄기차게 "속지 마라"고 외쳤다. 독일은 베르사유 조약으로 거의 무장 해제된 상황을 벗어나 단지 프랑스 및 주변 국가들과 동등한 군비만을 원한다고 주장했지만 처칠은 그 말을 믿지 마라고 경고했다. "조국을 위해 고통을 감수하겠다는 의지로 두 눈을 반짝이며 거리를 행진하는 그 모든 튜튼족 젊은이들"을 보라는 경고였다.[12] 그러나 매일 일기를 기록한 정치인이지 문필가인 해럴드 니콜슨(Harold Nicholson)의 객관적 관찰에 의하면 당시 의회 분위기는 프랑스의 레옹 블룸(Leon Blum) 같은 사회주의 지도자보다 히틀러를 더 선호했다. 1936년 3월 23일자 일기에도 니콜슨은 "의회 분위기는 지독히 친독일적"이라고 적었다.[13] 라인란트 재점령이라는 중대 사건이 있었음에도 그러했던 것이다.

사실 1933년 11월쯤 되면 독일이 이미 재무장을 시작했다는 사실은 확실해졌다. 고철, 니켈 그리고 금속물들이 대규모로 수입되고 있고 나라 전체에 군사적 정신이 익어가고 있다는 것이 처칠의 눈에는 확실해 보였다.

처칠은 독일 정부가 공군력을 '공중 스포츠(air sport)'라 부르며 민간 비행으로 위장해 비행사를 훈련시킨다고 고발했다. 그는 "저 재능 많은 국민"이 그들의 과학과 공장과 "소위 공중 스포츠"를 통해 매우 빠른 시일 내 공격과 수비를 겸비한 가장 강력한 공군을 만들 경우에 대비해 영국 공군력을 증강하라고 촉구했다.[14]

12 Churchill, *Arms and the Covenant*, 38.
13 Charmley, *Churchill: the End of Glory*, 310-311; John Lukacs, *Churchill: Visionary. Statesman. Historian*(New Haven: Yale University Press, 2002), 91.

폭발적이고 재앙적인 분위기

그러나 처칠의 우려와 경고는 군비 확충에 반대하는 세력들에 막혀버렸다. 무슨 일이 있어도 전쟁은 피하자는 평화 지상주의자들은 국제적 자유주의 질서를 회복시킴으로써 평화를 유지하겠다는 태도를 견지했다. 볼드윈과 체임벌린이 이끄는 보수당 다수가 그러했고 노동당 역시 같은 생각이었다. 그들은 모든 국제 문제와 갈등을 도덕적, 자유주의적 원칙에 따라 대화에 의해 풀어야 한다고 믿었는데 그것은 마치 19세기 글래드스턴의 도덕정치가 돌아온 듯했다. 1920년대에 볼드윈이 이끈 보수당 정부는 물론이고 1929년 이후 맥도널드가 이끈 노동당 정부와 거국 정부(National Government)도 군축을 고집했다. 즉 '강대국들의 무장을 축소함으로써 세계 평화를 추구'한다는 전략이었다. 그런 분위기에서 국제연맹 주도로 1932년 2월에 제네바에서 미국과 소련을 포함한 31개국이 참석한 세계 군축회의가 소집되었다. 국제연맹은 제1차 세계대전 후에 평화라는 공유된 목표로 결집한 국가들의 공동체를 설립한다는 이상으로 만들어졌는데, 1919년 4월에 채택된 규약 8항은 '평화 유지를 위해 국가의 무장상태를 최소한으로 축소'할 것을 규정했다. 이 8항을 현실화하고 군축 과정으로 나아가기 위해 소집된 것이 세계 군축회의였다. 그러나 1929년에 시작된 경제 대공황과 일본의 만주 침략으로 인해 군축회의는 매우 어두운 분위기에서 시작되었다.[15]

---

14 Churchill, *Arms and the Covenant*, 100, 151.

15 제네바 군축회의에 대한 국내 논문으로는 조지형, 「국제연맹의 집단안전보장과 세계 평화의 이상」, 『이대사원』 vol. 32(1999.12.)이 있다.

맥도널드 정부는 1933년 4월 제네바 군축회의에서 각국 무기를 처음에는 반으로, 그리고 다시 3분의 1로 줄이자고 제안했다. 이때 군축회의는 프랑스의 무기를 줄이고 독일은 늘려서 두 나라의 격차를 줄이는 안을 검토하고 있었다. 처칠과 같은 국제적 감각을 가진 정치인에게 그것은 대단히 어리석은 생각이었다. 노동당 당수 조지 랜즈베리(George Lansbury)가 "독일이 재무장하는 걸 막기 위해 모든 주변 나라들이 군축"해야 한다고 발언한 것은 노동당 정치인들의 나이브함을 그대로 보여줄 뿐이었다. 처칠은 독일이 비록 군사적 평등을 요구하지만 그들이 거기서 멈출 거라고 믿지 마라고 경고했다. 그는 맥도널드 수상과 노동당이 보여주는 어리석음은 독일을 "재무장하지 못하게 하기 위해 다른 모든 나라들을 군축 시키자는 역설"에 불과하다고 지적하면서 군축정책과 군축회의를 '코미디 쇼'라고 조롱했다.[16] 그러나 보수당의 볼드윈도 정부와 같은 입장이었다. 이에 대해 같은 보수당이지만 처칠과는 여러 면에서 각을 세웠던 리오 에이머리(Leo Amery)도 "볼드윈과 랜즈베리가 이중창을 부르고 있다"며 그들을 비판했다.[17] 그러나 처칠의 목소리는 고독한 메아리였다. 히틀러가 집권하고 나서도 영국 의회는 정부의 군축 계획을 계속 지지했고 독일에 비행기를 판매하기도 했다. 1934년 1월 31일에 영국 정부는 또다시 군축에 대한 백서를 발표했는데 그 어리석음은 처칠을 경악하게 만들었다.

제네바 군축회의는 결국 실패했다. 군축회의가 명을 다하고 역사

---

16 Churchill, *Arms and the Covenant*, 72, 100.
17 Martin Gilbert, *Winston S. Churchill* vol V, 450.

의 뒤안길로 사라지자 누구보다 기뻐한 사람은 처칠이었다. 군축에 관심이 없던 스탈린은 오히려 소련 군대를 근대화하고 강화하는 작업을 추진했으며 1931년 9월 18일 만주를 침공한 일본 역시 군축 개념에 적대적이었다. 회의가 진행되고 있는 동안 히틀러가 권좌에 올랐고 독일은 국제연맹과 군축회의에서 탈퇴했다. 히틀러가 국제연맹과 베르사유조약에서 물러나자 프랑스도 군축에 동조할 수 없었다. 처칠은 이 사태를 두고 그의 예견대로 "군축은 얻지 못하고 독일의 재무장"만 얻게 되었고 영국은 "최악의 것"만 가지게 되었다고 일침을 놓았다. 얼마 전까지만 해도 "재무장은 생각도 할 수 없다"고 발언하던 정부 각료들이 이제 "생각도 할 수 없는 것을 생각해야 한다"고 촉구하고 있는 것도 처칠의 판단이 옳았음을 보여주는 증거였다. 그렇지만 처칠은 군축회의의 실패를 국제연맹의 실패인 것처럼 간주하지 말 것을 호소했다.[18] 그가 구상한 집단방위의 구심점이 국제연맹이었기 때문이다. 처칠의 경고와 호소는, 비록 정치인들에게는 먹혀들지 않았지만, 1934년 말이 되면 일부 사람들의 주목을 받게 되었다. 1934년 11월 16일에 처칠은 독일 재무장에 대해 경고하는 방송을 했는데, 그의 연설을 들을 기회가 없었던 일반인들이 그의 목소리를 들은 첫 번째 기회였다. 실제로 수만 명이 처칠의 방송을 듣고 반응했다. 1900년에 남아프리카에서 처칠과 함께 종군기자로 일했던 알렉산더 영(Alexander Young)은 "당신의 확신을 실천에 옮길 수 있는 날이 오기를 학수고대" 한다는 편지를 보내어 그를 격려했다.[19]

---

18 Churchill, *Arms and the Covenant*, 148.
19 Gilbert, *Churchill, A Life*, 533.

대부분의 정치인들과 달리 처칠은 독일과의 전쟁을 거의 확실한 사실로 예견했다. 처칠 역시 어느 시점까지는 전쟁을 당장의 일로 생각하지는 않았다. 1933년 3월에도 처칠은 "오늘날의 유럽은 1914년의 유럽과 비슷하지 않다"고 낙관했다. 유럽을 휘감고 있는 커다란 불안정과 증오는 예전과 마찬가지지만 1914년에 존재했던 것과 같은 "폭발적이고 재앙적인 분위기는 느끼지 못한다"는 것이었다.[20] 그러나 처칠은 곧바로 자신의 판단을 수정했고 정부에게 지체 없이 세 가지 결정을 내릴 것을 촉구했다. 첫 번째는 민간 공장들이 신속하게 전쟁 목표를 위해 재조직될 수 있도록 만들어야 한다는 것, 두 번째는 공군력의 강화, 마지막은 육·해·공 삼군의 협조를 주도하고 통제할 총괄 부서를 만들어야 한다는 것이었다.[21] 당시 영국 정부에는 그런 총괄 부서가 없었다. 그러나 이 발언이 있은 지 한 달 후에 공군장관 런던더리 경은 3군을 책임지는 상위부서인 국방부는 현실적이지 않다며 거부했다. 궁극적으로 처칠이 수상이 된 후에야 3군은 효율적으로 통제될 수 있었다. 처칠의 경종에도 불구하고 1935년 11월 총선에서 승리한 맥도널드가 이끄는 정부는 나치 독일이 영국에 위협이 될 수 없고 영국은 히틀러와의 동의를 지속적으로 추구해야 한다는 입장을 채택했다. 처칠은 이제 국제연맹을 이용해 독일을 견제할 방법을 적극적으로 강구하기 시작했다.

---

20 Churchill, *Arms and the Covenant*, 51 ; Churchill, *Blood, Sweat, and Tears*(New York : G. P. Putnam's Sons, 1941), 25-26.

21 Churchill, *Arms and the Covenant*, 110-111.

평화의 거점, 국제연맹

처칠에 비판적인 학자들은 처칠이 1930년대 후반에 이르러서야 국제연맹을 이용할 것을 주장하고 영국이 유럽 사태에 개입할 것을 옹호했다고 주장한다. 예를 들어 제임스는 국제연맹에 대한 처칠의 "관심 결핍"은 잘 알려져 왔으며 그가 늦게 그 가능성에 주의를 기울였지만 "전향은 조금 늦게 찾아왔다"고 주장한다.[22] 그러나 처칠은 이미 1920년대부터 국제연맹의 잠재적 역할에 대해 인식하고 있었고 전쟁의 재앙을 막아줄 수 있는 단 하나의 조직으로 국제연맹을 지목했다. "미국에 배반당하고, 소련에게 조롱당하고, 이탈리아에 의해 무시되고, 독일과 프랑스에게 믿음을 주지 못하는" 국제연맹이지만 그럼에도 불구하고 그것을 유지하고 돕는 것이 모든 사람의 의무라는 것이다.[23] 처칠은 1929년에 출간한 『세계의 위기(The World Crisis)』에서도 국제연맹을 비중 있게 다루고 있다. 여기서 그는 국제연맹의 기원에 대해 자세히 설명하는데, 애초에 유럽은 국제연맹을 원하지 않았는데 미국이 유럽에 강요한 것이라는 말은 사실과 다르다고 지적한다. 처칠에 의하면 전쟁이 끝나기 전부터 주도적 유럽 국가들 가운데 미국과는 별도로 국제기구에 관한 생각이 싹텄으며, 로버트 세실 경(Lord Robert Cecil)은 그런 생각을 집필한 최초의 영국인으로 1916년에 국제기구에 대한 보고서를 작성했다는 것이다. 물론 처칠은 윌슨 대통령의 역할도 인정했지만 영국의 지지 없이 윌슨은 결코 성공할 수 없었

---

22 James, *Churchill, A Study in Failure*, 231. 259-260.
23 Gilbert, *Winston S. Churchill*, vol V, 52.

을 것이라고 강조한다.[24]

제1차 세계대전 후에 큰 기대를 받으며 시작된 국제연맹은 그러나 기대에 미치지 못했다. 특히 1930년대에 들어서 그러했는데 1931년 일본이 만주사변을 일으키고 중국 영토를 침범하는 상황에서 국제연맹이 아무런 역할을 하지 못한다는 비난의 목소리가 높았다. 그러나 처칠에게는 그것이 국제연맹을 폄훼할 이유가 되지 못했다. 그는 국제연맹을 근본적으로 유럽의 평화를 위한 기구로 파악했고 동아시아의 상황을 처리할 수 없기 때문에 유럽 상황을 다루는 데도 효율적이지 못하다고 말할 수는 없다는 논리를 폈다. 그러면서도 처칠은 영국이 국제연맹의 활동에 과연 어느 정도 개입해야 하는지에 대해서는 조심스런 태도를 취했다. 처칠은 영국이 "부적절하게 혹은 우리 위치를 넘어 우리 몫 이상으로" 유럽의 구조에 끼어들지 않도록 매우 조심해야 한다는 입장을 표명했다. 처칠 역시 베르사유 조약의 불공정성을 인식하고 독일 국민의 불만을 조금이라도 덜어주고자 하는 마음이 있었던 것이다. 그러나 독일이 국제연맹을 탈퇴하고 재무장을 가속화하면서 처칠은 그런 한가한 조망을 포기하고 점점 더 국제연맹의 가치에 집중했다. 1933년 11월, 영국 정부가 여전히 군축을 추구하고 있을 때 처칠은 전쟁을 피할 확실한 방법은 바로 국제연맹이라며 연맹이 "평화를 유지하려는 모든 사람들의 거점"이 되어야 한다고 선언했다.[25] 1934년에 이르면 국제연맹에 대한 처칠의 열의는 더욱 강해졌다. 그는 한 해 동안 신문, 잡지에 50편의 기고문과 20번 이

---

24 Winston Churchill, *The World Crisis: the Aftermath*(Thornton Butterworth, 1929), 146.

25 Churchill, *Arms and the Covenant*, 102–103.

상의 연설을 통해 국제연맹을 통한 유럽의 평화를 설파했다. 5일에 한 번꼴로 대중에게 견해를 밝힌 것이다. 따라서 1930년대 말에 가서야 처칠이 국제연맹을 활용할 생각을 했다는 일부 학자들의 주장은 잘못된 것이다.

물론 국제연맹의 한계는 뚜렷했다. 일본의 만주 침공에 이어 1935년에 시작된 이탈리아의 에티오피아 침공에서도 국제연맹은 아무런 영향력을 발휘하지 못했다. 처칠은 이론적으로 "정당한 이유 없는 공격 행위에 의한 명백한 평화의 침범은 즉각적인 행동을 요구한다"는 국제연맹 규약 4조를 지지했지만 "희생자가 중국이나 에티오피아라면 잘 적용될 수 없을 것"이라는 점을 인정할 수밖에 없었다. 그러나 유럽의 평화를 위해서는 국제연맹이 확실한 역할을 할 것이었다. 따라서 처칠은 국제연맹에 "불가능한 것을 하도록 요청"하지 않고 도저히 "감당할 수 없는 짐을 지우지 않음"으로써 그 권위를 유지하고 보호하는 것이 중요하다고 말했다.[26] 이런 처칠의 호소는 표면적으로는 보수당의 입장과 다르지 않았다. 볼드윈은 국제연맹이 영국 정책의 지주라고 말했고 볼드윈의 후임으로 1937년 5월에 수상이 된 체임벌린도 국제연맹에 립서비스를 했다. 그러나 그는 국제연맹을 믿지 않았고, 영국 젊은이들이 "체코슬로바키아, 에티오피아, 만주 같은 멀리 떨어진 나라에 가서 싸우고 죽는 것을 영국 국민들이 진정 보고 싶어 할까?"에 부정적이었다.[27]

---

26 Ibid., 45, 47; *Winston S. Churchill: His Complete Speeches* vol. V edited by Robert Rhodes James(Chelsea House Publishers, 1974), 5205.

27 Peter J. Beck, "The League of Nations and the Great Powers, 1936–1940", *World Affairs*, 157/4(Spring 1995), 181.

처칠과 체임벌린(우), 1935년.

핼리팩스(우)와 처칠, 1938년.

1938년 9월 뮌헨에 도착한 체임벌린.

뮌헨에서 히틀러와 만난 체임벌린(좌), 1938년.

처칠 역시 실질적 군사력이 없는 국제기구에 불과한 국제연맹만으로는 한계가 있다는 점을 인정했다. 따라서 그의 구상의 핵심은 국제연맹에 집단방위 체제를 결합하자는 것이었다. 일부 학자들은 처칠이 라인란트 위기 후에 이 생각을 한 것 같다고 주장하지만 이미 1934년경에 처칠은 '대동맹'이라는 개념을 호소하기 시작했다. 1934년 11월 16일자 BBC방송에서 집단방위 개념을 제시했던 것이다. 그는 국제조약들이 "그것이 쓰인 종이만큼의 가치도 없다"는 비판에서 벗어나려면 집단적 세력을 모아 공격을 감행하려는 자가 감히 도전하지 못하도록 해야 한다고 주장했다. 만약 국제연맹에 의해 그런 구조가 만들어지면 다음 10년간은 끔찍하고 결정적인 재앙 없이 지나갈 것이라는 생각이었다.[28] 처칠의 이 연설은 많은 공감을 유발했다.

국제연맹의 세력을 시험할 기회는 바로 찾아왔다. 1935년 10월에 무솔리니(Benito Mussolini)의 이탈리아 군대가 에티오피아를 침공하고 다음 해 3월에 합병한 사건이 발생했던 것이다. 그러나 국제연맹은 이번에도 아무 일도 할 수 없었다. 국제연맹의 신뢰도는 깊은 상처를 입었고 그 지위도 결정적으로 훼손되었다. 그러나 맥도널드나 볼드윈 등 정치인들은 별 의식 없이 그 사건을 받아들였고 그나마 오스틴 체임벌린이 이탈리아에 경제적 제재라도 가해야 한다고 말한 것이 고작이었다. 반면에 처칠은 "앞으로 12개월이 우리가 유럽의 갈등의 방향을 틀고 이 세상이 전쟁으로 빠져드는 것을 막을 수 있는 시간"이라며 당장 행동할 것을 촉구했다.[29] 국제연맹의 종말이 시작되었다

28 Churchill, *Arms and the Covenant*, 148.
29 Ibid., 364.

고 간주될 때 처칠은 더욱 열정적으로 국제연맹의 기능을 옹호하고 나섰던 것이다. 1935년 10월 연설에서 처칠은 영국의 재무장과 국제연맹을 통한 집단방위를 가속화한다는 그의 목표를 확실히 했다.

누군가는 국제연맹을 믿으라고 말합니다. 다른 사람들은 영국의 재무장을 믿으라고 말합니다. 나는 우리는 '둘 다'를 원한다고 말하겠습니다.[30]

1936년 3월, 히틀러가 라인란트를 재점령하고 프랑스의 무기력함이 드러나자 처칠은 한편으로는 재무장을 더욱 긴박하게 촉구하면서 다른 한편으로 국제연맹을 통한 집단방위를 더욱 적극적으로 선전하기 시작했다. 그는 국제연맹을 국가 방위의 대체물이 아니라 그 확장으로 보았다. 국제연맹을 통한 평화와 집단방위를 함께 추구하기 위해 처칠은 '무기와 규약(Arms and Covenant)' 운동을 시작했다. 여기서 '규약'은 국제연맹의 규약을 의미했다. 1936년 12월 3일 앨버트 홀에서 열린 첫 번째 대중 집회에서는 노동조합회의 의장으로 폭넓게 존경받고 있던 월터 시트린(Walter Citrine)이 의장으로 활약했고 보수당, 자유당, 노동당 등 모든 정당에서 20명의 의원들이 단상에 올랐으며 처칠은 핵심 연사로 활약했다. '무기와 규약' 운동은 상당한 규모로 확대될 조짐을 보였는데 하필 그때 에드워드 8세의 퇴위 문제가 돌발하면서 운동의 열기가 꺾였다. 1937년쯤 되면 처칠은 나락에 빠진 것처럼 보였다.

특기할 점은 처칠이 독일에 대항하는 대(大)동맹에 소련도 포함시

---

30 Churchill, *His Complete Speeches* vol. VI, 5682.

킬 것을 제안했다는 사실이다. 처칠이 공산주의를 혐오하는 것은 잘 알려져 있었고 그에게 소련은 독일과 마찬가지로 "주의해야 할 나라" 였다. 처칠이 판단하기에 소련은 공산혁명 후에도 여전히 "피터 대제와 캐서린 여제, 구 러시아제국"으로 만들어져 있었지만 어쨌든 이웃 나라들을 군사적으로 침공하지는 않으며 심각하게 나치에 의해 위협받고 있다는 점이 소련과의 동맹을 가능하게 만들었다. 큰 나라건 작은 나라건 많은 수의 나라들의 지지를 받지 못하면 "집단 안보는 거짓"으로 보일 것이고 국제연맹은 "한낱 공상"으로 보일 것이기 때문이었다.[31] 동시에 처칠은 영국과 프랑스의 대동맹을 의회에 제안했다. 그는 1938년을 집단방위를 위한 대동맹의 시한으로 제시하면서 국제연맹 규약에 따라 동맹이 유지되면 "지금이라도 전쟁의 발발을 멈출 수 있을 것"이라고 호소했다. 대동맹의 핵심은 소련과의 이해였다. 3월 19일에 소련 정부는 6개국 회의를 제안했는데 이에 대해 네블 체임벌린은 "러시아를 믿지 않는다"는 결론을 내렸다. 그는 러시아가 효과적인 공격을 감행할 능력이 전혀 없다고 판단했으며 그 동기도 불신했다. 게다가 많은 작은 나라들, 특히 폴란드, 루마니아, 핀란드가 러시아를 미워하고 의심한다는 것이 체임벌린의 정당화였다.[32] 비록 정부와 정치 지도자들에게는 거부되었지만 진심에서 우러나오는 처칠의 연설은 많은 사람들의 공감을 샀다. 니콜슨은 "윈스턴이 국제연맹을 위한 연설을 했는데 그것은 그의 일생의 가장 중요한 연설"이라고 일기에 적었다. 다음 날 《스타(The Star)》는 1면 톱으

---

31 Churchill, *Arms and the Covenant*, 361; Churchill, *Blood, Sweat, and Tears*, 23.
32 Winston Churchill, *Memoirs of the Second World War*(New York: Bonanza, 1978), 150.

로 "어젯밤 누군가가 현시점에서 가장 적절한 말을 했다"고 보도했다.[33] 그러나 체임벌린과 각료들은 들으려 하지 않았다. 많은 사람들에게 국제연맹을 대동맹의 구심점으로 만들자는 처칠의 제안은 현실적이지 않았다. 유명한 페미니스트 활동가였던 레이디 휴스턴(Lady Houston)은 처칠이 잘못된 말(horse)을 지원하고 있다며 국제연맹은 "완전히 죽었다"고 선언했다.[34]

히틀러가 더욱 위협적이 되면서 처칠은 대동맹을 통한 집단방위를 더욱 절실하게 주창했다. 1938년 5월 9일, 맨체스터 자유무역 홀에서 열린 대중 집회에서 그는 "국제연맹의 권위하에서 저항할 준비가 되어 있는 모든 나라"가 함께 뭉쳐 폭력적 침략 행위를 저지해야 한다고 호소했다. "국제연맹의 반석" 위에서만 "평화의 사원과 탑"을 짓고 지탱해 갈 수 있을 것이라는 주장이었다.[35] 석 달 후 뮌헨 회담 직후에 있은 의회 연설에서 처칠은 자신의 목표를 다음과 같이 제시했다.

> 첫째, 우리 연안을 타격할 수 있는 거리 안에서 어떤 세력에도 우월한 공군력을 제때 만들어내야 합니다. 둘째, 많은 나라들을 모아 집단의 힘을 결집시켜야 합니다. 셋째, 국제연맹의 합의 내에서 동맹과 군사적 관행을 창출해내어 이 세력[독일]의 전진하는 움직임을 어떻게든 억제해야 합니다.[36]

33 Gilbert, *Churchill, A Life*, 590.
34 Beck, "The League of Nations and the Great Powers", 175.
35 Churchill, *Blood, Sweat, and Tears*, 27.
36 Ibid., 64.

대동맹 계획은 처칠 사고의 확고한 부분이 되었다. 그러나 그의 연설은 매력적으로 들리지만 한 가지 문제를 무시하고 있었다. 다시 말해 프랑스, 러시아 등 그가 언급한 나라들이 협력할 것인지에 대한 고려가 없었던 것이다. 정부는 처칠의 '집단방위' 개념이 너무 단순하고 작동 불가능한 것이라며 무시해버렸다.

그럼에도 처칠의 주장에 동조하고 그를 지지한 소수가 있었다. 보수당은 여전히 반(反)처칠적, 반국제연맹적 정서로 결집해 있었지만 오스틴 체임벌린 등 몇몇 원로들은 처칠에 동조했다. 한편 그동안 군축 정책을 지지해온 노동당에도 변화의 조짐이 보이기 시작했다. 노동조합회의 의장인 시트린이 처칠과 의견을 같이하면서 그의 동지가 되었다. 노동당 내 급진파에 속하는 스태퍼드 크립스(Stafford Cripps)도 보수당의 반유화주의자들과의 공동 전선을 펴기 위해 "일시적으로 사회주의를 유보할 수 있다"고 발언했으며 휴 돌턴(Hugh Dalton)은 1937년에 노동당에 압력을 가해 국제연맹을 지지하는 입장을 표명하도록 했다.[37] 네블 체임벌린에 대항한 전선이 토리 반란자들과 노동당 사이에 형성되었던 것이다. 자유당도 이미 1935년에 집단방위는 진정 집단적이어야 하며 영국 혼자만 인류 전체의 운명에 대해 의무를 져야 할 이유가 없다는 입장을 밝혔다.

정치인들만이 아니라 정부 정책에 반대하는 외무부 고위 관리들, 군대 내 보수주의 의견, 그리고 국제연맹 유니언(League of Nations Union)과 같은 단체들도 처칠에게 도움을 주었다. 처칠은 군 장교들과 고위 관리들로부터 영국 재무장의 부적절한 상태에 대한 정보를

---

37 Paul Addison, *The Road to 1945*(Quartet Books, 1977), 47, 52.

계속 입수할 수 있었다. 특히 데즈먼드 모턴(Desmond Morton)과 로버트 반시타트(Robert Vansittart)가 중요한 역할을 했다. 1930년부터 독일 재무장에 관련된 모든 정보를 수집하는 임무를 맡고 있던 산업 정보 센터 책임자인 모턴은 수집한 정보를 처칠에게 제공해주었는데 그의 정보가 없었다면 처칠이 그토록 확고한 근거를 가지고 독일과 영국의 군비를 비교할 수 없었을 것이다. 모턴의 행위는 1911년에 제정된 공무원 비밀 유지법(Official Secrets Act)하에서 매우 위험한 것인데도 그는 개의치 않았다. 처칠은 후에 맥도널드 수상이 모턴으로 하여금 자기에게 정보 제공을 하는 것을 승인했고 후임 수상인 볼드윈과 체임벌린이 계속 승인해주었다고 주장했다.**38** 특히 외무부 관리들 가운데 체임벌린 정책에 불만을 품은 이들이 많았다. 차관 반시타트, 정보국장 랄프 위그럼(Ralph Wigram) 등이 처칠과 뜻을 같이하면서 그에게 영국과 독일의 군사력에 대한 정보를 제공해주었다. 1936년 3월 중순에 위그럼은 주독 영국 대사인 호러스 럼볼드(Horace Rumbold)가 외무부에 보내는 디스패치를 처칠에게 가져왔다. 히틀러의 강한 영토적 야망을 걱정하는 내용의 보고서였다. 정보국장 레지널드 리퍼(Reginald Leeper)도 처칠에게 비밀 편지를 보내왔다.**39**

그동안 연구자들은 처칠이 자주 잘못된 정보를 가지고 있었으며 독일군사력에 대한 그의 주장이 과장되었고 공군력에 대한 그의 강조도 잘못되었다는 사실을 밝혀왔다. 물론 처칠이 제공받은 정보가 항상 옳은 것은 아니었지만 그 정보에 힘입어 처칠은 독일의 재무장

---

38 Wood, *Churchill*, 11. 처칠은 1940년에 모턴에게 최고 등급 정보를 수상인 자신에게 전달하는 비밀 요원과 같은 임무를 맡겼고, 전후에 머튼의 도움을 공식적으로 밝혔다.

39 Gilbert, *Churchill, A Life*, 553.

상태를 파악하고 경고할 수 있었던 것이다. 반시타트와 리퍼는 한 걸음 더 나아가 의회와 정치인들을 넘어 여론을 동원할 것을 처칠에게 주문했다. 그들은 체임벌린을 위시한 영국 정치인들이 '민주주의 체제와 독재 체제 사이의 깊은 차이'를 인식하지 못하기 때문에 유화정책을 추구한다고 판단했고, 처칠에게 그 차이점을 공론화해줄 것을 요청했다. 처칠도 그들과 생각을 같이했다.[40] 민주주의는 처칠에게 중요한 가치였고 그도 민주주의 국가들과 파시스트 독재정이 공존할 수 있다고 믿지 않았다. 처칠과 그에 동조한 고위 관리들은 물리적 군비 확충도 필요하지만 동시에 영국 국민들을 도덕적으로 재무장해야 한다고 믿었다. 그들의 우려는 민주주의와 독재가 결코 양립할 수 없다는 점을 영국인들이 너무 간과하고 있으며 독일의 위험과 민주주의에 대한 위협을 국민들이 너무 모르고 있다는 것이었다.[41]

한편 국제연맹 유니언은 국제연맹을 지원해 평화를 유지하자는 캠페인을 전개하던 중요한 단체였다.[42] 그러나 국제연맹 유니언은 주로 언설을 통한 평화 유지만을 지지해왔는데 그 때문에 너무 순진한 이상주의만을 추구한다는 비판을 들었다. 처칠도 그 회원들에 대해 "가장 인상적인 것은 그들이 말만 많은 점"이라고 평했다. 그러나 1936년 가을에 처칠과 국제연맹 유니언의 동맹이 이루어졌다. 처칠은 히틀러에 대항한 싸움에서 동원할 수 있는 세력을 전부 결집하려는 의

---

40 Churchill, *Arms and the Covenant*, 151; Martin Gilbert, *Churchill, A Life*, 553.

41 Gilbert, *Winston S. Churchill* vol. V, 725-726.

42 국제연맹 유니언은 1935년 회원이 37만 7,824명에 이르는 상당한 규모의 조직이었다. 1937년에는 31만 4,715명, 1939년에는 19만 3,366명으로 지속적으로 감소했지만 한동안 영국 정치에서 적극적 세력으로 남아 있었다.

도에서 국제연맹 유니언의 지도부와 접촉했다. 그는 국제연맹 유니언이 세속적 의미의 무기를 필요로 하며 자신이 그 점에서 도울 수 있을 것이라고 제안했다. 1936년 12월에 있은 '무기와 규약' 첫 집회도 국제연맹 유니언의 후원하에 개최되었다. 다음 해 1월에 국제연맹 유니언은 국제연맹이 유화정책의 대안이 될 수 있다는 입장을 표명하면서 「세계 평화를 위한 선언: 국제연맹을 지키고 평화를 지키자」는 선언문을 발표했다. 처칠은 국제연맹 유니언이 지나친 평화주의와 이상주의에 경도되었다고 비판했지만 어찌 되었든 현실적으로 중요한 동맹임은 틀림없었다. 1944년 9월, 국제연맹 유니언을 이끌었던 로버트 세실의 생일을 축하하면서 처칠은 다음과 같은 농담조의 축사를 했다. "당신이 그처럼 헌신해왔던 국제 평화와 정의라는 대의가 이제 검에 의해 그 정당성이 입증되고 있는 것을 보고 만족스러워할 것이 틀림없군요."[43] 그러나 체임벌린은 독일 문제에서 국제연맹이 역할을 할 수 있다고 생각지 않았고 1938년 초에는 국제적 현실을 무시한다며 국제연맹 지지자들을 공개적으로 비판했다. 그는 국제연맹이 "불구"가 되어버렸다며 유럽의 약소국이 강대국에 의해 위협받는다면 침략에 대항해 국제연맹에만 의존하는 것이 안전하겠는지 물었다.[44] 그의 답은 물론 아니라는 것이었다. 그렇다고 그에게 더 나은 대안이 있는 것도 아니었다.

43 Beck, "The League of Nations and the Great Powers", 183; Michael Pugh, *Liberal Internationalism: the Interwar Movement for Peace in Britain*(Palgrave Macmillan, 2012), 165.

44 Beck, "The League of Nations and the Great Powers", 181.

뮌헨

1930년대를 회상하면서 영국의 저명한 문필가 노얼 애넌(Noel Annan)은 자기 생애에 그 어떤 사건도 "뮌헨만큼 영국을 분열시킨 것은 없었다"고 회고했다. "가족이 분열되고 우정도 깨졌다."[45] 뮌헨 협정은 정치적 판단의 오류의 상징이 되었으며 그 여파는 그 후의 정치에 커다란 영향력을 행사했다. 즉 1950~1953년 한국전쟁 당시 노동당 정부는 또다시 나약한 모습을 보여서는 안 된다는 심리에 끌려 참전을 결정했고 그 결과 국가가 감당할 수 없는 지출을 함으로써 노동당을 분열시키고 총선에서 패배하는 결과를 낳았다. 1956년 수에즈 사태 때에는 이든과 맥밀런으로 하여금 나세르(Gamal Nasser)를 히틀러와 동일시하게 만들었다.[46]

1938년 3월 3일, 히틀러는 주독 영국대사 네블 헨더슨(Nevile Henderson)을 불러 중부 유럽은 영국에게 관심거리가 아니며 독일이 영국과 아일랜드 관계에 간섭할 생각을 하지 못하듯 독일은 독일인들이 다수 살고 있는 지역에서 문제 해결을 하는 데 제3자가 간섭하는 것을 용인하지 않을 것이라고 경고했다.[47] 두 사람이 만나고 열흘 후에 독일군이 비엔나에 진입했고 오스트리아는 독일에 합병되었다. 히틀러의 다음 목표는 독일인들이 다수 거주하고 있는 체코슬로바키

---

45 Noel Annan, *Our Age*(Fontana, 1990), 265.

46 Jihang Park, "Wasted Opportunities?: the Rearmament Programme in the 1950s and the Failure of the British Economic Policy", *Journal of Contemporary History* vol. 32 No. 3 (Summer 1997).

47 Susan Pedersen, *The Guardians: the League of Nations and the Crisis of Empire*(Oxford: Oxford University Press, 2017), 345.

아의 주데텐란트(Sudetenland)였다. 1938년 9월에 히틀러가 주데텐란트의 즉각적 통제를 요구하자 체임벌린 정부도 그토록 회피하려던 전쟁 준비를 시작할 수밖에 없었다. 9월 26일에 영국은 함대를 총동원하고 히틀러가 체코를 공격해 전쟁이 발발하면 프랑스와 함께 전쟁에 참전하겠다고 선언했다. 국민들에게는 가스 마스크가 지급되었고 곳곳에 방공호가 준비되었다. 이틀 후인 28일에 뜻밖의 반전이 있었다. 즉 히틀러가 협상을 계속하는 것에 동의함으로써 그 유명한 뮌헨 회담이 성사된 것이다. 체임벌린은 히틀러가 전쟁에 귀의하지 않고 대화로 푼다면 체코인들이 주데텐 지역을 양보하도록 설득할 수 있을 것이라고 믿었다. 9월 28일, 의회는 체임벌린이 히틀러와 개인적 만남을 추진하겠다고 하자 환호했다. 그 직후 있은 뮌헨 회동의 결과는 주지하는 바와 같다. 히틀러는 요구 사항의 거의 전부를 얻어냈다. 일부 학자들은 처칠이 뮌헨 협정에 반대하지 않았다고 주장하면서 체임벌린이 돌아와 의회 연설을 마친 후 처칠이 건넨 말을 그 근거로 들었다. 처칠이 체임벌린에게 "당신의 행운을 축하합니다. 대단히 운이 좋았소"라고 말하는 것을 니콜슨이 들었다는 것이다.[48] 그러나 처칠이 체임벌린에게 한 말은 그저 인사말이었다는 사실이 며칠 뒤 전개된 토론에서 명백해졌다.

10월 5일에 있은 의회 토론에서 처칠은 뮌헨 회동을 "이때까지 한 일 가운데 가장 어리석은 짓"으로 비난했다. 그는 독일의 독재자가 "테이블에서 음식을 낚아채는 대신 코스 요리를 차례로 대접받았다"

---

48 Charmley, *Churchill: the End of Glory*, 350. 에드워드 8세도 1936년에 짧게 재위하는 동안 유화를 지지했다.

며 질책했다. 이에 대해 재무부 장관 존 사이먼(John Simon)은 히틀러가 "어느 정도라도 양보를 한 것은 이번이 처음"이라며 정부를 변호했다. 실상 사이먼은 히틀러가 오스트리아를 합병했을 때 영국은 벨기에에 대해 갖는 것과 같은 이해관계를 오스트리아에 갖고 있지 않다고 나치 정부에 확인해준 바 있었다. 주데텐란트 문제가 터지자 그는 프랑스에게 주데텐란트는 '단지 독일의 뒷마당이 아닌가'라고 언급했다. 이에 대해 처칠은 만약 체코슬로바키아 정부가 혼자 남겨졌다면 더 나은 조건을 얻어냈을 것이며 아마도 몇 달 내로 히틀러의 제3제국은 체코슬로바키아의 나머지를 다 점령할 것이라고 예언했다. 그리고 난도질당한 나라가 망하고나면 히틀러가 어디로 방향을 틀 것인지를 물었다.

강도가 권총을 겨누고 1파운드를 요구했습니다. 1파운드를 주자 이번에는 2파운드를 요구했습니다. 마침내 독재자는 1파운드 17실링 6펜스를 받기로 하고 나머지는 앞으로 친하게 지내는 대가로 돌리는 데 합의했습니다.[49]

정곡을 찌르는 이 연설에도 불구하고 뮌헨 협정의 인가 여부를 묻는 투표에서 보수당 의원 29명만이 처칠을 따라 기권했고 정부안은 200표 차 이상의 지지를 받았다. 그 기회에 처칠을 제거하고자 한 보수당 중앙당은 처칠의 선거구인 에핑에 강한 압력을 행사해 지구당이 처칠에게 사퇴를 요구하도록 충동했지만 근소한 표차로 처칠은

---

49 Churchill, *His Complete Speeches* vol. VI, 6005; Churchill, *Blood, Sweat, and Tears*, 56.

선거구를 유지할 수 있었다. 물론 모든 의원들이 뮌헨 협정을 승리로 바라보지는 않았다. 무엇보다 노동당 내에 변화가 감지되었다. 처칠과 노동당이 비밀리에 접촉하는 가운데 크립스가 정파를 초월해 히틀러에 반대하는 운동을 전개했다. 애틀리도 뮌헨 협정에 반대하면서 민주주의의 "끔찍한 패배"이며 "수치"이고 "짐승 같은 힘"의 승리라고 강도 높게 비판했다.[50]

왜 체임벌린은 그처럼 집요하게 히틀러와의 타협을 고집했을까? 제2차 세계대전 이후 한동안 유화정책은 '비굴한 굴복과 적에 대한 유약한 대응'이라는 오명을 썼지만 차후 체임벌린을 우호적으로 평가하는 수정주의 해석이 등장했다. 수정주의 해석에 의하면 체임벌린은 당시 영국이 도저히 전쟁을 할 형편이 못 된다는 사실을 깨닫고 있었고 그렇기에 시간을 벌기 위해 유화 제스처를 썼으며 그에게 유화는 목표가 아니라 수단이었다는 것이다. 그러나 1938년에 전쟁 준비가 미비한 것은 독일도 마찬가지였다. 게다가 만약 전쟁이 1938년에 일어났다면 스탈린이 서방측에 가담했을 것은 확실했다. 뮌헨 협정을 보면서 스탈린은 서방측에 대한 희망을 버리고 히틀러와 손을 잡았던 것이다. 처칠은 독소조약이 맺어진 것 자체를 영국과 프랑스 외교정책의 실패로 평결했다.[51] 앞서 언급되었듯 체임벌린과 보수당 정치인들은 스탈린의 군부 숙청 후 소련 군대의 군사적 가치를 폄훼했는데 그것은 스탈린그라드 전투에서 철저하게 무너져버린 오판이

50 Leo McKinstry, *Attlee and Churchill: Allies in War, Adversaries in Peace*(Atlantic Books, 2019), 164–166.

51 Churchill, *Memoirs of the Second World War*, 161.

었다.[52]

체임벌린의 유화정책은 영국 국민들에 만연해 있던 전쟁에 대한 공포 및 평화와 군축에 대한 열의에도 기반을 두고 있었다. 물론 체임벌린이 유능하고 신뢰받는 지도자였다면 국민들을 설득해 여론을 변화시킬 수 있었을 것이다. 실제로 체임벌린이 언론 조작을 사주했다는 증거도 있는데, 이는 체임벌린이 단순히 여론에 끌려다니지 않았음을 보여준다.[53] 체임벌린은 또한 히틀러를 소련에 대한 방벽으로 이용할 수 있을 거라고 믿었다. 그는 진심으로 히틀러를 설득하여 서유럽이 아니라 소련으로 방향을 틀게 설득할 수 있다고 믿었다. 볼드윈처럼 애매한 태도를 취한 사람들도 그런 판단에 동의했다. 그런 분위기에 반응하면서 히틀러는 동유럽에서 자유로울 수 있으면 영제국의 통합을 보장하겠다고 끊임없이 암시했다. 마지막으로 체임벌린의 판단과 행동은 체코슬로바키아가 '인위적인 창조물'이라는 견해가 널리 퍼져 있었다는 사실에도 의거했다. 태어난 지 20년밖에 되지 않은 체코슬로바키아 국가의 영토를 지키기 위해 전쟁을 한다면 정당성을 인정받지 못할 것이고 체임벌린은 생각했다는 것이다.[54]

이 모든 것에 더하여 체임벌린의 주요 관심사가 국가 재정과 경제 상황이었다는 사실도 유화정책을 유도했다. 체임벌린은 수상이 되기 전 1929~1937년에 재무부 장관을 역임했기에 당연히 그는 그 시각에서 국가 운영을 바라보았고 재무부의 의견을 따랐다. 처칠은 방위

52 David Reynolds, *Britannia Overruled*(Longman, 1991), 139.

53 Donald Cameron Watt, "Churchill and the Appeasement" in *Churchill A Major New Assessment*, 213.

54 Charmley, *Churchill: the End of Glory*, 346.

목적을 위해 신속한 전환이 가능하도록 산업을 재조정하고 공군력을 증강하고 함대를 재건하라고 요구했다. 그 모든 일은 대규모의 국가 재정을 요구할 것이었는데, 1935년 보수당 전당대회에서 처칠은 세금을 올리고 국내 개혁을 잠시 보류하자고 제안했고 처칠에 동조한 다른 의원은 국방 채권을 발행하자고 주장했다. 이들의 주장은 체임벌린을 경악하게 만들었다. 체임벌린과 재무부는 당시 영국 사정으로는 세금 인상을 피하고 무역과 산업에 해를 끼치지 않도록 하는 게 우선이라고 판단했다. 이 모든 것에 덧붙여 마지막으로 고려할 요인은 노동계의 반응이었다. 비록 정부가 재무장을 추진하려 했어도 숙련공들의 반발로 재무장이 어려웠을 것이라는 점이다. 대규모 군수산업을 일으키기 위해서는 노동자 수의 증가가 필요하고 그를 위해서는 반숙련공(semi-skilled)들의 진입이 필요한데 숙련공들이 숙련의 경계가 무너지는 것에 거세게 반발하는 상황에서 현실적으로 재무장은 불가능했다는 주장도 제기되었다.[55]

그렇다면 국제연맹을 통한 집단방위라는 처칠의 구상은 어느 정도 현실적 가능성이 있었나? 몇 가지 점에서 처칠의 판단에 한계가 있었음을 확인할 수 있다. 첫째, 처칠의 비판은 경제를 고려하지 않는 경향이 있었다. 그는 마치 영국이 대규모 공군, 육군, 해군을 동시에 키울 수 있다는 식으로 이야기했다. 반면에 체임벌린은 "윈스턴의 권고를 받아들이고 무기 제조를 위해 우리 상업을 희생"한다면 몇 세대 동안이나 회복할 수 없을 정도로 영국의 교역을 해치게 될 것이라고

---

55 R. A. C. Parker, "British Rearmament 1936-9: Treasury, Trade Unions and Skilled Labour", *English Historical Review* vol. 96 no. 379(April 1981).

판단했다.[56] 물론 히틀러가 세상을 장악한 상황에서 영국 교역이 예전처럼 수행되었으리라는 체임벌린의 전제는 대단히 잘못된 것이다. 그러나 영국 정부가 처칠이 주장하는 만큼 사태를 제대로 파악하지 못하거나 대응을 안 한 것은 아니어서 영국의 재무장은 대체로 1934년부터 시작된 것으로 알려져 있다. 그러나 건전 재정에 대한 재무부의 욕심과 독일을 자극하지 않으려는 의도 때문에 재무장은 느리고 은밀하게 이루어지고 있었다.

다음으로 처칠은 프랑스 육군과 영국 - 프랑스 군의 결합된 세력을 과대평가하는 과오를 범했다. 막상 전쟁이 시작되고 프랑스가 썩은 갈대처럼 무너져버리기 전까지 처칠은 프랑스군의 허약함을 인지하지 못했다. 프랑스 육군을 막강한 군대로 믿었고 프랑스가 버티는 한 독일이 도전하지 못할 것이라고 판단했던 것이다. 처칠의 근거는 영국과 프랑스가 서방세계의 위대한 의회 민주주의 국가이며 그사상과 행동들이 이 세상의 운명을 형성하고 진보의 길을 열었기 때문에 "이 위대한 두 나라"가 함께 하면 파괴가 불가능할 것이라는 믿음뿐이었다.[57] 그는 영국 공군의 증강을 주장하면서 육군에 대해서는 무관심했는데 육군은 프랑스 육군이면 충분하다고 생각했기 때문이었다. 1937년 11월에도 처칠은 인도 부왕 린리스고 후작(Marquis Linlithgow, Victor Hope)에게 "유럽의 평화는 프랑스 육군의 보호하에 있다"고 말했다. 프랑스에 관한 한 그는 무지 그 자체였던 것이다.[58] 그의 깨달음은 전쟁이 시작된 후에 곧 찾아왔다. 전쟁 중 처칠은 주

---

56 Charmley, *Churchill: the End of Glory*, 325.
57 Churchill, *Arms and the Covenant*, 362.
58 Watt, "Churchill and Appeasement", 202-203.

치의인 모랜 경에게 "육군 없는 프랑스는 프랑스가 아니다"라고 슬프게 말했다. 그나마 드골이 그 "전사 인종의 마지막 생존자"라는 것이다.[59] 나폴레옹(Napoléon Bonaparte)을 존경한 처칠로서는 프랑스의 나약함을 믿을 수 없었다.

마지막으로 처칠은 독일 내부에 존재하는 히틀러에 대한 저항 세력을 과대평가했다. 처칠은 히틀러와 나치의 위험을 정확하게 파악했지만 독일 문제의 전문가는 아니었다. 그래서 1938년까지도 독일 군부의 반란으로 히틀러 정권이 전복될지 모른다는 기대를 품었다. 처칠은 영국과 프랑스가 강경한 태도를 취했다면 독일에서 히틀러에 저항한 군사 쿠데타가 일어났을 것이라고 믿었다. 이 견해는 체임벌린과 유화주의자들도 함께했던 잘못된 생각으로, 체임벌린도 끝까지 독일 내부의 균열로 히틀러의 야욕이 억제될 것이라는 희망을 품었다. 불행히도 전쟁의 패배가 보일 때까지 독일군부 내 반대는 없었다.

제2차 세계대전이 종결된 후인 1945년 11월에 브뤼셀에서 행한 연설에서 처칠은 루스벨트 대통령과의 에피소드를 소개했다. 루스벨트가 어느 날 이 전쟁을 무엇이라 부를 것인지 물었을 때 자신은 '불필요한 전쟁'이라고 대답했다는 것이다. "만약 미국이 국제연맹에서 적극적 역할을 하고 국제연맹이 독일의 재무장을 막기 위해 합의에 의한 힘의 사용을 준비했더라면" 그리고 만일 동맹국들이 히틀러를 초기에 저항했더라면, 예를 들어 1936년 그가 라인란트를 재점령했을

---

59 Lord Moran(Charles Wilson), *Churchill, the Struggle for Survival* taken from the Diaries of Lord Moran(Boston: Houghton Mifflin, 1966), 88. 그리고 처칠은 드골이 열등의식의 전형이라고 덧붙였다.

때라도 그랬더라면 히틀러는 움츠러들 수밖에 없었을 것이라는 판단이었다.[60] 정리하자면, 1930년대 유화정책에 대한 처칠의 비판은 세 가지 전제를 기반으로 한다. 첫째 영국의 재무장이 히틀러를 억제했을 것이며, 둘째 만약 영국 정부가 조금 더 공격적인 태도로 대응했다면 히틀러를 억제했을 것이며, 마지막으로 영국과 여러 나라들이 동참하는 대규모 동맹이 히틀러를 전복시키는 결과를 낳았을 것이라는 전제다. 과연 처칠의 구상이 받아들여졌다면 히틀러를 억제할 수 있었을까? 처칠의 구상대로 일이 진행되었어도 히틀러가 억제되지는 않았을 것임은 분명하다.

그러나 체임벌린이 실패한 곳에서 처칠이 성공했다는 점에서 처칠과 체임벌린의 기본적인 차이가 무엇이었는지를 밝히는 일은 중요하다. 그 차이는 체임벌린의 계산에 히틀러가 들어 있지 않았다는 것이다. 체임벌린은 자신이 영국을 위해 계산하듯 히틀러는 독일의 이익을 '합리적으로 계산하는 정치가'라는 개념으로 히틀러를 이해했다. 뮌헨에서 돌아온 후 체임벌린은 히틀러가 "약속을 지킬 사람"이라는 인상을 받았다고 자신 있게 발언했다. 영국 신사의 전형이던 체임벌린은 히틀러라는 인간은 상대가 받아주면 그것을 허약함과 비겁함으로 여기고 상대를 밟아버린다는 사실을 깨닫지 못했던 것이다. 체임벌린만이 아니었다. 로이드 조지도 히틀러와 만난 후 그가 '놀라운 사람'이며 "머리가 아부로 돌아버리지 않는 사람"이라고 말했다. 노동당의 랜즈버리도 히틀러와 무솔리니를 다 만났는데 그들은 다른 모든 정치인이나 외교관과 매우 비슷하다고 말할 수 있다고 장담했

---

60 Richard Langworth ed., *Churchill By Himself*(New York: Public Affairs, 2008), 430.

다.[61] 체임벌린은 심지어 전쟁 발발 며칠 전에도 여동생에게 보낸 편지에 히틀러가 진정 전쟁을 원하지는 않을 것이라고 썼다. 수정주의 학자들의 주장대로 체임벌린과 핼리팩스의 정책이 일관성이 있다는 걸 인정한다 해도, 즉 영국의 군사력을 증강할 때까지 전쟁을 연기할 수 있다면 히틀러가 야망을 줄이고 좋은 이웃이 될 것이라는 믿음에 일말의 진리가 있었다 해도 처칠의 과장된 예단이 체임벌린의 나이브한 판단보다 더 정확했음은 확실하다.[62] '역사상 모든 전쟁은 단순히 지연시킴으로서 회피되었다'는 처칠의 말은 역사가 그에게 가르쳐 준 통찰력의 표현이었다.

61 Thomas E. Ricks, *Churchill and Orwell: the Fight for Freedom*(Penguin, 2017), 50-52, 58-59.

62 Craig, "Churchill and Germany", 35-36.

6장
지적 광대들: 영국 지식인과 소련

    처칠, H. G. 웰스, 버나드 쇼는 동시대인이면서 개인적 친분 관계를 가진 사이였다. 비록 한 사람은 정치인이고 두 사람은 문인이었으며 각자의 정치적 성향 역시 달랐지만 그들에게는 글쓰기라는 공통점이 있었다. 처칠은 본업인 정치를 벗어나 소설과 몇 편의 단편을 쓴 문인 지망생이었으며, 탁월한 인물 전기와 회고록을 여러 편 집필한 공로를 인정받아 1953년에 노벨문학상을 수상했다. 반면 '과학소설의 셰익스피어'라 불린 웰스는 노벨상을 받지 못했고, 쇼는 1925년에 수상했다. 처칠은 웰스의 작품에 열광했고 두 사람은 한때 돈독했다. 그러나 웰스가 소련을 다녀오고 소련을 찬양하는 글을 발표하면서 멀어지게 된다. 반면에 처칠과 쇼의 관계는 처음부터 냉랭했다. 정치 성향을 떠나 처칠과 쇼는 기질상 전혀 맞지 않았다. 한편 웰스와 쇼는 모두 사회주의자이고 영국사회를 공격하는 데에는 한마음이었지만, 웰스의 표현에 따르면, 서로에 대해 '방어적 태도'를 유지하는 사이였다. 오웰의 경우 처칠보다 한 세대나 늦게 태어났을 뿐만 아니라 긴 무명의 시간을 보내고 드디어 『동물농장(*Animal Farm*)』과 『1984』로 명성을 얻자마자 생을 마감하는 바람에 두 사람은 생전에 만날 기회가 없었다. 그러나 오웰은 처칠이 영국 국가와 국민에게 어떤 존재인지를 웰스나 쇼보다 정확히 파악하고 있었다.

처칠은 평생 공산주의에 대항했는데 단 한 번의 예외는 1941년에 나치가 소련을 침공하자 스탈린을 동지로 받아들인 때였다. 처칠은 인간 본성상 사회주의가 작동하지 않을 것을 확신했고 소련 공산주의 정권은 인류 역사상 최악의 독재정이라고 판단했다. 그러나 1930년대에 영국 젊은이들은 자유주의, 의회주의, 헌정주의의 허약함에 환멸을 느끼고 마르크스주의와 공산주의로 몰려갔다. 스페인 내전 당시 8,000명의 케임브리지 학생들 가운데 1,000명이 공산당 당원이었다는 주장이 있을 정도였다.[1] 좌파 지식인들은 소련이라는 새로운 문명에 열광했고, 그 나라에 대한 환상을 경고하는 처칠을 시대에 뒤떨어진 반동분자로 몰았다. 좌파 지식인들 가운데 오웰만이 거의 유일하게 소련의 존재를 정확하게 파악하고 경계했다. 스페인 내전에서 소련 공산당이 스페인 무정부주의자들에게 보인 잔악성을 실제로 지켜본 오웰은 좌파 지식인들이 "혁명의 신화에 눈이 멀어 그 혁명의 추한 몰골을 보지 못했다"고 지적했다.

처칠은 노동당 지도자 클리멘트 애틀리와 같은 사회주의자를 좋게 생각하고 좋은 관계를 유지했지만 고등 교육을 받은 지식인 사회주의자들은 싫어했다. 처칠이 보기에 그들은 위선자이며 광대였다. 자

---

1   Robert Skidelsky, *Interests and Obsessions*(Macmillan, 1993), 138.

신들이 사는 사회의 결함에는 참을 수 없어하면서 다른 사회의 독재자들에게는 열광하는 태도는 그들의 지적 위선과 어리석음의 증거일 뿐이었다. 웰스와 쇼는 지식인들의 환상과 권력에 대한 그들의 태도를 파악할 수 있는 좋은 소재가 된다.

자유주의적 사회주의자, H. G. 웰스

H. G. 웰스(1866~1946)는 궁핍한 가정에서 태어났다. 어머니는 가내 하녀 출신이고 아버지는 정원사였지만 유산을 조금 받아 상점주가 되었다. 어린 웰스는 한때 포목상의 도제로 일하기도 했지만 미드허스트 문법학교(Midhurst Grammar School)의 학생–교사가 되었고 궁극적으로는 장학금을 받아 오늘날의 런던제국대학(Imperial College London)의 전신인 켄싱턴 과학학교(Normal School of Science)에서 생물학을 공부했다. 그때 토머스 헉슬리(Thomas Huxley)가 그곳에서 과학을 가르쳤다. 웰스는 젊었을 때 이미 사회주의자가 되어 1903년에 페이비언 협회에 가입했지만 협회가 추구하던 철학적 기반과 방법에 반대하면서 협회 노선을 두고 쇼와 갈등을 벌였다. 웰스는 1906년 2월 '페이비언의 잘못들'이라는 강연에서 기존 집행부를 해체하고 자기에게 넘기라고 요구했으나 오히려 쇼가 집행부를 대변해 웰스를 무너뜨렸다. 여성 편력이 심했던 웰스는 협회 회원의 딸과 염문을 일으키고 결국 1908년에 협회를 떠나게 되는데, 그 후 웹 부부에 대한 신랄한 비판을 담은 소설 『새로운 마키아벨리(New Machiavelli)』(1911)를 발표했다. 웰스는 과학소설과 미래학의 원조라 불릴 만하다. 그의

소설은 새로운 지평을 열었고 큰 반향을 불러일으켰으며 1920~1930년대에 이르면 웰스는 당시 생존하는 그 어느 영국 작가보다 더 큰 영향력을 발휘했다. 그러나 노벨문학상 후보로 네 번 올랐지만 수상하지는 못했다.

1902년에 처음 만난 처칠과 웰스는 1946년에 웰스가 죽을 때까지 관계를 유지했다. 비록 서로 다른 정치적 성향 때문에 날카로운 비판이 오갔지만 두 사람은 편지를 주고받는 사이로 남았다. 처칠은 웰스의 작품에 매료되어 서가의 하나를 웰스의 작품들로 다 채울 정도였다. 처칠은 자신이 웰스의 지적인 충동과 문학적인 재능에 즉각적으로 반응했다고 말한다. "그 놀라운 철학적 소설인 『타임머신』을 만났을 때 나는 기쁨에 소리를 질렀다." 그리고는 웰스의 작품을 전부 읽었으며 시험을 치러도 될 정도로 정독했다는 것이다.[2] 1906년 10월에 웰스에게 보낸 편지에서 처칠은 자신이 웰스의 애독자이며 그에게 "큰 빚을 지고 있다"고 인정했다. 처칠은 연설에서 웰스의 문장을 사용하기도 했다. 수상이 되어 제2차 세계대전을 지휘하면서 사용한 '다가오는 폭풍우(gathering storm)'라는 문구도 화성인들의 영국 공격을 그린 웰스의 소설 『우주 전쟁(The War of the Worlds)』에 나온 문구였다.

비록 귀족 가문의 처칠과 하녀의 아들인 웰스는 배경에서는 큰 차이가 있었지만 두 사람은 몇 가지 성향을 공유했다. 우선 웰스는 청소년기에 군사 지도자가 되는 꿈을 가지고 있었으며 처칠 역시 군인

---

2 Winston Churchill, *Great Contemporaries* edited by James W. Muller(Wilmington, Delaware: ISI Books, 2012), 377; Lord Moran, *Churchill, the Struggle for Survival* Taken from the Diaries of Lord Moran(Boston: Houghton Mifflin, 1966), 750.

으로 경력을 시작했다. 두 사람이 공유한 것 가운데 무엇보다도 과학에 대한 관심이 있었다. 그래서 『타임머신』을 읽고 처칠이 그처럼 환호했던 것이다. 웰스가 상상했고 후에 실현된 여러 가공물 가운데 탱크가 있다. 웰스의 예언적 단편소설에서 영감을 얻은 처칠은 웰스의 아이디어인 '육지용 드레드노트(거함)'를 군사 전문가들에게 알려주고 개발하도록 도왔다. 그것은 탱크라는 이름으로 1916년 캉브레 전투에 처음 도입된다. 물론 군부 내 보수적 의견들은 반대했는데, 예를 들어 전쟁부 장관 키치너는 그 고안물을 '기계 장난감'이라며 거부했다. 그러나 처칠은 웰스를 군수부 관리들과 연결시켜주고 결국 기능이 향상된 탱크가 만들어지는 데 역할을 했다. 1916년 10월 1일자 웰스에게 보낸 개인 편지에서 처칠은 "당신의 육지용 전함이라는 아이디어가 마침내 실현되어 얼마나 성공적인지에 관심이 있을 겁니다"라고 알렸고, 웰스는 처칠이 자신의 "꿈을 현실로 만들었다"며 고마워했다.[3] 탱크에 대한 처칠의 관심은 제2차 세계대전 때에도 계속되어 1941년에는 소위 '탱크 의회'를 구성하고 '처칠 탱크'라 불린 새로운 모델이 개발되기도 했다.[4]

웰스도 정치 무대에서 처칠을 지원함으로써 화답했다. 1908년에 실시된 북서 맨체스터 보궐선거에 나선 처칠의 당선을 위해 열심히 활동했던 것이다. 그 자신 사회주의자였고 그 선거구에 출마한 사회

---

3   H. G. Wells, *Experiment in Autobiography*(1934/2010, Project Gutenberg Canada ebook #539), 584; David C. Smith, "Winston Churchill and H. G. Wells: Edwardians in the Twentieth Century", *Cahiers Victoriens & Edouardiens* no. 30(October 1989), 99-100.

4   R. V. Jones, "Winston Leonard Spencer Churchill, 1874-1965", *Biographical Memoirs of Fellows of the Royal Society* vol. 12(November 1966), 80. 처칠 탱크는 사실 폄훼하는 의미로 사용된 용어였다.

주의 후보들이 있었음에도 웰스는 처칠을 공식적으로 지지했다. 그는 4월 21일자 《데일리 뉴스(*The Daily News*)》에 "왜 사회주의자들이 처칠 씨에 투표해야 하는가?"라는 기고문을 싣고 처칠의 상대를 깎아내리는 한편 처칠을 찬란한 경력의 소유자이며 생동감 있는 성격의 매우 매력적인 인물이라고 홍보했다.[5] 웰스는 그 근거로 처칠의 "적극적이고 여전히 빨리 발전하고 확대되는 정신, 공정하고 정치인다운 발언들, 그리고 특히 최저임금에 대한 그의 확신이 우리의 시대정신과 어울린다"는 근거를 내세웠다.[6] 노동당의 맥도널드를 포함해 많은 사람들이 웰스에게 화를 냈지만 그는 처칠에 대한 지지를 거두지 않았다. 그러나 처칠은 단 500표 차이로 보수당 후보에 패했다.

이처럼 우호적이던 처칠과 웰스의 관계를 냉각시킨 것은 러시아/소련을 둘러싼 두 사람의 심각한 견해 차이였다. 웰스는 러시아혁명 직후인 1920년, 그리고 1934년에 소련을 방문했는데 1920년 방문에서는 소설가 고리키(Maxim Gorky)의 도움으로 레닌(Vladimir Lenin)을 만나기도 했다. 그는 러시아에서 돌아와 언론에 연재한 기고문에서 영국과 미국이 볼셰비키 정부를 돕기 위해 지원군을 파견해야 한다고 주장했다. 이에 분노한 처칠이 같은 신문에 대응하는 글을 써서 격렬한 어조로 웰스를 공격했다. 이에 대해 웰스는 "특권계급에서 태어난 특출 나게 재능 있는" 처칠은 대중과 격리된 인물이라며 "공직에서 물러나 뛰어난 화가의 길을 가라"며 야유성 권유를 보냈다.[7]

---

5 Smith, "Winston Churchill and H. G. Wells", 97.

6 Leo McKinstry, *Attlee and Churchill: Allies in War, Adversaries in Peace*(Atlantic Books, 2019), 39.

7 Smith, "Winston Churchill and H. G. Wells", 102.

웰스는 평생 사회 변혁을 염원했는데 그의 이데올로기는 사회주의와 자유주의 사이 어딘가에 있었다. 웰스는 자신의 이념을 '자유주의적 사회주의'라 불렀다. 그가 맨체스터 보궐선거에서 처칠을 지지한 것은 그 당시 처칠이 보인 사회적 자유주의에 공감했기 때문이라고 해석할 수 있다. 그러나 웰스로 하여금 소비에트 러시아를 열렬히 지지하게 만든 것은 사회주의 이념보다는 '세계국가'라는 이상이었다. 웰스가 궁극적으로 이상화한 국가체제는 세계국가, 즉 모든 인류를 통합하는, 평화와 번영을 구가하는 세계국가였다.[8] 그는 일찍이 사회주의적 세계국가를 이상적 체제로 상상했지만 그것이 어떻게 현실화할 수 있는지에 대해서는 의구심을 품고 있었다. 그러던 차에 러시아에서 새롭게 탄생한 소비에트 공산국가를 보면서 그 나라가 자신이 구상하고 있던 세계국가를 지향하고 있다고 확신했던 것이다. 웰스는 소련이 상식과 과학적 통제의 시대를 열고 있다고 믿었다. 게다가 그는 레닌이나 스탈린과 같은 행동의 인간을 흠모했다. 자신은 갈 길을 잃고 어쩔 줄 모르는 "말로만의 혁명가"일 때 레닌은 혁명과 공산당 개혁을 수행한 행동의 인간이라는 것이다. 그는 러시아가 인류를 위해 아무것도 하지 않았다 하더라도 공산당의 실험만으로도 러시아 혁명을 정당화할 수 있다고 평가했다.[9]

처칠과 웰스의 충돌은 가속화했다. 처칠은 1923년 11월에 「웰스 씨와 영제국(Mr. H. G. Wells and the British Empire)」이라는 글을 발표

8 John S. Partington, "H. G. Wells and the World State: A Liberal Cosmopolitan in a Totalitarian Age" in *International Relations*(June, 2003). https://doi.org/10.1177/00471178030172007

9 Wells, *Experiment in Autobiography*, 566, 668.

하고 웰스가 자기 전공이 아닌 정치 분야로 뛰어들어 잘못을 범했다고 비난했다. 처칠은 소련을 "독재자와 기생충들의 이기적인 약탈자"로 규정하면서 그들이 국민들을 노예로 만들고 죽이고 그 명예에 먹물을 칠하고 번영을 망가뜨리고 자기들만 배를 불리고 있다고 비난했다.[10] 처칠이 보기에 웰스는 "가족, 나라의 전통, 경험, 유산"과 같은 영국의 덕목을 희생해 인류 전체라는 추상적 개념에 집착했다. 그는 웰스에게 창작에 힘쓰고 제국 같은 문제는 넘보지 마라고 권유했다.[11] 이러한 처칠의 지적에 반응해 웰스는 곧바로 「윈스턴(Winston)」, 「영제국의 미래(The Future of the British Empire)」 등의 글로 반박에 돌입했다. 웰스가 영제국을 바라보는 시각은 복잡했다. 한편으로 그는 영제국의 착취적 성격을 비난했지만 다른 한편으로는 그것이 자신이 상정하는 세계국가로 가는 단계라고 생각해 긍정적 평가를 내리기도 했다. 즉 영제국은 다양한 공간과 다양한 사람들의 조직으로서 미국이나 소련과 마찬가지로 세계국가로 향하는 단계라는 것이다. 따라서 웰스는 영제국을 "가볍게 지지"한다고 결론지었다.[12]

처칠과 웰스의 차이점은 각자의 정치적 성향에서도 발견되지만, 더욱 중요하게는 미래 사회에 대한 전망에서도 발견된다. 웰스는 과학과 기술이 미래 세상을 주도할 것으로 믿었고 궁극적으로는 과학자와 기술자들이 주도하는 세상이 올 것으로 전망했다. 그러나 처칠

---

10 Smith, "Winston Churchill and H. G. Wells", 105.

11 Manfred Weidhorn, "Churchill and the British Literary Intelligentsia: Skirmishes with Shaw and His Contemporaries on the Frontier of Politics and Literature", *Shaw* vol. 8(1988), 120.

12 Smith, "Winston Churchill and H. G. Wells", 103-104; Partington, "H. G. Wells and the World State"도 참조.

은 비록 과학이 중요하고 과학자들이 필요하지만 그들이 지배하는 세상을 만들어서는 안 된다고 믿었다. 우리에게는 얼마간 과학자들이 필요하지만 그들을 '적절한 위치'에 놓아두어야 한다는 것이 처칠의 믿음이었다. 현대세계는 많은 기술자들을 필요로 하지만 '기술자들 세상'을 원하는 것은 아니라는 것이다. 과학기술에 대한 처칠의 생각은 다음과 같았다. 즉 과학은 비도덕적 힘이며 인간에게 힘을 주지만 그것을 어떻게 현명하게 사용할지는 말해주지 않는다. 과학은 자유나 문명의 보증인이 아니다. 처칠이 볼 때 과학의 한계는 독일의 경우에 잘 드러난다. 가장 교육을 잘 받고 근면하고 과학적이고 잘 훈육된 국민들 가운데 하나인 독일인들은 어릴 때부터 "전쟁과 정복은 영광스러운 것, 전투에서 죽는 것은 가장 고귀한 운명"이라고 배웠고 결국 전쟁을 일으키게 되었다는 것이다. 처칠은 19~20세기의 과학적 성과가 인류의 행복과 덕과 영광에 공헌하지 않았다고 판단했다. 처칠의 이러한 생각은 특히 제2차 세계대전을 겪고 나서 한층 강화되었다. 1949년에 미국 MIT 대학에서 행한 연설에서도 처칠은 과학기술이 인간 정신을 종속시키고 파괴할 수 없음을 지적하고 과학 교육을 강화해야 하지만 동시에 기술적 과목이 아닌 역사와 윤리 등을 함께 가르쳐야 한다고 강조했다.[13]

1930년경이 되면 웰스는 세상에서 가장 영향력 있는 작가 중 한 명으로 인정받게 되었고, 1934년에는 국제 펜클럽 회장 자격으로 미국 루스벨트 대통령을 방문한 후 소련으로 가서 스탈린과 대담했다. 스

---

13 Justin D. Lyons, "Churchill on Science and Civilization", *The New Atlantis* no. 28 (Summer 2010), 81-83.

탈린과 세 시간에 걸쳐 대담을 한 것은 흔하지 않은 경우였다. 원래는 40분 예정이던 대담이 도중에 연장되었는데 그 인터뷰가 《뉴 스테이츠먼(New Statesman)》에 실리면서 큰 주목을 받았고 또다시 처칠과의 논쟁을 유발했다. 웰스는 자신이 스탈린에 대해 "의혹과 편견"을 가지고 접근했는데 실제로 만난 후 완전히 의견이 바뀌었다고 말한다. 스탈린을 만나기 전에는 "자기중심적이고 광적이며 권력을 독점한" 사람, "잔인하고 교조주의적이고 자기충족적인" 사람을 상상했으며 그의 정신이 고향 조지아 협곡에서 완전히 벗어나지 못했을 것으로 예상했다는 것이다. 그러나 대담을 하면서 웰스는 스탈린에게 빠져들었고 스탈린 하의 러시아가 단순히 독재정이 아니라고 결론짓게 된다. 소련의 1차 5개년 계획에 대해서도 우호적인 평을 내렸다. 러시아는 "통치되고 있고 앞으로 나아가고 있다"고 판단한 웰스는 1920년보다 소련 사람들이 "더 행복해 보인다"고 스탈린에게 아부성 발언을 하기도 했다. 웰스는 스탈린이 그의 지위를 얻은 것은 두려움 때문이 아니라 "모든 사람이 그를 신뢰하기 때문"이라고 결론지었다.[14]

한편 웰스는 루스벨트와 스탈린 두 사람이 인류의 미래를 보여준다고 생각했고 당시 진행되고 있던 뉴딜 정책도 사회주의적 노선으로 파악하고 환영했다.[15] 미국과 소련은 미래를 향해 나아가는 국가로 보였다. 웰스는 루스벨트와의 인터뷰 도중에 영어 사용권 사람들과 러시아어를 사용하는 사람들, 그리고 그들과 지리적으로 연결되

---

14 Wells, *Experiment in Autobiography*, 684-685, 688.
15 Ibid., 687.

어 있는 사람들이 자신이 구상하는 '세계국가'의 초석이 될 수 있다는 생각을 하게 되었다. 그러나 웰스와의 대담에서 스탈린은 미국에서 일어나고 있는 "사회주의화 운동"은 진정한 프롤레타리아혁명이 아니라고 못 박았다. 미국 자본가들은 단순히 "스스로를 지키고 있을 뿐"이고 일시적으로 "권력을 내어준 척"하면서 다시 돌아올 때를 기다리는 중이라는 것이다. 진정한 진실은 러시아에만 있고 다른 곳에는 없으며, 미국은 "자체의 10월혁명"을 거쳐야 한다는 것이 스탈린의 평결이었다.[16] 한동안 스탈린에 심취해 있던 웰스는 궁극적으로 소련 사회가 보여주는 법치의 부재, 계급 차별, 국가 폭력, 자유로운 표현의 부재 등을 깨닫게 된다. 소련에 실망하자 웰스는 매우 절망적이 되어 말년에는 인류가 멸망하고 다른 종으로 대체되는 것도 나쁘지 않을 것이라고까지 생각하게 되었다.

처칠은 1937년에 발간된 『위대한 동시대인들(Great Contemporaries)』에서 냉소적이고 조롱조로 웰스를 분석하고 있다. 그의 논점은, 웰스가 자신을 키워주고 그에게 경의를 표한 조국에 고마워하지 않을 뿐 아니라 그 사회를 조롱하고 무너뜨리려 한다는 것이다. 처칠에 의하면 웰스는 어린 시절 "과거 천재들이 채워놓은 보물의 도서관"에서 지식과 영감을 얻었음에도 일생 동안 자신에게 경의를 표하고 존경을 바치는 조국을 비난하고 그 전통을 왜소화하고 그 영광을 조롱했다.[17]

이 자비로운 섬나라, 인류가 아는 가장 인간적이고 포괄적이고 지각 있는

---

16 Ibid., 691.
17 Churchill, *Great Contemporaries*. 374-375.

문명에 살면서 그 문명을 비난하고 (……) 반대로 아시아적 공산주의의 비인간적 논리와 잔인한 생체 해부자를 찬양하는 좌파 지식인들의 한심한 분별력.[18]

처칠이 보기에 웰스가 영국을 공격하는 것은 가난하게 태어났다는 이유만으로 왜곡된 불만으로 가득 차 있기 때문이다. 웰스는 그의 장애를 극복하게 해준 것이 바로 영국의 제도임을 인정하지 않는다. 이러한 처칠의 비판에 대해 웰스도 대응했다. 즉 제1차 세계대전 회고록인 처칠의 『세계의 위기』가 발간되자 처칠이 "나폴레옹 콤플렉스"로 고통 받고 있다고 조롱했던 것이다.[19] 두 사람의 파란만장한 관계는 제2차 세계대전 발발을 계기로 조금 개선되었지만 1940년의 영웅적 시간이 지나자 싸움이 재연되었다. 처칠이 1940년 5월에 수상이 되었을 때 웰스는 언론 기고문에서 처칠의 수상 취임을 환영했지만 그가 장기적 관점에서는 위험할 것이라고 경고했다. 처칠은 전시 지휘관으로는 탁월하지만 그의 "충성심과 근시안적 안목"이 궁극적으로 문제가 될 것이라는 경고였다. 웰스는 특히 처칠의 귀족적 배경과 대중에 대한 몰이해를 지적하고 처칠의 전쟁 추진 방식도 비난하면서 베를린과 로마를 폭격하라고 요구했다. 전쟁이 끝나가는 시점에 이르자 웰스는 몇 차례 언론 기고문에서 처칠의 사임을 주장했다. 이제 목적을 이루었으니 "우리가 그에게 진 빚을 잊어버리기 전에" 월계관을 받고 떠나라는 것이었다.[20]

18 Ibid., 376.
19 Weidhorn, "Churchill and the British Literary Intelligentsia", 121.
20 Smith, "Winston Churchill and H. G. Wells", 110-111.

1946년에 웰스가 죽었을 때 처칠은 다음과 같은 헌사를 바쳤다. 최고의 문인들 가운데 웰스처럼 자신의 국가와 사회 체제를 "끊임없이 흠잡고 조롱한 사람"은 거의 없다. 웰스만큼 나라의 관용과 훌륭한 복합체에 "그처럼 많은 빚을 지고 있는 사람은 더 적다." 그것은 웰스에 대한 헌사라기보다 차라리 영국에 대한 헌사였다. 처칠은 만일 웰스가 러시아에서 태어났는데 그가 영국에서 하듯 러시아의 상황에 반응했다면 "팬케이크처럼 납작하게 으깨졌을 것"이라고 장담한다.[21] 그럼에도 처칠은 오랫동안 웰스에 대한 경외심을 간직했다. 1950년대에 주치의 모랜 경과의 대화에서 처칠은 웰스를 "미래를 내다보는 사람"이었다고 평가했다. 처칠은 『타임머신』이 『걸리버 여행기』와 같은 급의 놀라운 책이며 자신이 만약 "연옥에 간다면 가져가고 싶은 책 가운데 하나"라고 극찬했다. 처칠은 『놀라운 방문(The Wonderful Visit)』도 손에서 놓을 수가 없어 세 시간 동안 앉은 채로 다 읽었다면서 모랜 경에게도 꼭 읽어볼 것을 권했다.[22] 서로 다른 배경에서 태어나 자기가 속한 사회에 대한 정서에서 서로 달랐던 두 사람은 그러나 국민들로부터 존경받았다는 사실에서는 마찬가지였다. 물론 처칠에 대한 흠모가 훨씬 길게 지속되었다. 그것은 영국 역사와 국민성, 그리고 미래에 대한 처칠의 판단이 웰스의 판단보다 더 정확했기 때문이다.

---

21 Weidhorn, "Churchill and the British Literary Intelligentsia", 121; Churchill, *Great Contemporaries*, 375.

22 Lord Moran, *Churchill: the Struggle for Survival*, 352, 750–751.

뛰어난 지적 광대, 버나드 쇼

조지 버나드 쇼(1856~1950)는 1856년에 더블린에서 태어났다. 그의 집안은 영국계 신교도(Anglo-Irish) 집안이었고 선조 가운데 한 명은 자작이었지만 불행히도 쇼가 태어날 때쯤이면 영락한 집안이었다. 아버지는 가장으로서의 의무를 완전히 포기한 무력한 알코올 중독자였고 어린 쇼는 불행한 유년기를 보냈다. 그는 어렸을 적 어느 날 엄마에게 "아빠가 술 취한 것 같아요"라고 말하자 "언제 안 그런 적이 있었느냐"라는 신경질적인 대꾸를 들은 후부터 세상을 조롱하기 시작했다고 회상했다. 어머니 역시 아들을 사랑하지 않았는데 쇼는 어머니가 "나에게 애정을 쏟은 적이 한 번도 없었다"고 말했다.[23] 그는 가정 형편 때문에 13세에 학교를 떠나 부동산 중개인 사무실의 회계로 취직해야 했는데, 언젠가 자신의 유년 시절은 지옥과 같았고 애정이 결핍된 끔찍한 시간들이었다고 토로했다. 따라서 쇼에게 더블린은 실패와 가난, 멸시와 배척을 의미하는 도시였으며 그는 1876년에 더블린을 떠난 후 1905년까지 아일랜드에 돌아가지 않았다.

런던에서 그의 가족은 궁핍한 생활을 했는데 쇼는 에디슨 전화 회사에 고용되어 연봉 80파운드라는 미미한 수입으로 가족을 도우면서 대영박물관 독서실에서 글쓰기를 시작했다. 그러나 어느 출판사도 그의 소설을 받아주지 않았고 소설가로서의 경력은 그의 말마따나 시작하기도 전에 끝이 났다. 하지만 그 후 그는 익명으로 서평과

---

23 G. B. Shaw, *The Matter with Ireland* edited by David Green & Dan Laurence(Rupert Hart-Davis, 1962) 2-3, 292; Shaw, *Interviews and Recollections* edited by A. M. Gibbs(Macmillan, 1990), 4-5. 그 외 박지향, 《슬픈 아일랜드》(기파랑, 2008) 참조.

음악평을 쓰기 시작해서 궁극적으로는 그 분야에서 'G.B.S.(조지 버나드 쇼의 약자)'로 알려지게 되었다. 그러는 사이 쇼는 헨리 조지(Henry George)의 런던 강연을 듣고 그의 『빈곤과 진보(*Poverty and Progress*)』를 읽었는데 그때 인간의 삶과 사회에 있어 경제적 토대의 중요성을 깨달았으며 일생의 목표가 결정되었다고 느꼈다. 곧이어 마르크스의 『자본론(*Das Kapital*)』을 읽고 마르크스를 '진정한 과학적 사회주의자'로 존경하게 되었다. 그렇지만 마르크스 이론의 기초가 되는 노동가치설의 잘못을 지적하고 그보다는 윌리엄 제본스(William Jevons)의 효용가치설을 신봉했다. 평론가 윌리엄 아처(William Archer)는 처음 쇼를 만났을 때 그가 대영박물관 독서실에서 불어로 된 『자본론』 제1권과 〈트리스탄과 이졸데(Tristan und Isolde)〉의 관현악 악보를 펼쳐놓고 보고 있었다고 증언했다.[24]

사회주의에 눈뜬 쇼는 1884년 페이비언 협회에 가입하는데 이 사건은 그의 일생에 큰 전환점이 되었다. 쇼는 1880년에 처음으로 시드니 웹을 만났고 그에게 경탄했다. 아직 사회로부터 아무런 인정도 받지 못한 쇼에게 페이비언 협회는 실질적으로 자신이 무언가 하고 있다는 느낌을 가지게 해 주었고 쇼는 적극적으로 협회의 모든 활동에 참여했다. 1890년대 후반에 진정한 성공이 찾아왔다. 1892년 〈홀아비들의 집 (Widowers' Houses)〉이 주목받으면서 쇼의 삶이 피기 시작했고 〈메이저 바바라(Major Barbara)〉, 〈인간과 초인(Man and Superman)〉 등이 연속적으로 성공하면서 쇼는 1930년대에 이르면 영어권 세계에

24 T. F. Evans, "Introduction: the Political Shaw", *The Annual of Bernard Shaw Studies*, 2(1991), 3-4.

서 '셰익스피어를 제외하고 가장 많은 독자'를 가졌다는 평을 듣게 되었다. 아일랜드 출신으로 잉글랜드 문단에서 이방인이었고 가난과 결핍 속에서 부자에 대한 적대감을 키우며 사회주의자가 된 쇼. 아일랜드 출신이라는 사실과 가진 자에 대한 적대감이라는 두 가지 요인은 쇼의 정체성 형성에 지대한 영향을 미쳤다. 쇼는 일생 채식주의자이면서 금주주의자였다. 쇼는 스스로 "조지 버나드 쇼는 내 소설들 가운데 가장 성공적인 작품 가운데 하나다. 쇼는 협잡꾼이다"라고 주장했다.[25]

쇼는 처칠이 젊은 시절 처음으로 반감을 품은 사람들 가운데 한 명이었다. 인도에서 장교로 복무하고 있던 처칠에게 쇼의 작품들은 영국 육군을 조롱하고 헐뜯는 것으로 보였던 것이다. 두 사람은 1900년대 초에 처음 만났다. 예술가 및 극작가 서클과 접촉이 있던 처칠의 어머니가 쇼와의 점심식사 자리에 아들을 불렀던 것이다. 처칠은 곧바로 쇼의 톡톡 튀는 재치 있는 대화에 빠져들었고 과일과 야채만 먹고 물만 마시는 쇼의 식습관을 인상 깊게 보았다.[26] 그러나 두 사람은 결코 서로 좋아할 타입이 아니었다. 두 사람의 미묘하면서도 껄끄러운 관계는 다음 에피소드에서 잘 드러난다. 쇼가 자신의 작품 초연의 초대장 두 장을 처칠에게 보내면서 "만일 친구가 있으면 같이 오십시오"라고 했다. 처칠은 이에 대해 "초연은 못 가는데 그다음 날에도 공연이 있다면 가겠습니다"라고 응수했다. 물론 이 일화는 실제가 아닌 것으로 학자들에 의해 결론지어졌지만 처칠과 쇼의 관계와 그들의

---

25 G. B. Shaw, *Sixteen Self Sketches*(Constable, 1949), 54.

26 Churchill, *Great Contemporaries*, 47.

[좌] H. G. 웰스, 1918년경.
[우] 조지 버나드 쇼, 1914년.

전차의 프로토타입인 리틀 윌리. 영국군 공병장교 어니스트 스윈튼(Ernest Swinton)이 아이디어를 냈고,
처칠이 이를 수용하여 제작되었다.

영국 만화가 맥스 비어봄이 그린 조지 버나드 쇼, 1914년.

번쩍이는 재치를 보여주는 에피소드로 남아 있다. 두 사람은 그 후에도 몇 차례 다시 만났다. 그들의 대화는 정치, 특히 아일랜드와 사회주의에 관해 진행되었다. 처칠은 쇼가 "영리하고 재치 있고 맹렬하면서 포괄적"이지만 그의 지속적인 "정치적 아둔함"에 질려 포화를 쏟아내기 시작했다.

쇼는 평생 평화주의자로 자처했고 그가 50년 동안 가장 강하게 공격한 목표가 바로 전쟁이었다.[27] 1914년 제1차 세계대전이 발발했을 때 쇼는 국제적 유명인사가 되어 있었다. 〈피그말리온(Pygmalion)〉이 웨스트엔드의 권위 있는 극장에서 상연될 정도로 경력의 절정에 있

---

27 그러나 쇼는 제1차 세계대전이 끝난 후 병사들을 위해 2만 파운드라는 거금을 기부했다. Lagretta Tallent Lenker, "Shaw: the Bellicose Pacifist", *Shaw* vol. 28(2008), 2-3.

었던 것이다. 그러나 쇼는 전쟁에 비판적인 글을 발표하여 프로이센 귀족이나 영국 신사층이나 군국주의적인 융커리즘에서는 마찬가지라고 비난했다. 쇼는 처칠을 "맹렬한 군국주의 융커"라 불렀으며 군국주의자일 뿐만 아니라 "노상강도당"의 지도자 가운데 한 명이라고 비난했다. 이러한 쇼의 정치적 견해는 많은 사람들에게 위험하고 전복적이라고 비난받았는데, 웰스도 쇼를 두고 "거의 참을 수 없는 골칫거리"라고 불렀다.[28] 쇼는 제1차 세계대전을 계기로 영제국이 몰락할 것을 예견했는데, 처칠은 쇼가 전쟁에서 보인 영국의 활약을 두고 "늙은 사자의 마지막 봄날"이라고 표현한 것을 격하게 비판했다. 처칠은 그 "수다쟁이 사회주의자"가 예언한 것과 달리 늙은 사자는 아직 쓰러지지 않았다고 선언했다.[29] 제2차 세계대전 초에 프랑스가 함락되자 쇼는 영국 정부에게 히틀러와 협상할 것을 요구했지만 히틀러가 소련을 침공하자 태도를 바꾸어 전쟁을 지지했다. 공산주의에 대한 그의 헌신이 영국에 대한 헌신보다 강했음이 확실하게 드러나는 행동이었다.

쇼는 사실 스탈린의 공산주의와 무솔리니의 파시즘을 동시에 찬양할 정도로 정치적으로 혼란스러운 사람이었다. 정치사회학자 폴 홀랜더(Paul Hollander)의 지적대로, 공산주의를 선택한 사람과 파시즘을 선택한 사람들 사이의 간격은 매우 적었다.[30] 사회주의자로 자처

---

28 Gibbs, *Shaw: Interviews and Recollections*, 229, 234.

29 Winston Churchill, *His Complete Speeches* vol. V edited by Robert Rhodes James(Chelsea House Publishers, 1974), 4556.

30 Paul Hollander, "Dictators and Intellectuals: Attractions and Affinities" in *Ideological Storms: Intellectuals, Dictators, and the Totalitarian Temptation* edited by Vladimir Tismaneanu and Jacob Bogdan(Central European University Press, 2019), 165.

한 쇼는 파시즘에도 동조적이었는데 그것이 쇼의 정치적 판단을 비난하고 무시하게 만든 중요한 원인이 되었다. 특히 처칠은 쇼를 두고 "레닌과 스탈린과 무솔리니를 모두 숭배한 사람"이라며 지속적으로 조롱했다. 쇼가 무솔리니에 끌린 것은 사실이다. 쇼는 특히 지도자 숭상에 끌렸으며 행동의 인간을 숭배했다. 그를 끌어당긴 것은 공산주의의 교조가 아니라 스탈린과 스탈린이라는 인간이 이끄는 체제였다.[31] 쇼는 무솔리니와 히틀러가 중요하고 매우 바람직한 사회개혁을 일으키고 있으며 두 사람 모두 경제 침체와 부패, 자본주의 및 근대성과 결부된 퇴폐를 극복할 능력이 있다고 믿었다. 쇼는 자신은 무솔리니, 히틀러, 무스타파 케말(Mustafa Kemal) 등을 "물자를 제공해주는 능력"에 따라 판단한다고 주장했다. 스탈린은 10년 전에는 불가능했을 정도로 소련 사람들에게 물자를 공급해주었고 그에 따라 그에게 "경의를 표한다"는 것이 쇼의 주장이었다.[32] 비슷한 이유로 쇼는 처칠도 인정해주었다. 1920년 강연에서 그는 처칠을 다른 누구도 아닌 레닌과 엮었는데, 상황이 무르익을 때까지 기다리지 않고 "확신을 가진 소수를 이끌고 실행에 옮긴다"는 점에서 두 사람은 비슷하다는 주장이었다. 쇼는 자신을 포함해서 사회주의자들은 처칠이나 레닌과 같은 현실적인 방법으로 일을 하지 못한다고 자기비판을 했다. "나는 두 신사들에게 경의를 표한다. 우리가 그들 방식대로 하지 않는 한 우리는 그저 말, 말, 말만 할 것이고 아무 일도 이루지 못할 것이다."[33]

---

31 Eric Bentley, "Bernard Shaw, Caesar, and Stalin", *The Antioch Review* vol. 3 no. 1 (Spring 1943), 122.

32 Hollander, "Dictators and Intellectuals", 180.

33 Weidhorn, "Churchill and the British Literary Intelligentsia", 123.

쇼의 총체적 혼동과 모순은 1920년대에 확연히 드러났다. 1924년에 이탈리아 사회주의자 자코모 마테오티(Giacomo Matteotti)가 무솔리니에 대한 격렬한 비난을 퍼붓고 난 후 살해된 사건이 일어났다. 누구 소행인지는 뻔했고 무솔리니에 대한 비난이 쏟아지는 가운데 쇼는 그를 옹호하고 나섰다. "위대한 정치가들 가운데 많은 수"가 "불편한 적대자들을 살해하도록 강제"되기 때문에 무솔리니가 마테오티를 살해했다고 비난하는 것은 어리석다는 주장이었다. 쇼는 더 나아가 이단을 화형에 처하는 데는 "그럴 만한 이유"가 있다는 등의 어리석은 발언을 내뱉었다.[34] 쇼의 냉소적 성격을 감안하더라도 그러한 발언은 지나쳤다. 그런 쇼의 태도는 처칠을 격분하게 만들었고 처칠은 "그 뛰어난 지적 광대"를 비난하는 일을 시작했다.

처칠은 1929년에 잡지 기고문으로 쇼에 대한 공격을 시작했다. 후에 『위대한 동시대인들』에 포함된 그의 에세이는 쇼의 단점과 장점을 예리하면서도 균형 있게 평가한 재치 있는 글이다. 처칠이 본 쇼의 두 가지 특성은 모순과 위선이었다. 처칠은 일단 "셰익스피어 다음으로 전 세계에 청중을 거느리고 있다"고 적시함으로써 쇼의 예술성을 분명히 인정해주었다. 그러나 웰스와 마찬가지로 쇼는 가난과 무명으로부터 싸워 올라서야 했기에 "반란을 예고하고 기존 신념들을 무너뜨리고 장난기 넘치는 반항아"로 자랐으며 결국에는 "분노하는 30세 남자이자 무신론자"가 되었다는 것이다. 처칠은 쇼가 "독창적이고 도발적이고 심오한" 사상가라고 평가한다. 그러나 그는 "모순에 의존"하고 있는 사상가였다. 쇼는 자신이 과거에 무슨 말을 했는지, 그

---

34 Hollander, "Dictators and Intellectuals", 171.

결과가 다른 사람들의 확신에 어떤 결과를 미쳤는지에 대해 아무런 생각도 없이 그저 생각나는 대로 뱉어버리는 사상가다. 그럼에도 쇼는 진지한데 그것이 바로 역설의 핵심이라고 처칠은 판단한다.[35]

무엇보다도 처칠이 쇼에게서 본 것은 위선이었다. 자신이 가르치는 것을 실제로 실행하는 사람들은 거의 없지만 "쇼만큼 덜 실행하는 사람도 없다."[36] 흥미로운 것은 쇼만큼 양쪽 세계의 최고의 것들을 가질 수 있는 사람도 거의 없다는 사실이다.

> 그의 정신적 고향은 말할 필요도 없이 러시아다. 그가 태어난 고향은 아일랜드 자유국이다. 그러나 그는 안락한 잉글랜드에서 산다. (……) 그는 새벽부터 저녁까지 재잘거리며 무책임한 수다쟁이가 누릴 수 있는 모든 자유에 빠져 있으면서 의회 제도를 폐지하고 철의 독재를 세울 것을 주장한다. 그런데 그는 아마도 그런 독재정의 첫 번째 희생자가 될 것이다.[37]

여기서 처칠은 놀라운 재치로 지식인들의 위선을 날카롭게 지적하고 있다. 처칠이 지적한 쇼의 위선에는 그가 사회주의자로서 모든 소득을 평준화해야 한다고 주장하면서 막상 세금을 더 내는 것에는 반대한다는 사실도 포함되었다. 즉 20세기 초에 로이드 조지가 소득세를 도입하려 할 때 "부자인 이 페이비언 사회주의자보다 더 괴성을 지른 사람도 없었다"는 것이다. 쇼는 "진지한 공산주의자이면서 동시에 욕심 많은 자본가"라는 것이 처칠의 평결이다.[38] 처칠의 이러한 비판

---

35 Churchill, *Great Contemporaries*, 54-55.
36 Richard Langworth ed., *Churchill By Himself*(New York: Public Affairs, 2008), 373.
37 Churchill, *Great Contemporaries*., 53-54.

에 대하여 쇼는 자신은 전투적 여성참정권 운동가(Suffragett)들의 정책, 즉 부유한 아내들이 남편에게 자신의 소득을 공개하지 마라고 한 정책에 따를 뿐이라고 변명했다. 쇼의 부인 샬로트는 대단한 자산가였는데 자신은 여성 운동가들의 요구대로 부인의 수입을 밝히거나 확인하기를 거부했을 뿐이라고 변명한 것이다.[39]

웰스의 경우와 마찬가지로, 무엇보다도 처칠과 쇼의 관계를 회복 불가능한 상태로 만든 것은 스탈린에 대한 쇼의 찬양이었다. 쇼는 1931년에 모스크바를 방문하고 스탈린과 만났는데 그것은 그에게 영원히 잊지 못할 기억으로 남았다. 쇼는 자신이 마치 "칼 마르크스가 돌아온 것처럼" 대접받았다고 주장했다.[40] 4,000명이 빽빽이 들어찬 홀에서 환영회가 열리고 스탈린은 쇼와 그의 일행을 오랜 친구처럼 맞아주었다. 쇼는 스탈린에게서 "러시아 노동자"를 볼 것을 기대했는데 "조지아 신사"를 발견했다고 말한다. 스탈린은 아주 편안해 보였고 매력적으로 유머 감각을 보였다는 것이다. 그러면서도 스탈린은 남을 쉽게 믿지도 않았다는 것이 쇼의 관찰이었다.[41] 쇼 일행과 스탈린의 면담에서 처칠이 화제에 올랐다. 일행 중 한 명인 다소 허황된 필립 커(Phil Kerr, 후에 로시언Lothian 후작)가 영국에 로이드 조지 지도 하의 과학적 공산주의 정당을 만들어야 한다며 로이드 조지를 초대해 소련의 경이를 보여주라고 하자 스탈린은 부정적으로 대답했다. 그러자 쇼는 로이드 조지 대신 처칠을 러시아에 초대하는 건 어떻겠

38 Ibid., 54.
39 Shaw, *Sixteen Self-portraits*, 82.
40 Ibid., 83.
41 Gibbs, *Shaw: Interviews and Recollections*, 323.

냐고 물었다. 스탈린은 "처칠 씨를 모스크바에서 만나면 기쁠 것"이라고 대답했다. 스탈린이 쇼에게 왜 처칠이 그토록 소련에 반대하는지 물었을 때 쇼는 처칠이 "반쯤 미쳤으며 구태의연하고 마르크스 경제학을 전혀 모르기 때문"이라고 답하고는 처칠이 다음 선거에서 아마 낙선할 것이고 수상이 될 일은 결코 없을 것이라고 장담했다.[42] 그러나 스탈린은 오히려 처칠의 능력을 높이 평가했다. 아이러니한 것은, 쇼가 예언한 것과 달리 처칠은 다음 선거에서 승리했으며 수상이 되었고 궁극적으로는 쇼가 그렇게 되기를 원했던 것보다 훨씬 더 스탈린과 다정한 사이가 되었다는 것이다.

쇼의 일행 중에는 영국 최초의 여성 하원의원인 낸시 애스터(Nancy Astor)도 있었다. 처칠은 미국 태생인 그녀가 대서양 양쪽의 구세계와 신세계에, 그리고 사교계와 급진적 페미니즘의 양쪽 세계에 군림한다고 비판했다. 처칠은 애스터가 "공산주의자들의 환대와 아첨을 즐기면서 플리머스의 보수당 의원"으로 남아 있다고 야유한다. 그녀 역시 쇼와 마찬가지로 "양쪽 세계의 최상"을 즐긴 인물이라는 것이다. 그녀는 이 모든 상반되는 일들을 너무 자연스럽게 잘하는데 대중은 "비판하기에도 지쳐서 그저 입을 떡 벌리고 바라보고 있을 뿐"이라는 것이다. 스탈린과의 회동에서 애스터도 체임벌린을 떠오르는 별로 표현하면서 "처칠은 끝났다"고 장담했다. 그러나 스탈린은 동의하지 않았다. "나는 잘 모르겠습니다. 만약 당신들 나라에 중대한 위기가 찾아오면 영국 국민은 그 늙은 군마를 찾을지 모르죠."[43]

---

42 Shaw, *Sixteen Self Sketches*, 85.

처칠은 쇼의 본질을 "허가받은 광대"라고 폄훼한다.

러시아 사람들은 언제나 서커스와 떠돌이 구경거리를 좋아했다. 그들이 자기 국민 가운데 최고 코미디언들을 대부분 감옥에 가두고 굶주리게 하고 혹은 처형하고 나자 외국 방문객들이 빈자리를 메워주고 있다. 여기 이 세상에서 가장 유명한 지식인 광대와 자본주의 판토마임의 매력적인 여자 어릿광대가 있다.[44]

쇼의 과대망상은 그가 소련 방문 후 자신을 "페이비언 공산주의자"로, 스탈린을 "페이비언"으로 부르면서 소련이 "성실한 페이비언이 되었고 완벽한 쇼 추종자가 되고 있는 중"이라는 터무니없는 주장을 한 것에서도 드러난다.[45] 소련에 대해 고의로 좋은 점만 보려는 쇼의 의도는 명백했다. 그는 1933년 3월에 《맨체스터 가디언(Manchester Guardian)》에 게재된 글에서 소련 방문 시 모든 곳에서 "희망에 넘치고 열정적인" 노동계급을 보았다고 주장한다. 그들은 "자존감 있고 자유로우며 영국 체제가 따라야 할 모범"을 보이고 있었다는 것이다.[46] 쇼는 죽을 때까지 무제한의 열정으로 소련을 예찬했다. 그는 스스로를 공산주의자로 자처했고 공산주의를 이상향으로 믿었다. 공산주의는 "부당 이익을 취하지 않는 공기업"이며, 모든 재화와 서비스가 그 자리에서 직접 돈을 지불함 없이 사용자들에게 열려 있는 사회

43 Churchill, *Memoirs of the Second World War*(New York: Bonanza, 1978), 630.
44 Churchill, *Great Contemporaries*, 57.
45 Hollander, "Dictators and Intellectuals", 34.
46 Churchill, *Great Contemporaries*, 53 주 45)

라는 것이다. 공산주의 사회에서는 재화와 서비스를 마치 런던 브리지처럼, 혹은 우표나 시가 운영하는 전기처럼 평균 비용에 살 수 있게 되어 있다는 것이 쇼의 주장이었다.[47]

쇼는 공산주의와 사회주의의 거대한 기반 없이 "우리 문명은 일주일도 지탱하지 못할 것"이며 미래는 "공산주의를 가장 많이 가장 빠르게 수행하는 나라에게 있다"고 예언하면서 스탈린의 팽창 전략을 옹호했다. 생애 마지막이 된 1950년 8월 인터뷰에서 쇼는 막 발발한 한국전쟁을 논하면서 스탈린을 옹호했다. 당시 일부 과격한 사람들을 제외하고 노동당을 포함해 대부분의 영국인들은 한국전쟁이 스탈린의 공산주의적 팽창의 일환이라는 점에 의견을 같이하고 있었다. 쇼는 한국전쟁을 오히려 서방의 공격전이라고 부르며 유엔이 남한을 지원해서 북한과 전쟁을 하는 것이라며 비난했다.[48] 이러한 쇼의 편향은 다른 사회주의자들에게도 계면쩍은 것이었다. 사회주의 극작가 존 프리스틀리(John Priestley)는 쇼가 독재자들을 옹호하고 심지어 존경하기까지 할 수 있었던 것은 쇼가 그들을 실제 사람들이 아니라 극 중 인물로 파악했기 때문이라고 해석했다. 버트런드 러셀(Bertrand Russell)도 쇼가 죽은 후 쇼의 생애 마지막에는 그에 대한 자신의 존경심에 한계가 있었다고 인정했다.[49]

제2차 세계대전에서 처칠이 행한 위대한 업적에 대해서도 쇼는 인색했다. 쇼는 처칠이 1940년에 영국이 얼마나 위험한 상황에 있었는

---

47 Gibbs, *Shaw: Interviews and Recollections*, 482.

48 Ibid., 485, 486; Richard Nickson, "Shaw on the Dictators: Labels and Libels", *The Independent Shavian*, 18/1(1980), 12.

49 Gibbs, *Shaw: Interviews and Recollections*, 509; Nickson, "Shaw on the Dictators", 10.

지를 숨기고 영국인들에게서 영웅심을 끌어냈다고 비난하면서 처칠이 "입에 문 긴 시가"와 "전쟁을 미화하는 웅변술"에 의존해 인기를 유지한다고 비꼬았다. 쇼 자신은 전쟁 초에 겁에 질려 어떤 평화 제안이라도 수용하고 히틀러와 협정을 맺으라고 정부에 압력을 가한 일단의 문화인들 가운데 한 명이었다. 쇼는 처칠의 대단한 재능을 인정하면서 야유를 보내는 방법을 택했다. 처칠이 그 많은 재능 가운데 직업을 잘못 택했다는 것이다. 쇼는 반세기 동안의 처칠의 정치 활동을 모조리 무시한 채 그의 진정한 경력은 "군인으로서 그리고 저자로서" 빛났다고 주장한다.[50] 그러나 쇼의 말은 처칠이 이룬 것, 그것이 함유하는 용기를 제대로 평가한 것이 아니고 국민 대부분이 처칠에 대해 느낀 정서와도 동떨어져 있었다. 반면 같은 좌파였지만 라스키는, 쇼와 대조적으로, 나라를 사랑하는 영국인이라면 누구라도 "처칠 씨에게 진 빚"을 과소평가할 수 없을 것이라고 단언했다. 쇼는 제2차 세계대전 중 언론과의 대담에서 전쟁이 배출한 가장 위대한 인물이 누구인지라는 질문에 처칠을 제치고 "당연히 스탈린"이라고 대답했다.[51]

처칠의 진단대로 쇼의 정치적 판단력은 사실 영점이었다. 그럼에도 처칠은 쇼의 문학적 재능은 확실히 인정해주었다. 그는 쇼의 생각들을 싫어했지만 그의 예술은 숭배했다. 1953년에 노벨상을 수상했을 때 처칠은 그 상을 받은 두 명의 선배 작가로 러디어드 키플링(Rudyard Kipling)과 쇼를 언급함으로써 쇼에게 일종의 경의를 표했다.

50 Weidhorn, "Churchill and the British Literary Intelligentsia", 127–128.
51 Gibbs, *Shaw: Interviews and Recollections*, 469.

흥미로운 사실은, 처칠이 웰스에 대해서는 그가 생각을 고쳐 조국을 위해 도움을 줄 것을 바랐지만 쇼에 대해서는 그런 바람 자체를 품지 않았다는 것이다. 그만큼 쇼는 처칠에게는 영국의 현실에 너무나도 멀리 떨어져 있는 존재로 보였다.

미몽에 빠지지 않았던 문인, 조지 오웰

전반적으로 웰스의 정치 감각은 쇼보다는 훨씬 나았다. 특히 소련에 대한 태도에서 그 점이 확실히 드러난다. 웰스는 1930년대에 소련에 대한 환상을 일부 수정하게 되지만 쇼는 1950년에 사망할 때까지 공산주의가 인류의 미래라고 믿었다. 쇼는 많은 서구 지식인들의 놀랄만한 모순적 특성을 대표적으로 보여주는데, 처칠은 그것을 "자신이 사는 사회에 대한 무자비한 비판"과 그들이 "이상화하는 사회에 대한 어리석고 단순무지한 신뢰"라고 정의했다. 쇼는 소련에서 자신이 본 것들이 믿을 만한 정보가 아닐지도 모른다는 생각은 전혀 하지 않았다. 웰스와 쇼 사이에도 차이가 있었다. 쇼와 웰스를 다 잘 알고 있던 프리스틀리는 두 사람이 귀중한 대조를 보여준다고 평했다. 웰스는 참을성이 없었고 나쁜 짓을 했고 화를 잘 냈고 남에게 소리를 지르고 욕을 했지만 진실했고 솔직했으며 그에게는 사실을 발견하고 그 "사실을 말하려는 끓어오르는 욕구"가 있었다는 것이다. 그에 비해 쇼는 어떤 특정한 주제를 다룰 때는 "의도적으로 자신의 상상력을 꺼버린다"는 것이 프리스틀리의 솔직한 평이었다.[52] 소위 내로남불을 지적한 것이다. 웰스 스스로도 자신과 쇼가 모두 무신론자였고 사회주의자들이었으며 단단히 "고정되어 무너뜨릴 수 없을 것처럼 보이는 사회 체제를 바깥으로부터 공격"한다는 유사점이 있었지만 두 사람 사이에 존재하던 방어벽은 없어지지 않았다고 회고했다.[53]

1930년대 영국 지식인들 가운데에는 웰스 및 쇼와 비슷한 사람들이 많이 있었다. 그들과 달리 소련과 스탈린에 대한 미몽에 빠져들지 않았던 문인 가운데 조지 오웰(1903~1950)이 있다. 오웰의 친할아버지는 인도군에 복무했고 외할아버지는 버마에서 티크나무를 거래하는 상인이었다. 아버지는 인도 정부의 아편국에서 일했으니 그의 가문은 영제국에 종사한 오랜 역사를 가졌다고 할 수 있다. 인도에서 태어난 오웰은 어릴 적에 영국으로 보내져 장학생으로 이튼에서 공부했다. 그는 이튼을 떠난 후 인도 경찰에 투신하여 1922부터 5년 간 버마에서 복무했는데, 그때 제국주의의 면면을 파악한 오웰은 일생 제국주의와 전체주의에 저항하는 삶을 살았다. 대부분의 지식인들이 말로만 떠들던 것과 달리 오웰은 노동계급의 삶을 가까이서 체험해보는 것으로 사회주의자로서의 경력을 시작했다. 1936년에 발발한 스페인 내전에 자원한 오웰은 공화국군 가운데 제일 심한 탄압을 받고 가장 많은 사망자를 낸 트로츠키 계열 민병대에서 싸웠다. 거기서 오웰은 많은 것을 깨달았다. 그는 거기에서는 동지라는 단어가 "허튼소리가 아니라 진정한 동지애"를 상징했으며 그곳에서는 "어떤 특권도 아첨도 통하지 않았다"고 기억한다. 그때 자신이 그때까지 전혀 믿지 않았던 사회주의를 "마침내 진정으로 믿게 되었다"는

---

52 Ibid., 509.
53 Ibid., 270. 웰스는 학생 때 윌리엄 모리스(William Morris)가 행한 해머스미스 일요 강의에 참석했는데 거기서 쇼가 자주 강의했다.

것이다.[54]

    스페인 내전의 경험은 오웰로 하여금 스탈린 체제를 포함한 모든 전체주의를 혐오하게 만들었다. 스페인 공산당이 스탈린의 지시에 따라 오웰이 감동해 마지않던 무정부주의자들을 숙청했기 때문이다. 스페인에서 오웰은 나치가 저지른 극악무도한 범죄에 필적할 만한 불공정과 잔인함이 공산주의자들에 의해서도 행사될 수 있다는 사실을 알았다. 영국에 돌아온 오웰은 그 사실을 세상에 알리려 했지만 모든 좌파 언론이 거부함으로써 좌절했다. 영국의 좌파 지식인들은 자신들이 지지하는 '고상한 대의'를 위해 진실을 은폐하기에 바빴던 것이다. 오웰은 "소련의 신화를 몰락"시키는 일이야말로 "사회주의 운동의 부활을 위한 핵심적 과제"라고 믿게 되었다.[55]

    처칠과 오웰은 한 번도 만난 적이 없었다. 오웰은 1903년생으로 처칠보다 한 세대나 젊었으며 긴 무명 시기를 거쳐 『동물농장』과 『1984』로 주목받은 후 곧바로 사망했기 때문이다. 그러나 처칠은 오웰의 『1984』를 '놀라운 책'이라고 평하며 두 번이나 읽었다. 문학비평가 토머스 릭스(Thomas Ricks)는 두 사람이 한 번도 만난 적이 없지만 "먼 거리에서 서로를 존경했다"고 판단한다.[56] 오웰이 『1984』의 주인공을 '윈스턴 스미스'로 이름 지은 것에는 분명 어떤 의미가 있었을 것이다. 오웰은 처칠이 미처 하지 못했던 말들을 대신 해주는 듯, 쇼와 웰스에 대해 거침없는 비판을 쏟아부었다. 오웰은 쇼, 웰스, 시드니 웹 및 좌파독서회(Left Book Club) 등 영국의 대표적 좌파 지식인들을 공

---

54 폴 존슨, 윤철희 옮김, 『지식인의 두 얼굴』(을유문화사, 2020), 569쪽.
55 고세훈, 『조지 오웰』(한길사, 2012), 431쪽.
56 Thomas E. Ricks, *Churchill and Orwell: the Fight for Freedom*(Penguin, 2017), 2.

격의 대상으로 삼았고 그들이 '사회주의의 적'이며 노동계급의 실상과 존엄성 같은 것에 관심이 없는, '강남 좌파'식의 중간계급 사회주의자들이라고 비판했다. 오웰은 사회주의니 공산주의니 하는 단어들이 "과일 주스를 홀짝이는" 사람, 나체주의자(nudist), 평화주의자, 페미니스트 등을 모두 끌어들이고 있다며 조롱했는데, 여기서 과일 주스를 홀짝이는 채식주의자는 말할 것도 없이 쇼를 지칭한다. 오웰이 보기에 쇼는 대표적으로 위선적인 사회주의자인데, 그는 엘리트주의 페이비언인 쇼의 사회주의가 프롤레타리아의 권력화와 전혀 아무런 관련이 없다고 판단한다. 오웰이 사회주의에서 넌센스뿐 아니라 '넌센스를 조장하는 자들'을 제거해야 한다고 말했을 때 염두에 둔 것은 소련을 추종하던 중간계급 이데올로그들 혹은 '캐비어 볼셰비키'들이었다.[57]

한편 오웰의 「웰스, 히틀러, 그리고 세계국가(Wells, Hitler and the World State)」는 1941년에 발표되었다. 이 글에서 오웰은 1914년까지는 웰스가 "진정한 예언자"였다고 인정한다. 웰스가 없었다면 우리 모두의 정신 상태와 물리적 세계는 대단히 달랐으리라는 것이다. 그러나 처칠의 판단과 마찬가지로, 오웰에게도 세계국가를 위해 일하는 과학자들은 필요 없었다. 웰스에 따르면 역사는 '낭만적 인간'에 대해 '과학적 인간'이 거둔 일련의 승리이고 기계를 수용하는 정신은 자동적으로 자유롭고 평등한 인간 세계를 갈망한다. 그러나 오웰이 보기에 웰스는 구세계의 막강한 힘을 간파하지 못한 오류를 범했으며 민족주의, 종교적 완고함, 봉건적 충성의 강력한 힘을 이해하지

---

57   고세훈, 『조지 오웰』, 334~335쪽.

못했다.[58] 오웰이 판단할 때 히틀러의 독일은 영국보다 "훨씬 더 과학적"이고 "훨씬 더 야만적"이다. 웰스가 상상하고 목표로 했던 많은 것들이 나치 독일에 존재한다. 질서, 계획, 국가의 과학 증진, 강철, 비행기 모두 거기 있다. 문제는 그 모든 것이 "석기시대에나 적합한 생각"에 봉사하고 있다는 것이다. 무엇보다도 오웰은 히틀러에 대해 처칠이 웰스보다 훨씬 더 정확했음을 지적한다.[59]

오웰을 다른 좌파 지식인들로부터 구분해주는 확실한 요인은 그가 영국인들의 국민성과 영국사회의 특성을 제대로 인식하고 있었다는 사실이다. 오웰은 영국이 대륙과 다르다는 사실을 알고 있던 지식인이었다. 영국에서는 계급 간의 격차가 얼마나 크든 대륙에서와 같은 '계급적 증오'는 보이지 않는다는 것이 그의 진단이었다.[60] 그렇기에 오웰은 처칠과 같은 인물의 진정성을 제대로 파악할 수 있었다. 오웰은 좌파로서는 놀랍게도 처칠의 부상으로 기운을 얻었는데, 1940년 5월, 처칠이 수상이 되었을 때 오웰은 "수십 년 만에 처음으로 우리는 창의적인 정부를 가지게 되었다"고 만족해했다.[61] 물론 오웰이 처칠과 동일한 전망을 가졌던 것은 아니다. 그는 일생 사회주의자로, 더욱 정확하게는 '민주적 사회주의자'로 남아 있었다. 진정한 사회주의 운동은 혁명적이면서 민주적이어야 한다는 것이 오웰의 믿음이었다. 그는 사회주의가 자유를 축소시키는 게 아니라 확장할 것이라고

---

58 George Orwell, "Wells, Hitler and the World State". https://orwell.ru/library/reviews/wells/english/e_whws

59 Ibid.

60 John Newsinger, *Hope Lies in the Proles: George Orwell and the Left*(2018), 84. https://www.jstor.org/stable/j.ctt21kk1wk.8

61 Ricks, *Churchill and Orwell*, 93.

믿었고 제2차 세계대전이 발발하자 전쟁이 새로운 사회주의 운동을 일으켜서 부와 신분의 불평등을 일소한 새로운 사회를 만들 것을 원했다. 그러나 현실은 오웰의 기대를 저버렸다. 오웰 역시 사회주의가 내포하는 국가의 비대화와 개인의 말살을 간과하는 오류를 범했던 것이다.

사회주의자 오웰은 처칠을 우익 괴물로 보는 전형적인 좌익 의견에 동조하지 않았다. 동시에 처칠의 전략에도 비판을 가했는데 특히 영국 정부가 소련과 동맹관계를 맺는 것에 강하게 반대했다. 위에서 언급되었듯이 오웰은 스탈린을 사회주의 실현의 가장 큰 걸림돌로 경멸했기 때문이다. 1941년 6월에 독일이 러시아를 침공하고 처칠이 즉각적으로 스탈린을 동맹으로 인정하자 오웰은 "이 혐오스런 살인자가 이제 우리 편이 됐고 그에 따라 그의 만행이 갑자기 잊혀졌다"고 강력히 비판했다. 전쟁 초에는 처칠을 적극 지지하던 오웰은, 그러나, 싱가포르 점령과 아프리카 토브룩에서의 패배 등을 겪고 난 1942년쯤에는 회의를 품게 되었다. 1942년은 영국의 전쟁 수행이 지지부진하던 때였고 처칠은 영국의 무능함을 구현한 것처럼 보였다. 그는 "1915년의 허레이쇼 키치너(Horatio Kitchener)와 마찬가지로 처칠이 러시아에서 돌아올 때 폭격을 맞는다면 영국에 최선일 것"이라는 농을 하기도 했다.[62] 이처럼 오웰은 처칠에 대하여 칭찬도 하고 비난도 했다. 그러나 전체적으로, 그리고 특히 전후 처칠에 대한 오웰의 언급을 보면 처칠에 대한 주저하는 존경은 물론 애착심까지 보인

62 Robert Pilpel, "Churchill and Orwell", International Churchill Society, Finest Hour 142(May 13, 2013). https://winstonchurchill.org/publications/finest-hour-142/churchill-and-orwell/

다. 가장 핵심적 발언은 생애 말에 처칠의 『제2차 세계대전』의 제2권 『그들의 가장 멋진 순간(Their Finest Hour)』에 대한 서평에 나온다. 그 글은 오웰이 거의 생애 마지막에 쓴 글인데 여기서 그는 처칠이 "끊임없이 구체적 사실과 자기 자신의 동기도 포함해서 동기들을 분석하는 데 관심을 가진 탐구 정신"을 가지고 있다고 칭송했다. 아무리 처칠과 다른 생각을 한다 해도, 아무리 처칠과 보수당이 1945년 선거에서 졌다는 사실을 감사한다 해도 "우리는 처칠을 존경해야 한다"고 오웰은 주장한다.[63]

그러나 오웰은 1930년대 영국 지식인들 가운데 소수에 속했다. 다수는 오히려 쇼와 비슷했다. 당시 스탈린의 폭정에 눈을 감는 잘못을 저지른 것은 영국 지식인들만이 아니었다. 제1차 세계대전 후 모더니즘, 집산주의, 평화주의가 좌절한 엘리트들의 새로운 신으로 대두했다. 시드니 웹과 베아트리스 웹 부부는 스탈린이 독재자가 아니라며 "단지 30명의 최고위원들 가운데 한 명"이라고 주장했다. 웹 부부는 모스크바를 방문했을 때 마치 "정원사가 좋아하는 과수를 가꾸듯" 하는 스탈린의 "배려하는 태도"에 감명 받았다고 칭송했다.[64] 1930년대의 좌파 지식인들은 소련 체제가 히틀러의 독일과 매우 유사하다는 점을 좀처럼 인정하려 하지 않았다. 그들의 충성심은 조국이 아니라 소련을 향했고 그들 사이에서 스탈린의 지혜와 노선을 의심하는 일은 일종의 불경이었다. 소련에서 일어나는 사건들은 영국과 다른 기준, 곧 '내부자의 시선'에 따라 평가되어야 한다는 것이 대체적 논리

---

63 L. J. Hurst, "Churchill and the 'Remarkable' Book" https://orwellsociety.com/churchill-and-the-remarkable-book/; Ricks, *Churchill and Orwell*, 234.

64 Hollander, "Dictators and Intellectuals", 180.

였다. 평생 사형제도 폐지에 헌신해온 사람들도 소련에서 일어난 숙청과 끝없는 처형에는 박수를 보냈다. 인도의 기근은 보도되어도 우크라이나의 기근은 교묘히 숨겨졌다.

왜 1930년대 좌파 지식인들은 그처럼 스탈린과 소련에 대한 환상에 집착했나? 아마 그들 대부분은 어딘가에 진정으로 사회주의적인 국가가 실제로 존재한다고 믿고 싶었고 또 그로부터 위로를 얻고 싶었을 것이다. 그들이 스탈린의 폭정을 인정하지 않았던 것도 그것을 인정하는 순간 혁명의 신화에 대한 대중적 믿음이 깨질 것을 두려워했기 때문이었다.[65] 1933~1935년 《맨체스터 가디언》의 모스크바 특파원이던 맬컴 무거리지(Malcolm Muggeridge)는 소련에서 쇼와 그 일행이 "아무리 터무니없더라도 무조건 믿고, 아무리 악랄하더라도 무시하고, 아무리 애매하고 잔인하게 권위주의적이라도 인정하려고 결심하고, 보고 싶은 것만 보려 했다"고 고발한다. 그들은 이 세상에 존재한 "가장 철저하고 잔인하고 냉혈적인 독재정" 가운데 하나인 스탈린 체제가 그동안 인류가 "목숨 바쳐 추구해온 자유와 박애와 그 외 모든 자유주의적 대의"를 기릴 것이라는 기대를 유지하기 위해 그렇게 했다는 것이다.[66]

1930년대만이 아니라 그 후에도 지식인들은 자신들이 흠모하던 이념이나 체제의 극심한 야만성이 드러났을 때 흠모를 멈추지 않았다. 러셀이나 장 폴 사르트르(Jean Paul Sartre)의 행적이 대표적이다. 영국의 저명한 좌파 지식인인 에릭 홉스봄(Eric Hobsbawm)도 생애 말에 가

65 고세훈, 『조지 오웰』, 191, 427.

66 Churchill, *Great Contemporaries*, 53 주) 45.

진 대담에서 만약 1930년대 소련에서 저질러진 학살을 알았더라도 소련 체제를 지지했을 것인가라는 질문에 "새로운 세상이 태어날 때는 당연히 거대한 고통이 따르기 때문에 지지할 가치가 있을 것"이라고 대답했다.[67] 독재자의 어떤 속성이 지식인들을 그처럼 강력하게 끌어들이는지, 그리고 지식인들이 독재자 흠모와 정치적 자유와 표현의 자유에 대한 헌신 사이의 부조화를 어떻게 해결하려 했는지, 혹은 하고 있는지는 앞으로도 지속적인 관심과 연구를 필요로 하는 주제이다. 지식인들의 편향은 여전히 여러 사회에서 발견되고 있고 그들이 현실세계에서 행하는 역할이 중요할수록 그 점은 더욱 중요하게 파헤쳐져야 하기 때문이다.

---

67 Hollander, "Dictators and Intellectuals", 165.

7장
가장 멋진 순간: 1940년의 처칠

전쟁이 끝나고 2년여 후인 1947년 12월에 주치의 모랜 경의 아내 도로시가 처칠에게 물었다. "12개월을 다시 살 수 있다면 일생에서 어느 해를 택하시겠어요?" "당연히 1940년이죠."[1] 처칠에게 1940년은 그 어떤 시기와도 바꿀 수 없는 운명의 순간이었다. 대부분의 영국 국민에게도 마찬가지였다. 1940년을 경험한 영국인들은 그때 처칠이 한 일을 했을 사람은 아무도 없었을 것이라는 데 동의한다. 1945년 2월에 얄타에서 스탈린이 처칠에게 바친 건배사에서 "역사상 이 세상의 미래가 한 사람의 용기에 그토록 의지했던 때를 생각할 수 없다"고 말했을 때 그는 모든 사람이 옳다고 믿는 바를 말했다. "수상의 배짱 없이 영국은 히틀러에 맞설 수 없었을 것"이라고 스탈린은

---

1 Lord Moran, *Churchill, the Struggle for Survival* taken from the Diaries of Lord Moran(Boston: Houghton Mifflin, 1966), 348.

강조했다. 1940년 5월에 프랑스가 무릎을 꿇은 때부터 1941년 6월에 소련이 연합군에 가담하기 전 약 1년간은 영국의 생존이 걸린 절체절명의 순간, '삶과 죽음'의 순간이었다. 영국은 철저하게 혼자였다. 그런 시기에 처칠은 국민을 이끌고 '홀로' 맞섰다. 영국 국민은 홀로 맞서 살아남았고 나라와 문명을 지켰다. 그것이 얼마나 엄청난 도박이었는지, 얼마나 생존 가능성이 낮았는지, 처칠이 없었다면 어떤 결과를 맞았을지, "윈스턴이 없었다면 지금 우리가 어떻게 되어 있을지" 아무도 모른다는 것이 당대의, 그리고 후대의 평가다.

이른바 '가짜전쟁'이 끝나고 1940년 5월, 나치군이 프랑스를 전면적으로 공격한 지 닷새 후 파리로의 길이 뚫렸다. 파리는 9개월 사이에 나치에 굴복한 여섯 번째 수도가 되었다. 프랑스가 무너지고 난 후 모든 사람들은 영국이 항복하기를 기다렸다. 어떤 수치로 보더라도 독일이 우위였다. 히틀러는 전쟁이 6주면 끝날 것이라고 장담했다. 종전 후 열린 재판에서 프랑스 비시정부의 수반인 피에르 라발(Pierre Laval)은 "제대로 정신 박힌 사람이라면 누가 독일의 승리 외에 다른 것을 믿을 수 있었겠는가"라고 자신의 행동을 변명했다. 군사 사학자들은 1940년의 영국은 지상군 방어력이 거의 없었고 유럽의 거의 모든 대서양 연안 지역은 독일 잠수함의 파괴에 노출되어 있었다고 말한다.[2] 그럼에도 처칠은 혼자 싸울 것을 결심했고 그의 에너지와 용기가 국민들에게 어떤 적도 무너뜨릴 수 없는 '결의의 정신'을 불러일으켰다. 1940년에 처칠은 몇 가지 결단을 내렸다. 그중 하나는 프랑스까지 항복하고 난 후, 모든 사람들이 영국도 결국 무릎을 꿇을

---

2 Thomas E. Ricks, *Churchill and Orwell: the Fight for Freedom*(Penguin, 2017), 102–103.

것으로 예견하고 있을 때 감히 혼자 싸우기를 결심한 것이다. 또 하나는 지중해에 정박해 있던 프랑스 함대가 독일에 넘어가는 것을 막기 위해 그 함대를 격침시킨 것이다.

1940년의 처칠이 없었다면 오늘날의 세상은 완전히 다른 모습일 것이다. 그때 영국에게는 동맹국도 없었고 무기도 절대적으로 부족했다. 그러나 다행히도 영국에는 신념과 용기와 행동으로, 그리고 사람들의 혼을 감동시키는 연설로 무장한 윈스턴 처칠이라는 무기가 있었다. 처칠은 영국 역사상 가장 기억되는 명연설을 한 정치인으로 남아 있다. 패배의 순간에 그의 연설은 승리에 버금갔다. 1940년, 영국 혼자 싸우기로 한 처칠의 결단은 전쟁의 전체 과정에서 가장 결정적인 사건이었을 것이다. 일부 학자들과 정치평론가들은 영국이 혼자 싸우기로 한 결정은 역사적 실수라고 주장했다. 승리를 위해 국력을 쇠진하는 바람에 영국이 전후에 쇠퇴기에 접어들었다는 것이다. 그러나 처칠의 결단은 옳은 결단이었다. 훗날, 처칠은 1940년의 여름과 가을에 미국을 비롯해 "반쯤 장님 상태"였던 사람들이 어느 정도 준비를 갖출 때까지 영국 국민들이 어떻게 "홀로 요새를 지켰는지"에 대해 언급했다.[3] 그 요새는 영국을 넘어 서구 문명을 지켜낸 요새였다.

---

3 미첨, 『처칠과 루스벨트』, 105~106쪽.

우리는 지도자를 찾았다

히틀러에 대한 유화 분위기가 무르익고 처칠은 반대로 끊임없이 경고장을 날리고 있던 1935년 11월에 영국에서 총선이 실시되었다. 총선 직전에 베를린 주재 영국대사관의 무관이 처칠에게 메시지를 보냈다. "독일 사람들은 당신이 해군부 장관이나 국방부 장관이 될 것을 두려워하고 있습니다. 나는 제발 그렇게 되기를 바라지만요." 주독 영국대사도 히틀러 자신이 그런 걱정을 토로했다고 외무부에 보고했다. 총선 결과 보수당이 압도적으로 승리했고 처칠은 볼드윈 수상의 전화를 기다렸지만 헛된 기대였다. 볼드윈은 친구인 보수당 의원에게 쓴 편지에서 처칠에게 각료 자리를 주지 않은 이유를 설명했다. "만약 전쟁이 일어날 것이면 — 지금 누구도 그렇지 않다고 말할 수 없는 상황인데 — 나는 처칠이 전시에 수상이 될 수 있도록 남겨두어야 한다고 생각하네."[4] 처칠의 고립무원은 계속되었다. 뮌헨 협정으로 갑자기 체임벌린의 인기가 치솟자 처칠의 지역구인 에핑의 보수당원들은 처칠을 계속 의회 대표로 지지할 것인지를 놓고 투표를 했다. 다행히 100 대 44로 부결되었지만 만약 30표만 바뀌었어도 처칠은 물러나고 보궐선거를 치러야 했다.

그러나 뮌헨 협정 후에도 히틀러의 야욕이 수그러들지 않자 처칠은 대중의 눈에 점점 더 옳은 말을 하는 것으로 인식되었다. 정부에 속하지 않았다는 게 오히려 장점으로 인식되면서 처칠은 갑자기 활력 있고 신뢰받을 지도자로 부상했다. '불필요한 전쟁'을 피하겠다는

---

4 Martin Gilbert, *Churchill, A Life*(New York: Henry Holt, 1991), 547.

볼드윈과 체임벌린의 입장은 갈수록 명분을 잃었고 역사상 모든 전쟁은 '단순히 지연시킴으로서 회피'되었다는 처칠의 지적은 점점 더 주목받고 있었다. 1939년 5월에 있었던 여론조사에서는 국민의 56 퍼센트가 처칠의 입각을 원했고 26퍼센트가 반대했다. 히틀러는 처칠의 향배에 계속해서 큰 관심을 쏟았는데 뮌헨 협정이 맺어지고 난 1938년 11월에 두 차례의 연설에서 처칠의 이름을 부르며 공격했다. 베를린 주재 영국대사는 1939년 2월에 "체임벌린이 계속 수상직에 있고 처칠이나 이든의 정부가 들어서지 않으리라는 보장이 가능한 지"를 독일 공군부 장관 괴링(Herman Goering)이 질문해왔다면서 그 질문이 "독일이 지금 몰두하고 있는 문제"라고 보고했다.[5]

1939년 3월에 히틀러는 뮌헨 협정을 어기고 체코슬로바키아 전체를 점령해버렸다. 8월에 처칠은 "추수가 끝나기 전에 우리는 전쟁을 하고 있을 것"이라고 예언했다. 그런데도 체임벌린 수상은 8월부터 10월까지 의회를 휴회하기로 결정했는데 정부의 그런 위기의식 결핍이 처칠을 분노하게 했다. 결국 9월 1일에 히틀러가 폴란드에 대한 공격을 감행하고 전쟁이 시작되자 체임벌린도 어쩔 수 없이 처칠을 전시 내각에 포함시키지 않을 수 없었다. 그가 25년 전에 떠났던 해군부로 돌아오자 "윈스턴이 돌아왔다"는 정보가 전 세계 영국 해군 함대에 퍼져갔다. 전임자들과 달리 자료를 엄밀히 검토하고 세부 사항을 파고드는 처칠 장관의 습관은 휘하의 거대한 군사 관료 조직에 에너지를 불어넣었다. 니콜슨의 기록에 의하면 의회에서도 처칠의 말 한마디 한마디에 분위기가 고조되었다. 반면 체임벌린 수상이

---

5 Ibid., 610.

부적절하고 전혀 영감을 주지 못한다는 사실은 그의 가장 열렬한 추종자들에게도 명백했다. 처칠의 연설 후에 로비에 모인 체임벌린 추종자들마저 "이제 우리는 지도자를 찾았다"고 속삭였다. 체임벌린의 개인비서인 조크 콜빌(Jock Colville)은 처칠의 연설을 들은 후 "전쟁이 끝나기 전에 처칠은 수상이 될 것"이라고 예견했다. 고드프리(John Godfrey) 제독도 처칠이 "곧 수상이 될 것이고 처칠이야말로 히틀러가 두려워할 유일한 힘"일 것이라고 장담했다.⁶ 그러나 전쟁이 시작되고 난 후인 1939년 12월의 여론조사에서도 여전히 52퍼센트가 체임벌린을 선호하고 30퍼센트만이 처칠을 수상으로 선호했다. 물론 그때는 아직 전쟁이 본격화하지 않은, 이른바 가짜전쟁 시기였다. 흥미로운 사실은 노동당 지지자들의 다수가 처칠을 선호했다는 것인데, 결국 1940년 5월에 노동당이 체임벌린이 이끄는 거국 정부에 참여하기를 거부함으로써 처칠이 수상에 오를 기회가 생겼다. 체임벌린은 끝까지 버티려 했지만 5월 10일에 예기치 않은 사태가 벌어졌다. 새벽에 독일군이 네덜란드와 벨기에를 침공하면서 체임벌린 정부가 무너져버린 것이다. 후에 처칠이 수상이 된 것은 히틀러 덕분이라고 맥밀런이 농을 했을 때 처칠은 이의를 제기하지 않았다.

1940년 5월 10일, 처칠은 버킹엄궁에 불려가 국왕으로부터 정부를 구성하도록 위임받았다. 5월 13일에 있은 수상으로서의 첫 연설에서 처칠은 그 유명한 '피와 땀과 노고와 눈물'을 언급했다. "나는 피와 땀과 노고와 눈물밖에는 아무것도 줄 것이 없습니다. (……) 우리

6 Paul Addison, *The Road to 1945*(Quartet Books, 1977), 78~79; Gilbert, *Churchill, A Life*, 627.

의 목표는 승리, 어떤 대가를 치르더라도 승리하는 것입니다"라는 감동적인 웅변은 암담한 상황에 몰린 국민에게 큰 자극이 되었다. 그러나 그의 웅변과 달리 현실은 극도로 암담했다. 수상으로 임명받은 후 버킹엄궁에서 돌아오면서 처칠은 보디가드에게 "너무 늦지 않았기를 바라네. 헌데 너무 늦었다는 생각에 두렵네"라고 심정을 토로했다. 처칠은 그날 밤 새벽 3시에 잠자리에 들었다. 그는 자신이 마치 "운명과 함께 걷는" 것처럼 느꼈으며 과거의 삶이 전부 "이 시간을 위한 준비"였음을 느꼈다. 그는 자신이 실패하지 않을 것이라고 확신하면서 깊은 잠에 빠져들었다고 회고했다.[7] 그러나 다음 날 군중이 그에게 환호하자 "불쌍한 사람들. 저들은 나를 믿지만 나는 한동안 재앙 밖에는 줄 게 없다"고 다시금 솔직한 심정을 토로했다. 당시에는 처칠이 그저 임시 지도자일 가능성이 있었다. 어떤 보수당 의원은 처칠이 5개월을 버티지 못할 거라고 예측했다. 그러나 체임벌린과 처칠 두 사람의 개인비서를 역임한 콜빌은 처칠의 수상 부임 한 달 후인 6월 13일자 일기에 처칠이 나라와 정부 조직에 불어넣은 활력에 대해 기록하고 있다. 체임벌린의 정부 부서들은 전쟁 시나 평화 시나 똑같은 속도로 일했지만 처칠 취임 후 며칠 사이에 위기 의식이 생겨났고 점잖은 관리들이 복도를 달리는 모습이 관측되었다. 1940년에 정부에서 일한 사람들은 거의 전부 처칠이 가한 이러한 에너지의 극적인 주입에 영향을 받았다.[8]

---

7 Winston Churchill, *Memoirs of the Second World War*(New York: Bonanza, 1978), 227.

8 Ricks, *Churchill and Orwell*, 90–91, 94; Ian S. Wood, *Churchill* (New York: St. Martin's Press, 2000), 16.

성냥이 필요 없는 무기

처칠이 수상이 된 1940년 5월, 독일군은 네덜란드와 벨기에를 집어삼킨 후 다음 대상으로 프랑스를 삼키려는 상황이었다. 독일군은 판터 탱크를 앞세워 공세를 펼쳐 전선의 북쪽에 있던 프랑스군과 영국군을 남쪽에 있던 프랑스 주력 부대로부터 분리시키는 데 성공한 후 고사 작전에 들어갔다. 영국이 프랑스에 10개 사단을 보내놓은 상황에서 처칠과 참모총장들은 추가 병력을 보내는 문제를 놓고 격론을 벌였고 처칠은 루스벨트에게 다급하게 전갈을 보냈지만 별다른 응답이 없었다. 프랑스는 패배했고 군대는 후퇴했으며 프랑스 정부는 휴전 지지파와 반대파로 분열되어 있었다.

독일이 파리에 입성한 날 처칠은 영국과 프랑스를 하나의 국가로 통합할 것을 제안했다. 그는 이제 두 국민이 아니라 국방, 외교, 재정, 경제 기구들을 갖춘 단 하나의 국민, 단 하나의 전쟁 내각, 단 하나의 의회를 만들어야 한다고 선언했다. 그는 프랑스 시민들에게 즉각적으로 영국 시민권을 부여할 것을 제안했는데 마찬가지로 영국 시민에게도 즉각 프랑스 시민권을 부여한다는 구상이었다. 처칠이 이 계획의 실현성을 믿은 것 같지는 않다. 아마 이 계획은 프랑스 정부 내 휴전 반대자들로 하여금 떨치고 일어나게 하고 며칠이라도 시간을 벌어 프랑스 정부가 북아프리카로 이동하게 하여 휴전협정을 맺지 않게 하려는 생각이었을 것이다.[9] 그러나 일부 프랑스 사람들은 영국이 자기들 식민지를 뺏으려는 의도라고 반발했고 결국 처칠의

---

9 장–바티스트 뒤로젤, 이규현·이용재 옮김, 『유럽의 탄생』(지식의풍경, 2003), 344쪽.

제스처는 무위로 끝났다. 레노(Paul Reynaud)가 사임하고 페텡(Henri Philippe Petain) 정부가 들어섰으며, 5월 20일에 독일군은 영국해협에 도달했다. 다음날 독일 해군 참모총장 뢰더(Erich Raeder)가 히틀러에게 해협을 건너 영국을 침공할 것을 심각하게 고려하고 있는지 물었다. 히틀러는 그런 건 생각지도 않았다는 식의 반응을 보이면서 처칠이 패배를 인정하고 평화 협상에 응할 것을 예견하고 있다고 답했다. 다른 장군들도 히틀러로부터 비슷한 메시지를 받았다. "영국이 해상 제국을 가지고 우리는 유럽을 차지하는 식으로 영국과 세계를 분할한다는 것에 영국과 의견 일치를 볼 것"으로 히틀러는 예상하고 있었다.[10]

결국 처칠의 결정이 핵심이었다. 처칠은 프랑스 정부에게 항복하지 말라고 설득하기 위해 6월 11일에 급히 프랑스로 날아갔다. 그사이 프랑스 정부는 파리에서 투르로 옮겨가 있었다. 투르 공항에 내렸을 때 아무도 없었고 그곳에는 혼란뿐이었다. 투르 지방청사로 갔는데 거기에도 아무도 없었다. 우여곡절 끝에 페텡을 만난 처칠은 그에게 제1차 세계대전 때 클레망소(Georges Clemenceau)가 자기에게 한 말을 전해주었다. "나는 파리 앞에서, 파리에서, 파리 뒤에서 싸울 것이오."[11] 그러나 소용이 없었다. 프랑스의 몰락은 분명했다. 처칠은 제2차 세계대전 회고록에서 프랑스 지도자들이 어떻게 분열되고 방향 감각을 잃고 의기소침해져서 나라를 주저앉혔는지를 장황하게 설명하고 있다. 한 국가의 힘은 궁극적으로 결집력과 목표 의식에 달려

---

10 Simon Berthon and Joanna Potts, *Warlords*(Cambridge Mass. : Da Capo Press, 2006), 15.
11 Churchill, *Memoirs of the Second World War*, 298-299.

있는데, 프랑스 정치인들과 장군들은 싸우려는 의지가 없었다. 이미 처칠은 5월 18일에 루스벨트에게 편지를 보내 프랑스에서의 전투가 어떻게 될 지에 상관없이 "우리는 끝까지 갈 것"이라고 선언해 두었다.[12]

여전히 처칠 내각은 불안했다. 처칠은 긴급한 결정을 위해 5명의 전시 내각을 따로 구성했는데 거기에는 수상 본인과 체임벌린 전 수상과 핼리팩스 외무부 장관, 그리고 노동당의 애틀리와 그린우드(Arthur Greenwood)가 속했다. 만약 유화주의자들이 사퇴하면 처칠 정부는 무너질 수밖에 없었다. 유화주의자들은 지속적으로 평화협상을 요구했다. 핼리팩스는 프랑스가 아직 전쟁을 하고 있을 때 영국의 협상 위치가 더 강하다면서 히틀러가 영국의 통일과 독립을 보장한다면 제국을 부분적으로 희생하더라도 협상에 임하자고 주장했고, 체임벌린이 그를 지지했다. 반면에 처칠은 싸움을 계속해야 한다는 주장이었고 두 사람의 갈등은 심해졌다. 전쟁의 전망에 대해 처칠과 유화주의자들의 생각은 완전히 달랐다. 핼리팩스와 외무부 관리들은 당장 독일과의 공군전이 끼칠 막대한 피해에 경악했지만, 처칠은 반대로 전투를 해보기도 전에 항복한다는 것은 생각도 할 수 없다는 입장이었다. 처칠은 독일 경제가 분기점에 도달했으며 내부 붕괴가 올지 모른다는 것과 미국이 곧 참전할지 모른다는 희망을 내세우며 핼리팩스를 견제하려 했다. 반면 핼리팩스와 체임벌린은 미국을 의혹의 눈으로 보면서 미국에 아무것도 기대하지 않는 것이 최선이라고 반박했다. 핼리팩스는 처칠이 계속 감정적으로 행동한다면 "더

---

12 John Charmley, *Churchill: the End of Glory*(New York: Harcourt Brace, 1993), 401.

이상 윈스턴과 일할 수 없다"며 외무부 장관직을 사임하겠다고 위협했다.[13] 궁극적으로 핼리팩스는 히틀러를 잘못 판단했음이 드러났다. 핼리팩스는 1930년대에 인도 부왕으로 재임할 때 간디와 협상을 벌인 적이 있는데 그 경험을 바탕으로 히틀러를 간디와 비슷한 인간으로 파악했다는 판단의 오류를 범했다. 간디와 히틀러의 차이는 분명했다. 간디는 본질적으로 평화주의자인 데 반해 히틀러는 독일 국민의 시민권과 언론의 자유를 금지하고 정당을 해체하는 등의 만행을 저질렀다. 그러나 핼리팩스는 그 차이를 깨닫지 못했던 것이다.

주영 미국대사 조지프 케네디(Joseph Kennedy)도 유화주의자들에게 힘을 보탰다. 독일군의 전격전이 시작되어 프랑스가 거의 항복할 상태가 된 1940년 5월 27일자 전문에서 케네디는 "오직 기적만이 영국 원정군을 전멸로부터 구할 수 있는 상황"이라면서 독일은 지금이라도 프랑스 및 영국과 강화를 추진할 의사가 있는 것 같으니 독일이 원하는 조건으로라도 강화를 맺는 것이 "이 전쟁을 계속하는 것보다는 훨씬 더 나을 것"이라고 본국에 보고했다. 그가 판단하기로 최대 장애물은 처칠이었다.[14] 이러한 유화주의자들의 도전에 직면한 처칠은 5월 28일, 전체 각료회의에서 "이 섬나라의 오랜 역사가 결국 끝난다 해도 우리 모두가 쓰러져 우리 피에 우리 목이 잠길 때, 그때 끝나도록 합시다"라고 선언했다. 결국 동료들의 박수를 받으며 처칠은 그의 권위에 대한 첫 번째 도전을 무사히 넘겼고 핼리팩스는 정부에 남기로 했다. 처칠은 독일만이 아니라 영국 엘리트들의 패배주의와

---

13 Ibid., 249-250.
14 미첨, 『처칠과 루스벨트』, 115쪽; Ricks, *Churchill and Orwell*, 121.

도 싸워야 했던 것이다.

앞서 언급되었듯 일부 학자들과 정치평론가들은 1940년에 영국이 혼자 싸우기로 한 결정은 실수였다고 주장해왔다. 코렐리 바넷(Correlli Barnett)와 존 참리(John Charmley) 등은 처칠이 1940년 여름에 승리를 위해 국력을 쇠진하는 바람에 영국이 전후에 쇠퇴기에 접어들었고 미국에 종속되는 위치로 전락했다고 말한다.[15] 그러나 이들의 주장은 불합리한 추측에 근거하고 있다. 즉 나치 독일이 막강한 힘과 야심을 가지고 지배하는 유럽에서 영국이 자유롭고 독립적인 국가로 남을 수 있게 허락했을 것이라는 추측인데, 이 추측은 나치와 히틀러를 조금이라도 아는 사람이라면 절대 수긍할 수 없는 것이다. 어떤 대가를 치르더라도 끝까지 나치와 싸워야 한다는 처칠의 생각은 옳았다. 전쟁은 국력을 소진시켰지만 영국은 자유로운 문명국가로 지속될 수 있었던 것이다. 처칠은 히틀러를 "사악한 인간"이며 "영혼을 망가뜨리는 증오의 창고이면서 전형"이라고 파악했다. 그는 히틀러가 단지 또 한 명의 권위주의적 지배자가 아니라는 사실을 알고 있었던 것이다.

게다가 싸우겠다는 거국 정부의 결정은 처칠만이 아니라 노동당에 의해서도 지지되었다. '근대 내각회의 역사에서 가장 중요했던 두 시간'으로 불리는 회의에서 애틀리와 그린우드도 처칠을 지지했다. 한편 내각 내의 갈등을 전혀 모르고 있던 국민들은 처칠의 사기 진작 활동 때문에 전쟁에서 물러난다는 생각은 하지도 않았다. 독일군

---

15 Correlli Barnett, *The Collapse of British Power*(Phoenix Mill, Gloucestershire : Alan Sutton, 1993), 588 ; Charmley, *Churchill: the End of Glory*, 412.

의 상륙에 대비해 5월말~6월에 결성된 지역 방위 자원대에 150만 명이 가담할 정도로 국민의 애국심이 고조되고 있었다. 그럼에도 1940년 여름, 처칠은 속으로는 영국의 전망에 낙담하고 있었다. 6월 12일, 처칠은 어느 순간 군사 고문 헤이스팅스 이즈메이(Hastings Ismay)에게 몸을 돌리고 말했다. "우리 혼자 싸우는 것 같군." 이즈메이가 잘됐다고, 영국은 혼자 싸워도 이길 것이라고 대답하자 처칠은 잠시 그를 쳐다보고 말했다. "자네와 나는 3개월 후에는 죽어 있을 것이네."[16] 말은 하지 않았지만 어디를 가든 그의 머릿속에는 월별 전함 침몰 수가 맴돌고 있었다. 어느 날 주치의 모랜 경이 지도실(Map Room)에 불쑥 들어가니 처칠이 커다란 지도 앞에서 독일 잠수함을 표시하는 수많은 검은 점들을 뚫어지게 보고 있었다. 그는 "끔찍해"라고 중얼거리며 고개를 떨구고 모랜을 보지도 못한 채 지나쳤다.[17] 처칠은 철저히 혼자였고 그 누구도 그가 감당해야 할 압박감을 덜어주지 못했다. 그렇기에 웨이블(Archibald Wavell) 장군은 영국군이 겨우 승기를 잡기 시작한 알라메인 전투(1942년 10월)까지의 매우 어려운 시기에 그 모든 "나쁜 소식과 어려움과 차질과 재앙"을 견디어낸 처칠에 경의를 표했던 것이다.[18]

전쟁을 계속하는 것으로 입장을 정리한 처칠은 곧바로 됭케르크 철수 작전을 지휘해야 했다. 프랑스 됭케르크 항구에 포위된 채 남겨

---

16 David Reynolds, "Churchill in 1940: the Worst and Finest Hour" in *Churchill, A Major New Assessment* edited by Robert Blake & Wm. Roger Louis(New York: Oxford University Press, 2002), 249.

17 Lord Moran, *Churchill: the Struggle for Survival*, 35.

18 Tony Benn et al., "Churchill Remembered", *Transactions of the Royal Historical Society*, 6th series vol. 11(2001), 402.

진 35만 명의 영국과 프랑스 병력을 철수시키는 일이었다. 5월 28부터 6월 4일 사이에 전개된 이 소개 작전으로 개인 요트, 유람선을 포함하여 온갖 종류의 선박 887척이 총동원되어 병사들 대부분을 무사히 영국 본토로 철수시킬 수 있었다. 어떤 배들은 포화 속에서의 구출작전에 일곱 번이나 부름에 응했다. 병사들은 하늘에는 독일 전투기가 날아다니는 동안 거의 목까지 차오르는 물속에서 몇 시간이고 기다려야 했다. 날씨도 궂었는데 그 덕분에 독일 루프트바페의 공격력이 많이 감소한 것이 그나마 다행이었다. 됭케르크 작전에서 영국 공군의 활약은 기대 이상이었다. 그들은 소개 작전에서 나흘 동안 29대의 비행기를 잃으면서 적 비행기 179대를 격추시켰는데 곧이어 다가올 '브리튼 전투(Battle of Britain)'에서 영국 공군의 본격적인 활약을 예견케 했다. 브리튼 전투는 영국이 아무 동맹국 없이 혼자 싸운 1년간의 전투를 말한다.

됭케르크 철수 작전은 실은 패배 후의 후퇴였지만 오히려 '도덕적 승리'로 포장되면서 영국인들의 사기를 크게 진작시켰고 영국인들의 기억의 터전에 확고히 자리 잡은 '제국의 가장 위대한 시간'이 시작되었다. 온갖 반대를 무릅쓰고 고집스레 그 과정을 지휘한 것은 처칠이었다. 이 성공이 너무나 인상적이었기 때문에 오늘날에도 히틀러가 영국과의 평화의 길을 폐쇄하지 않으려고 일부러 됭케르크에서 총공격을 보류했다는 해석까지 나오고 있다. 됭케르크에서 히틀러가 멈춘 이유는 여러 가지가 거론된다. 판처 탱크들을 수리할 시간이 필요하다고 생각했을 수도 있고, 영국이 명예롭게 받아들일 만한 조건으로 평화협정을 맺으려는 의도도 있을 수 있으며, 또 다른 가능성으로는 됭케르크에서의 최후의 일격을 정치적으로 자신에게 가장 충성을

바치는 루프트바페에게 남겨주려는 의도였다고 해석할 수도 있다.[19]

됭케르크 철수 후 모든 사람들이 감격에 젖어 있을 때 처칠은 이 구조 작전을 승리로 해석해서는 안 된다고 못 박았다. "전쟁은 철수로 이기는 것이 아닙니다. 우리는 방어전쟁으로 만족해서는 안 됩니다."[20] 2년여 후 1942년 11월, 영국과 미국 연합군이 북아프리카 엘 알라메인 전투에서 승리했을 때도 처칠은 환호하는 국민들에게 다음과 같이 말했다. "이것은 끝이 아닙니다. 끝의 시작조차 아닙니다. 겨우 시작의 끝일 것입니다." 됭케르크 철수 당시의 상황은 실로 대단히 어려웠다. 그때 히틀러가 얼마나 승리에 가까웠는지를 이해하는 사람들은 거의 없었다. 만약 히틀러가 1940년 6월이나 7월에 소규모의 독일 육군을 영국에 보냈더라면 그는 아마도 전쟁에 승리했을 것이라는 추측이 군사학자들로부터 나오기도 했다.[21] 영국군은 너무나 많은 장비를 프랑스에 버려두고 탈출했기 때문에 1940년 여름에는 3 사단만이 제대로 무장을 갖추고 있었다. 그리고 유럽 대륙이 전부 히틀러에게 굴복한 상황에서 전비도 제대로 갖추지 못한 영국이 혼자서 전쟁을 수행해야 하는 브리튼 전투의 시기가 시작되었다.

히틀러는 처칠이 등장하기 전까지만 해도 영국이 싸우기에는 너무 약하다고 믿었는데 영국의 지도급 인사들도 그렇게 생각했다. 어느 정치인의 증언대로 처칠은 혼자서 버티어냈고 거의 혼자 싸웠다.

19 Ricks, *Churchill and Orwell*, 95.

20 *Winston S. Churchill: His Complete Speeches* vol. VI, edited by Robert Rhodes James(Chelsea House Publishers, 1974), 6228-6229.

21 John Lukacs, *Churchill: Visionary. Statesman. Historian*(New Haven: Yale University Press, 2002), 2.

프랑스는 패배했고 미국은 아직 참전하지 않았으며 영국에게는 아무 동맹국도 없었고 무기도 절대적으로 모자랐다. 그러나 하느님이 도우셔서 영국은 "이 성냥이 필요 없는 무기"를 가지고 있었다. 즉 처칠은 신념과 용기가 말과 행동이라는 무기를 가지고 적에게 강력히 도전했다. 영국인들은 처칠이 그들 모두에게 감명을 주어 최상의 노력을 바치도록 만들었다고 기억한다. "우리의 생존이 그의 덕분이라는 사실을 영원히 잊지 말자." 물론 처칠의 지도력만이 영국을 구한 것은 아니다. 영국 공군의 위력이 1940년 여름의 브리튼 전투에서 발휘되었고 국민들의 애국심과 저항의식은 큰 힘이었다. 영국의 완강한 저항을 뚫지 못한 히틀러는 10월 중순에 이르러 침략 계획을 취소했지만 겨울을 지나 1941년 5월까지 야간 폭격을 계속했다. 이제 공습은 침략을 위한 것이 아니라 생산을 저해하고 민간인의 사기를 꺾기 위한 것이었다. 큰 무리를 지어 내습하는 독일 폭격기에 맞서 싸운 소수의 허리케인(Hurricane) 전투기와 스핏파이어(Spitfire) 전투기의 용맹은 가히 영웅적이었다. 당시 영국 공군의 실상은 제대로 밝혀졌다면 충격적이었을 것이다. 1940년 5월 마지막 열흘 동안 250대의 현대식 전투기를 잃고 총 500대만이 남아 있었던 것이다. 이처럼 됭케르크 철수로부터 브리튼 전투로 이어지는 1940년 여름의 전투는 국가적 위기 속에서 최후의 일선을 사수한 것에 불과했지만, 그것을 통해 이루어진 영국인들의 정신적 고양은 그 후의 전쟁의 전개와 영국의 운명에 결정적인 영향을 미치게 되었다.

고통스러운 단호함

됭케르크 철수가 진행되는 동안 프랑스군은 계속 후퇴하고 있었
다. 처칠이 자신의 최측근이며 프랑스 통인 스피어스(Edward Spears)
장군에게 프랑스군의 전의와 능률에 대해 물었을 때 그의 답은 "완전
히 암울함"이었다. 처칠은 일생 처음으로 "철저히 혼자서 엄청난 짐
을 지고 있다"는 것이 무엇을 의미하는지, "겟세마네 동산에서의 예
수의 고뇌"를 이해했다. 스피어스는 처음으로, 그리고 유일하게 처칠
의 입에서 "절망에 비슷한 단어가 새어 나오는 것을 들었다"고 증언
했다.[22] 프랑스 측에서는 드골 외에는 싸우려는 의지가 없었다. 6월
22일, 프랑스가 결국 독일에 항복했다는 비보가 전해졌다. 독일에게
프랑스 북부를 넘기고 비시정부가 나머지 남쪽과 식민지를 통치하
는 조건이었다. 당장 전 세계에 산재해 있는 프랑스 함대 문제가 대
두했다.

당시 프랑스 함대는 유럽에서 두 번째, 세계에서는 네 번째 큰 규
모였는데 톤으로 따져서 프랑스 함대의 40퍼센트는 마르세유 근처인
툴롱에, 약 40퍼센트는 북아프리카에, 그리고 20퍼센트는 영국, 알렉
산드리아, 프랑스령 서인도 제도에 주둔해 있었다. 그중에서 가장 중
요한 전함들은 북아프리카 해안에 집결해 있었는데 이 배들은 전투
에 동원되지 않았기 때문에 손상되지 않은 상태였다. 독일과 프랑스
의 휴전협정은 함대를 비시정부 손에 남겼고 모든 프랑스 전함을 모
항으로 복귀시켜 무장을 해제하도록 하는 조건으로 귀결되었다. 한편

---

[22] Charmley, *Churchill: the End of Glory*, 413.

처칠은 독일에 항복하는 경우에도 함대는 절대 넘겨주지 않겠다는 약속을 사전에 미리 프랑스 정부로부터 받아놓은 상태였다. 6월 11일 프랑스가 항복하려 한다는 소식에 급하게 프랑스로 날아간 처칠은 페탱과 긴급 회담을 끝내고 해군 참모총장 다를랑(François Darlan)을 불렀다. 그는 "결코 그들이 프랑스 함대를 가지도록 해서는 안 되오"라고 다짐했고 다를랑은 엄숙하게 결코 그러지 않겠다고 약속했다.[23] 프랑스가 이처럼 그들 자신의 해군 선박들을 통제할 수 있다는 조건으로 휴전협정을 맺은 것에는 비시정부의 자체 계산이 있었는데, 프랑스 함대가 영국에 합류할 것이라는 위협이 나치에 대한 일정한 견제 역할을 할 것이라는 기대가 그것이었다.

그러나 처칠은 프랑스 정부를 믿지 못했다. 만약 처칠이 생각한 대로 독일이 프랑스 전함을 활용할 수 있게 된다면 영국 해군은 국가의 생존이 걸린 해상 주도권을 잃을지도 몰랐다. 그는 주요 함대가 영국 항구로 이동할 때까지 어떤 문서에도 서명하지 말도록 프랑스 정부를 설득하려 했다. 문제는 독일 – 프랑스 휴전협정대로 함대를 모항으로 복귀시켜 무장 해제하는 데에는 시간이 걸렸고 독일이 그 전에 전함을 뺏을 가능성도 얼마든지 있다는 사실이었다. 프랑스 함대가 독일 측에 넘어가는 순간 영국 침공이라는 사태가 벌어질 것은 명약관화였다. 나폴레옹 이후 어느 누구도 영국을 침략한다는 생각을 해본 적이 없었는데 이제 히틀러가 그런 야망을 품었고 그것은 충분히 가능해 보였다. 독일군은 영국으로부터 30킬로미터밖에 떨어지지 않은 곳까지 와 있었고 영국의 운명은 풍전등화와 같았다. 처칠은 그런

---

23 Churchill, *Memoirs of the Second World War,* 302.

독일군의 공습으로 파괴된 코번트리 대성당을 걷고 있는 처칠, 1941년.

[좌] 브리튼 전투 당시 영국 항공관측병.
[우] 스핏파이어 비행대대.

로마의 고대 원형경기장에서 3,000여 명의 영국군, 미군 앞에서 연설한 처칠, 1943년.

1945년 5월 8일, 독일과의 전쟁 승리 선언을 방송한 후 화이트홀에서 군중에게 손을 흔드는 처칠.

위험을 감수하지 않기로 결심했다. 처칠의 의심을 가중시킨 것은 비시정부가 포로가 된 독일 조종사들을 독일에 넘긴 것이었다. 당시 프랑스 내에는 영국 공군에 의해 격추된 400명 이상의 독일 조종사 포로들이 있었는데 원래 프랑스 정부는 그들을 영국에 넘기기로 했지만 비시정부가 독일로 돌려보냈던 것이다. 처칠은 그 조종사들이 영국을 폭격하는 데 투입될 것을 알면서도 그렇게 한 비시정부에 깊은 불신을 품게 되었고 이제 조국을 구하기 위해 모든 걸 다 해야 하는 상황이 되었다고 판단했다.[24] 그는 독일에게 전함을 뺏기지 않도록 조치를 취하라고 비시정부에 압박을 가했는데 비시정부는 독일이 전함을 뺏는 일은 결코 일어나지 않을 것이며 최악의 경우 뺏더라도 쓸모가 없을 것이라고 답했다. 그러나 여러 차례 프랑스 전선을 시찰하고 페탱과 그의 각료들, 그리고 패배주의에 빠진 병사들의 나약함을 직접 목격한 처칠은 그들을 믿을 수 없었다.

처칠은 동부와 서부 지중해를 담당하고 있던 영국 함대의 제독들에게 알렉산드리아 항과 오랑의 항구 도시인 메르스 엘 케비르에 있는 프랑스 함대를 압박하라고 명령했다. 영국 정부가 프랑스 함대에 제시한 조건은 다음과 같았다. 첫째, 영국 해군과 함께 항해하면서 독일군과 이탈리아군에 대항해서 싸우는 것, 둘째, 영국령이나 프랑스령 서인도제도로 함대를 이동시키는 것, 마지막으로 스스로 배를 가라앉히는 것이었다. 영국 정부는 이 "공정한 제안들"이 거부된다면 "매우 유감스럽게도 여섯 시간 내에 당신들 함정을 침몰시켜야 한다"고 경고하면서 어떤 힘을 쓰더라도 프랑스 함정이 독일이나 이탈리

---

24 Churchill, *His Complete Speeches* vol. VI, 6242.

아 손으로 떨어지는 것을 막을 것이라는 점을 확실히 통고했다.[25] 알렉산드리아에 정박해 있던 프랑스 함정의 경우에는 피를 흘리지 않고 협상에 성공했지만 메르스 엘 케비르에 있는 전함들이 문제였다. 그곳에는 프랑스 함대에서 가장 뛰어난 전함인 '됭케르크'와 '스트라스부르'가 있었다. 영국 해군 지도부는 프랑스 해군이 영국의 최후통첩을 거절하더라도 공격해서는 안 된다고 반대했다. 군사 공격이 실패로 돌아가 영국의 손실을 야기할 수도 있고, 공격 후에 프랑스가 보복할 수도 있으며, 최악의 경우 영국이 프랑스와 해군전에 돌입할 수도 있다는 것이었다. 당시 상황으로는 프랑스 식민지들이 비시 정부에 충성할지 드골의 자유프랑스에 충성할지도 판단하기 어려웠다.[26] 그러나 7월 2일 전시 내각회의는 만약 다른 대안이 없다면 영국 해군은 프랑스 전함을 공격하고 파괴해야 한다고 결정했다.

7월 3일 오전 7시에 3척의 전함, 항공모함, 2척의 순양함, 그리고 11척의 구축함을 거느린 영국 작전군이 메르스 엘 케비르 항구에 도착해 항구를 봉쇄한 후 강술(Marcel Gensoul) 제독에게 최후통첩을 전달했다. 그것은 앞서 언급되었듯이 프랑스 함정이 영국이나 서인도 제도로 항해하거나 스스로 가라앉히라는 것이었다. 영국 해군과 함께 대 나치 전에 참전하라는 것은 도저히 프랑스 함대가 받아들이기 어려우리라는 점을 영국 측은 알고 있었다. 특명을 받은 홀랜드(Lancelot Holland) 함장은 프랑스에 파견 근무를 했기에 강술과 친근한 사이였지만 강술은 홀랜드와 만나기를 거부했다. 그때부터 오후

25 Ibid., 6244-6246.
26 Thomas Parker, "When Churchill Bombed France", *The National Interest* No. 145(September/October 2016), 78.

5시 54분에 실제로 포격이 시작될 때까지 긴박함과 긴장 속에서 영국과 프랑스 측의 밀고 당김이 시작되었다. 오후 12시 30분에 프랑스 측으로부터 아무런 반응을 얻지 못한 영국 측 최고 지휘관이 메르스 엘 케비르 항에 어뢰 설치를 명령했다. 2시 5분, 영국이 프랑스 해군의 메시지를 가로챘는데 그 메시지는 모든 지중해 전함에게 메르스 엘 케비르로 가서 그곳 함대를 지키라는 명령이었다. 2시 19분에 영국 측이 해군 시그널로 강술에게 공격이 3시에 개시될 것이라고 알렸다. 드디어 2시 30분에 강술은 만나자는 시그널을 보냈는데 그것은 물론 프랑스 함대가 메르스 엘 케비르에 집결할 때까지 시간을 벌기 위한 것이었다.

4시 15분에 됭케르크 호에서 홀랜드를 만난 강술은 다를랑의 6월 27일자 전보를 보여주었다. 그 내용은 만약 독일 측이 차지하려 하면 함정들을 가라앉히라는 명령이었다. 그러나 영국 측은 이때 다른 프랑스 함대가 메르스 엘 케비르로 다가오고 있음을 알았고 다를랑의 명령을 믿을 근거가 없다고 판단했다. 영국 측은 강술에게 5시 30분까지 최후통첩에 대한 답이 없으면 공격을 개시할 것이라고 통첩했다. 드디어 5시 54분에 영국 함대의 공격이 시작되었고, 20분 동안의 아수라장 후에 영국은 프랑스의 휴전 요청을 받아들였다. 이미 1,297명의 병사들이 죽고 난 후였다. 다를랑은 즉각 프랑스 함대에게 영국 해군 함정들을 가능한 한 모든 곳에서 공격하라고 명령했지만 페탱과 외무장관이 그 명령을 취소시켰다. 사흘 후인 7월 6일에 영국 공군은 병사들이 소개한 상태로 비어 있던 됭케르크 호를 폭격하여 그 배와 2척의 전함 및 수상기모함(seaplane carrier)을 손상시켰다. 스트라스부르 호는 5척의 구축함과 함께 툴롱으로 도주했는데, 영국 측은 그들을 열심히 쫓지 않았다. 같은 날, 영국이 영국 항구에 있는 프랑스 함정들을 압수했을 때 그 과정도 평화롭게 진행되지는 않았다.[27]

프랑스 함대 격침 후 하루가 채 지나기도 전인 7월 4일에 처칠은 의회에 나가 그에 대한 보고를 했다. 의회는 기립박수로 처칠을 영웅으로 반겼다. "그때까지 내렸던 가장 비인간적이고 고통스런 결정"을 보고하면서 처칠은 눈물을 흘렸다. 프랑스 함대 격침은 프랑스에서 격한 반응을 일으켰고 종전 후에도 프랑스인들의 반감을 유발했다. 처칠은 의회에서 "나는 우리 행동에 대한 판단을 의회와 국가와 이 세상과 역사에 맡깁니다"라고 선언했다.[28] 처칠은 수상이 된 후 처음으로 보수당의 환호를 받는 뜻밖의 부수적 소득을 거두었고 나아가 의회 전체의 지지를 확보할 수 있었다.

과연 프랑스 함대 격침이 옳은 결정이었는지에 대해서는 논쟁의 여지가 있을 수 있다. 이 논쟁의 밑바닥에는 전쟁과 전략을 떠나 명예와 신뢰라는 근본 문제가 있었다. 다를랑을 위시한 프랑스 제독들은 영국이 자신들을 불신하는 이유를 알지 못했고, 반면 영국은 비시 정부에 소속된 그들을 믿어야 하는 이유를 찾지 못했다. 런던에서 프랑스 망명정부를 이끌고 있던 드골은 후에 다를랑이 결코 함대를 독일에 넘기지 않겠다고 했을 때 그는 진지했다고 확인해 주었다. 함대는 다를랑의 "봉신"인데 봉건 주군이 봉신인 함대를 투항시킬 수는 없다는 논리였다.[29] 그러나 처칠은 결코 항복하지 않겠다고 큰소리치다가 불과 하룻밤 사이에 페탱의 뜻을 따라 독일군에 항복한 다를랑

27 Ibid., 80−81.
28 Churchill, *His Complete Speeches* vol. VI, 6244−6246.
29 Parker, "When Churchill Bombed France", 77.

을 좋게 볼 수 없었다. 돌이켜보면 영국이 하루만 더 기다렸다면 합의를 이끌어냈을지도 모른다. 그러나 그처럼 긴박한 순간에 하루는 처칠이 기다리기에는 너무 긴 시간이었고, 그는 국가 생존이 걸린 위험 확률을 줄이는 모험을 감수할 수밖에 없었던 것이다. 히틀러는 영국의 프랑스 함대 공격을 미친 짓이라고 맹비난하며 프랑스가 자체 함대를 유지하도록 허락했다.

여러 정황으로 보아 다를랑은 아마 1940년 6월에 처칠에게 한 약속, 즉 프랑스 함대를 독일에 넘기지 않겠다고 한 약속에 충실했을 것으로 보인다. 그의 나중 행동이 그 사실을 짐작하게 해준다. 프랑스 함대 격침이 있고 2년여 후인 1942년 11월에 연합군이 북아프리카의 모로코를 침공한 것에 대한 대응으로 히틀러가 툴롱에 있는 프랑스 함대를 장악하려 했을 때 다를랑은 그곳에 있던 대서양 해군 기지를 파괴하는 결단을 내렸던 것이다. 기지가 파괴되고 며칠 후에 다를랑은 처칠에게 편지를 써서 다음과 같이 항의했다. "수상께서 내게 결코 함대를 투항하지 마라고 했을 때 나는 그런 일은 없을 거라고 대답했습니다. 수상께서는 아마 내 말을 믿지 못했던 것 같습니다. [이번] 툴롱에 있는 함대의 파괴는 내가 옳았다는 것을 증명했습니다."[30] 그 점에서 프랑스 함대 격침은 실수였다고 할 수 있다. 그러나 당시 처칠의 결정은 이해할 만한 것이었다. 여러 정황이 처칠로 하여금 비시정부를 불신하게 만들었던 것이다. 1941년 12월 진주만 사건 후에 루스벨트를 만나기 위해 워싱턴에 간 처칠은 며칠 간 짬을 내어

---

[30] Parker, "When Churchill Bombed France", 82. 다를랑은 얼마 후에 반페탱 파에게 암살되었다.

캐나다를 방문했다. 그곳에서의 연설에서 처칠은 비시정부와의 일화를 소개하며 강한 비판을 가했다. 프랑스가 항복하기 전 자신이 그들에게 프랑스가 어떻게 하건 영국은 끝까지 싸울 것이라고 했는데, 그 말을 듣고도 베이강(Maxime Weygand) 장군은 "3주면 영국은 마치 닭처럼 목이 비틀려 있을 겁니다"라고 프랑스 내각에게 보고했다는 것이다. 처칠은 "목이 비틀린 닭이라니? 우리 목이?"라고 목청을 높이며 프랑스 엘리트의 패배주의를 비난했다.[31]

프랑스 함대 격침 사건은 영국 국민들을 다시 한 번 결집하게 만들었다. 조지 오웰도 독일의 맹렬한 반응을 보고 나서 처칠이 얼마나 옳았는지 깨달았다.[32] 다행스럽게도 이 사건을 계기로 루스벨트는 처칠과 영국의 의지를 재평가하게 되었다. 그때까지만 해도 루스벨트는 영국도 얼마 버티지 못하고 항복할 것이며 어차피 침몰하는 나라에 도움을 줄 필요가 없다고 생각하고 있었다. 루스벨트의 친구이자 고문인 해리 홉킨스(Harry Hopkins)에 의하면 루스벨트는 프랑스 함대 격침 사건으로 처칠의 의지를 알게 되었다고 한다. 이 사건은 영국에 구축함을 제공하기로 한 루스벨트의 결정(1940년 9월)에 영향을 주었을 것이고, 유고슬라비아와 그리스가 독일과 터키에 저항하도록 확신을 주었을 것이며, 스페인이 중립으로 남는 데 영향을 미쳤을 것이 분명하다. 미국 여론도 점차 고립주의로부터 벗어나게 되어 궁극적으로 무기 대여법에 의해 영국을 지원하게 된다. 처칠은 이 작전이 독일은 물론이고 서방세계의 여론에 미칠 충격에 대해 예견한 바가

---

31 Lord Moran, *Churchill: the Struggle for Survival*, 20.

32 Ricks, *Churchill and Orwell*, 104.

있었는데 그의 생각은 옳았다. 즉 미국은 단호함에 깊은 인상을 받는 경향이 있는데 만약 "우리가 오랑에서 그 단호함을 보인다면 미국도 반응할 것"이라는 처칠의 예견이 확인되었던 것이다.[33]

브리튼 전투

됭케르크 철수와 프랑스 함대 격침이라는 막중한 사건을 겪고 난 처칠은 곧이어 8월부터 대규모 공중전과 런던 공습이라는 심각한 사태를 맞게 된다. 전쟁이 끝나고 난 직후, 처칠은 지난 전쟁에서 가장 결정적인 두 가지가 브리튼 전투와 독일 잠수함 공격이었다고 말했다. 모든 게 거의 끝나고 있던 상황이었다는 것이다. 1940년 여름은 영국이 하시라도 침공될 수 있던 삶과 죽음의 순간이었으며 식량 공급은 거의 바닥이 나 있었다.[34] 영국이 그만큼 위태로운 처지에 놓인 때는 제1차 세계대전 중 독일 잠수함 공격으로 몇 주 동안 식량 공급이 끊겼던 1917년 봄이 유일했다. 그나마 그때는 독일군의 영국 본토 침략의 가능성은 없었다.

1940년 여름에 시작된 브리튼 전투는 공중전이었다. 당시 독일 공군부 장관 겸 루프트바페 총사령관직을 맡은 사람은 히틀러의 최측근인 괴링이었다. 독일 공군은 영국에 비해 3배 이상의 막강한 전력을 자랑하고 있었지만 영국 공군기들은 일당백의 용맹으로 적기에

---

33 Parker, "When Churchill Bombed France", 79.
34 Moran, *Churchill, the Struggle for Survival*, 280, 320.

대항했다. 영국은 수적으로 열세인 군대를 이끌고 전 해안선을 지켜야 했던 반면, 독일은 어느 곳에 공격을 집중할 것인지 그 지역을 임의로 선택할 수 있었다. 이처럼 영국은 여러 면에서 불리했다. 다행히 영국의 전투기 스핏파이어와 허리케인은 독일의 루프트바페보다 속도가 빨랐다. 반면, 독일 폭격기는 느렸지만 작전 실행 능력은 더 뛰어났다. 8월 13일, 최초의 공중전에서 영국 공군은 전투기 13대를 잃고 대신 45대의 독일 비행기를 파괴했다. 8월 16~18일에 독일 공군은 다시 심각한 타격을 입었는데 영국이 95대를 잃는 동안 그들은 236대를 잃었던 것이다. 영국 공군은 비행기가 파괴되어도 조종사는 잃지 않는다는 이점을 누렸고 항공기 생산도 급속히 진행되고 있었다.[35]

공중전이 뜻대로 전개되지 않자 히틀러는 영국 공군의 지상 기지만이 아니라 런던을 폭격하라는 명령을 내렸고 9월 7일에 독일 폭격기의 런던 공습이 시작되었다. 히틀러는 이 작전을 '멸종(Extermination)'이라 이름 붙였고 300대의 폭격기와 600대의 전투기를 동원해 총공세를 감행했다. 9월부터 다음 해 5월까지 200일 동안 공습이 계속되는 동안 런던 시민들이 보여준 용기와 희생은 길이 역사에 남을 만했다. 6만 명의 시민들이 희생되었고, 런던의 주택 7채 가운데 2채가 파괴되었으며, 1941년 5월 10일에는 의회 건물마저 폭격을 맞았다. 의회 건물이 폭격을 맞았을 때 그의 생의 3분의 2를 보낸 곳의 처참한 모습을 보면서 처칠의 감회는 남달랐다. 하지만 군수 생

---

[35] 버나드 몽고메리, 승영조 옮김, 『전쟁의 역사(*The History of Warfare*)』(책세상, 2004), 852쪽.

산력은 크게 훼손되지 않았고 국민의 사기도 초기에만 흔들렸을 뿐이었다. 1941년 봄이 되면 영국 본토 침공은 더 이상 실질적인 위협이 아니게 되었다.

브리튼 전투에서 핵심은 물론 공군력이었지만 그 외 레이더, 라디오, 전화 등을 결합한 대단히 효과적인 영국의 초기 경고 시스템이 큰 공을 세웠다. 그 경고 시스템 덕분에 공군은 정보를 모으고 대기 중인 군단에 빠르게 전달하고 그 군단들이 전투에 임하게 만들 수 있었다. 이 세 단계 정보 접근은 다음과 같은 절차로 진행되었다. 우선 적군이 습격할 때 보고하는 시스템을 개발한 것인데 적기가 영국에 접근하고 있을 때 방공 감시단이 레이더를 사용해 그들의 위치를 찾아내었다. 그렇게 모은 모든 정보는 필터 룸에 보고되고 다시 작전 룸으로 보내져 거기서 공습의 규모와 모습이 그려졌다. 그 그림은 이미 3~4분 전의 모습이었지만 전투기가 반격을 위해 출발할 때 정말 필요한 곳으로 출격하기에는 충분했다.[36] 영국 공군 방어 시스템은 인간이 작동시키는 컴퓨터와 마찬가지였다. 그것은 놀랄만한 실시간 정보처리 시스템이었고 영국 공군력의 자원을 유지시키는 데 훌륭하게 작동했다. 이것이 1940년을 지나면서 영국 공군이 더욱 강해질 수 있었던 이유 중 하나였다.

독일이 브리튼 전투에서 실패한 이유 가운데 하나는 그들이 공격적인 공중전을 치르기에 부족했다는 사실이었다. 독일의 군사적 명성과 달리 루프트바페는 놀랄 만큼 비전문적이었다. 영국으로 날아와서 눈에 띄는 대로 어떤 전투기에 대해서도 총격을 가하는 것 이상

36 Ricks, *Churchill and Orwell*, 117-118.

이 아니었다. 루프트바페를 지휘한 괴링은 제1차 세계대전 때 비행사였을 뿐 전문가가 아니었다. 괴링 밑에서 독일 공군은 정치화했는데 히틀러는 자신이 "보수적 육군, 반동적 해군, 그리고 나치 공군"을 가지고 있다고 말하곤 했다.[37] 독일은 또한 잘못된 정보를 믿었고 자기들의 공을 과대평가했다. 1940년 8월 중순에 그들은 영국이 단지 300대의 전투기만 가지고 있다고 판단했지만 실지로 영국은 1,438대를 가지고 있었으며 격추율은 영국이 항상 우세했다. 무엇보다도 거의 모든 공중전이 영국에서 벌어졌기 때문에 영국군 비행사들은 하루에도 몇 번이나 출격할 수 있고 4분이면 탄약을 재장전할 수 있었지만 독일군은 그렇지 못했다. 국민들도 폭격에 적응하고 있었다. 1940년 9월 중순에 실시한 조사에 의하면 런던 시민들의 31퍼센트가 전날 밤 잠을 자지 못했다고 했지만 10월 중순에는 5퍼센트만이, 11월 중순에는 아무도 잠을 못 잤다고 하지 않았다.[38] 무엇보다도 그야말로 일당백으로 독일 공군에 대항한 영웅적인 전투기 비행사들의 공이 컸다. 처칠은 "역사상 이렇게 많은 사람들이 이렇게 소수의 사람들에게 이렇게 많은 것을 빚진 적이 없었다"는 감동적인 수사로 그들을 예찬했다.

37 Ibid., 118.
38 Ibid., 119.

영어를 동원하여 전투에 내보냈다

미국 언론인 머로우(Edward Murrow)는 처칠의 연설을 두고 "영어를 동원하여 전투에 내보냈다"고 표현했다. 나치의 영국 침략이 어느 순간에라도 가능해 보일 때, 그리고 영국의 승리는 거의 생각도 못 할 때 처칠의 연설은 그 자체 최고 수준이었다. 그리고 때로는 그가 의회에서 그리고 라디오를 통해 행한 연설이야말로 영국이 가지고 있던 유일한 무기였다. 모든 면에서 독일에게 절대적으로 열세일 때 처칠은 그의 연설로 영국 국민과 히틀러에 대항하는 전 세계인들에게 절망을 이겨낼 힘을 부여해주었다. 처칠은 심혈을 기울여 연설문을 직접 작성했다. 저서를 쓸 때는 도움을 준 스태프가 있었지만 연설문은 그가 혼자 작성했던 것이다. 1953년에 처칠에게 노벨문학상을 수여하면서 노벨문학상 위원회는 "고귀한 인간 가치를 방어하는 데 뛰어난 웅변술을 사용"한 공을 치하했다.[39] 처칠은 문학적 탁월함을 일생 목표로 삼았고 "시인과 정치인들은 공통분모를 가지고 있다"고 말하곤 했다. 둘 다 "일이 놀이"라는 점에서 그렇다는 것이었다.[40]

나라의 운명이 풍전등화와 같던 1940년 5월 19일, 수상에 취임한 직후 행한 연설에서 처칠은 나라가 처한 어려움을 솔직히 지적하면서도 국민들에게 결집하여 함께 나아가면 승리할 수 있다는 메시지

---

39 Lori Maguire, "'We Shall Fight': A Rhetorical Analysis of Churchill's Famous Speech", *Rhetoric and Public Affairs* vol. 17 no. 2(Summer 2014), 256.

40 Manfred Weidhorn, "Churchill and the British Literary Intelligentsia: Skirmishes with Shaw and His Contemporaries on the Frontier of Politics and Literature", *Shaw* vol. 8(1988), 117.

를 전했다. 처칠은 국민들에게 전쟁 상황에 대해 자세히 설명하고 나서, 자신은 전쟁에서 승리할 것이라는 사실에 대해 추호도 의심하지 않지만 그 승리는 오직 피와 희생이 있어야 가능하다는 사실에 대해서도 의심의 여지가 없다고 분명히 말했다.

나는 피와 땀과 눈물과 노고 밖에는 줄 수 있는 게 아무것도 없습니다. 우리 앞에는 길고 긴 투쟁과 고통의 날들이 기다리고 있습니다. 우리 정책이 무엇인지 여러분은 묻습니다. 전쟁을 하는 것, 바다에서 땅에서 하늘에서 신이 우리에게 주신 모든 힘을 다해서 가공할 독재에 대항해 전쟁을 하는 것, 결코 어둡고 통탄할 인류의 죄악이라는 카탈로그에 굴복하지 않는 것입니다. 그것이 우리의 정책입니다. 우리 목표가 무엇인지 여러분은 묻습니다. 한 마디로 답하겠습니다. 승리라고. 어떤 대가를 치르더라도 승리하는 것. 아무리 그 길이 험하고 어렵다라도 승리하는 것. 승리 없이는 생존도 없기 때문입니다. (······) 여러분께 말하겠습니다. '자 우리의 통일된 힘으로 다 함께 나아갑시다.'[41]

그의 수상 취임 연설은 국민들을 감동시키고 결의를 다지는 시간이 되었고 유화주의자들은 조금씩 힘을 잃고 있었다. 됭케르크 철수가 마무리된 6월 4일, 처칠은 의회에서 30분 넘게 자세한 상황 보고를 했는데 연설이 끝났을 때 처칠도 울고 몇몇 의원들도 울고 있었다. 그는 우선 허리케인, 스핏파이어, 디파이언트(Defiant)의 조종사들에 바치는 감동적인 헌정사로 시작했다. 처칠은 그들의 희생을 오

41　Churchill, *His Complete Speeches* vol. VI, 6218-6220.

히려 다른 사람들은 가질 수 없는 영광스런 기회를 가진 행운아로 미화했다. "이 세상의 모든 전쟁의 역사에서 젊은이들이 그런 기회를 가진 적이 없었다"는 것이다. 처칠은 과거 영국 역사의 영웅들인 원탁의 기사들, 십자군 전사들은 모두 과거의 일일 뿐이지만 "매일 아침 조국을 지키고 우리가 소중히 여기는 모든 것을 지키기 위해 나서는 이 젊은이들"은 현실이라며 그들에게 감사와 찬사를 보냈다. 그들과 함께 "조국을 위해 그들의 생명과 모든 것을 바칠 준비가 되어 있는 모든 용감한 사람들" 역시 감사를 받아 마땅하다는 점을 강조한 후 처칠은 연설의 마지막 부분에서 그의 모든 연설 가운데 가장 많이 회자되는 명문장을 말한다.

우리는 끝까지 갈 것입니다. 우리는 프랑스에서 싸울 것이고 바다에서 대양에서 싸울 것입니다. (……) 우리는 우리 섬을 방어할 것입니다. 어떤 대가를 치르더라도. 우리는 해변에서 싸울 것이고 활주로에서 싸울 것이고 들판에서 싸울 것이고 거리에서 싸울 것이고 언덕에서 싸울 것입니다. 우리는 결코 항복하지 않을 것입니다. 그리고 비록 나는 한순간도 믿지 않지만, 만약에 이 섬나라가 혹은 이 섬의 많은 부분이 종속되어 죽어간다 하더라도 바다 건너 우리 제국이 (……) 투쟁을 계속할 것입니다. 새로운 세계가 그들의 힘과 세력을 가지고 뛰어들어 오래된 세계를 구원하고 해방시켜줄 때까지.[42]

처칠의 이 연설은 참으로 많은 것을 함유하고 있다. 처칠은 상황의

---

[42] Churchill, *Memoirs of the Second World War*, 284-285.

명암을 균형 있게 전달해야 했다. 즉 됭케르크 철수의 성공이라는 긍정적 면을 강조해야 하지만 동시에 성공을 너무 강조하면 국민들이 자만에 빠지게 된다는 위험이 있었다. 반면 위험을 너무 강조하면 당장 독일과 협상을 하자는 사람들에게 힘을 실어주게 될 것이었다. 처칠은 이 연설에서 이처럼 예민한 균형을 훌륭히 해냈다는 평가를 받는다.[43] 특히 연설 말미에 이것이 세계 전쟁의 시작이지 유럽 전쟁의 끝이 아니라는 사실을 강조함으로써 결국 미국도 전쟁을 피할 수 없다는 강력한 메시지를 미국에게 보내는 동시에 프랑스가 어떻게 하건 영국은 끝까지 싸울 것이라는 메시지를 독일과 미국에 보냈다. 처칠의 연설을 들은 의원들은 감동의 눈물을 흘렸다. 처칠 자신도 울었다. 니콜슨은 "내가 이제껏 들은 것 중 최고의 연설이다. 의회는 매우 감동받았다"고 그날 일기에 적었다. 그것은 처칠의 예상보다도 훨씬 더 큰 대단한 성과를 거둔 연설이었고 이 연설은 이후 영국인들, 나아가 영어 사용권 세계에서 거의 신화적 지위를 차지했다.

처칠이 유행시킨 '가장 멋진 순간(Their Finest Hour)'이라는 문구는 6월 18일, 이탈리아가 독일 추축국 편에 참전하고 나서 영국이 결국 프랑스와 같은 운명에 처할 것이라는 우려 속에서 행한 연설에서 나왔다. 그의 연설은 원래 의회에서 행해졌는데 네 시간 후에 방송으로 공개되었다. 그때 수백만 명이 처칠의 연설을 들었다. 처칠은 한 시간 넘게 전황을 자세히 설명했는데 이제 프랑스가 굴복하고 이탈리아가 참전한 상황에서 고립무원의 영국이 혼자 감당해야 하는 브리튼 전투가 시작되려는 시점에 국민들에게 그 막중한 의미를 일깨우

---

43   Maguire, "We Shall Fight", 256-257.

고자 한 연설이었다. 처칠은 이번에도 모든 공격으로부터 조국을 지키는 영국 공군 병력을 찬양하는 것으로 시작했다. 그는 그들 앞에 놓여있는 시련을 "과소평가할 생각"이 없지만 "많은 것이 우리 국민들에게 달려 있다"는 점을 강조했다. 처칠은 모든 남성과 여성이 "그들 인종의 최고의 자질"을 보여주고 "그들의 소명에 최고의 봉사를 할 기회"를 가질 것이라며 영국 국민의 소명의식을 일깨웠으며, 나아가 "완전히 자유로운 결정을 할 수 있는데도" 모국을 위해 헌신하는 영연방 나라들에게 찬사를 바쳤다.

이제 곧 브리튼 전투가 시작될 것입니다. 이 전투에 기독교 문명의 생존이 달려 있습니다. 이 전투에 우리 영국인들의 생명이 달렸고 우리 제도와 우리 제국의 오랜 연속성이 달려 있습니다. 히틀러는 우리나라를 붕괴시키지 않으면 전쟁에서 패할 거라는 사실을 알고 있습니다. 우리가 막아내면 유럽 전체가 자유로울 것입니다. 그리고 이 세상의 모든 생명체는 더 넓고 더 밝은 곳을 향해 나아갈 것입니다. 그러나 만약 우리가 쓰러진다면 미국을 포함한 전 세계가, 그리고 이제껏 우리가 알아왔고 소중히 여겨왔던 모든 것이 새로운 암흑시대의 심연으로 빠질 것입니다. 그 암흑시대는 왜곡된 과학의 도움을 받아 더욱 사악하고 더 오래 지속될 것입니다. 그러니 우리의 의무를 받아들이고, 마음을 단단히 먹고, 영연방과 제국이 일천년 동안 지속된다 해도 사람들이 '그때야말로 가장 멋진 시간'이었다고 말할 수 있도록 우리의 의무를 다합시다.[44]

44 Churchill, *His Complete Speeches* vol. VI, 6238; *the Speeches of Winston Churchill* edited by David Cannadine(Penguin, 1990), 177–178.

노동당 정치인으로 후에 당수가 된 로이 젠킨스(Roy Jenkins)는 이 연설의 중요성을 링컨의 게티스버그 연설에 비유한다.[45] 이 연설을 들은 오웰은 "수십 년 만에 처음으로 우리는 창의적인 정부를 가지게 되었다"며 처칠의 떠오르는 기상을 고마워했다. 의회도 깊이 감동받았다. 노동당 의원인 조사이아 웨지우드(Josiah Wedgwood)는 처칠의 연설이 "1,000개의 총과 1,000년 동안의 연설들을 합쳐놓은 것만큼의 가치"가 있다고 탄복했다. 나중에 방송을 통해 처칠의 연설을 들은 소설가 비타 색크빌-웨스트(Vita Sackvill-West)는 "아나운서가 읽었음에도 불구하고 그 연설은 내 등골에 전율을 일으켰다"고 남편 니콜슨에게 말했다.[46]

영국인들의 기억의 터전에 확고히 자리 잡고 있는 '가장 멋진 시간'은 그렇게 시작되었다. 방공호에서 라디오로 처칠의 연설을 듣고 있던 국민들은 '가장 멋진 순간'을 함께하며 애국심과 자부심을 불태웠다. 역사상 영국 국민이 그처럼 단결되었던 적은 아마 없었을 것이다. 처칠의 연설을 듣는 일은 엄청난 신자들이 모이는 종교행사와 같았다. 성인 인구의 64퍼센트가 1940년 7월에 그의 연설을 들었다. 1941년에는 청취율이 70퍼센트를 넘기도 했다. 처칠의 연설은 세계 무대에서 그 어떤 나라도 오르지 못했던 인류의 가치를 지키는 위치에 영국을 올려놓음으로써 국민들에게 자부심과 자신감을 불어넣었다. 처칠은 나치에 대항해 혼자 싸우는 영국이 "전 세계를 위해 정의를 지키는 유일한 나라"가 되었음을 강조하면서 "인류를 덮친 히틀러

---

45 Ricks, *Churchill and Orwell*, 103.
46 Gilbert, *Churchill, A Life*, 656; Charmley, *Churchill: the End of Glory*, 412.

의 저주"가 사라질 때까지 싸울 것을 분명히 했다.[47]

처칠의 연설은 빛과 어둠의 강렬한 대조를 담고 있었다. 그는 위험을 감추거나 과소평가하지 않았다. 그는 전쟁이 어떻게 진행될지, 얼마나 오래 계속될지 예측할 수 없음을 인정했다. "죽음과 슬픔이 우리의 여정을 따라다닐 것이고, 고난은 우리의 옷이 될 것이며, 끈기와 용기는 우리의 방패가 될 것입니다." 그럼에도 그는 궁극적 승리를 확신했고 자신의 비전을 다른 사람들도 믿도록 강력히 요구했다. 아무도 전쟁에서 패한다는 사실을 믿기 싫어했다. 그리고 처칠은 그들에게 패배한 게 아니라는 확신을 주었다. 처칠은 영국 역사를 거론하며 그들의 조국이 비록 초기 전투에서 패한다 해도 '항상 궁극적으로는 이겼다'는 역사적 사실을 상기시켰다. 노동당 정치인이며 괴팍한 좌파 지식인으로 유명했던 라스키조차 1940년에 처칠이 한 일을 다음과 같이 칭송했다.

프랑스가 무너지고 난 후 모든 사람들은 영국이 항복하기를 기다렸다. 어떤 수치로 보더라도 독일이 우위였다. 그러나 처칠의 에너지와 용기가 국민 가운데 어떤 적도 무너뜨릴 수 없는 "결의의 정신"을 불러일으켰다. 그는 이 나라에 통합의 마음, 항복하느니 차라리 죽겠다는 결심을 불러일으켰다.[48]

처칠의 연설은 영국 국민들에게 오랜 동족 의식을 불러일으켰다.

47 베스트, 『절대 포기하지 않겠다』, 267쪽.

48 Harold Laski, "Winston Churchill in War and Peace"(November 30 1942), 1–3. https://www.thenation.com/article/archive/winston-churchill-war-and-peace/

그가 구사한 '오랜 역사를 가진 섬나라,' '마을의 공터와 교회'와 같은 수사는 영국의 오랜 역사에 대한 자긍심을 불러일으켰다. 처칠의 연설을 라디오에서 들으면서 어떤 시민은 공습에 대항해 해변에서 싸우자는 처칠의 연설을 들었을 때 "갑자기 더 이상 공포감이 들지 않았는데 그것은 대단히 놀라웠다"고 회상했다.[49] 됭케르크로부터 간신히 돌아온 한 젊은 병사도 그때의 감동을 다음과 같이 회상한다.

우리 부대는 됭케르크로 가는 길에 나치 군에게 큰 타격을 입었다. 살아남은 자는 장비고 뭐고 모두 내동댕이치고 작은 배에 매달렸다. 도버 항에 도착한 후에도 모두 공포로 망연자실해 있었다. 그때 처칠의 목소리가 라디오에서 흘러나왔다. '우리는 결코 항복하지 않을 것입니다.' 그 소리를 들었을 때 내 뺨에는 눈물이 떨어졌다. (……) 독일 전차에 맞서야 한다. 그리고 우리는 반드시 승리한다.[50]

처칠은 일종의 운명을 믿었고 나름의 확고한 역사관을 가지고 있었는데 그것은 기울어지는 나라를 위대한 인물이 나타나 구해주는 식의 영웅 중심의 역사관이었다. 1940년에 처칠은 스스로를 그런 위인으로 보았고 다른 사람들로 하여금 그 비전을 공유하게 만들었다. 그것이 그의 승리였다. 그는 불굴의 의지와 영감을 주는 연설로 그 사실을 국민들과 공유하는 데 성공했던 것이다.

49 Ricks, *Churchill and Orwell*, 100.
50 나카니시 테루마사, 서재봉 옮김, 『대영제국 쇠망사(大英帝國衰亡史)』(까치, 2000), 228~229쪽.

8장
문명화의 사명: 인도 지배와 독립

　말년의 처칠은 그의 경력에서 가장 중요했던 이슈가 무엇이었는가라는 질문에 '영제국과 인도'라고 대답했다. 그만큼 인도는 처칠에게 중요했고 집착의 대상이었다. 1930년대 세상이 경제 위기에 움츠러들었을 때 처칠은 "우리가 안고 있는 문제들 가운데 가장 심각한 문제는 인도"라고 단언하면서 자신이 공적 삶에서 다른 어떤 문제보다 이 문제에 가장 많은 주의를 기울여왔다고 말했다.[1] 수백만 실업자가 처하고 있던 경제 위기가 아니라 인도가 문제라는 것이었다. 처칠은 1930년대에 히틀러와 독일 재무장 문제에 열정을 보였지만 그 문제 못지않게 그를 사로잡은 것이 인도의 자치 문제였다. 역설적인 사실은 그처럼 집착한 대상에 대해 그가 거의 알려고 하지 않았다는 것이다. 인도는 처칠이 청년 장교 시절 첫 주둔지였는데 고국에 돌아온

1　Arthur Herman, *Gandhi and Churchill*(New York: Bantam Books, 2009), 348.

후 그는 그곳에 다시 발을 딛지 않았다. 그럼에도 처칠은 1931년에 인도 정책 때문에 보수당 지도자인 볼드윈과 싸우고 그림자내각에서 사퇴하여 정치적으로 소외되는 것도 감당할 만큼 인도에 집착했다. 1930년대에 처칠의 정치 경력이 나락에 떨어졌을 때 상당 부분 그 원인은 인도에 대한 그의 고집 때문이었다. 인도에 관한 한 처칠에게는 양보가 없었다. 처칠에게 인도는 영제국의 명예와 위신의 문제였다.

처칠은 인종주의자가 아니었다. 그러나 19세기에 태어나고 자란 그는 사회적 다윈주의의 영향을 받았고 인종의 사다리를 믿었으며 영국인의 인종적 우월함을 확신했다. 19세기와 20세기 전반기의 유럽인들은 서구 문명에 대한 자부심과 확신을 가지고 있었다. 자유주의자들도 사회주의자들도 그 점에서 마찬가지였고 처칠도 예외가 아니었다. 무엇보다 처칠은 '문명화 사명'을 믿었다. 그는 힌두 전통과 카스트 제도를 혐오하고 불가촉천민에 대해 깊은 동정을 느꼈으며 힌두 전통이 여성을 다루는 방식에 대해서도 분노했다. 나아가 처칠은 인도인들이 아직 '민족'이 아니라 단지 지리적 표현에 불과할 뿐이라고 믿었다. 인도인들은 종교, 카스트, 언어에서 심각하게 분열되어 있고 민족적 정서도 부족하며 영국 부르주아 사회의 시민 사회적 미덕을 결하고 있기 때문에 정치적 자치를 행할 능력이 부족하다고 판단했던 것이다. 특히 정부의 통치가 가능하려면 시민적, 종교적 자유를 수호해주는 법의 규제 및 문명의 규범이 존재해야 하는데 이점에서 인도는 아직 자치에 적합하지 않다는 생각이었다. 그는 영국이 떠나는 순간 인도는 곧바로 야만과 중세시대의 약탈 상태로 전락할 것이라고 확신했다.

젊은 시절 첫 번째 정부 요직인 식민부 차관이 되었을 때(1906) 식민지 종속민들의 상황을 개선하는 일에 열중했던 처칠은 인도에 자치정부를 허용하려는 시도에는 일관되게 반대했다. 식민부 차관일 때 간디와 처음 만났던 처칠은 간디를 위험한 선동가로 보았으며 영국 정부가 그 위험한 위선자를 오히려 유명하게 만들어주었다고 비판했다. 인도의 자치는 아직 때가 아니라는 처칠에 주장에 대해 간디는 인도를 '그 자신의 운명에 맡기라'고 반박했다. 인도에 자치정부를 세우려는 노력이 느리게 진행되고 결국 실패한 것에는 처칠의 책임이 일정 부분 있었다. 그러나 궁극적으로 '제국의 해체를 위해 국왕의 재상이 되지 않았다'고 저항한 처칠조차 대세를 거스르지는 못했고, 전후 인도는 영제국의 자치령이 아니라 독립국으로 새로운 출발을 했다.

인도에는 주인이 있어야 한다

인도는 러시아를 제외한 유럽과 같은 크기로 적어도 200개 이상의 지방어를 사용하는 복잡한 인종 구성을 가진 거대한 덩어리였다. 영국 통치 중에 인구가 증가하여 영국의 통치가 끝날 때인 1947년경에는 4억 인구에 평균 수명은 42세로 늘었다. 1921년 기준으로 인도에 있는 영국인의 수는 15만 7,000명이 채 못 되었는데 그 가운데 관리는 2만 2,000명 미만이고 군인은 약 6만 명에 불과했으며 4만 5,000명이 여성이었다.[2] 이들이 3억 5,000만 명의 인구를 통치하는, 간접

---

2 Judith Brown, "India" in *the Oxford History of the British Empire, the Twentieth Century*

통치 지배의 전형이었다.

인도와 영국의 관계는 적어도 1600년에 엘리자베스 1세가 동인도회사에 특허를 허용할 때로 거슬러 올라간다. 영국의 인도 경영은 동인도회사라는 사기업에 의한 상업과 무역으로 시작했지만 점차 그 범위를 벗어나 통치로 확대되었고, 1857년에 세포이 봉기를 계기로 인도는 영국의 정식 식민지가 되었다. 인도 국민회의(Indian National Congress)가 미약하나마 1885년에 모습을 드러내면서 인도 민족주의가 결집되기 시작했는데, 1915년에 남아프리카에서 활동하던 간디가 돌아오면서 민족주의 운동의 성격도 변화했다. 변화의 분위기는 영국 측에도 감지되었다. 제1차 세계대전 전야만 해도 인도의 자치를 생각지도 않던 영국인들은 전쟁을 겪으면서 점차 자치를 허용하는 방향으로 나아가고 있었다. 1917년에 자유주의적 성향의 인도부 장관 에드윈 몬태규(Edwin Montagu)는 인도제국 정부의 목표가 제국 내 책임정부, 즉 자치령이라고 선언했다. 물론 더 많은 인도인들을 행정부에 포함시키고 자치제도를 발달시켜 인도인들이 통치 경험을 쌓은 후라는 단서를 달았다. 문제는 시간이었다. 영국과 인도 사람들은 그것을 장기적 관점에서 바라보았는데, 그렇지 않은 사람들 가운데 간디가 있었다.

제1차 세계대전 때 인도 민족주의자들은 충실히 영제국의 전쟁 수행을 도왔다. 제국의 위기에 처해 적극 협력해두면 자치령을 허용받으리라는 기대감 때문이었다. 전쟁 후 사태를 악화시킨 것은 롤래트(Rowlatt)법 제정과 암리차르 학살 사건이었다. 특히 전시에 민간인

(Oxford: Oxford University Press, 1999), 423.

들의 자유를 제한하던 것을 평화 시까지 연장한 롤래트법은 인도 민족주의자들을 극도로 실망시키고 간디의 활동 무대를 넓혀주었다. 1919년에 간디는 이 법에 대항하여 전국적인 비폭력 저항운동을 전개했다. 그런 가운데 '인도의 부활절 봉기'로 불리는 편잡 지방의 암리차르의 학살이 1919년 4월에 일어났다. 4월 13일 다이어(Reginald Dyer) 준장이 이끄는 인도군이 평화적 시위자들에게 발포하여 379명의 사망자와 1,200명의 부상자를 냈다. 도대체 다이어는 왜 그런 이해하기 힘든 야만적 행위를 했나? 그 직접적 해답은 바로 사흘 전에 5명의 유럽인과 1명의 여성 선교사가 살해되었다는 사실에 있었다. 암리차르 학살은 백인 여성을 상대로 한 물리적 위협을 도저히 가볍게 넘길 수 없던 유럽인 남성들의 과잉 반응의 여러 사례 가운데 하나였다.[3]

처칠은 암리차르 사건이 터졌을 때 군중에 발포한 것은 가공할 사건이라며 분노했다. 영국의 지배는 힘에 의존해서는 안 된다는 것이 평소 처칠의 신념이었는데 암리차르 사건은 그 신념에 위배되었다. 당시 처칠은 로이드 조지 연립정부에서 전쟁부 장관(1919~1921)으로 봉직하고 있었기에 육군위원회가 다이어 장군을 처벌하는 일을 관장하는 지위에 있었다. 처칠은 다이어가 처벌되기를 바랐지만 그의 뜻대로 사태가 전개되지 않았다. 육군위원회가 처칠과 반대 방향으로 나아갔던 것이다. 많은 사람들은 다이어가 제2의 세포이 봉기를 방지했다며 그를 옹호했다. 처칠은 그것은 "영국인들이 일하는 방식"이 아니라는 사실을 확실히 해야 한다며 항의했다. 다이어의 방식은 "독

---

3 Denis Judd, *Empire*(Fontana, 1996), 260.

일인들이 지난번 전쟁에서 했던 잔악무도함"의 방식이며, "레닌의 볼셰비키들과 그들의 범죄 집단이 적용하는 잔혹한 테러리즘"의 방식이라는 것이다.[4] 처칠은 정의감과 인류애야말로 영제국을 다른 제국과 구분해주는 것이라고 자신했다. 한편 간디는 암리차르 사건을 계기로 영제국과 결별해야 한다는 의지를 확고히 하게 된다.

비록 제1차 세계대전 중에 몬테규가 자치령을 언급했지만 영국 정부의 인도 정책이 확립된 것은 아니었다. 1921년 영국 – 아일랜드 조약은 보수주의자들에게 큰 충격을 안겨주었다. 그들은 무슨 수를 쓰든 인도에서 비슷한 과정이 일어나 제국이 붕괴되는 것을 막아야 한다고 굳게 믿었다. 그들은 인도의 요구에 대한 어떠한 양보도 취약점으로 치부하고 국가적 패배와 쇠퇴의 조짐으로 간주했다. 보수주의자들만이 인도에 대한 그런 정서에 동조한 것이 아니었다. 1922년 초에 자유당 소속의 수상 로이드 조지도 인도에는 "주인이 있어야 한다"고 발언했다. 그는 주인이 없으면 인도는 무정부와 혼란으로 빠져들 것이며 지금은 "우리가 인도의 주인이고 앞으로도 그렇게 남아 있을 것"이라고 선언했다.[5] 처칠이 이 견해에 전적으로 동의했음은 당연하다. 노동당 당수 맥도널드도 1909년에 인도를 처음 방문한 후 인도는 당분간은 자치정부의 준비가 되어 있지 않다고 판단했다. 영국은 인도의 '간호사'라는 것이다. 환자를 내버려둔다면 그 나라는 밖으로부터의 침략은 말할 것도 없고 내부의 혼란스러운 요소들의 희생물이 될 것이라는 논리였다.[6] 이것이 당대 가장 급진적 정치가의 견

---

4 Arthur Herman, *Gandhi and Churchill*(Bantam Books, 2009), 256–258.
5 Ibid., 280.
6 John Grigg, "Myths about the Approach to Indian Independence" in *More Adventures with*

해였다. 물론 맥도널드는 후에 태도를 바꾸어 자치를 지지하게 된다. 그러나 20세기 초 영국인들의 일반적인 태도는 인도 자치정부는 언젠가는 올 것이지만 아직은 아니라는 것으로 요약된다.

그러나 1929년에 노동당 정부가 들어서자 상황이 바뀌었다. 맥도널드 수상은 이제 인도 자치에 대해 보다 적극적이 되었다. 인도 부왕 어윈 경(Lord Irwin, 후에 핼리팩스 자작)[7]은 인도의 헌정적 발전의 자연스런 목표는 자치령 지위의 획득이라고 선언했다. 이에 대해 보수주의자 버켄헤드는 "인도가 언젠가 자치에 적합하게 되리라는 것은 솔직히 상상하기 어렵다"고 조소했다.[8] 어윈이 영국 정부를 설득하여 런던에서 인도 민족 대표들과 회의를 하기로 했을 때 처칠은 분노를 참을 수 없었다. "오랜 야만과 내전과 폭정으로부터 인도를 구제"하고 "느리지만 문명을 향해 끊임없이 나아가는 것"은 영제국이 이룩한 가장 훌륭한 업적의 하나라는 것이 처칠의 꺾이지 않는 신념이었다.[9] 처칠이 볼 때 인도 자치정부는 아직 환상에 불과했다. 그러나 그의 생각은 당시 정치인들의 생각과 점차 균열을 보였고 처칠은 점점 더 소외되었다.

1920년대에도 많은 영국인들은 20세기 초 인도 부왕이던 조지 커즌(George Curzon)이 한 말, 즉 '인도를 잃으면 영국은 당장 3류 세력으로 전락할 것'이라는 말에 공감하고 있었다.[10] 많은 보수당 의원들

Britannia edited by Wm. Roger Louis(Austin: University of Texas Press, 1998), 210.

7 어윈은 1934년부터 핼리팩스 자작으로 불리는데 나치에 대한 유화정책을 두고 처칠과 대립한다.

8   Judd, *Empire*, 268.

9 Rhodes James, *Churchill, A Study in Failure 1900-1939*(Weidenfeld and Nicholson, 1970), 195.

은 1920~1930년대 초에 실업 문제보다 인도 문제에 훨씬 더 많은 관심을 기울였는데 처칠 역시 마찬가지였다. 당시 처칠은 보수당 지도자인 볼드윈과 친밀한 관계에 있었다. 처칠이 자유당을 떠나 아직 보수당으로 돌아오기 전에 그를 재무부 장관에 임명하여 복귀의 길을 자연스레 터준 것이 바로 볼드윈이었다. 1929년에 노동당 정부가 들어서고 보수당이 야당이 되었을 때 처칠은 그림자내각에 속해 있었고 지도부의 일원이었다. 그러나 그는 노동당 정부의 인도 정책에 동조하는 볼드윈을 강도 높게 비판했다. 인도 문제에 대한 열정으로 그는 1929년 크리스마스 시즌에 당시로는 거금인 100파운드를 내고 인도 문제에 대한 연설을 하겠다고 BBC 방송에 제의할 정도였다. 처칠은 인도 국민회의가 정권을 잡을 경우의 어두운 그림을 묘사하는 데 집중했다. 그는 인도인들이 영국인들만큼 인도를 잘 다스릴 수 없을 것이고 영국이 더 이상 특별한 힘을 쓰지 못하게 되면 인도는 "힌두교도들의 무력 장악"을 경험할 것이며 영국인들이 떠나자마자 힌두교도와 무슬림들은 살육전을 벌일 것이라고 경고했다. 처칠은 인도 국민회의 당을 해체하고 그 지도자들을 나라에서 쫓아내야 한다는 대단히 강경한 발언을 했고, "고양이가 먹는 고기를 주어서 호랑이를 먹일 수는 없다"며 간디주의를 더 빨리 분쇄해버릴수록 좋다고 주장하기도 했다.[11] 이러한 과격한 연설이 알려지자 동조자들로부터 격려 편지가 쇄도했는데, 《데일리 텔레그래프(*The Daily Telegraph*)》의 전 사주인 버넘 경(Lord Burnham, Edward Levy-Lawson)은 인도를 포기하는

---

10 Judd, *Empire*, 264.

11 James, *Churchill, A Study in Failure*, 197; John Charmley, *Churchill: the End of Glory*(New York: Harcourt Brace, 1993), 351.

것은 "문명에 거역하는 범죄"라고 처칠에게 쓴 편지에서 선언했다.[12]

근본적으로 처칠의 관심은 영제국의 존속에 있었다. 처칠에게는 노동당 정부가 이집트나 인도에서 추진하던 온건 정책은 오히려 식민지를 부추기는 선동으로 보였다. 처칠은 영국인들이 "의지의 병"으로부터 고통받고 있으며 "음울한 마음 상태와 신경 쇠약의 희생자들"이라고 진단했다.

일단 우리가 동양에서 우리의 사명에 대한 믿음을 잃으면, 일단 우리가 외국인들과 소수자들에 대한 우리의 의무를 거부하면, 일단 우리가 대단히 많은 수의 갈 곳 잃은 인구에 대한 우리 의무를 다할 수 없다고 느끼면, 그 나라들에서의 우리의 존재가 모든 도덕적 인정을 잃고 이기적 이해관계나 군사적 요구에만 의존한다면, 그곳에 머무는 것은 지속될 수 없을 것이다.[13]

이러한 처칠의 경고에도 불구하고 영국 정부는 인도 민족주의 운동에 한걸음 더 다가가기로 결단을 내렸다. 당시 감옥에서 단식투쟁 중이던 간디를 석방하고 런던으로 불러 인도의 미래에 대해 협의하기로 결정한 것이다. 그를 위해 1931년 1월 25일에 부왕 어윈은 간디를 석방하고 국민회의를 합법화했다. 바로 다음 날 처칠의 분노의 목소리가 터져 나왔다. 처칠이 볼 때 그 결정은 온건함을 넘어 나약함과 패배주의로 간 것이었다. 그는 영국이 양보라는 말을 하기 시작하

---

12 Herman, *Gandhi and Churchill*, 348.

13 *Winston S. Churchill: His Complete Speeches* vol. V edited by Robert Rhodes James(Chelsea House Publishers, 1974), 4953, 4695.

면 되돌릴 수 없는 길을 걷게 된다고 믿었다. 그러나 사태는 처칠의 원하는 바와 정반대로 흘러갔다. 1931년 2월 17일, 간디와 어윈이 델리에서 만났고 두 사람의 협정이 3월 5일에 발표되었다. 많은 영국인들은 두 사람이 동등한 조건으로 만난 것에 분개했다. 처칠은 한 보수주의 모임에서 "수도자 행세를 하는 영국 법학원 출신의 선동적인 변호사"가 여전히 시민 불복종 캠페인을 벌이는 가운데 "반쯤 벗은 모습으로 부왕 궁의 계단을 당당하게 걸어 올랐다"며 어윈 - 간디 회동을 강하게 비난했다.[14] 어윈은 볼드윈의 오른팔인 존 데이비슨에게 보낸 편지에서 처칠의 태도에 대해 분통을 터뜨렸다. "우리가 다스리는 나라 사람들이 상실감 속에 살도록 내버려 둘 수 있는 시대"는 지나갔으며 처칠식의 지배 본능을 제국에 적용할 수 있는 시기도 이미 끝났다는 주장이었다.[15] 그러나 처칠은 영국 정부가 간디에게 "이런 식으로 항복"하는 것에 반대했다. 처칠이 보기에 간디는 영국을 인도로부터 몰아내는 것을 의미하고, 인도로부터 영국 무역이 영원히 철수하는 것을 의미했으며, 단순히 브라만 지배가 영국 통치를 대신하는 것을 의미했다. 따라서 간디와는 결코 합의를 볼 수 없다는 것이 처칠의 확고한 입장이었다.[16]

14 Martin Gilbert, *Winston S. Churchill* vol. V *the Prophet of Truth*(Hillsdale, Michigan: Hillsdale College Press, 1976), 389.

15 베스트, 『절대 포기하지 않겠다』, 198쪽.

16 Churchill, *His Complete Speeches* vol. V, 5004.

수도자 모습을 한 미치광이

간디는 복잡한 정신적 편력을 거친 인물이다. 간디가 법학원에서 공부하기 위해 영국에 첫발을 디딘 1888년부터 1948년 1월에 암살되기까지 영제국에 대한 그의 생각은 온건한 인정으로부터 적극적 반대로 변했다. 런던의 법학원에서 훈련받을 당시 간디는 기독교에 많이 심취했다. 특히 한쪽 뺨을 맞으면 다른 쪽 뺨도 내주라는 예수의 말이 가슴에 꽂혔다고 회고하기도 했다. 젊은 시절의 간디는 '유럽 문명과 야만' 사이의 경계선에서 확실히 문명 편에 있었다. 간디는 자신이 영제국의 문명과 정의를 믿었고 "영국 헌정에 대한 충성심에서 어느 누구보다도 강했다"고 실토했다.[17] 그러나 남아프리카에서 마치 흑인 노예가 미국에서 겪는 것과 비슷한 냉대를 경험하면서 회의가 찾아왔다. 특히 간디를 분노하게 만든 것은 그의 교육 배경과 변호사라는 직업이 백인들이 지배하는 영제국에서 아무 쓸모가 없다는 사실이었다. 자신처럼 뛰어난 능력을 가진 충성스런 인도인들은 아프리카 흑인들이나 무식한 인도 쿨리가 아니라 백인과 동일한 대우를 받아야 한다는 것이 간디의 생각이었다.

간디를 본격적으로 영제국에 대항해 싸우게 만든 계기는 식민부가 인종 문제에 관한 새로운 법을 제정(1906)한 것이었다. 즉 남아프리카에 거주하는 8세 이상 모든 인도 출신 거주민들을 등록하도록 한 것이었다. 영국의 식민 지배에 대해 가졌던 간디의 분노가 새로운 목표물을 발견했고 그는 '소극적 저항'이라는 첫 번째 캠페인을 전개하

---

17 Herman, *Gandhi and Churchill*, 88.

기 시작했다. 그럼에도 그는 여전히 영제국의 이상을 믿었다. 그가 영국인들의 정의 개념에 호소하기 위해 런던에 왔을 때 처칠과 간디는 짧은 조우를 가졌다. 그것이 두 사람의 유일한 만남이었다. 청원을 위해 런던에 온 간디는 당시 식민부 차관이던 처칠에게 만나줄 것을 요청하는 편지를 보냈는데 차일피일 미루던 처칠은 간디가 남아프리카로 돌아가기 며칠 전에야 그를 면담했다. 런던의 식민부 차관실에서 있은 처칠과의 만남에서 간디는 백인들이 트란스발을 지배하는 것을 이해한다는 전제하에 인도인들 역시 "영국 신민이 누려야 하는 모든 일반적인 권리를 누릴 자격"이 있기 때문에 새로운 인종법은 부당하다고 주장했다. 처칠은 무엇을 할 수 있는지 알아보겠다고 답했고 만남은 우호적인 분위기로 끝났다. 간디는 영국 언론과 가진 인터뷰에서 만약 인도인들이 "야만적 인종에 속한 것처럼 멸시"된다면 영국은 더 이상 인도를 유지할 수 없을지 모른다고 경고했다.[18] 간디가 요구한 것은 남아프리카에서의 인종주의나 계급 차별의 종결이 아니라 단지 인도인들이 야만이 아니라는 사실을 영국이 인정해주는 것이었다. 간디는 영국인들이 '정의'를 사랑하며 '개인의 자유'를 매우 소중히 여긴다는 점을 언급하고 영국이 인도와 그 외 지역 사람들을 억압으로부터 보호했다는 사실을 인정했다. 제1차 세계대전 중에도 간디는 "이제 인도인들이 일어서서 그들에게 감사를 표할 때"라고 선언했다.

그러던 간디가 영제국에 대한 신뢰를 버린 것은 제1차 세계대전이 끝난 후 암리차르 사건을 겪고 나서였다. 그때 그는 반세기 동안

---

18 Ibid., 147, 149–150.

자신을 이끌어온 생각, 즉 영제국이 신민들을 정의롭게 다룰 것이라는 환상을 포기했다. 간디는 이제 신뢰와 합리적 타협의 시간은 끝났고 인도가 결집하여 행동할 시간이 왔다고 선언했다. 그는 그동안 탐탁해하지 않던 '소극적 저항'이라는 용어를 버리고 '사티야그라하(satyagraha)'라는 개념을 사용했다. 사티야그라하는 산스크리트어로 '선한 대의명분을 확고히 지키는 것'을 의미하는데, 그 주요 목표는 윤리적 고지를 차지하여 물리적 공격이 아니라 저항과 수동성을 통해 적을 동요시키고 승리하는 것이다.

새롭게 각성한 간디는 인도 국민회의를 새로운 국면으로 이동시켰다. 인도 국민회의는 1885년에 72명의 대표가 봄베이에 모여 "국민의 향상이라는 대의에 가장 열성적인 일꾼들이 서로를 개인적으로 알고 지내도록" 하려는 목적을 천명했을 때 시작되었다. 초창기 국민회의 구성원들은 벵골, 마드라스, 봄베이 등 주로 해안지역의 교육받은 전문계급에서 나왔고, 국민회의의 요구는 영국인들과의 '신중한 대화'의 시작이라는 온건한 요구였다. 간디가 돌아오기 전 국민회의의 전략적 대안은 입헌주의 아니면 테러리즘이었다. 그러나 간디는 제3의 길을 천명했는데, 그것은 '불의에 대한 평화적 저항'이었다. 간디는 사티야그라하 개념을 통해 영국인들을 폭력적이고 억압적으로 투사하고 국민회의를 고도로 도덕적인 정치적 입장을 견지하는 조직으로 묘사함으로써 국제적으로 동정 여론을 끌어 모았다. 그럼에도 1920년대의 간디는 영국의 선의에 대한 미련을 버리지 않았고, 만약 그것이 "진짜이고 가짜가 아니라면" 영제국 내의 자치령의 지위에 만족할 것이라고 천명했다. 그러나 그 유명한 소금 행진과 원탁회의의 실패를 겪으면서 간디는 자치가 아니라 완전 독립을 주장하게 된다. 그리고 그렇게 사태를 진전시킨 데에는 처칠의 역할도 있었다.

1931년 9월 7일 드디어 간디가 원탁회의 참석을 위해 런던에 모습을 드러냈다. 간디는 이번이 다섯 번째, 그리고 마지막 런던 방문일 것이었다. 첫 번째는 법학도로 온 것이었고 두 번째는 1906년에 남아프리카의 인종차별적 법안에 대해 청원하러 온 것이었다. 이때 위에 언급된 처칠과의 만남이 있었다. 세 번째는 역시 청원을 위해 1909년에 런던을 방문한 것이고 네 번째인 1914년에는 참전차 런던에 들렀다. 그때까지는 아무도 그가 런던에 왔는지 몰랐지만 1931년에 다섯 번째 방문했을 때 간디는 세계적 유명인사가 되어 있었다. 원탁회의에는 인도의 모든 분파의 대표들이 모였지만 주인공은 당연히 간디였다. 처칠은 간디의 위상을 높여준 건 오히려 영국인들이라고 판단했다. 막강한 인도제국 정부가 간디를 추종자들 눈에 순교자로 만들고 실제로는 그의 도움을 청했다는 사실에 의해 간디의 권위가 더 높아졌다는 것이었다.[19] 1931년 1월 30일, 볼드윈과의 사이가 공식적으로 깨어진 지 사흘 후 처칠은 강경파 토리들이 만든 압력단체인 인도제국협회(Indian Empire Society)의 대중 집회에서 연설하면서 어윈과 간디의 협상을 강하게 비판했다. 처칠은 간디를 "동양에서 잘 알려진 고행 수도자 모습을 한 미치광이"로 부르면서 영국인들의 포로에 불과한 그에게 어윈이 도움을 요청한 사실을 강도 높게 비난했다.[20] 간디가 영국 정부의 대화 상대자가 되면서 위상이 급격히 높아졌다는 처칠의 지적은 사실 옳은 지적이었다.

---

19 Churchill, *His Complete Speeches* vol. V, 4967.
20 Gilbert, *Churchill* vol. V, 385.

처칠은 간디를 철저히 불신했다. 간디는 처칠이 믿는 모든 것에 대한 위협이 되었고 결국 처칠은 자신의 모든 것을 동원해 간디와 싸우기로 결심했던 것이다. 물론 간디의 이중성과 위선을 꿰뚫어본 혜안도 있었지만 처칠에게는 간디의 정신적, 정치적 편력에 대한 이해심이 부족했다. 처칠은 간디가 '인도의 무솔리니'가 아닌지 의심했고 나아가 히틀러와의 유사성까지 감지했다. 히틀러의 1인 독재의 역겨운 형태가 인도 민족주의자들 사이에서 "거의 신과 같은 지위를 누리는" 간디에게도 보인다는 것이었다.[21] 무엇보다도 주목할 점은 온 세상이 간디를 성인으로 추앙하고 있을 때 처칠이 간디의 위선을 지적했다는 사실이다. 처칠은 《타임스》의 보도를 인용하면서 "봄베이의 부자 상인들과 백만장자 공장주들, 노동자들을 착취하는 그 사람들"이 간디를 에워싸고 있다고 비난했다. "성인이자 법률가이고 어윈 경의 친애하는 동료이며 동반자"인 간디가 이들 "백만장자의 집에서 무엇을 하고 있나?" 간디의 행동은 영국인이 없는 인도는 브라민이 지배하는 과두정이 될 것이라는 조짐을 보여준다는 것이 처칠의 경고였다.[22] 처칠은 간디의 개인적 자질, 정치적 능력, 국민적 대의를 이해할 수 없었다. 그에게 간디는 "동양에 자주 보이는 광신자, 고행자 유형, 해악을 끼치는 선동적 광신자"였고 간디의 동료들은 "서구 자유주의 원칙을 입으로만 재잘거리고 철학적 민주적 정치인으로 행세"하는 브라만들에 불과했다.[23] 처칠은 인도 민중의 복지에는 온정적인 관심을 가졌고 인도 귀족에게는 동적적인 동료 의식을 가졌지만 정

---

21 Herman, *Gandhi and Churchill*, 419-420.

22 Churchill, *His Complete Speeches* vol. V, 5009.

23 James, *Churchill, A Study in Failure*, 197.

치 활동에 적극적인 인도의 중산층은 불신했다.

간디를 직접 상대했던 영국인들도 대체로 그의 이중성을 지적하면서 처칠의 평가에 동의했다. '성인인 체'하는 간디의 행동은 일부 사람들에게 혐오감을 일으켰다. 1914년 7월 18일, 간디가 남아프리카를 떠난 날 훗날 남아프리카 공화국 수상이 될 스머츠는 "성인이 우리 해안을 떠났다. 제발 영원히 떠났기를 빈다"고 일기에 썼다. 런던 원탁회의를 취재한 언론인 무거리지는 간디를 1920년대에 봤을 때에는 러스킨과 드라이든의 교훈을 받은 사람으로 생각했지만 1931년의 간디는 "교활하고 계산적"으로 변했다고 관찰했다.[24] 1931~1935년간 인도부 장관을 지낸 새뮤얼 호어(Samuel Hoare)는 간디가 "아마 성인"일지 모르지만 자기가 만난 모든 사람들 가운데 "가장 정치적 성향이 강하고 협상에 능한 작은 신사"라고 평가했다. 인도 부왕을 지낸 린리스고 후작과 웨이블 원수도 간디를 위선자로 부르며 적대감을 표현했다. 1936년 7월, 독일군대가 라인란트에 진군했을 때 외무부 장관 사이먼의 비서가 질문했다. "간디와 히틀러 사이에 어떤 유사성이 있지 않습니까?" 사이먼도 열정적으로 동의했다. 간디와 히틀러는 동일한 "강한 열등감, 이상주의, 자기 민족을 이끌라는 신이 주신 사명에 대한 믿음"을 가지고 있다는 것이다. 누구보다도 간디를 지원했던 핼리팩스도 히틀러는 간디를 연상시킨다고 친구에게 토로했다. 핼리팩스가 체임벌린과 함께 히틀러에 대한 유화정책을 고집한 것은 간디와의 경험 때문이기도 했다. 즉 '간디와 같이 시끄러운 사람'의 레토릭을 잠재운 경험을 바탕으로 핼리팩스는 히틀러도 동일

---

24 Herman, *Gandhi and Churchill*, 197, 369, 375.

하게 다룰 수 있다고 생각했던 것이다.[25]

간디 생애 말기인 1946년에 인도 부왕이던 웨이블이 기록한 일기를 보면 그가 간디를 어떻게 평가했는지가 잘 드러난다.

그 노인을 보면 볼수록 더욱더 괘씸한 늙은 위선자로 보게 된다. 비록 당연히 궤변, 그리고 온화함과 우정이라는 거짓된 쇼에 의해 그렇게 하겠지만 그는 자신의 목적을 이루기 위해서라면 비폭력과 무혈로부터 뒷걸음질 칠 것이다. 그는 매우 약삭빠르고 완고하며 거만하고 거짓말 잘하는, 한 가지 목적에 전념하는 정치인이다. 그에게 진정으로 성인다움이란 거의 존재하지 않는다.[26]

물론 이것은 전형적 의견은 아니며 대부분의 영국인 통치자들은 간디에 대해 모호하고 복잡한 의견들을 가지고 있었다. 그러한 사정은 인도인들 가운데도 마찬가지여서 불가촉천민 가운데에는 간디가 "잘난 척하고 겸손한 척하면서 모욕감을 준다"고 본 사람들도 있었다.[27] 런던 원탁회의는 결국 용두사미의 결과를 낳고 말았다. 영국인들은 간디가 거의 나체로 돌아다니는 것에 충격을 받았고 국왕 조지 5세가 '반역자와 차를 마시는' 것에 경악했다. 원탁회의를 위해 런던에 온 간디는 서로를 아는 친구를 통해 처칠과 만날 수 있기를 기대했지만 처칠이 거절했다.

25 Ibid., 418.
26 Dannis Dalton, *Mahatma Gandhi: Nonviolent Power in Action*(New York: Columbia University Press, 2000), 65.
27 Ibid., 64.

야만과 광기의 세력으로부터

1929년부터 인도정부법(The Government of India Act)이 시행될 때까지 '처칠의 7년 전쟁'이 지속되었다. 앞서 언급되었듯이 처칠이 영향력과 권력으로부터 배제된 것은 인도 때문이기도 했다. 그만큼 인도는 처칠의 정치 경력에 중요한 주제였다. 히틀러를 상대로 벌인 체임벌린 정부의 유화정책에 대한 처칠의 반대는 간디와 인도정부법에 대항했던 그의 투쟁의 논리적 연장선이었다. 그는 동일한 용어를 사용하기도 했다. 처칠의 친구인 버켄헤드가 1929년 11월 5일, 폄훼하는 의미에서 상원에서 '간디를 달래는 사람들(appeasers)'이라는 말을 사용했는데 처칠이 그 단어를 빌려와서 정부의 인도 정책을 묘사하면서 유화정책이라는 단어를 사용했고, 1933년에는 히틀러에 대한 영국 정책을 표현하면서 그 단어를 사용하기 시작했다.

왜 처칠은 그처럼 인도를 자치령으로 만드는 데 격렬하게 반대했을까. 처칠은 육군사관학교를 졸업하고 임관한 후 인도에서 3년 동안 머물렀는데 그때 기억을 평생 간직했다. 인도는 그에게 비서구 문명권을 바라보는 창이 되었고 그 자신의 삶을 바라보는 척도가 되었다. 인도 땅을 밟았을 때 처칠의 첫인상은 "아, 이 얼마나 광활한 나라인가!"로 요약된다.[28] 그러나 하나의 국민을 이루지 못한 채 부족들이 난립하고 있던 당시의 인도에서의 경험, 특히 잔인한 북서부 부족들과의 전쟁 경험은 도덕적 힘으로서의 제국과 문명, 그리고 국가적, 인종적 우열의 순위에 대한 그의 생각을 형성해주었다. 처칠은 인도

---

28 처칠, 『윈스턴 처칠, 나의 청춘』, 156쪽.

를 좋아했다. 터번을 두른 근엄한 얼굴의 하인들, 달빛 비치는 베란다, 폴로 경기를 하는 마하라자들, 활짝 웃는 펀잡 사람들과 두려움 없는 시크 병사들…… 이것이 그가 기억하고 소중히 여기는 인도였다. 그러나 그들은 아직 스스로를 통치할 능력이 없는 사람들로 보였다. 처칠은 "이 원시적이지만 쾌활한 인종들을 통치해야 하는 과업"이 얼마나 위대한 일인지를 깨달았다.[29] 1897년 8월에 처칠은 열차를 타고 인도 북서부로 가면서 새삼 그 나라의 광대함에 감탄하게 되고 그 감동을 동생 잭에게 써 보냈다. 목적지까지 2,027마일인데 그 거리는 대서양을 가로지르는 거리다. 이처럼 풍요롭고 사람들이 넘치는 이 광대한 나라가 영국인들에 의해 통치되고 있다는 것에 그는 자랑스러움을 느낀다. 게다가 인도에 있는 영국인들의 수가 "얼마나 적은지, 얼마나 그들의 통치가 정교하고 완벽한지"를 생각할 때 그 자랑스러움은 증폭된다.[30]

처칠이 인도 자치에 반대한 첫 번째 이유는 영제국의 문명화 사명에 대한 신념이었다. 여기에는 로마제국의 몰락에 대한 기번의 생각도 영향을 미친 것으로 보인다. 기번은 처칠이 가장 존경한 문필가 중 한 명이다. 처칠은 그를 대단히 존경하고 그 문체를 따르려 했는데, 자연스레 로마의 허약함으로 인해 야만과 미신이 문명을 이기도록 허용했다는 기본의 판단을 받아들이게 된 것 같다. 로마제국을 몰락시킨 패배주의가 영국인들도 감염시킬 수 있고 로마에서 벌어진 일이 영국에도 벌어질 수 있다는 우려다. 1931년 2월에 리버풀에서

29 Herman, *Gandhi and Churchill*, 92.
30 Churchill to Jack. Randolph Churchill, *Winston S. Churchill 1874-1965* vol. I *Youth*(Hillsdale, Michigan: Hillsdale College Press, 1966), 349-350.

있은 연설에서 처칠은 "지금 이 섬나라에서 우리가 고통을 겪고 있는 질병이 무엇입니까?"라고 물었다. 그 답은 '의지의 병'이다. "과거에 그처럼 용맹스럽고 단호했던 영국 사자가 토끼들에게 쫓기고 있는 형국"은 바로 사자가 의지의 병을 앓고 있기 때문이라는 것이었다.[31]

19세기 후반기에 태어난 처칠에게 사회적 다윈주의는 당연한 원칙이었다. 젊은 처칠에게 가장 큰 영향을 미친 책은 윈우드 리드(Winwood Reade)의 『인간의 순교(The Martyrdom of Man)』였는데 그 책에는 진보는 고통을 수반하고 높은 비용을 치르고서야 얻을 수 있다는 사회적 다윈주의가 녹아 있었다. 역병이 봄베이에 번져 7만 명이 죽었을 때 처칠은 자연이 자기 방식으로 인구를 통제하는 현장을 "아무 감정 없이" 바라볼 수 있다고 솔직히 말했다. 그는 서구 과학과 서구 문명을 믿었다. 젊은 시절 그가 참가했던 이집트 전투와 인도 북서부 전투에서 '야만과 광기'의 세력들을 물리친 것은 과학과 문명이었다. 그 전쟁들에서 영국이 승리했을 때 "우리 인종과 혈통"에 대한 그의 믿음은 더욱 강해졌다.

어윈이 인도 자치령을 언급했던 1929년에 《데일리 메일(Daily Mail)》에 쓴 기고문에서 처칠은 인도에 자치령의 지위를 주는 것은 '범죄'나 마찬가지라고 주장하면서 자신의 주장의 근거를 열거했다.

인도를 야만과 폭정과 종족 간 전쟁에서 구해낸 것, 그리고 느리지만 중단 없는 문명으로 전진하게 만든 것은 우리 역사의 가장 훌륭한 업적이다. 영국인들 덕분에 전쟁이 인도에서 사라졌다. 국경은 북쪽으로부터의

---

31 Ibid., 381.

런던 원탁회의에 참석한 간디, 1931년.

간디를 보기 위해 모인 런던 시민들, 1931년.

델리에서 회동을 가진 어윈(좌)과 간디, 1931년.

[좌] 간디와 그를 지지한 영국인 미라벤(우), 1932년.
[우] 1942년, 영국에게 인도를 떠나라고 요구한 당시의 간디.

침략에 대항해 견고해졌다. 정의가 실현되고 기근이 방지되고 통제되고 있다. 인종과 인종 간의 평등 (……) 과학이 이 거대하고 무력한 사람들에게 봉사하고 있다.[32]

처칠은 영국 통치가 150년 동안 인도인들에게 평화와 정의와 물질적 수준의 향상을 가져다주었다고 자부한다. 3억 5,000만 명의 인구가 그들 "스스로는 결코 성취하지 못했을 문명의 수준, 평화, 질서, 위생과 진보로 들어 올려졌다." 그는 인도의 인구가 그렇게 많이 증가하지 않았다면 물질적 행복은 더 컸을 것이라는 점을 아쉬워했다.[33] 그는 영국인들이 인도의 종교적, 사회적 관습을 지키려는 부담을 지지 않고 더 적극적으로 서구 문명을 인도에 도입했더라면 더욱 빠르게 보건 위생과 번영이 이루어졌을 것이라고 확신했다.[34] 처칠은 대다수 인도인에게 중요한 것은 자치가 아니라 '좋은 정부'라고 믿었다. 좋은 정부는 법치주의에 입각해 신뢰할 수 있는 공평무사한 행정을 실시하고, 일촉즉발의 종교 갈등과 인종 갈등을 잠재우며 서구 수준의 위생과 보건 서비스를 제공하는 정부를 뜻했다. 그처럼 막중한 사명을 포기하는 것은 범죄 행위와 마찬가지가 되는 것이다.

처칠이 인도의 자치에 반대한 두 번째 이유는 인도인들이 아직 문명 수준에 도달하지 못했다고 판단했기 때문이다. 처칠은 사실 식민부 차관으로 봉직할 때 남아프리카에 연방정부가 수립되어 자치를 실행하는 것을 도왔으며, 1920년대 초에는 아일랜드에서도 자유국을

32 Herman, *Gandhi and Churchill*, 323.
33 Churchill, *His Complete Speeches* vol. V, 4969.
34 Gilbert, *Churchill* vol. V, 356.

성립시켜 자치를 허용하는 아량을 보였다. 그런 그가 유독 인도에서는 그처럼 자치에 반대한 이유는 무엇인가? 그에 대한 처칠의 답은 인도인들이 아직 준비가 되지 않았다는 것이다. 그는 3억 5,000만 인도인들 가운데 읽고 쓸 수 있는 사람은 수백만 명에 불과하다는 사실을 지적한다. 인도인들 가운데 일부만이 정치와 서구 사상에 관심이 있을 뿐 나머지는 생존조차 힘든 삶을 사는 원시적 사람들인데 그들에게 아직은 가부장적 보호가 더 낫다는 논리였다.

1930년에 인도제국협회의 사적 모임에서 한 발언이 인도에 대한 처칠의 생각을 단적으로 드러낸다. 그는 "민주주의는 전혀 인도에 맞지 않고 참정권은 거의 희극"이며 인도에는 갈등하는 의견들 대신에 "신학적 증오"가 판을 친다는 것이었다. 만약 영국의 권위가 무너지면 영국이 만들어낸 모든 법과 의학, 행정 업무가 사라지고 철도 서비스, 관개시설, 공공사업, 기아 방지 등도 무너질 것이었다.[35] 이러한 비관론은 20대 처칠이 육군 장교로 인도에서 본 것에 근거를 두고 있었을 뿐 그 후 수십 년 동안의 인도의 성장에 대해 처칠은 모르고 있었다. 이뿐만 아니라 그는 인도인들의 민족주의적 정서를 계산에 포함시키지 않는 우를 범했다. 처칠은 영국인들이 인도인들보다 더 공정한 통치를 할 수 있으며 '선한 정부가 동족 정부보다 낫다'는 믿음을 버리지 않았다.

처칠이 그처럼 인도의 자치정부에 반대한 세 번째 이유는 영국을 대체할 인도의 새로운 지배계층을 믿지 못했기 때문이다. 처칠은 브라만 계급을 믿지 않았고 그들이 거의 독점하다시피 하고 있는 인도

---

35 Ibid., 432.

국민회의를 신뢰하지 않았다. 처칠은 영국의 지배만이 인도의 서로 갈등하는 인종, 신앙, 계급들을 공정하게 유지할 수 있다고 믿었다. 즉 "소수 백인 관리들이 사적 이해관계 없이 공평하게 봉사하는 통치'하에서 인도인들은 오히려 행복과 평화를 누릴 수 있다는 논리였다. 만약 영국이 떠나면 힌두교도들은 무슬림들을 쫓아내고 파멸시킬 것이며 "부정부패가 판을 치고, 백만장자들은 더 부자가 되고 더 강력해질 것이며, 엽관주의 부패가 브라만이 지배하는 세상에서 활개를 칠 것"이라고 예견했다.[36] 이들 브라만은 입으로는 서구 자유주의 원칙을 되뇌고 "철학적이고 민주적인 정치인의 포즈"를 취하지만 6,000만 명의 동포들을 불가촉천민이라 부르며 수천 년 동안 억압해온 사람들이다. 처칠은 특히 불가촉천민들에게 깊은 동정심을 품고 있었다. 그는 만약 "예수가 다시 이 세상에 오신다면 인도의 불가촉천민을 제일 먼저 찾지 않을까" 생각했다. 영국이 인도에서 손을 떼면 인도의 "얼굴 없는 가난한 사람들, 즉 6,000만 불가촉천민, 소수의 무슬림들"은 힌두 독재에 자비를 구하도록 버려질 것이 분명하다는 것이다.[37] 이처럼 처칠은 가부장적 온정주의의 입장에서 불가촉천민 문제를 바라보았다. 따라서 비록 간디를 싫어했지만 간디가 불가촉천민들을 구제하기 위해 기울이는 노력은 좋게 평가했다.

1933년 9월에 간디의 추종자인 미라벤(Mirabehn)이 처칠을 만나기를 청해 대담이 이루어졌다. 미라벤은 영국해군 장교를 아버지로 두고 풍족한 집안에서 태어났는데 1920년대에 간디를 만나 인도 독립

---

36 Ibid., 399.
37 Churchill, *His Complete Speeches* vol. V, 5006, 5008.

운동에 뛰어든 여성이었다. 그 자리에서 처칠은 '인도 민족은 존재하지 않는다'고 선언했다. 처칠이 볼 때 인도는 아직 하나의 국민이 아니었다. 그곳은 수많은 종족적, 인종적, 부족적 분열로 점철된 곳이며 단지 지리적 표현일 뿐이었다. 따라서 인도사회가 보이고 있던 소요에 대한 해석도 달랐는데 처칠은 무슬림과 힌두 사이의 종교적 싸움을 우선적 원인으로 파악하면서 그것이 인도와 영국의 싸움은 아니라고 지적했다.[38]

이처럼 처칠은 인도에 자치를 허용하지 않는 이유를 문화적 후진성과 문맹 때문에 인도는 민주주의에 적합하지 않다는 것에서 찾았는데, 사람들은 그 원인이 사실은 인종적 편견이라고 해석했다. 동양인에 대해 처칠은 일종의 고정 관념을 가지고 있었다. 동양 사람들은 "다른 종류의 정부"를 필요로 하며 동양에서는 선을 위해 "강한 지배"가 필요하다는 것이 처칠의 신념이었다. 그는 아무런 거리낌 없이 1857년에 백인들이 당한 콘포르의 학살과 봉기의 기억을 환기시켰는데 그의 그러한 태도는 보수당 내에서도 많은 사람들을 불쾌하게 만들었다. 그러나 힌두교와 그 영향에 대한 처칠의 강한 비판에는 나름 근거가 있었고 인도에서 시시때때로 종교적 갈등과 폭력사태가 벌어지고 있었던 것도 사실이었다. 1932년 5월에도 3주 동안 200명 이상이 살해되고 3,000명이 부상당한 힌두 – 무슬림 폭동이 발생했다. 그러한 사태는 인도에 대한 처칠의 비관론을 강화시켰다. 흥미로운 것은 간디의 태도였다. 처칠을 포함한 영국인들이 인도는 아직 자치 준비가 되지 않았다고 걱정할 때마다 간디는 대꾸했다. "우리에게 실수

---

38 Ibid., 5004.

할 수 있는 자유를 주시오. 우리를 우리에게 맡겨주시오." "처칠이건 에이머리건 누구건 인도인들에게 그들의 삶을 어떻게 영위하라고 말할 수는 없소. 그들에게 인도를 신에게 혹은 무정부에 맡기라고 하시오"라고 간디는 선언했다.[39]

그러나 인도에 대한 처칠의 강경한 태도는 영국의 여론을 반영한 것이 아니었다. 우선 정치권을 살펴보면, 615명 의원들 가운데 20명만이 처칠이 적극적으로 지원하고 있던 인도제국협회에 소속되어 있었다. 보수당 지도자 볼드윈은 원탁회의를 지지한다고 선언했는데 그는 과거 글래드스턴이 아일랜드에 대해 그랬듯 인도 문제에서 일종의 신이 주신 소명 같은 것을 느꼈다. 볼드윈은 처칠이 암리차르 학살 후에 한 연설, 즉 영국의 통치는 물리적 힘에만 의존한 것이 아니라 인종들 사이의 협력과 선의에 근거한 것이라던 연설을 상기시키면서 처칠이 말했던 그 협력과 선의가 간디 – 어윈 조약의 기본이라고 주장했다. 영국 정부가 파악하는 인도의 상황도 처칠과는 정반대였다. 그들의 판단에 의하면 인도에서의 영국의 존재는 "곤봉과 방망이, 그다음에 총, 그다음엔 기관총", 즉 "동의 없는 힘에 의한 정부"를 의미할 따름이었다.[40] 볼드윈과 인도 문제에서 대립한 처칠은 보수당 그림자 내각에서 사직하고 뒤쪽 구석 좌석에 앉음으로써 평의원이 되었음을 세상에 알렸다. 그 후 처칠은 볼드윈이 인도 정책에서 사회주의자들에게 끌려다닌다고 비난하면서 그를 당 지도자로부터 끌어내리려 시도했지만 실패했다. 볼드윈과의 관계는 이제 회

39 Herman, *Gandhi and Churchill*, 492.
40 James, *Churchill, A Study in Failure*, 198.

복될 수 없는 단계에 이르렀고 처칠은 1930년대를 통해 정부에 참여하지 못하고 광야를 헤매었다. 1935년에 육해공 3군을 아우르는 국방부가 창설되었을 때 장관직에 당연히 처칠이 고려되었어야 했지만 뜬금없이 국방과는 아무 상관이 없는 인스킵(Thomas Inskip)이 임명되었다. 그 후에도 처칠은 여러 차례 각료직을 제의받았어야 하지만 그러지 못했다. 후에 볼드윈의 전기를 쓴 영(G. M. Young)이 그 이유를 묻자 볼드윈은 한마디로 "인도"라고 답했다. 볼드윈은 처칠이 인도에 관한 사안에서 "완전히 미쳤다"고 결론지었다.[41] 같은 보수주의자지만 처칠과 결이 달랐던 에이머리도 처칠이 인도에 관하여 "여전히 25년 전에 머물러 있다"고 평했다.

비록 원탁회의는 실패했지만 어찌 되었든 그 후속작업으로 추진된 인도정부법이 지루한 논의 끝에 1935년에 통과되었다. 성인 인구의 4분의 1에게 참정권을 허용함으로써 지방 차원의 통치를 인도인들에게 맡기는 책임정부가 시작된 것이다. 인도정부법은 아일랜드 자치법안 이후 그 어느 정책보다 더 많은 토론을 불러일으켰다. "모든 의회의 길은 인도로 향한다"고 할 정도였다.[42] 2년 후인 1937년에 실시된 지방 자치정부 선거에서 인도 국민회의는 11개 주 가운데 7개 주에서 권력을 장악했다. 문제는 아무도 인도정부법을 '자유의 헌장'으로 생각하지 않았다는 점이다. 중앙정부는 그대로 둔 채 지방정부를 강화시키는 것은 중앙에서의 자치정부를 좌절시키려는 꼼수로 보일 수밖에 없었다. 인도정부법은 급진적 민족주의자들을 만족시키지 못

---

41 Herman, *Gandhi and Churchill*, 337, 362; Charmley, *Churchill: the End of Glory*, 257.

42 James, *Churchill, A Study in Failure*, 208.

했고 결과적으로 아무도 만족시키지 못했다. 흥미롭게도 그토록 인도의 자치에 반대하던 처칠은 일단 인도정부법이 통과되자 체념한 태도를 보였다. 인도인들의 중앙정부 유입이 허용되지 않은 것에 안도했기 때문으로 보인다. 그는 지방정부에 상당한 자치를 부여하고 사실상 지방정부의 모든 공무원을 인도인으로 고용할 수 있게 하는 계획에 대해서는 시도할 가치가 있다고 생각했다. 그가 극구 반대한 것은 중앙정부에 인도인들을 들이는 조항이었다.

마침 인도정부법이 통과된 직후 인도에서 가장 부유한 기업인 가운데 한 명인 비를라(G. D. Birla)가 처칠과 만찬의 기회를 가졌다. 비를라는 사업가였지만 백인들의 질투와 경쟁을 경험하면서 정치에 관심을 가지게 되었고 1916년에 간디를 만나 인생이 변한 인물로, 간디의 최측근 가운데 한 명이었다. 그는 처칠이 근대 인도에 대해 얼마나 무지한지에 놀랐다. 처칠은 인도에 방대한 철도망이 있는 것도 모르고 인도 촌락들이 각각 분리되어 존재하는 것으로 알고 있었다. 비를라는 인도 최초의 황마 생산 공장을 만든 사람의 손자였는데 2만 5,000명을 고용하고 있는 자신의 공장에 대해 설명해야 했다. 처칠은 비를라에게 "인도는 우리에게 짐"이라고 실토했다. 영국은 인도를 지키기 위해 군대를 유지하고 싱가포르와 중동을 강력하게 지켜야하는 형편이라며 인도가 스스로를 지킬 수 있다면 영국으로서는 무척 다행이라는 설명이었다. 처칠은 당연히 인도의 미래에 대한 그의 두려움을 지적했지만 "진정으로 개혁이 성공하기를 빈다"는 덕담을 하기도 했다. "이제 일을 할 여건이 마련되어 있습니다. 성공하시오. 당신들이 성공하면 나는 더 많은 성공을 응원하겠소." 인도정부법을 "코바늘 뜨개질로 만든 거대한 누비이불"이며 "피그미들이 지은 수치스

런 괴물 같은 기념비"라고까지 비난했던 사람이 한 발언으로는 놀라 웠다.**43**

평생의 아킬레스건

제2차 세계대전 중인 1940년에 수상이 된 처칠에게 최고 권력자로서 인도 문제를 다룰 수 있는 기회가 찾아왔다. 그는 전쟁 수행 과정에서 불만스러웠던 웨이블 원수를 인도 부왕으로 보내면서 전쟁이 끝날 때까지 간디와 인도를 조용하게 만들어줄 것을 요구했다. 그러나 웨이블은 자기 주관이 강한 사람이었고 처칠의 의지대로 행동하지 않았다. 그는 인도를 통치할 자원이나 의지가 영국에게 없다면 떠나는 게 옳다는, 처칠의 입장과 반대되는 태도를 표명함으로써 그의 화를 돋우었다. 웨이블은 처칠이 인도에 대해 "이상한 콤플렉스"를 가지고 있다고 판단했다. 인도에 관해 항상 "최선의 것을 듣는 것을 혐오하고 최악을 믿는 것처럼 보인다"는 것이었다.**44** 수상으로서 처칠은 더 이상 고집을 부리지 않았지만 인도에 대한 편견은 여전했다고 웨이블은 증언했다. 사태는 결국 웨이블이 예견한 방향으로 흘러갔다.

인도의 독립이 제2차 세계대전 전에 불가피해졌다고 결론짓는 것은 잘못이다. 그러나 1930년대 말에 이르면 영국인들은 인도 민족주

---

43 Richard Langworth ed., *Churchill By Himself*(New York: Public Affairs, 2008), 343; James, *Churchill, A Study in Failure*, 212; Herman, *Gandhi and Churchill*, 400−401.

44 Ian S. Wood, *Churchill* (New York: St. Martin's Press, 2000), 169.

의를 파괴할 수 없고 그런 시도가 오히려 반(反)생산적이며 국내외적으로 정치적 망신이 될 것이라는 사실을 깨닫게 되었다. 영국이 조금씩 인도 자치의 방향으로 나아간 것은 확실하다. 1930년과 1932년 사이에 열린 세 번의 원탁회의와 1935년에 제정된 인도정부법이 그 사실을 보여준다. 문제는 그 과정이 고통스러울 정도로 느리게 진행되면서 인도인들은 영국인들이 정말 떠날 생각이 있는지 의구심을 품게 되었다는 것이다. 제2차 세계대전 전에 대부분의 영국 정치인들은 인도가 자치정부를 이룬 후에도 영 – 인도 관계에서 기존체제가 지속될 것으로 확신했다. 즉 국가 방위에서 인도는 절대적으로 영국에 의존할 것이고, 재정적으로 영국은 계속 인도의 채권국일 것이며, 영국인들이 인도로부터 급속하게 철수하지도 않을 것이라는 전제였다.[45]

이 모든 것이 제2차 세계대전으로 바뀌었다. 1942년 2월, 싱가포르가 일본군에 함락되었을 때 그것은 처칠이 전혀 예상하지 못했던 최악의 시나리오가 현실로 나타난 것이었다. 싱가포르가 함락되고 일본이 인도의 코앞에 다가온 1942년 3월, 다급해진 처칠 정부는 노동당의 크립스를 인도에 보냈다. 그의 임무는 전쟁이 끝난 후 완전한 자치령 혹은 제국으로부터 완전히 탈퇴할 자유를 약속할 터이니 일본에 동요하지 말 것을 종용하는 것이었다. 자와하랄 네루(Jawaharlal Nehru)를 포함한 국민회의 지도자들은 크립스의 제안을 받아들이려 했지만 간디가 결정적으로 반대했다. 간디는 크립스의 제안을 "망해가는 은행의 날짜 지난 수표"인데 "너무 늦게 왔고 너무 조금"이라고 조롱했다.[46] 그의 생각은 '지금, 완전히, 그리고 영원히' 영국인들

---

45 John Darwin, *Britain and Decolonisation*(Macmillan, 1988), 84.

이 인도를 떠나야 한다는 것이었다. 네루와 다른 지도자들은 일본에 맞서 인도를 방위할 필요성을 제기했지만 간디는 비폭력인 방법으로 그들에게 대항할 것을 주장했다. 마침내 국민회의 집행위원회가 크립스의 제안을 거부하고 무슬림들의 지도자인 무함마드 알리 진나 (Muhammad Ali Jinnah)도 거부하기로 결정했다. 국민회의의 결정은 영제국의 위신을 치명적으로 손상시켰으며 그 직후 간디는 '인도를 떠나라' 운동을 전개했다. 그러나 1937년 지방정부 선거 후에 국민회의 내부에서 힌두교도와 무슬림 사이의 분열이 치열해졌기 때문에 무슬림들은 대체로 간디가 주도한 '인도를 떠나라' 운동에서 멀리 떨어져 있었다.

크립스 사절의 실패로 두 사람이 한숨을 놓았다. 한 사람은 처칠이었다. 1941년 12월 미국이 참전한 후 미국 측은 영국에게 인도 독립을 허락할 것을 종용해왔는데 이제 인도인들이 거절함으로써 처칠에게 명분이 생긴 것이었다. 1942년 4월, 처칠이 워싱턴을 방문했을 때 루스벨트는 인도에 독립을 허락하면 인도는 더 열심히 일본에 대항해 싸울 것이라며 처칠을 설득하려 했다. 처칠은 분노했다. 루스벨트의 측근 홉킨스는 처칠이 어떻게 한밤중에 두 시간 동안이나 욕설을 퍼부었는지를 루스벨트에게 보고했다.[47] 처칠은 지방정부 차원에서 부분적인 자치는 가능하지만 중앙정부에서는 절대로 안 된다는 종래의 입장을 고집했다. 안도의 한숨을 내쉰 또 한 사람은 간디였다. 일

---

46 Chaudhuri, *thy Hand, Great Anarch! India 1921-1952*(Boston: Addison–Wesley Longman, 1989), 534–535. Herman, *Gandhi and Churchill*, 489에서 재인용.

47 Churchill and Roosevelt, *The Complete Correspondence* vol. I edited by Warren F. Kimball(Princeton: Princeton University Press, 1984), 446–447.

본의 싱가포르 점령으로 영국은 인도를 방어할 수 없으며 영국 자체도 방어하지 못할 것이라는 간디의 주장에 명분이 생겼다. 간디는 영국이 할 수 있는 최선은 인도를 "그 자신의 운명에 맡기는 것"이며 그러면 인도는 나빠지지 않을 것이라는 주장을 되풀이했다.[48] 간디는 일본이 인도를 정복할 생각이 없다고 확신했으며 영국을 몰아내는 운동이 인도 국민회의를 결집시킬 것이라고 믿었다. 물론 역사는 간디의 판단 역시 틀렸음을 밝혀준다.

전쟁 중 처칠이 인도에 관해 행한 일 가운데 후대에 가장 비난받는 일은 1943년 벵골 지방에서 발생한 기근을 구제하지 않은 것이다. 그 기근으로 300만 명 가량이 아사한 것으로 추측된다. 처칠은 기근을 구제하기 위해 선박을 사용하는 것에 반대했는데 그 이유는 연합군의 이탈리아 상륙을 위해 선박들이 긴급하게 필요하다는 것이었다. 게다가 처칠은 구제 조치가 별 효과가 없을 것이라고 생각했다. 에이머리와의 대화에서 처칠은 "기근이건 아니건 인도 사람들은 토끼처럼 번식"한다고 냉소조로 발언했다. 평소의 생각이 적나라하게 드러난 말이었다. 인내심을 잃은 에이머리는 "당신 생각과 히틀러 생각 사이에 별 차이를 찾을 수 없다"고 대꾸했다.[49]

제2차 세계대전이 발발하자 인도가 지닌 전략적, 군사적 잠재력이 다시 한 번 입증되었다. 인도는 중동과 동남아시아에서의 작전 수행을 위한 긴요한 기지였으며, 인도군 병력은 1939년 10월의 20만 5,000명에서 1945년 7월까지 225만 명 이상으로 증가했다. 그러나

48 Herman, *Gandhi and Churchill*, 489.
49 Ibid., 513.

승리를 추구하는 과정은 영국이 인도 대륙을 떠나는 시간을 재촉하는 결과를 초래했을 뿐이었다. 전쟁으로 '인도의 인도화'가 급작스레 빨라졌다. 인도의 협조는 전쟁 수행에서 매우 중요했다. 인도에서 생산되는 구두와 직물의 거의 전부, 강철의 75퍼센트가 연합군을 위해 사용되고 있었다. 인도의 물질적 지원 없이 버마나 말레이, 나아가 중국에서 일본을 패배시키는 것은 불가능했다. 그러나 처칠은 그들을 회유함으로써 협조를 얻어내려는 노력을 기울이지 않았다. 처칠은 부왕 웨이벨이 간디에 접근하는 것도 막았다. 웨이벨의 회고에 의하면 "윈스턴은 위협적이고 기분 나쁘게" 굴면서 "간디에 접근하려면 내 시체를 밟고 가시오"라고 말했다는 것이다.[50] 간디에 대한 처칠의 감정은 거의 바뀌지 않았다. 1943년 1월에 루스벨트와의 회담을 위해 카사블랑카에 간 처칠은 미국 외교관 펜다에게 말했다. "우리에게 모로코를 주지 않겠소? 그러면 우리는 인도를 줄 테니까. 간디까지도 줄 수 있소. 그 친구는 유지하는 데 비용이 거의 들지 않소. 지금 단식투쟁 중이거든."[51]

비록 '인도를 떠나라' 운동을 전개했지만 간디는 히틀러에 대한 환상은 없었다. 1939년 9월, 부왕 린리스고와의 면담에서 간디는 자신이 "영국인의 심장"으로 전쟁에 대해 생각하고 있으며 웨스트민스터 사원과 의회 건물이 독일군의 폭격으로 파괴된 사진을 상기시키면서 자신의 "존재의 매우 깊은 곳을 흔들지 않고" 런던의 파괴를 생각할 수 없을 것이라고 말했다. 놀란 린리스고는 간디가 고개를 떨구고 우

---

50 Ibid., 516.
51 Langworth ed., *Churchill By Himself*, 343.

는 모습을 지켜보았다.[52] 1899년 보어전쟁과 1914년 제1차 세계대전 당시 영제국 편에 섰던 간디는 1939년에도 그럴 준비가 되어 있었던 것 같다. 그러나 여러 상황이 간디를 그 길로 인도하지 않았던 것이다. 1944년 7월 17일에 간디는 처칠에게 다음과 같은 편지를 보내려 했지만 결국 보내지 않았다. 그리고 거의 1년 후인 1945년 6월에 그것을 공개했는데 그 편지는 간디가 처칠에게 결코 적대적이지 않았음을 보여준다.

친애하는 수상께,

귀하는 귀하가 표현했다고 알려진 단순한 '벌거벗은 수도자'를 뭉개버리겠다는 욕망을 가지고 있다고 보도되었습니다. 저는 오랫동안 수도자가 되기를 바랐고 게다가 벌거벗은 수도자가 되고 싶었는데 그건 더욱 어려운 일입니다. 따라서 저는 그 표현을 칭찬으로 받아들이겠습니다, 비록 귀하의 의도가 그렇지는 않지만. 저는 그런 상태로 귀하에게 접근하고 귀하의 국민과 나의 국민을 위해, 그리고 그들을 통해 이 세상을 구하기 위해 저를 사용하라고 귀하에게 말하고자 합니다.

귀하의 신실한 친구로부터.[53]

1945년에 들어선 노동당 정부의 목표는 인도로부터 평화적으로, 그리고 명예롭게 물러나는 것이었다. 말할 것도 없이 그것은 처칠의 바람과는 정반대였다. 영국인들은 인도가 그 지정학적 위치 때문에

---

52 Herman, *Gandhi and Churchill*, 448.
53 Ibid., 538.

여전히 제국의 방위상 결정적이라고 생각했는데, 전후 그들이 생각할 수 있는 최악의 시나리오는 영국이 물러난 후 허약하고 분열된 인도가 영 연방 밖에 존재하면서 러시아의 지배를 받는 것이었다. 영국인들은 인도와 만족스러운 협정에 이르는 것이 영국의 전략상 이득이 된다고 판단했고, 따라서 급선무는 인도가 영 연방에 속하면서 안정적일 수 있게 만드는 것이고, 그를 위해 질서 있게 권력을 이양하는 것이었다. 무역과 투자 면에서는 인도의 가치가 이미 많이 축소되어 있었다. 더 이상 인도가 이득이 아니라 부담이 된 시대가 도래했던 것이다. 1919년 재정 자치 협정에 따라 영국은 관세권을 인도 정부에 양보했는데, 추가 세입이 필요할 때 인도 정부는 소득세를 올리기보다 영국 제조업자들에게 부담을 전가하는 관세 인상을 선택하는 경향을 보였다. 면제품에 대한 관세는 1921년에 11퍼센트, 1930년에 15퍼센트, 1931년에는 20퍼센트로 상승했고 그 결과 인도에서 영국산 직물 판매는 현저히 감소했다. 금융에서도 인도는 10억 파운드라는 액수의 채권자로서 제2차 세계대전을 마침으로써 영국과 인도의 재정 상태가 역전되었다. 방위에서도 1920년대 이르면 인도는 더 이상 값싼 병력을 제공하지 않았다. 인도 육군이 제2차 세계대전을 준비했을 때 그것은 전적으로 영국의 비용 부담으로 전가되었다.[54] 이러한 재정적 관계의 반전이 영국으로 하여금 인도를 포기하는 결단을 내리는 데 작용했다.

1947년 8월 15일, 인도와 파키스탄이 각각 독립국으로 첫 발자국을 내디뎠다. 인도 국민회의의 성취는 역사적으로 놀랄 만하다. 영제

---

54 Brown, "India", 440.

국 내 어디에서도 그런 도전은 없었다. 그러나 인도 민족주의 세력을 강조하는 것도 잘못된 해석이다. 어떤 단계에서도 간디의 비협력 운동이 인도를 통치 불가능한 상태로 몰지는 않았던 것이다.[55] 그리고 비극적이지만 어떤 단일한 민족 정체성도 인도에서 정통성을 획득하지 못했고 결국 인도와 파키스탄의 분리 독립이라는 결과를 낳았다. 국민회의의 핵심 세력은 여전히 상대적으로 교육받은 이들과 특권층이었다. 처칠은 1942년에도 "영국에 있는 유약한 사람들"이 인도에서 "이번 전쟁에서 지금까지 희생당한 사람들보다 더 많은 희생자"를 내게 만들 것이라고 예견했다.[56] 처칠의 예언대로, 영국이 물러나기로 결정하고 실제로 물러나기까지 인도에서는 극도의 폭력 사태와 혼란이 발생했다. 그런 와중에 간디도 피살되었다. 그러나 인도는 힘겹게 나라 만들기 과정을 시작했다. 1949년에 공표된 인도 헌법은 모든 성인 남녀에게 선거권을 부여했다. 그에 따라 1951년에 1억 7,300만 명이 선거권을 부여받고 4,000명의 의원을 선출했을 때 인도는 기술적으로 세계에서 가장 큰 민주주의 국가가 되었다. 그러나 유권자의 80퍼센트는 문맹이었다.[57] 한편 '간디의 물레'는 자유를 위한 투쟁의 상징으로는 놀라운 역할을 했지만, 인도 출신의 노벨경제학상 수상자인 아마르티아 센(Amartya Sen)이 지적했듯, 독립 후의 경제정책으로는 말이 안 되는 것이었다. 독립 후 인도를 이끌어간 네루는 간디와 달리 영제국의 지배를 반대하는 것과 근대 과학과 기술을 받아

55 Ibid., 439.

56 Lord Moran(Charles Wilson), *Churchill, the Struggle for Survival* taken from the Diaries of Lord Moran(Boston: Houghton Mifflin, 1966), 34.

57 Stanley Wolpert, *A New History of India*(Oxford: Oxford University Press, 1997), 356.

들이는 것 사이에 아무런 모순을 발견하지 않았다. 간디가 광신적 힌두교도에게 암살되지 않았다 해도 새로운 나라 만들기에서 그의 역할은 그리 크지 않았을 것이다. 간디의 철학은 원시적이고 비합리적이었다. 그를 따르는 것은 많은 인도사람들에게 더러움, 가난함, 무지로 돌아가는 것을 의미했다.[58]

처칠에게 인도는 본질적으로 제국의 위신과 위엄이었고 정치적, 상징적 의미였다. 인도에 대한 처칠의 태도는 분명 인종주의적 색채를 띠고 있었다. 처칠이 백인 자치령과 인도를 구분했음은 확실하고 그의 태도에서 보이는 가부장적 요소는 변명할 여지가 없었다. 그는 결코 영국인들의 정부와 인도인들의 정부를 평등하게 인정할 수 없었고 영국의 우월을 감소시키는 어떤 제안에도 분노했다. 일찍이 그는 "앵글로색슨의 우월함에 대해 왜 변명조인가? 우리는 우월하다"고 감히 선언했다.[59] 힌두교와 카스트제도를 혐오했던 처칠은 언젠가 인도 사람들을 '짐승 같은 종교를 가진 짐승 같은 사람들'로 언급했다. 그는 그 당시의 상식을 좇아 인도인이나 다른 비백인들이 백인보다 덜 문명화되었거나 덜 진보했다고 믿었다. 그는 흑인이나 중국인을 비하하는 단어를 사용하기도 했는데 다만 유대인이나 인도 귀족에 대해서는 그러지 않았다. 따라서 1943년 11월에 있은 카이로 회담에서 처칠은 루스벨트가 중국 문제에 시간을 보내는 것을 불만스러워했다. 루스벨트에게 중국은 4억의 인구를 가진, 미래 세상에서 중요한 역할을 할 나라였지만 중국을 강대국이라 생각지 않은 처칠은

---

58 박지향, 「자와할랄 네루의 나라 만들기」, 《영국연구》 25(2011년 6월).

59 Herman, *Gandhi and Churchill*, 109.

"그들의 피부 색깔만 생각"했다고 그를 수행했던 주치의 모랜 경은 회상한다. 처칠이 인도나 중국을 말할 때면 그가 "빅토리아 시대 사람임을 기억"하게 된다는 것이었다.[60] 그러나 말년의 처칠은 변한 모습을 보였다.

1950년에 처칠은 모랜 경에게 토로했다. "어떤 인종을 열등하다고 생각하게 되면 그 생각에서 벗어나기가 어렵네. 내가 인도에 주둔해 있을 때 그들은 백인과 동등하게 보이지 않았어." 그러나 처칠은 늦게나마 그런 태도가 잘못되었다는 사실을 깨달았다. 그는 1953년에 인도에 대해 전에는 한 번도 한 적이 없는 말을 했다. "만약 우리 관계를 정치적 영역에 국한시키지 말고 그들과 친구가 되고 그들을 우리 삶에 받아들였다면 상황은 매우 달랐을 것이오."[61] 늦게나마 처칠은 그 사실을 깨달았지만 그것은 인도가 이미 영제국의 품을 벗어난 후에 찾아온 깨달음이었다. 처칠의 장례식은 정확히 간디가 암살된 날로부터 17년 후에 거행되었다. 그것도 두 사람의 끊어지지 않은 인연을 표현해주는 하나의 상징이라 할 수 있다. 1965년 1월, 처칠이 서거했을 때 인도 의회는 정회를 선포하고 그의 죽음을 애도했다. 인도는 처칠에게 평생의 아킬레스건이었다.

---

60 Lord Moran, *Churchill, the Struggle for Survival,* 140.

61 Ibid., 479.

9장
코끼리와 곰 사이: 루스벨트, 스탈린

선악을 떠나 20세기 역사에서 가장 강력한 인물들이라 할 수 있는 처칠, 루스벨트, 스탈린, 그리고 히틀러가 동시대인이었음은 참으로 흥미로운 사실이다. 그들 네 명이 한 무대에 존재했다는 사실은 역사의 경로에 지대한 영향을 끼쳤다. 제2차 세계대전이 진행되는 동안 처칠과 루스벨트는 1941년 8월에 뉴펀들랜드 연해에서 벌어진 선상 회의를 시작으로 워싱턴에서 세 번, 퀘벡에서 두 번, 카사블랑카, 카이로, 몰타, 얄타에서 각각 한 번씩 총 열한 번 만났다. 한편 처칠은 1942년 8월, 1944년 10월에 두 차례 모스크바를 방문해 스탈린과 만났으며, 처칠과 루스벨트와 스탈린은 1943년 11월에 테헤란에서, 1945년 2월에는 얄타에서 만났다. 정리하면, 처칠과 루스벨트는 열한 번, 처칠과 스탈린은 여섯 번 만났는데 그 가운데 두 번은 루스벨트와도 회동한 3자회담이었다.

전통적 해석에 의하면 처칠과 루스벨트는 '서방 세계를 구한 동반자'다. 처칠은 회고록에서 자신을 소련의 확장 야욕을 미리 알아본 현명하고 선견지명이 있는 지도자로, 루스벨트는 그 사실을 잘 깨닫지 못한 선한 사람으로 그리고 있다. 그러나 두 사람 관계는 모호했으며 '두 사람 중 한 명이 마키아벨리의 학생이라면 그것은 루스벨트'라는 것이 보다 정확한 평가다. 루스벨트의 연설문 작성자였던 셔우드(Robert Sherwood)도 두 사람 가운데 한 명이 "도자기 상점에 있는 불독"이라면 그것은 처칠이라고 평했다.[1] 역사적 인물들의 겉과 속은 그만큼 달랐다. 아마 진주만 폭격이 없었다면 루스벨트는 한참 더 처칠의 속을 썩였을 것이다. 처칠은 1942년에 국왕 조지 6세에게 "미국과 영국은 여러 차례 헤어지기를 반복한 끝에 마침내 결혼했습니다"라고 말했다.[2] 그때는 아직 처칠과 루스벨트의 관계가 소원해지기 전이었다. 미국과 영국의 결혼은 종종 배신으로 특징지어졌다. 한편 처칠은 스탈린을 직접 만나자 거래가 가능한 믿을 만한 사람이라고 생각했다. 그러나 전쟁이 진행되면서 그 믿음에 의문이 들 수밖에 없었고 그때마다 처칠은 소련과의 대치 또는 전쟁은 생각할 수 없는 일이라 판단해 동맹관계를 밀고 나갔다. 처칠은 종전 후 자신이 마치 "아가씨에게 구애하는 젊은이"처럼 스탈린에 구애했으며, "어떤 연인도 내가 루스벨트 대통령을 연구한 것처럼 연인의 변덕스런 기분을 연구하지 않았다"고 토로했다.[3]

---

1 Warren F. Kimball, "Wheel Within a Wheel: Churchill, Roosevelt, and the Special Relationship" in *Churchill, A Major New Assessment of his Life in Peace and War* edited by Robert Blake & Wm. Roger Louis(New York: Oxford University Press, 2002), 294.
2 Ibid., 304.
3 Robin Edmonds, "Churchill and Stalin" in *Churchill, A Major New Assessment,* 326.

체임벌린은 히틀러를 잘못 판단함으로써 제2차 세계대전이 발발하는 데 책임이 있었다. 처칠은 반대로 히틀러의 본질을 꿰뚫어 보았고 히틀러를 궤멸시키는 데 그의 정치 생명은 물론 나라의 국운을 걸었다. 처칠은 스탈린을 알면 알수록 그의 본질을 꿰뚫어 볼 수 있었다. 그러나 루스벨트는 그렇지 못했다. 그는 스탈린이 자기와 동일한 주파수로 움직인다는 엉뚱한 오해를 하고 있었는데, 스탈린은 실상 처칠과 루스벨트와는 근본적으로 다른 관점에서 세상을 보고 있었다. 루스벨트는 죽기 직전에 이르러서야 스탈린에 대한 환상을 버렸는데 만약 그가 그 환상을 조금 일찍 버렸더라면 전후세계는 조금 달라졌을 것이다. 처칠은 스탈린이라는 존재에 곤혹스러워했다. 그는 소련이 마치 "악어"와 같다며 "언제 머리를 쓰다듬을지 혹은 때릴지"를 결코 알 수 없다고 토로했다.[4] 히틀러라는 공동의 적이 존재하는 동안 세 사람의 동맹은 유지되었지만 그 적이 사라지는 순간 그들은 분열했다.

기나긴 편지

처칠과 루스벨트는 1939년 9월부터 1945년 4월에 루스벨트가 타계하기 전까지 4년여의 기간 동안 거의 2,000통에 달하는 서신을 주고받은 것으로 유명하다. 두 사람의 초기 접촉에서는 특별한 연대감

---

4 John Lukacs, *Churchill: Visionary. Statesman. Historian*(New Haven : Yale University Press, 2002), 34.

을 찾아볼 수 없었다. 제2차 세계대전 전에 두 사람은 단 한 번 만났다. 1918년 미국 해군부 차관보였던 루스벨트가 런던을 방문해 연설했을 때 그 자리에 전직 해군부 장관 처칠이 참석했던 것이다. 그러나 처칠은 루스벨트에게서 특별한 인상을 받은 것 같지 않다. 루스벨트는 나중에 당시를 회고하며 처칠이 무례했고 구두쇠이며 미국에게 모든 걸 떠넘겼다고 비판했다.[5] 1941년 8월에 두 사람이 대통령과 수상으로 다시 만났을 때 처칠은 그들이 만난 것을 기억하지 못했는데 그것이 루스벨트의 자존심을 상하게 했다. 비록 처칠은 1918년의 루스벨트를 기억하지 못했지만 대통령이 되어 미국의 경제 문제를 공격하는 그의 활력에 끌려 자신이 집필한 몰버러 공작 전기『몰버러: 그의 생애와 시대(*Marlborough: His Life and Times*)』제1권을 다음과 같이 서명해서 보냈다. "근대의 가장 위대한 십자군 운동의 성공을 기원하면서."[6]

물론 처칠 혼자 접촉을 원한 것은 아니었다. 처칠과 루스벨트가 주고받은 서신은 루스벨트가 1939년 9월 11일에 보낸 편지로부터 시작되었다. 9월 1일에 유럽에서 전쟁이 발발하자 루스벨트는 영국 해군부 장관인 처칠에게 편지를 보내 두 사람이 제1차 세계대전 당시 같이 해군에서 일했고 런던 만찬에 같이 참석했음을 상기시키면서 개인적으로 전하고 싶은 모든 소식을 알려 달라고 요청했다. 처칠은 루스벨트와의 서신에서 자신을 '해군(Naval Person)'으로 표현하면서 두 사람의 끈과 유대감을 유지하려 했다.[7] 1940년 3월 15일에 처칠은 루

---

5 Ibid., 297.
6 Ian S. Wood, *Churchill*(New York: St. Martin's Press, 2000), 34.
7 처칠은 수상이 된 후에도 루스벨트와의 서신에서 'Former Naval Person'이라는 서명을

스벨트에게 전함을 대여해줄 것을 요청하는 첫 번째 청원을 했다. 그는 미국이 너무 늦게 도와주면 아무 의미도 없을 것이라며 당장 돕지 않으면 유럽은 히틀러에게 완전히 굴복하고 나치화될 것이라고 경고했다. 그러나 루스벨트는 아무런 약속도 하지 않았다. 1940년 5월 10일에 수상이 된 처칠은 닷새 후 루스벨트에게 편지를 보내 동일한 내용을 강조했다. 즉 미국의 힘과 목소리가 너무 오랫동안 억제된다면 나중에는 아무 쓸모가 없어질 수도 있다는 사실을 알고 있냐는 다그침이었다. 처칠은 대공 화기와 탄약을 비롯해 구형 구축함 40~50척, 최신형 항공기 수백 대, 강철 등 시급한 요청 사항을 나열한 후 영국 정부는 가능한 한 미화로 지불하겠지만 만약 더 이상 지불할 능력이 없더라도 계속해서 물자를 지원해줄 것을 굳게 믿는다고 썼다. 그러나 이틀 후 루스벨트는 전문을 보내 처칠의 청을 정중히 거절했다.[8]

루스벨트의 냉담함에도 불구하고 처칠은 결국 미국은 참전하게 될 것이라는 희망을 품고 있었다. 그것만이 1940년에 영국이 전쟁을 지속할 수 있었던 희망이고 합리화였다. 그러나 처칠은 미국이 사실상 아무런 도움을 주지 않고 있음을 뼈저리게 깨닫고 있었다. 1940년, 영국이 가장 필요로 할 때 미국은 거의 도움을 주지 않았다. 그해 8월부터 시작된 독일 폭격기의 공습과 브리튼 전투라는 긴급 사태에서 미국은 전혀 도우려 하지 않았던 것이다. 당시 루스벨트로서는 뜻이 있어도 실천할 수 없는 상황이었다. 그해 11월에 선거를 앞두고 있던

고집했다.

8 Churchill and Roosevelt, *The Complete Correspondence* vol. I *Alliance Emerging* edited with Commentary by Warren F. Kimball(Princeton: Princeton University Press, 1984), 37, 103-104.

루스벨트는 여론에 민감하지 않을 수 없었는데, 유럽에서 전쟁이 발발하고 한 달여 지난 1939년 10월에 실시된 여론조사에서 미국 국민의 95퍼센트가 전쟁에 끼어들기를 원치 않았다. 그러나 '직접 참전하는 방법 외 가능한 모든 수단을 동원해 영국과 프랑스를 도와야 한다'에는 62퍼센트가 그렇다고 답했다.[9] 그럼에도 전반적인 분위기는 고립주의였다. 대서양을 최초로 횡단한 전설적인 비행기 조종사지만 미국 고립주의의 대변인이 된 린드버그(Charles Lindbergh)는 1940년 5월에 라디오 방송을 통해 미국은 외국의 침입을 두려워할 필요가 전혀 없다면서 국민들에게 해외에서 벌어지고 있는 일들에 "쓸데없이 시비 걸고 간섭하지 마라"고 충고했다. 루스벨트는 국내 여론을 염두에 두어야 했을 뿐 아니라 만약 무기를 제공했는데 영국이 히틀러에게 항복하면 고스란히 그 무기들이 독일 손에 들어갈 것을 우려한 것도 영국을 돕지 않은 이유 가운데 하나였다.[10]

그러나 독일군의 전격전에 밀려 1940년 6월에 프랑스가 공식 항복하자 미국 여론도 바뀌기 시작했다. 히틀러가 유럽 대부분을 정복했다는 충격이 많은 미국인들로 하여금 다시 생각하게 만들었던 것이다. 여론조사에서 미국이 전쟁으로 끌려 들어가더라도 영국을 도와야 한다는 의견이 30퍼센트에서 60퍼센트로 뛰어올랐고 1940년 11월에 루스벨트가 3선에 성공했을 때가 되면 연합국을 돕자는 의견이 더 많은 지지를 받았다.[11] 처칠은 기회를 놓치지 않고 12월 초에 루스벨

---

9   미첨, 『처칠과 루스벨트』, 105~106쪽.

10 Ibid., 112; Martin Greenberg, "Churchill Revisited: Greatest of Leaders", *The Sewanee Review* vol. 119 no. 4(Fall 2011), 610.

11 Simon Berthon and Joanna Potts, *Warlords*(Cambridge, Mass.: Da Capo Press, 2006), 31.

트에게 장문의 편지를 보냈다. 요지는 미국이 무기와 원자재를 유럽과 북아프리카로 실어다주면 영국이 승리할 수 있다는 것이었다. 처칠도 미국이 교전에 참가할 것을 기대하기 힘들다는 사실을 알고 있었기에 미국이 직접 전투를 하지 않고도 얼마든지 "건설적인 역할"을 할 수 있다는 뜻을 전달했던 것이다.[12] 선거의 압박에서 벗어난 루스벨트도 처칠의 제안에 조금 더 고무적인 약속을 했다. 그는 무기 제공만이 아니라 미 해군의 호송 선단 지원을 약속했으며 군수품 생산에도 박차를 가해 매달 독일이 격침시킬 수 있는 양보다 더 많은 수송선이 미국에서 제작될 예정이었다.

루스벨트를 대하는 처칠의 책무는 이중적이었다. 한편으로는 미국의 도움 없이는 지탱하기 힘들다는 호소를 해야 했지만, 다른 한편으로는 '우리가 쓰러지고 무너질 것이라고 호소'하는 것은 좋은 생각이 아니었다. 영국이 당면한 여러 어려움 중에 재정적 어려움도 심각했다. 끝까지 싸우겠다는 결정은 영국이 보유한 금고와 달러의 고갈을 의미했다. 이미 1940년 가을이 되면 달러 보유고는 바닥을 보이고 있었다. 1940년 12월 7일자 처칠의 편지는 두 사람의 서신 가운데 가장 여러 번 고쳐 쓴 편지인데, 그 장문의 편지에서 그는 영국이 당면한 어려움을 일일이 열거하고 해외 구입품의 대금을 "지불하지 못할 순간이 오고 있다"고 절절하게 호소했다.[13] 그러나 루스벨트와 미국인들은 영국과 영제국의 부를 과대평가했다. 루스벨트는 서반구에 있는 영국의 해외 자산 보유 상태의 완전한 목록을 조사하라고 지시했

---

12 베스트, 『절대 포기하지 않겠다』, 309쪽.
13 Churchill and Roosevelt, *The Complete Correspondence* vol. I. 편지 전체는 102~109쪽을 망라할 정도로 길다.

는데 그 목록을 보자 냉담하게 반응했다. "저들은 파산하지 않았군. 돈이 많네." 그리고는 12월 23일에 남아프리카 케이프타운에 있던 영국의 마지막 자산의 일부인 5,000만 파운드에 달하는 금을 가지러 미국 전함을 보냈다. 다음 해 3월에 또 다른 미국 전함이 더 많은 금을 가지러 파견되었다.[14] 루스벨트의 이중적 태도는 그가 미국이 '민주주의의 위대한 무기고'가 되어야 한다며 1941년 1월 10일에 무기 대여법을 의회에 제출했다는 사실에도 드러난다. 같은 날 루스벨트의 최측근인 홉킨스가 정확한 사태 파악을 위해 다우닝가에 나타났다. 처칠을 만나 며칠을 함께 보내면서 그에 감탄한 홉킨스는 루스벨트에게 보고했다. "이곳 사람들은 처칠로부터 일반 국민에 이르기까지 놀라울 정도로 대단합니다." 홉킨스는 "당신이 가는 곳에 나도 갈 것입니다. 끝까지"라는 작별 인사를 했고 처칠은 감동의 눈물을 흘렸다.[15]

그러나 처칠이 아직 깨닫지 못한 것은 루스벨트가 말한 것을 액면 그대로 받아들이면 안 된다는 사실이었다. 표면상의 매력과 친근감에도 불구하고 루스벨트가 얼마나 이해하기 어렵고 착각을 일으키는 사람인지를 처칠은 오랫동안 알지 못했다. 루스벨트의 말과 행동은 일치하지 않았다. 워싱턴에 있는 측근들은 그가 처칠의 사기를 떨어뜨리지 않으면서 일정한 거리를 두는 이중게임을 하고 있다고 느

---

14 Warren F. Kimball, "Churchill, the Americans, and Self-Determination" in *More Adventures with Britannia* edited by Wm. Roger Louis(Austin: University of Texas Press, 1998), 228; John Charmley, *Churchill: the End of Glory*(New York: Harcourt Brace, 1993), 437.

15 미첨, 『처칠과 루스벨트』, 171쪽.

껐다. 보다 못한 재무부 장관 모겐소(Henry Morgenthau)가 1941년 6월에, 영국을 돕지 않으면 그들은 지탱할 수 없을 것이라고 루스벨트에게 간했지만 그는 동요하지 않았다. 국왕 조지 6세의 편지조차 소용없었다. 1939년 6월 며칠 동안 뉴욕의 루스벨트의 집에서 묵은 인연이 있는 조지 6세가 루스벨트에게 개인 편지를 보냈던 것이다.[16] 그러나 루스벨트는 만나자는 처칠의 요청에 응했고 1941년 8월에 뉴펀들랜드 연안에서 영국 수상과 미국 대통령으로서 두 사람의 첫 번째 만남이 이루어졌다. 두 사람은 대서양 헌장을 발표하여 두 나라의 우호관계와 두 나라가 공유하는 대의를 천명했다. 그러나 헌장은 전쟁선포의 대체물이 될 수 없었고 처칠도 그것을 알고 있었다. 대서양회담 전에 처칠이 왜 만나자는 건지 알고 있던 루스벨트는 영국이 인력과 군수품 공급에서 확실하게 바닥에 도달했는지 확인하고 싶어 했다. 이러한 루스벨트의 태도는 전쟁 말까지 지속되었다. 1944년 8월에 있은 모겐소와 루스벨트의 대화에 루스벨트의 본심이 잘 드러난다. 모겐소가 영국이 파산했다고 하자 "영국이 파산했다는 걸 몰랐소. 매우 흥미롭군. 영국에 가서 몇 마디 하고 영제국을 인수해야겠소"라고 루스벨트가 농담을 했다.[17]

처칠과 루스벨트가 서로에게 끌린 것은 분명하다. 1942년 1월 29일은 루스벨트의 생일이었는데 그는 그날 처칠에게 메시지를 보냈다. "당신과 동시대에 사는 것은 즐거움입니다." 처칠은 이 메시지를 받고 매우 좋아했다.[18] 그러나 제2전선과 소련, 영제국과 식민지

16 Berthon and Potts, *Warlords*, 24-25, 55, 57-58.
17 Ibid., 256.
18 Lord Moran, *Churchill, the Struggle for Survival* taken from the Diaries of Lord

문제를 두고 처칠과 루스벨트의 갈등은 고조되었고 루스벨트에 대한 처칠의 감정도 흔들렸다. 처칠의 정서는 사실 오락가락했다. 1943년 8월에 워싱턴에서 처칠을 만난 루스벨트의 사촌이자 막역한 친구인 데이지 서클리(Daisy Suckley)는 처칠이 루스벨트를 "흠모하고 사랑하고 존경하고 그의 뜻을 따르고 의지"한다고 관찰했다. 석 달 후인 11월, 카이로에서 루스벨트와 만났을 때 처칠은 동행한 딸 사라에게 "저 사람을 사랑한다"고 말했다.[19] 그러나 두 사람의 갈등은 겉으로 보는 것보다 훨씬 심각했다. 처칠의 주치의 모랜 경은 1941년 12월 미국과 캐나다를 방문했을 때, 처칠이 워싱턴에서는 루스벨트에게 "잘 보이려고 그렇게 노력하고 조심"하더니 다음 날 만난 캐나다 수상에겐 전혀 무관심하다고 관찰했다.[20]

제국의 수상과 공화국의 대통령

처칠과 루스벨트의 갈등은 우선 러시아에 보내는 군수품과 보급품, 그리고 제2전선 설치를 둘러싼 전략에 대한 논쟁에서 시작되었다. 1942년 6월에 나치군이 소련을 전격적으로 침공함으로써 영국과 한 배를 타게 된 스탈린의 요구는 크게 두 가지였다. 우선 그는 군수물자, 탱크, 비행기, 트럭, 총기, 알루미늄, 군화를 비롯해 영국과 미국이 보낼 수 있는 모든 것을 대량으로 요구했다. 영국도 물자가 절

Moran(Boston: Houghton Mifflin, 1966), 27

19　Berthon and Potts, *Warlords*, 194, 216.

20　Lord Moran, *Churchill, the Struggle for Survival*, 21

대적으로 부족한 형편이었지만 처칠은 그 요구를 들어주려 노력했는데 그것은 소련이 독일에 항복하는 것을 막기 위함이었다. 한편 루스벨트는 보다 적극적으로 소련 지원에 나섰다. 히틀러의 소련 침공 이후 루스벨트의 우선순위는 소련에 군수품을 보급하는 것이었다. 그는 영국을 희생하더라도 소련에 더 많은 물자를 보내려 했다. 루스벨트는 사적인 자리에서 영국이 충분히 할 일을 하지 않는다고 비난하면서 "러시아가 무너지는 것보다 차라리 뉴질랜드, 오스트레일리아 혹은 그 외 어떤 것이든 잃는 게 낫겠다"고 불평했다.[21]

스탈린의 두 번째 요구는 서유럽에 제2전선을 열어 양동 작전을 펼치라는 것이었다. 그러나 처칠은 서유럽 대신 북아프리카를 침공한 후 이탈리아로 진군하는 작전을 고집했다. 1941년 12월에 있은 진주만 습격으로 미국이 참전했지만 처칠은 미국 병력이 아직 유럽 전장에서 싸울 만큼 충분히 강하지 못하다고 생각했고 프랑스 작전은 재앙이 될 것이 뻔하다고 판단했다. 그러나 미국 군부는 프랑스에 조기 상륙하고자 하는 스탈린의 제2전선 안에 찬성했고, 처칠이 고집을 부리자 차라리 일본에 대항하는 태평양전쟁에 집중하자고 주장했다. 궁극적으로 루스벨트는 히틀러를 무찌르는 게 우선이라며 처칠의 손을 들어주었다. 영국군은 당시 유럽 무대에 미국보다 더 많은 병력을 투입하고 있었기에 처칠은 미국 군부의 반대를 물리치고 북아프리카와 이탈리아에 연합군을 투입할 수 있었다. 마셜(George Marshall) 장군은 후에 루스벨트의 판결이 전쟁의 전환점이었다고 회고했으며, 영국의 고위 관리들도 프랑스 상륙 작전을 연기한 것이 1940년 이후

21 Ibid., 139.

처칠의 가장 뚜렷한 업적이라고 평가했다.[22]

비록 처칠의 주장에 손을 들어주었지만 루스벨트는 영국 군대가 과연 히틀러 군대를 무찌를 것인지에 대해서는 환상이 없었다. 1942년 6월, 제2전선 문제를 상의하기 위해 처칠이 워싱턴에 머무는 동안 독일의 롬멜(Erwin Rommel)이 북아프리카 토브룩에서 영국군을 패배시키고 3만 명을 포로로 잡는 대참사가 일어났다. 자신의 사촌 데이지와 나눈 사적인 대화에서 루스벨트는 영국인들이 독일군과 "같은 수의 병력과 무기"만 가지면 독일을 무찌를 수 있다고 생각하는 것이 문제라고 비판했다. 독일인들은 "더 나은 훈련을 받았고 더 나은 장군들의 지휘"를 받는다고 지적한 루스벨트는 영국인이나 미국인을 독일인만큼 잘 훈련시킬 수 없을 것이라고 말했다.[23] 루스벨트가 영국군을 높이 평가하지 않았다면 처칠도 미국군의 역량을 믿지 못했다. 노르망디 상륙 작전을 앞두고 처칠은 독일군이 얼마나 뛰어난지를 언급하면서 상륙할 때 해협에 5만 명의 시체가 떠 있을 것이라고 예측하는 등 미국 상륙군의 역량을 믿지 못했다. 그것이 처칠이 지속적으로 제2전선을 미룬 이유이기도 했다.

미국이 참전하고 약 2년 동안 영국은 영미동맹에서 동등한 파트너였다. 그러나 1943년 언젠가부터 두 나라의 평등한 관계는 시니어 - 주니어 관계로 변질되었다. 미국이 자신의 세력을 자각하게 되고 자존감을 확인하면서 영미관계가 변했던 것이다. 처칠과 루스벨트 사이에서 가장 심각한 갈등의 소재가 된 것은 영제국이었다. 제국주의

---

22 Ibid., 43, 48, 49.
23 Berthon and Potts, *Warlords*, 149.

에 대해 과도할 정도로 예민하게 반응한 루스벨트는 전쟁 초부터 식민지인들에 대한 영국인들의 "포악한 장악"이 계속되지 못하도록 하겠다는 확고한 입장을 표명했다. 루스벨트는 처칠에게 식민지의 자치를 인정하고 특히 인도에 진정한 자치정부를 약속하는 선취적 행동을 취하라고 요구했다. 처칠 정부는 1942년 초, 일본의 인도 침공이 가시화하자 사절단을 인도에 보내 전쟁이 끝나면 자치정부를 허락하겠다고 약속했는데, 루스벨트는 전후에 그럴 생각이 있다면 전쟁 중에 왜 허락하지 않는지 물었다. 그는 전통적인 미국의 가치를 거론하면서 자유의 약속이 인도인들로 하여금 더욱 열심히 일본에 항전하도록 고무할 것이라고 주장했다. 이에 대해 처칠은 인도인들이 더 열심히 항전하기는커녕 "귀하가 제안한 대로 인도에 민족주의 정부가 설립되면 중동 지역에서 모든 인도 병력을 빼낼 것이고, 아마도 일본과 협정을 맺을 것"이라고 단언했다.[24] 1943년 11월에 열린 카이로 회담에서 루스벨트가 장개석을 띄우는 작전을 쓴 것도 영제국을 약화시키려는 의도였으며, 얄타 회담에서 루스벨트는 한국이 전후 영국의 신탁통치를 받는 것도 막으려 했다.[25]

영제국의 '문명화 사명'을 굳게 믿고 인도의 정치적 자립 수준을 매우 낮게 평가하고 있던 처칠이 보기에 루스벨트의 제안은 "미친 짓"이었다. 루스벨트도 인도가 아직 자국 정부(home government)를 가질 준비가 안 됐으며 자국 정부가 가능하려면 오랜 시간이 필요함을 인정했다.[26] 그러면서도 처칠에게는 당장 자치정부를 인정하라고 요구

---

24 Churchill and Roosevelt, *The Complete Correspondence* vol. I, 373, 447.

25 Warren F. Kimball, "Churchill, the Americans, and Self-Determination", 229.

26 Lord Moran, *Churchill: the Struggle for Survival*, 33–34; Kimball, "Churchill, the

했던 것이다. 미국은 영제국과 같은 폐쇄된 상업 시장이 공정한 교역의 자유를 방해한다며 종전 후 영제국과 영연방 시장을 개방하라는 요구도 덧붙였다.[27] 이러한 미국의 압박에 처칠은 폭발했다. 1942년 11월, 런던 시장 관저에서 행한 연설에서 처칠은 "영제국의 해체를 관장하기 위해 수상이 된 것은 아니다"라고 선언했지만 나중에는 태도를 조금 누그러뜨렸다. 그러나 미국은 압박을 늦추지 않았다. 1944년 9월 퀘벡 회의에서 처칠은 "미국에게 인도의 절반을 통치하라고 주고 우리가 나머지 반을 차지"하고 나서 "누가 더 잘하는지" 보자고 언성을 높였다.[28] 제국 문제가 영미 갈등의 핵심에 있었던 것이다.

두 사람이 1945년 2월에 얄타에서 만났을 때도 루스벨트는 영제국의 해체를 원한다는 요지의 말을 했고 처칠은 '결코, 결코, 결코'라고 중얼거렸다. 처칠이 영제국에 대해 장황하게 이야기하면 루스벨트는 안절부절못했다. 루스벨트는 언론과의 인터뷰에서 "처칠 수상은 전에 가졌던 영토를 전부 돌려받겠다는 것입니까?"라는 질문에 "그렇소. 그 문제에 있어서는 그는 19세기 사람이라오"라고 대답했다.[29] 모랜 경에 의하면 영제국의 해체를 관장하기 위해 수상이 되지 않았다는 처칠의 말은 허세가 아니었으며 영제국은 그에게 "생명이라도 바칠 신념"이었다. 한편 루스벨트는 영국 식민지에 관해서는 "머리가 조금 도는 것 같다"는 것이 모랜 경의 관찰이었다.[30] 이처럼 처칠과

Americans, and Self-Determination", 227, 230.

27 Churchill and Roosevelt, *The Complete Correspondence* vol. I, 373.

28 Arthur Herman, *Gandhi and Churchill*(Bantam Books, 2009), 530.

29 Berthon and Potts, *Warlords*, 290.

30 Lord Moran, *Churchill: the Struggle for Survival*, 245.

루스벨트는 영제국에 대하여 완전히 다른 의견이었지만 동맹 관계가 깨지지 않도록 주의하는 선에서 타협했다.

처칠과 루스벨트를 갈라놓은 두 번째 이슈는 스탈린과 소련이었다. 루스벨트는 소련에 대하여 아는 것이 별로 없었고 그 나라를 별로 두려워하지도 않았다. 그는 러시아가 역사적으로 볼 때 식민지 개척의 야망이 없는 대륙 국가로서 미국과 비슷한 점이 있지만 영국이나 프랑스와는 대조되는 나라라고 생각했다. 러시아혁명도 억압과 불평등에 대한 일시적 반발에서 터져 나온 사건이라는 것이 루스벨트의 해석이었다. 그렇기에 루스벨트는 1933년 대통령 취임 후 곧바로 소련을 국가로 인정했다. 전쟁 중 루스벨트의 주요 관심사는 서구에 대한 러시아의 뿌리 깊은 의심을 극복하여 자신이 구상하는 전후 공동체 속으로 끌어들이는 것이었는데, 영제국을 포기하지 않으려는 처칠이야말로 자신의 구상에 장애가 된다고 생각했다. 그러나 처칠과 그에 동조하는 사람들은 루스벨트가 경찰국가 소련에서는 히틀러의 독일보다 "자유가 더 값이 싸다"는 사실을 깨닫지 못하고 있다고 관찰했다.[31]

전쟁이 진행되면서 처칠은 소련을 유럽에 대한 새로운 위협으로 보기 시작했지만 루스벨트는 달리 생각했다. 그는 전쟁이 무엇보다도 유럽의 오래된 제국주의적 국가들 사이의 싸움이라고 생각했고, 그 제국주의로부터 이 세상을 구해낸다는 위대한 대의에 자신과 스탈린이 공감하고 있다고 믿었다. 1943년 여름 이후 영국과 미국의 평등관계가 기울어지면서 루스벨트는 처칠을 배제하고 스탈린과 둘이

---

31   레이놀즈, 『정상회담』, 158~159쪽; Lord Moran, *Churchill: the Struggle for Survival*, 245.

서만 만나려고 시도했다. 처칠의 배신감은 컸지만 상황을 인정할 수밖에 없었다. 그러면서 공산주의의 확장에 대한 처칠의 걱정은 더욱 커지고 있었다. 1943년 11월경이 되어 "쓰레기를 치우는 데 시간이 걸리겠지만 독일은 이제 끝났다"고 판단한 처칠은 "진짜 문제는 러시아"인데 미국인들로 하여금 그걸 깨닫게 만들 수가 없다며 좌절감을 토로했다.[32] 그런 상황이 지속되다가 1944년 6월 5일에 드디어 노르망디 상륙작전이 감행되었고 루스벨트는 처칠의 안목에 다시금 감탄했다. 독일군을 교란하기 위해 처칠은 연합군이 실제로는 없는 '멀베리 해안 상륙' 작전을 구상하는 것처럼 일종의 쇼를 했는데 루스벨트는 처음에는 고개를 갸우뚱했지만 그것이 신의 한수였음을 인정하게 된 것이다. 그것은 처칠의 여러 번뜩이는 아이디어들 가운데 하나였다. 루스벨트는 처칠이 "매일 100개의 아이디어를 생각해내는데 4개 정도는 좋은 아이디어"라고 인정해주었다. "위니가 옳았어. 위대한 친구야. 잘 따라갈 수만 있다면." 그러나 처칠은 루스벨트가 그렇게 말하는 것은 "적절치 못하다"고 불만을 토했다. "아무런 아이디어도 없는 사람"에게서 나온 말이라는 것이었다.[33]

그러나 상륙작전 이후의 전략에 대해서는 두 사람 의견이 갈렸다. 처칠의 구상은 지중해 동부에 전력을 투입해 소련군을 발칸과 동부 유럽에서 가능한 한 많이 몰아내는 것이었다. 7월 1일 자 루스벨트에게 보낸 전보에서 지적했듯이, 처칠은 스탈린이 영국과 미국이 프랑스에서의 전투에 "가능한 한 깊숙이 빨려 들어가 동부, 중부, 남부 유

32 Berthon and Potts, *Warlords*, 217.
33 Lord Moran, *Churchill: the Struggle for Survival*, 350.

럽이 자기 통제로 떨어지기"를 기대하고 있다고 의심했다.[34] 그러나 루스벨트는 처칠의 우려를 무시해버렸다. 1945년 2월의 얄타 회담은 처칠과 루스벨트 관계의 분수령이었다. 처칠은 루스벨트의 무관심과 냉담함을 참을 수 없게 되었다. 그때 루스벨트는 매우 아픈 사람이었고 두 달 후 죽게 되는데 처칠은 그 사실을 알지 못했다. 회담 동안 루스벨트는 매사에 무관심했고 처칠은 기분이 상했다. 루스벨트의 친구이자 고문인 홉킨스는 스탈린과 좋은 관계를 유지하려는 루스벨트의 의도는 러시아가 전후에 더 나은 세상을 만드는 데 협조하게 하려는 것이라며 처칠을 무마시키려 했다. 그러나 처칠의 주치의 모랜 경은 루스벨트가 "존재하지도 않는 러시아를 발명"해냈다는 사실을 그 스스로는 알지 못한다고 분석했다.[35]

루스벨트는 끝까지 처칠의 의도를 의심했다. 처칠은 히틀러를 무찌른 후 영국 해군이 일본에 대한 공격에서 역할을 하도록 만드는 데 열심이었는데 루스벨트는 그 동기를 이타적으로만 해석하지 않았다. 처칠이 원하는 건 싱가포르를 다시 찾는 것이라고 의심했던 것이다. 두 사람은 자기들이 민주주의를 대표한다는 자부심을 가졌지만 각자가 활동한 체제에 대해서는 잘 몰랐다. 각자는 다른 사람이 정치권력을 행사하는 것에 대해 질투를 느꼈다. 즉 루스벨트는 처칠이 내각과 국내 정치에서 당면하고 있는 어려움과 책임감을 이해하지 못했고, 처칠은 내각제와 달리 대통령제는 대통령이 하고 싶은 대로 모든 것을 다 할 수 있다고 잘못 판단했다. 물론 두 사람의 갈등은 사적인 것

34 Berthon and Potts, *Warlords*, 242, 246.

35 Lord Moran, *Churchill: the Struggle for Survival*, 247.

이 아니었다. 처칠은 항상 루스벨트를 위대한 인간으로 생각했고 그에 대한 비판을 들을 때면 화를 냈다. 그러나 영국인들 가운데 루스벨트를 직접 경험한 사람들은 그를 그다지 높이 평가하지 않았다. 처칠의 전시내각에서 쫓겨나 주미대사가 된 핼리팩스도 루스벨트를 위대한 인물로 생각지 않았다. 루스벨트를 "조종에 능하고 교활한 정치가"로 판단했던 것이다.[36] 루스벨트의 감정은 복잡했다. 홉킨스는 언젠가 화가 나서 처칠이 "자유세계의 지도자로서의 신망을 독차지"하는 건 불공평하다고 말했는데, 여러 정황으로 보아 루스벨트가 처칠을 질투한 것은 확실했다. 모랜 경만이 아니라 핼리팩스와 마셜 장군 등도 그 사실을 확인해주었다.[37]

프롤레타리아와 보수당을 위해

처칠은 소문난 반공산주의자이자 반소련주의자였지만 1930년대에 나치에 대항해 영국 – 프랑스 – 소련의 동맹을 주장하여 의혹을 샀다. 그는 자신의 변화의 이유를 주영 소련대사인 마이스키(Ivan Maisky)에게 설명했다. 러시아혁명 직후에 자신이 공산주의를 반대하는 데 온 힘을 쏟았던 이유는, 그때는 "공산주의와 세계혁명이라는 것이 영제국에 대단히 큰 위험"이었기 때문이지만 지금은 나치즘이 영제국에 가장 큰 위험이며, 따라서 자신은 "모든 힘을 다해 히틀러에 대항하

36 Ibid., 791.
37 Kimball, "Wheel Within a Wheel", 299; Lord Moran, *Churchill: the Struggle for Survival*, 836–837.

고 있다"는 것이었다. 마이스키는 "처칠은 중요하고 단호한 인물"인데 반해 보수당 정부의 각료들은 "색깔 없는 그저 그런 사람들"이고 "늑대가 양 우리에 들어오는 걸 두려워하는 사람들"로서, 처칠은 위기가 닥치면 그 사람들을 다 물리칠 수 있을 것이라 판단했다. 그는 나아가 영국 운명에 "결정적 순간이 오면 처칠은 권력의 좌에 오를 것"이라고 예측했다.[38]

스탈린은 독일이 폴란드를 침공하기 직전에 히틀러와 협정을 맺었다. 그러나 그로부터 2년도 채 되지 않은 1941년 6월 22일에 300만 명이 넘는 독일군이 930마일에 걸친 국경을 넘으며 소련을 급습했다. 그날은 마침 119년 전에 나폴레옹이 러시아를 침공한 날이었다. 스탈린도 독소조약이 일시적임을 잘 알고 있었다. 그는 측근들에게 "물론 누가 누구를 속이는지의 게임이야"라고 속내를 드러냈다.[39] 스탈린은 독일군의 침공 한 달여 전인 5월 5일에도 적군(Red Army) 사관학교 졸업생들에게 "우리는 전쟁 준비를 해야 하며 우리의 적은 독일"이라고 강조했다. 그러나 아직은 아니라고 판단했다. 언젠가 "히틀러가 우리를 때려 부술 것"이라고 예견했지만 그럼에도 조약 체결 후 2년도 지나지 않아 침공하리라고는 생각지 못했던 것이다. 스탈린은 히틀러가 1년간 서방과의 전쟁을 치르고 나면 세력이 많이 꺾여 덜 위협적이 될 것으로 기대했는데, 1940년 5월부터 나치의 군대가 유럽을 질풍과 같이 점령하자 서유럽 국가들에 대해 "도대체 저 사람들은 저항이라는 걸 할 수나 있나?"라며 불평을 토했다.[40]

38 Edmonds, "Churchill and Stalin", 312.
39 Berthon and Potts, *Warlords*, 6-7.
40 Winston Churchill, *Memoirs of the Second World War*(New York: Bonanza, 1978), 161;

처칠은 수상이 되고 나서 한 달 후에 스탈린에게 처음으로 개인 편지를 보냈으며 1941년 4월에 두 번째 편지를 보냈다. 이때 에니그마(Enigma) 해독에 의해 히틀러가 소련 침공을 준비하고 있음을 탐지한 처칠은 스탈린에게 독일의 의도를 완곡하게 경고했다. 에니그마의 해독만이 아니라 처칠이 파악한 전략상의 구도에서도 히틀러의 소련 침공은 자명한 수순이었다. 1940년 6월에 처칠은 남아프리카 공화국의 스머츠 수상에게 "히틀러가 여기서 우리를 패배시키지 못하면 그는 아마 동쪽으로 향할 것"이라고 예견했으며, 다른 측근들에게도 히틀러는 영국 침공에 실패하거나 침공을 포기하면 "동쪽으로 향할 것"이라고 자주 언급했다.[41] 그러나 스탈린은 처칠의 경고를 무시해버렸다. 처칠은 종전 후에 쓴 전쟁 회고록에서 스탈린과 그의 인민위원들을 제2차 세계대전 중 "가장 얼빠진 실수를 저지른 인간들"이라고 혹평하면서 스탈린이 "히틀러 정부에 대해 품고 있던 환상을 유지하기 위해 몹시 노력하고 있었음에 틀림없다"고 비양거렸다. 스탈린은 1942년 여름 모스크바에서 처칠과 가진 첫 회담에서 전쟁이 다가오는 것을 알고 있었지만 적어도 "6개월의 시간은 더 있을 것"으로 판단했다고 실토했다.[42]

스탈린은 히틀러를 잘못 읽었던 것이다. 소련 군부 지도자들이 만일을 위해 국경 수비를 위한 준비를 하자고 했을 때 스탈린은 그것이

Berthon and Potts, *Warlords*, 23.

41 Leo McKinstry, *Attlee and Churchill: Allies in War, Adversaries in Peace*(Atlantic Books, 2019), 253; Berthon and Potts, *Warlords*, 27.

42 Churchill, *Memoirs of the Second World War*, 630; 처칠, 『제2차 세계대전』 제5권, 399, 415쪽.

히틀러를 자극할 것이라며 반대했다. 스탈린은 히틀러가 양쪽 전선에서 전쟁을 벌이는 무모한 짓은 하지 않을 이성적 전략가라 판단했는데 그것은 커다란 정치적 오산이었다. 게다가 스탈린은 '자본주의 국가와 파시스트 국가들을 서로 싸우게 해서 함께 망하게 한다'는 거대한 구상을 가졌는데 그 꿈이 순식간에 물거품이 되었던 것이다. 영국과 러시아를 상대로 동시에 싸우는 것은 히틀러로서는 확실히 비이성적인 행동이었지만, 괴벨스(Paul Göbbels)에 의하면, 당시 히틀러는 "처칠은 우울증으로 마비된 멍청이이고 루스벨트는 싸우기에는 너무 약아빠졌으며 스탈린은 저항하기에는 너무 허약하다"고 판단하고 있었다.[43]

어찌 되었든 6월 22일에 히틀러가 소련을 침공하자 처칠은 의회에서 "만일 히틀러가 지옥에 침입하면 나는 악마를 위해서도 유리한 발언을 하겠다"고 선언하면서 소련을 동맹으로 인정했다. 이미 그 일주일 전인 6월 15일에 처칠은 루스벨트에게 보낸 서신에서 만약 히틀러가 소련을 침공한다면 소련을 동맹국으로 인정할 것이라고 말했고 루스벨트도 같은 의견이라는 답을 보내왔다. 그러나 대부분의 보수당 인사들은 공산주의와 타협한다는 생각을 역겨워했다. 그들에게 소련은 독일에 맞서 연합할 국가가 아니라 독일이 무너뜨리도록 내버려둬야 할 국가에 가까웠다. 히틀러의 소련 침공 결정은 영국의 입장에서는 예측 불가능한 양면의 칼이었다. 독일이 다른 전선으로 힘을 분산시키는 것은 분명 영국에게 유리하지만, 독일이 소련을 꺾고 두 배나 강해진 힘으로 영국을 공격할 수도 있었기 때문이다. 게다가

---

[43] Berthon and Potts, *Warlords*, 23, 70.

히틀러는 승산이 없다면 애초에 시작하지 않았을 인간이라는 점도 고려되었다. 실제로 영국군 내에서는 독-소 전쟁에서 독일이 이길 것이라는 전망이 압도적으로 우세했다.

이처럼 처칠과 스탈린에게는 각자 상대방에 대한 뿌리 깊은 의혹이 존재했다. 비록 히틀러가 일으킨 전쟁 때문에 동맹관계를 맺었다 할지라도 처칠과 스탈린의 세상은 정반대의 세상이었다. 동맹이 되고 나서도 스탈린은 영국과 미국이 히틀러와 몰래 평화조약을 맺을지 모른다는 공포를 떨치지 못했다. 1942년 8월 모스크바에서 처칠과 만나 공동 목표와 전략에 합의하고 난 후에도 스탈린은 처칠이 진정 원하는 것은 "독일과 러시아가 서로를 파괴"하는 것이라 믿었고, 영국과 미국이 프랑스 쪽에 제2전선을 빨리 열지 않고 미루는 것을 그 근거로 삼았다.[44] 1944년 10월, 처칠의 마지막 모스크바 방문 때까지도 스탈린은 그런 의혹을 떨치지 못했다. 처칠은 처칠대로 스탈린이 히틀러와 또다시 협상을 할 것이라는 공포에 시달렸다. 한 번 히틀러와 손을 잡았던 스탈린을 전적으로 신뢰할 수 없었던 것이다. 처칠과 스탈린의 갈등은 전략적인 면에서도 발생했다. 앞서 언급되었듯 스탈린은 처음부터 동부전선의 부담을 덜어줄 서부전선을 요구했지만 그것은 처칠의 전략과 맞아떨어지지 않았다. 제2전선을 둘러싸고 처칠과 루스벨트, 그리고 스탈린과의 각축전이 계속되었고, 루스벨트가 심사숙고 끝에 처칠의 구상에 손을 들어주는 바람에 서유럽의 제2전선이 폐기되고 북아프리카를 공격해 모로코와 알제리아에 전선을 구축하고 독일 남쪽에서 전진하는 작전이 추진되었다. 이

---

44 레이놀즈, 『정상회담』, 165쪽.

에 스탈린은 강한 불만을 드러냈다. 과연 1943년에 영국 해협을 건너 노르망디에 상륙하는 것이 성공했겠느냐는 문제에 대해 후대의 군사 평론가들은 처칠의 판단이 옳았다고 평가한다.[45] 제2전선은 연합군이 충분히 힘을 키우고 나서 마지막 한 방으로 사용되는 게 옳았고, 그 마지막 한방이 노르망디 상륙이었던 셈이고, 결국 처칠의 판단은 옳았던 것이다. 물론 처칠의 지중해 우선이라는 생각에는 정치적 차원도 있었다. 그것은 전후 소련과 서방세계의 균형을 위한 중요한 계산이었다.

처칠은 제2전선을 당장 열 수 없음을 스탈린에게 개인적으로 설명하기로 마음먹었는데 스탈린은 치열한 전투 중에 떠날 수가 없으니 모스크바로 오라고 요구했다. 그리하여 1942년 8월에 처칠과 스탈린이 모스크바에서 처음으로 만났다. 처칠을 동행했던 브룩(Alan Brooke) 장군의 평에 의하면 처칠과 스탈린은 "인간적으로 정반대"의 사람들이었다. 스탈린은 사실만을 중요시하고 계획, 가정, 미래의 가능성 등에 의미를 두지 않는 현실주의자였다. 처칠은 반대로 스탈린의 감정에 호소했는데, 브룩의 판단에 의하면 "스탈린에게는 그런 감정이 없었다."[46] 회담 초기에 스탈린은 정중했지만 시간이 지나며 적대적이 되었고 처칠을 대하는 태도는 매우 거칠고 무례했다. 스탈린은 러시아 군인들이 매일 1만 명씩 죽어나간다면서 "영국군이 그런 식으로 싸웠다면 독일군이 지금쯤 많이 약해졌을 것"이라고 영국을 비난했다. 처칠은 나흘이나 비행기를 타고 위험을 무릅쓰고 모스크바를

45 John Keegan, "Churchill's Strategy" in *Churchill: A Major New Assessment*, 335.
46 Berthon and Potts, *Warlords*, 162.

찾은 자기 자신을 후회하기 시작했고 아무 성과도 없이 돌아갈 생각을 하게 되었다. 처칠은 스탈린에게 히틀러가 소련에 전쟁을 선포했을 때 자신이 "아무와도 상의하지 않고" 대국민 방송을 통해 소련을 동맹국으로 받아들였음을 상기시켰는데, 주소련 영국대사 커(Clark Kerr)에 의하면, 그 말이 스탈린의 심금을 울렸다. 스탈린은 자신이 "당신들처럼 세련되지 못하다"며 자신의 태도를 오해하지 말아달라고 양해를 구했다. 두 사람은, 처칠의 표현에 의하면, 친구가 되었고 처칠은 스탈린의 배웅을 받으며 모스크바를 떠났다. 소련 외무부 장관 몰로토프는 스탈린이 배웅을 나온 것은 역사상 전례가 없는 일이라고 말해주었다.[47] 처칠은 힘닿는 한 러시아를 도와야겠다는 새로운 결의를 안고 돌아왔지만 러시아의 요구는 갈수록 불합리해졌다. 처칠은 소련 정부가 "자기들 나라에서 자기들 생명을 위해 싸우는데도" 마치 서방측에 큰 은혜나 베풀고 있는 것처럼 생각했다고 불만을 터뜨렸다. 소련으로 향하는 각종 지원이 증대하면서 그들이 싸우면 싸울수록 영국의 부담과 부채도 커졌다. 따라서 스탈린의 생색내기는 "공정한 사고방식이 아니었다"고 처칠은 회고했다.[48]

스탈린에 대한 처칠의 태도는 계속 변했다. 그는 한편으로 스탈린을 함께 전쟁을 치르는 위대한 동맹국의 지도자로 인정하면서 다른 한편으로는 공산주의를 계속 경멸했다. 처칠은 스탈린의 재능에 감탄했다. 스탈린은 컴퓨터와 같은 기억력을 가지고 있어서 회담 중 노트를 하는 적이 없었다. 그의 논리는 명쾌했고, 뚱해 있다가 갑자기

47 Lord Moran, *Churchill: the Struggle for Survival*, 63–65, 68.
48 처칠, 『제2차 세계대전』 제5권, 439쪽.

매력을 발산하는 등 자신의 기분을 급격히 변화시킬 수 있는 능력을 가지고 있었다. 처칠은 소련과 좋은 관계를 유지해야 한다고 하다가도 대화가 꼬이는 순간에는 "인간이 인간을 도살하고 문명을 소멸시키는 또 다른 유혈전쟁"이 벌어질지 모른다고 좌절했으며, 모스크바주재 미국대사인 해리먼(William Harriman)에게 스탈린은 "비정상적 인간"이며 "심각한 문제들이 야기"될 것이라고 전망했다.[49] 그러나 1944년 10월에 모스크바를 두 번째 방문하고는 다시 생각이 바뀌었다. 그는 아내에게 보낸 편지에서 "나는 늙은 곰과 멋진 대화를 나누었소"라고 전했다. "그를 만날수록 그가 좋다는 생각이 드오. 그들은 이제 우리를 존중하고 나도 그들과 함께 일할 수 있겠다는 생각이 든다오."[50] 이때 처칠의 마음을 바꾸게 만든 것은 그리스에서 영국 입장을 존중하겠다는 스탈린의 약속이었다. 즉 그리스에 대한 영국의 각별한 이해관계를 인정하고 그곳에 서방식 민주주의 정부가 들어서는 것을 방해하지 않겠다고 약속한 것인데, 그것은 영국과 소련의 영향권 분할에 대한 처칠 구상의 핵심 사항이기도 했다. 처칠은 외무부 장관 이든에게 보낸 메시지에서 스탈린을 "위대하고 훌륭한 사람"이라고 치켜세운 뒤 이렇게 말했다. "많은 유혹과 압력에도 불구하고 스탈린이 합의서에 입각해 그리스에 개입하지 않은 사실에 커다란 감명을 받았소."[51] 당시 그리스에는 공산주의 세력에 의한 내전이 발생하고 있었다.

모스크바 방문을 마치고 떠나면서 스탈린에게 보낸 작별 편지에서

---

49 Lukacs, *Churchill: Visionary. Statesman. Historian*, 28; 레이놀즈, 『정상회담』, 161쪽.
50 Berthon and Potts, *Warlords*, 196, 269.
51 레이놀즈, 『정상회담』, 165쪽.

처칠은 전후에 그가 전쟁이 남긴 상흔을 잘 극복하여 모든 러시아인들을 "폭풍에서 구해내 영광스런 햇볕으로" 인도할 수 있기를 바란다며 "당신의 친구이자 전시 동지인 윈스턴 처칠"이라고 서명했다. 이러한 처칠의 태도에 스탈린도 화답했다. 처칠이 떠날 때 스탈린은 예고 없이 공항에 나와 손수건을 흔들며 작별인사를 했다. 런던에 돌아온 처칠은 만약 자기가 스탈린과 일주일에 한 번씩 식사를 할 수 있다면 "전혀 문제가 없을 것"이라고 장담했다. 그러나 1945년 2월에 얄타에서 두 사람이 다시 만났을 때 두 사람의 사고체계의 극복할 수 없는 차이가 여실히 드러났다. 스탈린은 국가들을 군대의 연대 수와 같은 현실적인 방법으로 평가했다. 당시 프랑스는 군대가 없는 나라였고 그런 식으로 판단하면 폴란드와 유고슬라비아가 프랑스보다 더욱 중요한 나라들이었다. 반면 처칠은 프랑스가 마치 "여인인 것처럼" 그 나라를 사랑했다. 프랑스가 문명에 어떤 공헌을 했는지 모르겠다고 스탈린이 말했을 때 처칠은 당황했다. 그의 눈에 프랑스는 문명 그 자체였던 것이다.[52] 스탈린을 바라보는 처칠의 감정은 혼란스러웠다. 유럽 전쟁이 끝나고 성사된 포츠담 회담에서도 처칠은 "나는 저 사람이 좋아"라고 했지만 동시에 전쟁이 끝나고 유럽에 "곰과 단독으로 남게 될 전망"에 괴로워했다.[53]

처칠은 스탈린을 믿어보려는 희망을 마지막까지 버리지 않았다. 얄타에서 돌아온 후 그는 폴란드에 유리한 합의가 도출되었으며 스탈린과 소련 지도자들이 서방 민주국가들과 "명예로운 우호관계와

52 Lord Moran, *Churchill: the Struggle for Survival*, 240−241.

53 Edmonds, "Churchill and Stalin", 326.

평등 정신 속에서 살고 싶어 한다"는 인상을 받았다고 내각에 보고했다. 그러나 얄타 회담 도중 모스크바 주재 영국대사관에서 보내온 문서는 독일에 대한 공통의 적개심 때문에 영국과 소련의 동맹이 가능한 것일 뿐 전후에는 "서유럽 블록"을 형성해야 한다는 비관적 내용을 담고 있었다.[54] 처칠은 몇 년 후에 내각에서의 자신의 발언을 회고록에 인용하면서 소련의 신의를 "너무나 확보하고 싶어 하는 희망" 때문에 자신감을 표명했다고 후회했다. 처칠은 스스로에게 일종의 희망 고문을 가하고 있었던 것이다. 그는 결국 체임벌린의 유화정책과 비슷한 발언을 계속해서 하고 있는 자신을 깨닫게 되었고 자신이 혹시 스탈린에 대해 비슷한 잘못을 저지르지 않는지 스스로에게 물었다. 그러나 그는 자신을 체임벌린에 비유하는 게 아니라 크롬웰에 비유했다. 1943년 카이로 회담 중 맥밀런과의 대화에서 처칠은 그런 우려를 솔직히 드러냈다.

크롬웰은 위대한 인물이었지만 스페인을 두려워하는 바람에 프랑스의 흥기를 관찰하지 못했네. 내가 바로 그런 말을 들을 것 같은가?[55]

얄타 회담 중에도 처칠은 비슷한 의구심을 드러냈다. "가여운 체임벌린은 히틀러를 믿을 수 있다고 생각했어. 틀렸지. 그러나 나는 내가 스탈린에 대해 틀렸다고 생각지 않아."[56]

전반적으로 처칠의 사고방식은 스탈린이 거래가 가능한 인물이라

54 레이놀즈, 『정상회담』, 206~207쪽.
55 Charmley, *Churchill: the End of Glory*, 467.
56 Richard Langworth ed., *Churchill By Himself*(New York: Public Affairs, 2008), 374.

는 생각에 기반을 두었다. 스탈린은 분명 과대망상증 환자인 히틀러와는 근본적으로 다른 사람이었다. 그를 만난 사람들은 수십만 명을 사형에 처한 무시무시한 독재자를 만난다는 사실을 의식했지만 실제로 만나본 스탈린은 그런 독재자처럼 보이지 않았다. 하지만 스탈린의 갈망과 탐욕은 끝이 없었다. 그는 언제나 더 많은 영토와 더 큰 영향력을 추구했으며 마르크스-레닌주의자로서 세계혁명의 희망을 버린 적도 없었다. 그러나 테헤란에서의 마지막 날 있었던 에피소드는 두 사람의 미묘한 관계를 잘 보여준다. 처칠이 스탈린에게 "나를 윈스턴으로 부르시오"라 하자 스탈린은 "당신을 친구라고 부를 수 있도록 허락해달라"고 말했다. 처칠은 "프롤레타리아 대중을 위해" 건배했고 스탈린은 "보수당을 위해" 건배하겠다고 제의했다.[57] 그 자리에서 스탈린은 미국이 없었다면 연합국 측은 이미 전쟁에서 패했을 것이라고 인정하기도 했다. 기본적으로 스탈린은 두 얼굴을 가진 인간이었다. 주소련 미국대사 해리먼도 스탈린의 양면을 알아보았다. 그는 스탈린이 "잔인한 독재자"지만 "매우 영리하고 세부 사항을 놀랄 정도로 파악하고 머리가 빨리 돌아가고 인간적으로도 놀랄 정도로 예민"하다면서, 그가 루스벨트보다 더 많이 알고 있고 처칠보다 더욱 현실적이며 어느 면에서는 전쟁 지도자들 가운데 가장 효율적이라고 판단했다. 동시에 스탈린은 "가장 이해할 수 없고 모순적"인 인물이라며 그에 대한 판결을 역사에 맡겼다.[58]

전쟁의 끝이 보이면서 처칠과 스탈린의 갈등은 확실하게 표면으

---

57 Lord Moran, *Churchill: the Struggle for Survival*, 154.

58 Churchill and Roosevelt, *The Complete Correspondence* vol. I, 536. 모랜 경도 루스벨트가 똑똑하다는 인상을 받지 못했다고 말한다.

로 드러났다. 스탈린이 소련군을 동유럽으로 진군시키는 상황은 세력 균형을 늘 의식하고 있던 처칠에게 큰 두통거리였다. 특히 폴란드에 대한 집착에서 양측은 비슷했다. 한편에는 폴란드에 친소 정권을 세우려는 스탈린의 집착이 있었고, 다른 편에는 폴란드에 민주주의 정부를 세우려는 처칠의 사정이 있었다. 폴란드 망명정부가 런던에 있었고 폴란드인 10만 명가량이 영국을 도와 싸우고 있었다. 따라서 처칠은 스탈린과의 여러 만남에서 전후 '독립적인' 폴란드의 필요성을 강조하고 또 강조했다. 여기서 영국과 미국의 견해차가 드러나는데 루스벨트는 처칠과 달리 폴란드에 대해 특별한 책임 의식을 느끼고 있지 않았다. 결국 스탈린은 약속을 저버리고 런던에서 활동 중인 폴란드 망명정부를 배제하고 민주진영 지도자들을 시베리아로 추방하거나 처형해버리는 등 약속과 전혀 다른 짓을 자행하면서 공산주의 정권을 세우는데, 처칠이 볼 때 그것은 냉전의 시작이었다.

당나귀가 된 사자

처칠, 루스벨트, 스탈린 세 사람이 함께 모인 것은 1943년 11월의 테헤란 회담과 1945년 2월의 얄타 회담 두 차례였다. 1945년 7월에 포츠담 회담이 열렸을 때 루스벨트는 이미 불귀의 몸이었고 처칠도 도중에 총선 결과에 따라 중도 하차했다. 테헤란 회담은 루스벨트와 스탈린이 처음으로 대면한 핵심 회담이었으며, 처칠이 동등한 파트너로 대화했던 마지막 회의였다. 루스벨트가 처칠 뜻대로 움직이지 않을 것이라는 사실이 이때 명백해졌다. 테헤란에서 루스벨트는 처칠을 멀리하고 스탈린에게 인상을 심어주려 노력했으며, 스탈린도 미국과의 관계를 잘 유지하는 것이 영국과의 관계보다 더 중요하다는 사실을 알고 있었다. 처칠은 후에 테헤란에서 처음으로 영국이 얼마나 작은 나라인지 실감했다고 회고했다. 한쪽에는 "발톱을 드러낸 커다란 러시아 곰"이 앉아 있고 다른 한쪽에는 "거대한 미국 코뿔소"가 앉아 있었다. 자신은 그 사이에 낀 "불쌍하고 볼품없는 영국 당나귀"였는데 셋 중 유일하게 "당나귀만이 집으로 가는 정확한 길을 알고 있었다"는 회고였다. 처칠은 나중에 이 이미지를 수정하여 "작은 사자" 한 마리가 "커다란 러시아 곰과 미국 코끼리" 사이를 걸어가고 있었는데 오로지 "사자만이 가야 할 길을 알고 있는 것 같았다"고 비유했다.[59]

테헤란 회담에서 스탈린은 이탈리아 전선에서 병력을 빼내 프랑스 남부 상륙 작전에 투입해야 하고 론 강 유역으로 치고 올라가 라인 강 상류를 공격해야 한다고 주장해 루스벨트의 동의를 얻어냈다. 처칠은 동의하지 않았다. 그러나 결국 연합군은 이탈리아에서 10개 사단을 빼냄으로써 이탈리아가 나치에 점령되고 그곳에서 벌인 전쟁은 의미를 잃고 만 결과를 야기했는데, 이는 연합국 측의 계획과는 전적으로 어긋난 사태 진전이었다. 물론 프랑스 남부로 침입하는 것은 스탈린에게야 더없이 좋은 일이었다. 그렇게 함으로써 영국군과 미군을 발칸반도와 동부 유럽에서 떼어놓을 수 있기 때문이었다. 몽고메리(Bernard Montgomery) 장군은 전쟁에 관한 광대한 저서에서 스탈린이 무자비한 인물이고 그가 전쟁을 이용해 동부 유럽을 손아귀

---

59 미첨, 『처칠과 루스벨트』, 438~439쪽.

에 넣으려 한다는 것을 깨달은 사람은 '처칠밖에 없었다'고 회상했다. 그 야심은 전쟁이 시작되기 전부터 스탈린의 마음을 사로잡고 있었던 것이 분명했는데 미국인들은 그걸 깨닫지 못했다는 것이다. 스탈린은 독일만이 아니라 독일과의 전쟁이 끝난 후 장차 미국, 영국과의 충돌도 예견해 연합국 전략을 결정하려 한 것이었는데, 루스벨트와 미국 지도자들은 그것을 이해하지 못했다는 것이다. 몽고메리 장군은 루스벨트를 두고 대체 무엇을 위해 싸우는지 전혀 분명해 보이지 않았다고 비판을 가했다.[60] 스탈린은 손쉽게 루스벨트를 우롱했다. 테헤란에서 스탈린의 전략은 영국과 미국의 불일치를 끄집어내 보이는 것이었고 그것은 상당한 정도로 성공했다. 처칠은 스탈린을 앞에 두고 민주주의 국가들이 이견을 가질 거라고는 생각지도 못했는데 이제 루스벨트를 믿을 수 없음을 깨닫고 충격에 빠졌다. 처칠을 동행했던 모랜 경도 미국인들이 스탈린보다 처칠을 더 부정적으로 생각하는 데 충격을 받았다. 처칠은 그 상황에서 아무것도 할 수 없었다. 스탈린은 "또 한 명의 히틀러가 될 것인가?"[61]

루스벨트는 거의 마지막 순간까지 스탈린이 합리적인 인간임을 믿었고 그를 설득할 수 있다고 생각했다. 테헤란에서 스탈린을 직접 만나기 전부터 루스벨트는 스탈린을 설득하는 게 가능하며 채찍이 아니라 당근을 사용해 그를 더욱 민주적 견해로 이끌 수 있을 것이라고 확신했다. 문제는 루스벨트가 사용하고자 한 방법이었다. 그 방법은 할 수 있는 한 "모든 것을 스탈린에게 주고 아무것도 요구하지 않는

---

60 몽고메리, 『전쟁의 역사』, 875~876, 913~914쪽.
61 Lord Moran, *Churchill: the Struggle for Survival*, 24.

다"는 것이었다. 루스벨트는 그것이야말로 "노블레스 오블리주"라고 생각했고, 그렇게 하면 스탈린도 합병 욕심을 포기하고 평화롭고 민주적인 세상을 만들기 위해 자신과 협력할 것이라고 생각했던 것이다.[62] 루스벨트가 얼마나 나이브한지, 그리고 얼마나 스탈린을 오해했는지를 보여주는 대목이다. 반면 루스벨트는 처칠에 대해서는 그가 낡은 제국주의적 속임수를 쓰려 한다고 계속해서 의심했다. 미국 대사 해리먼에 의하면, 루스벨트 자신은 신심이 깊은 사람으로서 무신론적인 공산주의 체제는 신앙심 깊은 러시아 사람들의 종교적 전통을 영구히 억압할 수 없으리라 확신했고 시간이 지나면 소련이 보다 자유로운 체제로 바뀔 것이라고 전망했다. 게다가 그는 러시아의 광대한 지역이 전쟁으로 초토화되었으니 미국이 관대하게 지원해주어야 한다고 생각했다. 루스벨트는 또한 그동안 소련이 국제무대에서 묵살되고 소외되었는데 그런 일이 다시 되풀이되면 안 되며 러시아 지도부와 신뢰를 쌓아 서방측을 믿도록 만들어야 한다는 입장이었다. 해리먼은 기본적으로는 루스벨트와 동의했지만 러시아가 신뢰를 얻으려면 루스벨트가 상상하는 것보다 훨씬 더 시간이 오래 걸릴 것으로 예측했다.[63]

전쟁의 끝이 다가옴에 따라 정치적 계산이 더욱 중요해졌다. 스탈린이 원한 것은 발칸 반도에서 영국을 떼어놓으려는 것이었고, 반면 처칠은 가능하면 베를린 너머까지 전선을 동쪽으로 밀어붙인 상태에서 종전을 맞고 싶어 했다. 1945년 2월 얄타 회담에서 루스벨트가 처

62 Berthon and Potts, *Warlords*, 183.
63 W. Averell Harriman and Elie Abel, *Special Envoy to Churchill and Stalin 1941-1946* (Hutchinson & Co., 1976), 170.

테헤란 회담에서의 스탈린, 루스벨트, 처칠(좌측부터), 1943년.

칠을 제치고 스탈린과의 직접 대화를 원한다는 사실이 확실해졌다.
알타에서 가장 많은 시간을 잡아먹은 의제는 여전히 폴란드였다. 스
탈린의 계산은 명백했는데 루스벨트도 미국 내 폴란드계 국민 여론
을 의식하지 않을 수 없었다. 루스벨트가 미국에는 폴란드의 미래에
대단히 관심이 많은 700만 폴란드인들이 있다고 말하자 스탈린이 대
꾸했다. "그 700만 명 중에 단지 7,000명만 투표를 합니다. 조사해봤
는데 내가 옳아요."[64] 스탈린은 분명 협상하기 까다로운 사람이었으

---

64 Berthon and Potts, *Warlords*, 284.

대서양 회담 중 주일예배를 위해 영국전함 갑판에 앉아 있는 루스벨트(좌)와 처칠, 1941년.

얄타 회담 도중 스탈린(좌)과 농담 중인 처칠, 1945년.

나 예측하기 어렵고 감정을 앞세우는 히틀러와는 아주 다른 방식으로 까다로웠다. 이든은 얄타 회담 1개월 전에 세 거두 가운데 스탈린만이 자기가 원하는 것을 명확하게 알고 있다고 진단했다. 그는 스탈린이 "대단히 거친 협상가"인데 처칠은 "너무 감정이 앞서고" 루스벨트는 "애매모호하면서 다른 지도자들에 대한 질투심이 많다"고 평했다. 이든은 여러 국제회의를 30년 가까이 경험해본 사람으로서 만약 회담장에 들어갈 팀을 고르라고 한다면 "스탈린을 우선적으로 선택"하겠다고 했다. 외무부 차관 캐도건(Alexander Cadogan)의 평가도 비슷했다. 그는 "세 거두 중에 엉클 조가 가장 인상적"이라며 스탈린이 조용하고 절제심이 강하다고 관찰했다. "대통령은 안절부절못했고 수상은 계속 지껄였다." 반면 스탈린은 묵묵히 들었고 대화에 끼어들 때에는 "쓸데없는 말은 전혀 없었고 아주 조리 있게 말을 했다"는 것이다.[65]

얄타에서 처칠과 스탈린은 종종 다투었다. 그럼에도 스탈린은 처칠의 위대함을 인정하는 데 주저하지 않았다. 2월 9일에 있은 만찬 건배사에서 스탈린은 다음과 같이 처칠을 칭송했다.

수상의 배짱이 없었다면 영국은 히틀러에 맞서지 못했을 것입니다. 영국은 혼자였고 유럽의 나머지는 모두 히틀러에게 굽실거리고 있었습니다. 역사상 이 세상의 미래가 한 사람의 용기에 그처럼 의존해본 적이 없습니다.[66]

65 레이놀즈, 『정상회담』, 197쪽.
66 Lord Moran, *Churchill: the Struggle for Survival*, 244.

그 자리에 있던 영국대사 커에게도 그 말의 진정성이 느껴졌다. 그러한 분위기에 고무되어 처칠은 스탈린에게 너무 긍정적인 태도를 보였고, 앞서 언급되었듯 나중에 얄타 회담에 대한 자신의 판단을 뒤집어야 했다. 얄타 회담은 독일 패배 후 독일에 점령되었던 나라들은 자기들이 원하는 정부의 형태를 결정할 것이라고 정했지만 민주주의나 자유가 무엇을 의미하는지는 자세히 언급하지 않았다. 처칠은 스탈린이 자신의 말을 지킬 것이라고 잠시나마 믿었다. 그러나 스탈린은 자신의 말을 지킬 의도가 없었다. 몰로토프가 정상회담 합의안의 몇몇 문구가 나중에 장애가 될 수 있다고 말하자 그는 말했다. "걱정 마시오. 나중에 우리 식으로 하면 돼."[67] 루스벨트도 얄타 회담에서 원하는 두 가지를 얻었는데 하나는 독일이 패한 후 소련이 대일 전쟁에 참여한다는 약속이었고, 더욱 중요하게는 유엔 조직에 대해 스탈린과 합의한 것이었다. 루스벨트의 사촌인 데이지 서클리는 루스벨트도 스탈린에게 큰 믿음을 갖지 않았지만 두 사람이 "동일한 현실적 방법"으로 세상사를 보고 있다고 생각했고 그 때문에 스탈린이 자기에 협력할 것으로 믿었다고 회고했다.[68]

세 사람의 서로에 대한 불신은 사라지지 않았다. 스탈린은 처칠과 루스벨트가 자신의 등 뒤에서 독일과 거래를 할 것이라는 의심을 완전히 버리지 않았는데, 전쟁을 함께 겪으면서 그 의심은 어느 정도 완화되었다. 그러나 1944년 10월에도 스탈린은 처칠에게, 왜 영국 정보부가 4년 전에 헤스를 런던으로 불렀는지를 알아내려 했다. 1941

---

67 Berthon and Potts, *Warlords*, 289.
68 Ibid., 307.

년 5월에 루돌프 헤스가 독단적으로 비행기를 타고 영국으로 날아와 강화협상을 벌이려 했던 해프닝이 실제로 영국 측의 의도였다고 믿고 있었던 것이다.[69] 서방 연합군이 3월에 독일로 진격해 들어가자 그들이 나치와 별도의 강화조약을 맺을지 모른다는 그의 공포가 다시 발동했다. 스탈린은 독일이 유리한 평화 조건을 얻어내기 위해 영국군과 미국군의 진격에 저항하지 않는 것인지 의심했다. "루스벨트는 얄타 합의를 위반하지 않을 거야. 하지만 처칠은 알 수 없는 인물이야"라고 그는 측근에게 말했다.[70] 한편 1944년 겨울쯤 되면 미국인들도 스탈린과 소련 체제에 대한 우려를 드러내기 시작했다. 모스크바를 다녀온 미국 고위 관리들은 스탈린이 미국식 민주주의의 작동 방식을 이해하려 하지 않는다고 보고했으며 해리먼 대사 역시 점점 더 스탈린에게 영향력을 끼칠 수 있다는 대통령의 믿음이 잘못되었다고 생각하게 되었다. 1945년 3월에 이르면 루스벨트도 스탈린에 대한 자신의 평가가 너무 장밋빛일 수 있었음을 인정했다. 친구와의 대화에서 루스벨트는 "우리는 스탈린과 일을 할 수 없소. 그는 얄타에서 한 모든 약속을 파기하고 있소"라고 불만을 토했다.[71]

한편 누구보다 먼저 스탈린의 야욕을 간파했던 처칠은 오히려 그의 입장을 이해하려는 노력을 보였다. 히틀러의 경우와 달리, 처칠은 스탈린에 대해서는 유연함을 보였다. 물론 공산주의 이념은 나치즘이나 마찬가지로 사악하다고 생각했지만 인간으로서의 스탈린에게

69 David Reynolds, "From World War to Cold War: the Wartime Alliance and post-war Transitions, 1941-1947", *The Historical Journal* vol. 45 no. 1(March 2002).
70 레이놀즈, 『정상회담』, 217, 221쪽.
71 Berthon and Potts, *Warlords*, 296.

는 호감을 느꼈고 전후 처리에서도 소련의 입장을 이해하려 노력했던 것이다. 1944년 11월에 파리가 해방된 후 처칠과 드골은 함께 퍼레이드를 벌이고 나서 대화를 나누었다. 이때 드골은 처칠이 스탈린에게 너무 많이 양보하고 있다고 항의했는데 그에 대해 처칠은 다음과 같이 응답했다.

현재 러시아는 오랫동안 굶주린 거대한 짐승이오. 그 짐승이 먹이를 잡아먹는 걸 막을 수는 없소. 특히 먹이들 사이에 누워 있으니. 문제는 그 짐승이 그 먹이들을 다 먹어치울 것인지인데 나는 스탈린을 억제하려고 노력하고 있소. 스탈린은 엄청난 식욕을 가졌지만 상식도 많이 가진 사람이라오. 먹고 나면 소화시킬 시간이 필요한 법. 소화할 시간이 오면 과식한 러시아 사람들은 어려운 순간에 처하게 될 것이오.[72]

스탈린도 처칠의 호의에 어느 정도 화답했다. 서방세계에 대한 근본적인 의심에도 불구하고 스탈린은 전쟁을 함께 치르면서 처칠을 존경하게 되었고 그 존경심은 전후에도 계속된 것 같다. 1947년 1월에 스탈린은 소련을 방문한 몽고메리 원수를 통해 처칠의 안부를 물었다. 스탈린은 당시 냉전 상황에서 정치적 문제에서는 두 사람이 서로 의견이 다르지만 "전쟁의 위대한 지도자로서 함께 일한 때를 가장 행복한 시간으로 기억한다"며 전쟁 동안 행한 처칠의 과업에 대한 최고의 존경과 경의를 다시금 확인했다. 몽고메리가 그 말을 전하겠다고 하니 스탈린은 그렇게 해주면 고맙겠다고 답했다. 처칠이 당장 스

---

72 Wood, *Churchill*, 26.

탈린에게 답장을 보냈음은 물론이다.[73] 반면 제2차 세계대전을 치르는 동안 처칠과 루스벨트의 경쟁과 질투, 불화를 말해주는 사례는 수없이 많았다. 처칠이 런던으로 초대했지만 루스벨트가 한 번도 영국을 방문하지 않았다는 사실, 그리고 루스벨트가 서거했을 때 처칠이 장례식에 참석하지 않았다는 사실은 두 사람 관계의 진실을 보여준다.

처칠, 루스벨트, 스탈린의 세 거물은 서로를 경외하면서도 불신하는 복잡한 관계 속에 있었다. 처칠은 후에 스탈린과 손을 잡고 히틀러를 무너뜨림으로써 전후 유럽 대륙의 절반이 소련 세력권에 들어가게 만들었다는 비판을 들었다. 중요한 것은 처칠이 1940년에 두 가지 대안을 이미 알아보았다는 것이다. 하나는 나치 독일이 유럽 전체를 지배하는 것이고 다른 하나는 공산주의 소련이 유럽의 동쪽을 지배하는 것이었다. 처칠은 반쪽을 잃는 것이 전체를 잃는 것보다 낫다는 판단을 했던 것이다. 1953년 3월에 스탈린이 사망했다. 그즈음 처칠을 방문한 《펀치(Punch)》의 편집장 무거리지는 처칠이 여전히 스탈린에 대해 애정을 가지고 있음을 알아챘다. "그가 그런 돼지라니, 얼마나 유감인가"라고 처칠이 씁쓸히 말했다.[74]

---

73 Martin Gilbert, *Winston S. Churchill* vol. VIII(Hillsdale, Michigan: Hillsdale College Press, 1988), 309-310.

74 Ibid., 547.

10장
철의 장막과 38선: 영국과 한국전쟁

처칠은 긴 정치 경력상 보수주의와 자유주의를 왔다 갔다 했고 사안에 따라 자유주의자가 되기도 하고 보수주의자가 되기도 했다. 그러나 확실한 것은 그가 공산주의를 혐오했다는 사실이다. 히틀러의 등장과 더불어 일시적으로 스탈린을 동맹으로 받아들이고 여러 차례 만남을 통해 스탈린의 개인적 매력에 빠져들기도 했지만 공산주의에 대한 처칠의 기본 태도에는 변함이 없었다. 처칠과 스탈린은 민주주의와 공산주의 체제에 대한 논쟁을 벌이기도 했다. 처칠에게 공산주의와 나치즘은 다를 게 없었다. 그는 뮌헨협정이 막 성사되고 난 후인 1938년 10월, 미국 국민에게 보낸 메시지에서 "인종적 박해, 종교적 불관용, 자유로운 표현의 박탈, 시민을 단지 영혼 없는 국가의 한 부분으로 보는 것" 등 공산주의와 나치즘이 공유하는 사악함을 열거하고 나서 두 이데올로기가 모두 "증오를 먹고 살며 항상 새로운 목표물과 희생자를 찾는다"고 비난했다.[1]

처칠은 제1차 세계대전 후에 독일 때문에 평화가 깨어질 것이라는 확신을 가졌듯 제2차 세계대전 후에는 소련이 그런 역할을 할지 모른다는 의구심을 가졌다. 스탈린에 대한 의심은 1943년경에 이미 그에게 확실하게 자리 잡았다. 1945년 5월 12일, 독일이 항복한 지 며칠 후에 처칠은 현대사에서 가장 유명한 문구인 '철의 장막'을 담은 전신을 트루먼(Harry Truman) 대통령에게 보냈고, 1946년 3월에는 풀턴 연설에서 다시 '철의 장막'을 언급하면서 소련 공산 정권의 확장을 전 세계에 공개적으로 경고했다. 처칠의 발언은 좌파 및 평화주의자들로부터 도발적이라는 비난을 받았으며, 후에 서방측이 냉전을 시작했다고 주장하는 수정주의 학자들에 의해 냉전의 한 원인으로 지목받았다. 그러나 1930년대 히틀러에 대한 경고와 마찬가지로, 처칠이 외롭게 알렸던 스탈린에 대한 우려는 불과 2년 만에 대부분 서구인들의 공감을 얻게 되었다. 처칠에게서 소련을 억제하는 것은 패권의 문제이기도 했지만 더욱 중요하게는 자유 진영과 공산주의의 이데올로기적 대립의 문제였다. 이 점에서 처칠의 신념은 냉전의 이데올로기적 대립을 강조하는 최근 연구 경향과 비슷한 노선으로 파악될 수 있다.[2]

1950년에 서방국가들과 소련의 냉전이 갑자기 열전으로 바뀌었다. 1950년 6월 25일, 북한군이 38선을 넘어 남한을 침공했고 6월 27일에 긴급 소집된 유엔 안전보장 이사회는 북한의 침략을 억제한다는 결정을 내렸다. 한국전쟁을 분명한 소련 공산주의의 팽창 야욕으로 파악한 처칠은 즉각적인 유엔군 개입과 미국의 역할을 긍정적으로

---

1   Winston Churchill, *Blood, Sweat, and Tears*(New York: G. P. Putnam's Sons, 1941), 71.
2   Timothy J. White, "Cold War Historiography: New Evidence behind Traditional Typographies", *International Social Science Review* vol. 75 no. 3/4(2000).

평가했다. 1930년대 히틀러에 대한 실패한 유화정책을 기억하고 있던 노동당 정부도 파병을 결정했는데, 처칠은 한걸음 더 나아가 홍콩 주둔 병력을 보낼 것을 제안했다. 한국전쟁은 처칠이 제시한 영국과 미국의 '특별한 관계'를 돈독히 하는 계기가 되기도 했다. 1951년 10월 총선에서 승리해 다시 다우닝가로 돌아온 처칠은 당시 지지부진하게 진행되고 있던 한반도의 휴전 협상 과정을 지켜보았다. 휴전 협상이 교착상태에 빠지면서 처칠의 관심은 다시 유럽으로 돌아갔다. 그에게 중요한 것은 한국이 아니라 독일이고 유럽이었다.

철의 장막 너머에는

공산주의는 처칠이 견지한 역사적 믿음 혹은 신화에 대한 도전이었다. 일생 개인의 자유와 창의력을 중시했던 처칠이 볼셰비키에 대해 가졌던 적대감은 그들의 비민주적이고 폭력적인 방법에 대한 혐오 때문에 더욱 강해졌다. 처칠은 자신이 볼셰비즘을 싫어하는 이유는 그들이 말하는 "어리석은 경제학"이나 "불가능한 평등의 원칙" 때문이 아니라 "피비린내 나는 테러" 때문이라고 천명했다.[3] 1917년에 러시아에서 혁명이 일어나자 처칠은 마치 버크가 프랑스대혁명에 대해 흥분했던 것과 비슷하게 반응하면서 볼셰비즘을 "질병"이고 "역병"이라 부르며 그 특징을 독재, 테러, 자유의 억압, 종교적 탄압에서 찾았다. 그는 또한 볼셰비키 철학은 "100만 년 전의 흰개미들"의

---

3 Richard Langworth ed., *Churchill By Himself*(New York: Public Affairs, 2008), 381.

그것과 마찬가지라고 폄훼하면서 러시아 소비에트 정부는 "이 세상에 존재해왔던 최악의 독재 정권" 가운데 하나라고 비난했다. 그들은 어떤 정치적 권리도 인정하지 않으며 테러로 지배하고 자유로운 언설을 억압하며 자기들 것 외의 어떤 신문도 용납하지 않으며 "로마황제들의 시대 이후 본 적이 없는 열정과 악랄함"으로 기독교를 억압한다는 것이었다. 독재자와 테러를 앞세워 역사상 "가장 완벽한 집산체제"를 구축한 볼셰비키는 개인의 우수성과 차이점을 살리지 못한 것은 물론이고 삶과 산업을 국유화함으로써 아무것도 이루지 못했다. 처칠에게는 공산주의나 나치즘이나 전체주의라는 점에서 마찬가지였다. 공산주의와 나치 독재는 단지 "다른 식으로 쓰인 같은 것"이고 그 특징은 "개인의 말살"이었다.[4]

제2차 세계대전이 발발했을 때 코민테른은 영국 공산당에게 "자본주의 장례식에서 무덤 파는 사람들"과 같이 행동하라고 지시했다. 그런데 1941년 6월, 히틀러가 소련을 침공함으로써 히틀러와 스탈린의 동거가 깨어지자 영국 공산주의자들의 태도도 180도 변했다. 그때까지 공장에서 생산을 방해하고 "자본주의적 제국주의 전쟁"을 비난하던 사람들이 "하룻밤 사이에 태도를 싹 바꾸어" 벽이나 게시판에 "이제 곧 제2전선을!"이라는 표어를 써 붙이기 시작했다.[5] 제2전선은 스탈린이 갈망하던 것이었다. 공산주의자들의 조국은 영국이 아니라 소련이었고 처칠은 그러한 태도를 인내할 수 없었다. 이처럼 처칠은

---

4 Churchill, *Blood, Sweat, and Tears* 71; Langworth ed., *Churchill By Himself*, 383; 처칠, 『폭풍의 한가운데』, 373쪽.

5 Simon Berthon and Joanna Potts, *Warlords*(Cambridge Mass.: Da Capo Press, 2006), 19; 처칠, 『제2차 세계대전』 제5권. 428쪽.

공산주의를 혐오했지만 히틀러가 1941년 6월 22일, 소련을 침공하자 즉각 소련을 동맹으로 인정했다. 그러나 소련은 초기에는 영국에게 짐이었다. 각종 군수품을 소련에 제공해야 했을 뿐 아니라 미국도 영국보다 소련에 물자를 제공하는 데 더욱 열심이었던 것이다.

1942년 8월 모스크바 회담부터 시작하여 여러 차례 스탈린과 만남을 통해 처칠은 스탈린의 인간적 매력에 빠지기도 했지만 전쟁이 후반기에 들어서면서 전후 세계 구상에서 두 사람은 충돌했다. 스탈린을 억제하는 것이 불가능할지 모른다는 생각이 처칠에게 확실해진 것은 1943년 11월에 있은 테헤란 회담에서였다. 이제 스탈린이 또 한 명의 히틀러가 될 것인지 알 수 없는 상황이 전개되고 있었다. 처칠은 스탈린을 믿고 싶어 했지만 크렘린은 절대 손을 댈 수 없을 볼셰비키들로 가득 차 있다고 생각했다.[6] 한편 루스벨트는 일차적으로는 독일과 일본이라는 침략 세력을 분쇄하는 것이 목표였지만 장기적으로는 전후에 평화롭고 민주적인 세상을 만들어야 한다는 목표를 가지고 있었다. 루스벨트는 그 일을 할 적임자는 처칠과 같이 유럽의 낡은 제국주의에 물든 사람이 아니라 자기라고 믿었다. 그는 자신과 스탈린이 위대한 목표를 향해 함께 나아갈 동지라고 판단했고 처칠을 걸림돌로 생각했다. 반면 처칠은 전시 동맹이 단지 일시적이라는 사실을 간파하고 있었다.

1945년 3월에 이르면 루스벨트는 스탈린에 대한 자신의 평가가 너무 장밋빛이었음을 깨달았지만 그 깨달음은 너무 늦게 찾아왔다. 한

---

6 David Reynolds, "From World War to Cold War: the Wartime Alliance and Post-war Transitions, 1941-1947", *Historical Journal* vol. 45 no. 1(March 2002), 219.

달 후 루스벨트는 불귀의 몸이 되었다. 대통령만이 아니라 미 국무부 역시 처칠에 대해 불만을 가지고 있었다. 1944년 12월 5일, 미 국무부는 영국이 다른 나라들에 과도한 영향력을 행사하려 한다는 '공적인 비판'에 해당하는 의견을 발표했다. 계기는 처칠이 그리스에서 서방측에 동조하는 세력을 지원한 것이었는데, 처칠은 그리스에서 민주주의를 지키려는 자신의 노력이 그처럼 비난받는 것을 이해할 수 없었다. 그처럼 처칠을 비판하면서도 미 국무부는 스탈린이 동유럽에서 협박을 통해 공산주의 정권을 세우려는 시도에 대해서는 아무 말도 하지 않았던 것이다.[7] 처칠은 화가 나서 두 차례 트루먼 대통령에게 전보를 보냈지만 그러는 사이 스탈린은 분명 자결권을 약속했음에도 불구하고 좌파가 아닌 민족진영 지도자들을 잡아다 시베리아로 보내버리면서 폴란드를 확실하게 장악하는 작업에 성공했다.

스탈린의 욕심은 폴란드 문제로 확실하게 드러났다. 1945년 2월의 얄타 회담에서 폴란드는 거의 모든 의제를 집어삼킬 정도로 논의되었다. 스탈린은 참전하면서부터 히틀러를 물리치고 나면 히틀러와 타협한 소련 국경선을 그대로 확보하고 싶다고 암시했다. 그것은 독소조약 이전의 폴란드 동부 국경선을 한참 침범한 것이지만 1919년에 영국 외무부 장관 커즌이 제안한 것과 유사하기 때문에 영국으로선 반대할 이유가 없다는 것이 스탈린의 계산이었다. 소련군이 독일군에 밀리고 있던 상황에서는 스탈린의 요구가 크게 문제되지 않았다. 그러나 1943년 11월에 처칠, 루스벨트, 스탈린 세 거물이 테헤란에서 만났을 때는 전황이 바뀌어 소련군이 서쪽으로 진격하고 있었

[7] Berthon and Potts, *Warlords*, 274.

다. 역사학자 데이비드 레이놀즈는 전후 서방 연합국이 동유럽을 잃어버렸다고 말하려면 그 원인을 1944~1945년의 외교에서 찾을 것이 아니라 1942~1943년의 서방측 군사 전략에서 찾아야 한다고 지적한다. 전쟁이 끝나기 전부터 소련이 동유럽에서 주도적 국가가 되리라는 것은 자명한 사실이었다. 1944년 6월의 노르망디 상륙 때까지 유럽 전선의 지상전은 주로 동부전선에서 치러졌다. 1941년 6월부터 1944년 6월까지 독일군 전투력 상실의 93퍼센트는 소련 적군(Red Army)에 의한 것이었고 총 420만 명의 독일 병력이 동부전선에서 죽거나 부상당하거나 실종되었다.[8]

처칠은 루스벨트가 협조를 거부한 상황에서 스탈린의 욕심을 제어하기 위해 혼자서 분투해야 했다. 처칠이 줄곧 내세운 논리는 국민이 투표에 의해 대표를 뽑고 그들이 국민을 대변하는 체제인 의회 민주주의를 지키는 것이 전쟁을 치르는 위대한 명분 가운데 하나라는 것이었다. 스탈린과의 몇 차례 만남에서도 민주주의와 공산주의의 차이점은 대화의 주제가 되었다. 얄타 회담에서 처칠은 전쟁이 끝난 후 동유럽 나라들에서 자유로운 선거를 통해 국민이 지도자를 스스로 선택할 수 있도록 하자며 스탈린에게 동의를 구했다. 처칠은 자신이 국민들의 투표에 의해 "언제라도 내쳐질 수 있는" 지도자라고 언급했다. 스탈린이 "수상께서는 그런 선거를 두려워하는 것 같다"고 평하자 처칠은 곧바로 자기는 그런 선거를 두려워하지 않을 뿐만 아니라 영국 국민들이 "원할 경우 언제라도 정부를 바꿀 수 있는 권리"를 가졌다는 사실에 "자부심을 느낀다"고 대답했다. 실제로 1945년

---

8 레이놀즈, 『정상회담』, 155~157쪽.

7월, 유럽 전쟁이 끝난 후 실시된 총선에서 패한 후 처칠은 측근들에게 "우리에겐 기분 상할 권리가 없다. 이것을 위해 우리는 싸웠던 것"이라고 다독였다.[9] 1945년 4월, 마지막으로 폴란드에 관한 긴 메시지를 스탈린에게 보내면서 처칠은 다음과 같은 문장으로 마무리했다. "내 친구 스탈린이여, 당신은 차이와 다양성을 별거 아니라고 생각하는데 그것들을 과소평가하지 마십시오. 그것은 영어 사용권 민주주의에서 삶을 바라보는 방식의 상징입니다."[10]

얄타에서 처칠과 루스벨트와 스탈린은 나치가 패배한 후 해방된 나라들이 어떤 정치체제를 가질 것인지에 자결권의 기회를 갖는 것에 합의했다. 그러나 스탈린이 그 약속을 지킬 생각이 없음은 점점 더 분명해 보였고 전쟁의 끝이 보이면서 스탈린의 욕심은 더욱 분명하게 드러났다. 1945년 5월, 연합군은 소련 측과 맺은 기존 합의대로 독일을 점령하는 데 필요한 정도의 병력만 남기고 나머지는 곧 해산할 참이었다. 그러나 약속과 달리 스탈린의 군대는 그럴 의도가 전혀 없어 보였다. 독일이 항복 문서에 서명한 날 처칠은 연합군 총사령관 아이젠하워(Dwight Eisenhower) 장군에게 편지를 보내 독일군이 비행기들을 파괴하려 한다는 사실에 주의를 환기시키면서 "우리가 다음에 이 무기들을 크게 필요로 하게 될 날"이 있을지 모른다고 예고했다. 외무부 장관 이든은 처칠이 내각회의에서 "독일을 너무 약하게 만들면 안 된다. 러시아에 대항하기 위해 독일이 필요할지 모른다"고 말해 각료들을 경악하게 만들었다고 증언했다.[11]

---

9   미첨, 『처칠과 루스벨트』, 522~523쪽; Leo McKinstry, *Attlee and Churchill: Allies in War, Adversaries in Peace*(Atlantic Books, 2019), 438.

10   Langworth ed., *Churchill By Himself*, 374.

이어 5월 12일에 처칠은 트루먼 대통령에게 전보를 보내 소련과 확실한 동의에 도달하기 전에 서방측이 점령한 독일 지역을 러시아에 넘겨주어서는 안 된다고 강조했다. 훗날 자신이 보낸 모든 전보들 가운데 "가장 중요한 것"이었다고 평가한 그 전보에서 처칠은 유명한 '철의 장막'이라는 문구를 처음 사용했다. "철의 장막이 그들 주변에 드리워지고 있습니다. 우리는 그 배후에서 무슨 일이 일어나고 있는지 전혀 알 수 없습니다. 뤼벡 - 트리에스트 - 코르푸 선으로부터 동쪽 지역 전부가 얼마 후 그들 손으로 완전히 넘어갑니다."[12] 처칠은 독일을 "동서가 아니라 남북"으로 나누어야 한다고 주장했는데, 냉전이 심해지고 난 후에 그는 그 생각이 옳았다고 회고했다. 처칠은 독일의 커다란 부분을 소련에 넘기지 마라며, 그 자신의 표현에 의하면, "미국인들에게 무릎 꿇고 빌었다." 그러나 미국 측은 들으려하지 않았다. 유럽전쟁이 종결된 후 7월에 실시된 총선에서 처칠은 예상과 달리 패했고 포츠담에 돌아가지 못했다. 그는 자신이 포츠담을 떠난 후 스탈린은 원하는 대로 할 수 있었고 러시아의 서쪽 국경이 "한참 늘어났다"고 주장했다.[13]

처칠이 1945년 5월에 사용했던 '철의 장막'이라는 개념은 다음 해 3월 5일, 트루먼 대통령의 출신 주이기도 한 미주리주 풀턴에 있는

---

11 처칠, 『제2차 세계대전』 제12권, 297쪽; Berthon and Potts, *Warlords*, 206.
12 처칠, 『제2차 세계대전』 제12권, 296쪽. '철의 장막'이라는 문구는 괴벨스도 사용했다. 괴벨스는 전쟁이 끝나갈 무렵 "이 중대한 전쟁 상황에서 스탈린은 가능한 한 최대한 을 건지려 하고 있다. 그는 오래전에 철의 장막을 쳤다"라고 일기에 적었다. Berthon and Potts, *Warlords*, 296.
13 Lord Moran, *Churchill, the Struggle for Survival* taken from the Diaries of Lord Moran (Boston: Houghton Mifflin, 1966), 299-300, 450, 471.

웨스트민스터 대학에서 연설할 때쯤이면 더욱 확장되고 강화되었다.

나는 용감한 러시아 국민과 전시에 나의 동지였던 스탈린 원수에 대해 강한 존경심을 가지고 있습니다. (……) 우리는 독일의 공격에 대항해 러시아 서쪽 국경에 안전망을 확보해야 한다는 필요성을 이해합니다. 그러나 현재 유럽의 상황을 알리는 것이 나의 의무입니다. 발트 해의 스테틴부터 아드리아 해의 트리에스트까지 철의 장막이 드리워졌습니다. 그 장막 뒤에 바르샤바, 베를린, 프라하, 부카레스트, 소피아 등 오랜 역사를 자랑하는 중부 유럽과 동부 유럽 국가들의 수도들과 그 주민들이 어떠한 형태로든 점점 강도가 높아지는 모스크바의 통제를 받고 있습니다. (……) 그곳에는 진정한 민주주의가 없습니다.[14]

기억할 점은 처칠이 이 연설에서 전쟁 중 러시아 국민들이 보인 용맹에 찬사를 보내고 그들에게 안전망이 필요함을 인정했다는 사실이다. 처칠은 두 차례의 세계대전이라는 혹독한 시련을 겪은 러시아가 독일로부터의 완충 지대를 가질 권리를 인정했다. 1944년 10월에 마지막 모스크바 회담을 끝낸 후 스탈린에게 보낸 작별 편지에서 처칠은 "전쟁이 남긴 상흔을 잘 극복해 모든 러시아인들을 폭풍에서 구해내 영광스런 햇볕으로 인도할 수 있기를 바랍니다"고 기원했다.[15] 만약 스탈린의 요구가 적절한 선에서 멈추었더라면 처칠의 '철의 장막' 연설은 없었을지 모른다. '철의 장막' 연설은 그 자리에 참석한 트루

14 Winston S. Churchill, *His Complete Speeches* vol. VII edited by Robert Rhodes James (Chelsea House Publishers, 1974), 7290.
15 Langworth ed., *Churchill By Himself*, 321.

먼에게 보낸 일종의 경고, 즉 미국이 유럽 대륙에서 진행되고 있는 경찰국가와 공산당 일당 체제를 정확히 인식해야 한다는 경고이기도 했다. 트루먼은 포츠담 회담 중 가진 처칠과의 대담에서 "영국 혼자 싸울 때 연합국들이 진 빚"에 대해 언급하면서 "영국이 프랑스처럼 사라져버렸다면 지금 우리는 미국 연안에서 독일에 대항해 싸우고 있을지 모릅니다"라고 고마움을 표현했다.[16] 그렇지만 트루먼은 여론을 의식해야 하는 정치인이었고 미국 여론은 처칠에 긍정적이지 않았다.

처칠의 연설은 대소동을 야기했다. 스탈린은 신문 인터뷰를 통해 처칠을 "반 소련 전쟁광"이라 비난하고 그를 히틀러에 비유했다. 러시아 언론 《프라우다(Pravda)》도 처칠을 "반 공산주의 전쟁광"으로 비난했다. 대부분의 미국 언론도 마찬가지였는데 《월 스트리트 저널(The Wall Street Journal)》은 미국이 "동맹이나 동맹 비슷한 것을 절대 원하지 않는다"고 못 박았고, 《보스턴 글로브(Boston Globe)》는 처칠을 겨냥해 그가 미국을 "무너져가는 식민주의의 악을 계승할 후계자"로 만들려 한다고 비난했다. 보수 정론지 《타임스》까지 처칠에 대한 비난에 동조했다. 영국 노동당에서는 93명의 의원들이 처칠의 연설이 영국, 미국, 소련 사이의 "좋은 관계를 손상시키려는 계산"에 의한 것이고 "세계 평화라는 대의에 해롭다"는 선언문을 발의했다.[17] 그러나 처칠과 상당 부분 공감하고 있던 애틀리 수상과 베빈 외무부 장관은 그들에 동조하지 않았다. 그들 역시 소련의 야심에 경악하고 있었던

---

16 Lord Moran, *Churchill: the Struggle for Survival*, 294.
17 Churchill, *Memoirs of the Second World War*(New York: Bonanza, 1978), 998; Churchill, *His Complete Speeches* vol. VIII, 8344.

것이다. 한편 국왕 조지 6세는 풀턴 연설이 "공인이 한 말 가운데 가장 용감한 발언"이라며 극찬했다.[18]

결국 시간은 처칠이 옳았음을 입증했다. 철의 장막은 그 후 40년 동안 서구인들 머릿속에 확고한 요소로 자리 잡았다. 처칠이 촉구했던 서방의 안보 태세 구축과 봉쇄 및 억제 정책은 풀턴 연설 이후 몇 년 내 현실화되었다. 미국의 전후 전략에 대한 영향력은 처칠의 풀턴 연설보다는 조지 케넌의 보고서가 더 컸을 것이 확실하지만 처칠의 연설이 가한 충격도 적지 않았다. 처칠은 스스로 역사가로 자평할 만큼 역사를 좋아하고 역사에 해박한 지식을 가졌는데 그는 공산주의의 역사적 발생의 원인과 과정을 파악할 뿐 아니라 그 소멸까지 예측할 수 있었다. 공산주의는 인간의 본성에 거스르기 때문에 장기적 안목에서 살아남지 못할 것이라고 전망한 처칠이 비서 콜빌에게 "자네 생이 끝나기 전에 공산주의 체제의 몰락을 볼 것"이라고 예견한 것은 유명한 일화다. 처칠이 그 말을 한 것은 1953년 1월 1일이었고 아직 스탈린이 죽기 9주 전이었다. 콜빌은 소련이 붕괴되기 2년 전인 1987년에 사망했다.[19]

---

18 McKinstry, *Attlee and Churchill*, 464−465.
19 John W. Young, "Churchill and the East−West Detente" in *Winston Churchill in the Twenty-First Century* edited by David Cannadine and Roland Quinault(Cambridge: Cambridge University Press, 2004), 206.

한국은 자유롭고 독립되어야 한다[20]

1950년 6월 25일, 북한군이 남한을 공격하면서 한반도에 전면전이 시작되었다. 처칠은 1943년 카이로에서 '한국은 자유롭고 독립'되어야 한다고 루스벨트 및 장개석과 결의했지만, 영국 정부는 한국에 대해 직접적 관심이나 의무를 느끼고 있지 않았고 제2차 세계대전이 끝난 후 한국을 미국의 영향권으로 인정해 별로 간섭하지 않았다. 1949년 말 중국 본토가 공산군에 의해 점령되자 영국 정부는 만약 비슷한 상황이 한국에서 전개된다면, 즉 북한이 무력으로 남한을 점령한다면 어떻게 할 것인가를 고려해야 했다. 서울 주재 영국 공사관의 견해는 "영국은 한국에서 보호해야 할 이해관계가 거의 없고 보호를 제공할 수도 없다"는 것이었다.[21] 내각도 공사관의 견해에 동의했다. 한편 애틀리 정부는 1949년 10월에 중국 공산당 정부가 들어서자 곧바로 그 정부를 인정하고 다음 해 1월에 대사를 파견했다. 중국은 그러나 영국에 대한 의구심을 버리지 않아 런던에 대사를 파견하지 않았다.[22]

한국에서 전면전이 시작되었다는 급보를 받은 애틀리 수상의 첫 반응은 무관심이었다. 그의 첫 발언은 "미국이 개입하지 않는 한 상관할 바 없다"였다. 그러나 미국은 즉각적 개입을 결정했고 그 결정

---

20 노동당 정부와 한국전쟁에 대한 전반적 논의는 박지향, 「영국 노동당 정부와 한국전쟁」, 《역사학보》, 141(1994년 3월) 참조.

21 한국에 진출해 있는 영국 기업은 단 셋뿐이었다. 외무부 문서, FO 371/84078 FK 1018/1.

22 외무부 장관 베빈은 영국의 모든 노력에도 불구하고 양국 외교관계에 진전이 없음을 한탄했다. 내각 문서 CAB 128/18 C.M. 52(50); FO 800/462 FE/50/41.

을 전해들은 수상의 반응 역시 변해야 했다. 25일 아침에 무관심을 표명했던 애틀리는 오후에 트루먼 정부가 군사력을 파견하기로 했다는 보고를 받자 말했다. "양키를 지지해야만 하겠군." "이 적나라한 침략은 견제되어야 합니다"라고 같은 날 저녁 그는 하원에서 선언했다.[23] 주소련 미국대사를 역임했으며 트루먼의 측근이던 해리먼은 1946년 초에 도쿄에서 점령 사령관 맥아더(Douglas MacArthur) 장군과 만나 일련의 회의를 가졌고 한국을 방문해 하지(John Hodge) 중장과도 두 차례 만남을 가졌다. 맥아더는 스탈린이 극동에서의 비교적 협소한 공산 세력의 지위를 강화하기 위해 "한국에서 정치적 장악력을 키우기로 결심"했다고 주장했는데 해리먼은 맥아더의 주장이 설득력이 있다고 보았다.[24] 그러나 1950년 1월에 발표된 애치슨 라인에서 한국은 배제되었다.

애틀리 수상은 영국이 한국전쟁에 참전하는 명분으로 유엔 안전보장이사회 이사국이며 미국의 가장 가까운 동맹이라는 점을 들었다. 그는 방송을 통해 국민들에게 "침략자들을 그냥 내버려둔다면 이 세상 모든 곳에 있는 침략자들을 부추기는 게 됩니다"라고 선언했다. 공산주의 언론들은 애틀리의 연설이 1940년에 처칠이 행한 '피와 땀과 노고와 눈물' 연설의 "물 탄 버전"이라고 조롱했지만 처칠은 보수당이 정부를 구성하고 있어도 같은 식으로 행동했을 것이라며 애틀리에게 지지를 보냈다.[25] 처칠이 볼 때 북한군의 무력 침공은 명백히

---

23 Kenneth Harris, *Attlee*(Weidenfeld and Nicholson, 1984), 454.

24 W. Averell Harriman & Elie Abel, *Special Envoy to Churchill and Stalin 1941-1946* (Hutchinson, 1976), 541-542.

25 McKinstry, *Attlee and Churchill*, 538.

소련의 세계적 침략 구상의 일환이었고 즉시 대응하는 것이 당연했다. 그는 한국전쟁에 즉각적으로 개입한 미국 정부의 태도를 냉전시대가 시작된 후 계속 당하기만 하던 서방측이 반전할 수 있는 전환점이라며 환영했다. 처칠은 그러나 사적으로는 자신이 그 위기를 다루지 않아도 되어 다행이라고 솔직히 인정했다. 자신이 병력을 파병하면 '그 익숙한 전쟁광 논란'이 재기될 것이기 때문이었다. 당시 영국에는 남한이 오히려 침략자라고 주장하는 소수 공산주의자들이 있었는데 대표적으로 공산주의자로 자처한 극작가 쇼가 있었다. 죽기 직전 가진 마지막 인터뷰 가운데 하나에서 쇼는 한국에서 일어난 전쟁을 한국에 대한 "서방의 공격전"이라 부르고 유엔이 남한을 지원해 북한과 전쟁을 하는 것이라고 비난했다. 처칠은 쇼와 같은 사람들에게 "아무도 한순간도 그렇게 믿지 않는다"고 반박했다. 남한의 "준비되어 있지 않음과 비효율"은 비록 그들 "지혜의 증거는 아닐지라도 죄 없음의 증거"라는 것이다.[26]

마침내 영국은 전쟁이 시작되고 1개월이 지난 7월 말에 워싱턴에서 열린 영국군 합동참모본부와 미 군부와의 회의 결과 본국의 예비병력을 주축으로 한 2개 연대를 파견하기로 결정했다.[27] 노동당 정부는 전략 우선순위와 병력 여유 문제 등의 사정으로 인해 기존에 극동지역에 배치되어 있던 병력을 전용하는 대신 본국의 예비 병력을 파견하는 방안을 추진했다. 이 경우 병력의 훈련과 편성, 영국에서 한국까지의 이동시간 등을 감안할 때 영국 지상군 병력의 한국 도착은

---

26 Richard Nickson, "Shaw on the Dictators: Labels and Libels", *The Independent Shavian*, 18/1(1980), 12; Churchill, *His Complete Speeches* vol. VIII, 8035–8036.

27 FO 371/84192 FK 1202/2; FK 1202/2g.

1950년 말에나 가능할 것이었다. 미국은 이에 만족하지 않고 전투 상황이 긴박한 만큼 홍콩이나 말라야 주둔의 병력을 급파하도록 요구했다. 그러나 애틀리 정부는 이 요구를 완강히 거절했다.[28] 8월 26일, 처칠은 하원에서 애틀리 정부가 지상군 파견을 미루고 있는 점을 맹렬히 비판했다.

유엔은 6월 27일, 북으로부터의 무력 침략에 대항해 남한을 방어하도록 회원국들에게 요청했는데 사회주의 정부는 유엔의 요청에 따를 것인지를 결정하는 데 한 달이나 걸렸습니다. 작은 규모의 군사력을 본국으로부터 파병하는 것을 결정하는 데 또 한 달이 걸렸습니다. 이제 그 병사들이 실제로 출발할 때까지 또 한 달이 걸릴 것입니다.[29]

이뿐만 아니라 처칠은 원정군을 본국에서가 아니라 홍콩으로부터 신속하게 파병할 것을 주장했다. 이미 8월 2일에 처칠은 애틀리를 만나 영국의 방위 상태를 의논한 후 13일에 다시 만나 홍콩 주둔 군대를 한국에 파병하라고 권한 바 있었다. 애틀리가 그 권유를 거부하자 처칠은 화를 냈는데, 애틀리가 3,000명의 병력과 장비를 모으는 데 두 달이 걸리며 고사포도 없어서 링컨셔의 미국 원자폭탄 기지에 있는 고사포 일부를 빼내야 한다고 하소연하자 이번에는 영국 국방의

---

28 이러한 지연은 당시 한국군과 미군이 낙동강 선까지 밀려날 정도로 긴박한 전황하에서 신속한 증원을 원했던 미국의 입장과는 상당한 온도차가 있는 것이었다. Anthony Farra-Hockley, *The British Part in the Korean War* vol. I.(London: HMSO, 1990), 46-47, 103-104, 126.

29 Churchill, *His Complete Speeches* vol. 8, 8070.

한심한 상태에 의기소침해졌다.[30] 애틀리 정부는 결국 8월 17일에 홍콩으로부터의 군대 파견을 결정하게 된다. 그런 가운데 《데일리 텔레그래프》의 전쟁 통신원으로 한국에 파견되었던 처칠의 아들 랜돌프가 8월 23일에 다리에 총상을 맞고 부상했다.

원정군을 홍콩에서 신속하게 파병하는 것은 처칠만이 아니라 미국이 원하는 바였다. 9월 12일, 처칠은 미국이 영국 정부의 태도에 크게 실망하고 있음을 우려하면서 또다시 파병이 지연되는 것을 비난했다. 그날 의회 토론에서 처칠은 북한군의 침략과 그에 대한 영국 정부의 느린 반응이 확실히 국민들의 "눈을 뜨게 해주는" 사건이 될 것이라고 공격했다. 노동당 정부가 5년 동안 누린 "돈과 병력과 행정력"에도 불구하고 여단 규모의 파병을 조직하는 일에 수개월이 걸리는 "한심한 상황"을 비판하면서 소수 상징적 병력이 벌써 홍콩으로부터 파병되었어야 했다고 주장한 것이다. 처칠은 애틀리에게 홍콩 파병으로 마음을 바꾼 날짜가 언제인지를 집요하게 물었다. 애틀리는 한국전쟁은 미국에 의해 진행되고 있고 영국은 그들의 요구에 응하고 있을 뿐이라며 "도대체 날짜에 그렇게 집착하는 이유"가 무엇인지를 되물었다. 처칠의 의도는 소수의 상징적 군대를 보내는 데 그처럼 오래 걸린다는 사실에 "미국이 실망"하고 있음을 지적하는 동시에 파병을 결정하고 연기하고 계획을 바꾸는 것에서 보이는 "정부의 무능"을 드러내려는 것이었다.[31]

개전부터 열세를 면치 못하던 맥아더 지휘하의 유엔군은 9월에 인

---

30 Martin Gilbert, *Winston S. Churchill* vol VIII *Never Despair 1945-1965*(Hillsdale, Michigan: Hillsdale College Press, 1976), 541.
31 Churchill, *His Complete Speeches* vol. VIII, 8078-8079.

천 상륙작전으로 전황을 역전시켰다. 그러나 10월에 25만 명 중공군이 압록강을 건너 전투에 투입되자 한국전쟁은 새로운 국면으로 진입했다. 전쟁 초부터 중국의 향방이 서방측의 최대 관심사 중의 하나였으나 중국은 인천 상륙작전 이후 유엔군이 급속히 북진하기 전에는 개입 의사가 전혀 없는 것처럼 보였다. 그러나 9월 이후 중국 정부는 위협을 느끼기 시작했고 인도를 통해 개입 가능성을 강력히 시사했다. 즉 저우언라이는 북경주재 인도대사를 통해 남한군이 38도선을 넘는 것은 상관하지 않겠으나 유엔군이 넘는다면 좌시하지 않겠노라고 경고했던 것이다.[32] 그러나 맥아더 사령부는 말할 것도 없고 영국 정부도 중국의 의도를 오판하여 그 경고를 단지 허세로 치부해 버렸다. 어쨌든 중공군은 10월 중순 대규모로 전쟁에 투입되었고 이제 전쟁은 맥아더의 표현대로 전적으로 새로운 전쟁으로 탈바꿈했다.

1950년 11월 30일의 의회 토론에서 처칠은 한반도 전쟁이 확대되는 것을 원치 않는다는 입장을 명백히 했다. 그는 인천 상륙 작전을 수행한 맥아더에게 칭송을 보내면서도 중국을 자극하지 않기 위해 유엔군의 전진이 한반도의 목(neck) 선에서 멈출 것이고 중국 영토를 넘거나 폭격하지 않겠다는 것을 명백히 하라고 요구했다.[33] 이것은 사실 노동당 정부도 원하는 바였다. 애틀리 정부는 이미 11월 13일에 정주─흥남을 잇는 선으로부터 압록강·두만강까지를 비무장 완충지대로 만들어 유엔과 중국이 함께 감독하는 등의 구체적 협상안을 제안한 바 있었다. 다른 서유럽 국가들도 그때가 한국 분쟁을 협상으

---

32 FO 800/462 FE/50/37.
33 Churchill, *His Complete Speeches* vol. VIII, 8133, 8198.

로 해결할 적절한 시기이고 그 해결책으로서는 영국이 제시한 완충지대 설치가 가장 바람직하다는 점에 의견을 같이했다.³⁴ 이때는 아직 유엔군이 정주-흥남 선의 훨씬 북쪽에 전진해 있었기 때문에 영국의 제안은 유엔군 측의 희생을 요구하는 것이었다. 그러나 그 제안에 대해 맥아더는 "북한 땅의 상당 부분을 내주어 중국 공산분자들의 비위를 맞추려는 영국의 의도는 1938년 9월에 영국, 프랑스, 이탈리아가 뮌헨에서 취한 행동에서 역사적 전례를 발견할 수 있다"고 비난했다.³⁵ 맥아더는 나아가 비무장 완충지대의 설치가 아니라 오히려 중공군을 추적하기 위해 유엔군 비행기가 한중 국경선을 월경할 수 있어야만 한다는 월경 추격을 주장했다. 한편 미 국무부 장관 딘 애치슨(Dean Acheson)은 영국의 제안을 심각하게 고려했지만 11월 24일 유엔군의 총반격이 시작되자 거절했다. 수일 내로 거대한 중공군의 총공격으로 유엔군의 후퇴가 시작되었고 한반도의 "목" 선조차도 유지할 수 없게 되었다. 만약 영국 측 제안이 받아들여졌다면 그 후 3년 가까이 계속된 중국과의 전쟁은 없었을지 모른다. 트루먼은 후에 "우리는 그때 한반도의 목에서 멈추었어야 했다. 그것이 바로 영국이 원하던 것"이었다며 후회했다고 한다.³⁶

이제 새로운 전쟁 국면에서 핵무기 사용 문제가 대두했다. 1950년 11월 말에 트루먼은 기자회견에서 미국은 한국전쟁 발발 이래 핵무

---

34 미국 국무부 문서 795.00/11—3050 MacWilliams to Acheson
35 Peter N. Farrar, "A Pause for Peace Negotiation: the British Buffer Zone Plan of November 1950" in *the Korean War in History* edited by James Cotton & Ian Neary(Atlantic Highlands, NJ: Humanities Press International, 1989), 69.
36 Ibid., 66.

[좌] 총선 승리 후 영국 국왕 조지 6세(우)를 만난 노동당의
애틀리, 1945년.
[우] 포츠담 회담에서의 애틀리, 트루먼, 스탈린(좌측부터),
1945년.

기 사용을 항상 고려해왔으며 핵무기 사용의 결정권은 전장의 최고
사령관에게 있다고 발언했다. 최고 사령관은 바로 맥아더이고 그의
호전적 발언을 상기할 때 이제 세계는 핵전쟁의 위험에 직면한 것처
럼 보였다. 노동당 정부의 입장은 핵무기 사용의 결정권은 전장의 최
고 사령관이나 미국 정부에만 있는 것이 아니라 한국에서 싸우고 있
는 유엔군을 구성하는 모든 나라에 있다는 것이었다. 실상 1943년 퀘
벡 회의에서 처칠과 루스벨트는 핵무기 공동 개발과 정보 교환 등을
약속했고 쌍방의 동의 없이는 핵무기를 사용하지 않겠다는 데 합의
했었다. 그러나 전후에 미국 의회가 양국의 협력 사항을 극도로 축소
시켜버림으로써 영국의 비토권이 사라져버렸는데 노동당 정부는 그
때 아무런 반박도 하지 않았었다.[37] 이처럼 핵무기 사용의 최종 결정
권의 소재가 모호한 상태에서 미국 핵무기가 영국 영토 내에 배치되

한국전쟁에 참전한 유엔군, 1951년. 가장 왼쪽과 오른쪽 병사는 인도군, 나머지는 영국군, 뉴질랜드군, 호주군이다. 트럭 보닛에 있는 컵을 보아 영연방 특유의 티타임을 즐기기 위해 모인 듯하다.

낙동강 전선에서 만난 미군(좌)과 영국군, 1950년.

[좌] 영국 센추리온 전차를 따라 행군 중인 영국군, 1951년.
[우] 서울 종로의 영국 처칠 전차, 1950년.

어 있는 민감한 상황이 전개되고 있었다. 한국전쟁은 이 민감한 문제를 화약고로 만들었다. 만약 한국에서 핵무기가 사용되고 그것이 소련을 자극한다면, 소련의 가장 우선적인 공격 목표는 영국에 배치되어 있는 미군 핵 기지일 것이었다. 트루먼의 발언은 영국으로 하여금 핵전쟁의 최전방에 놓여 있는 자기 모습을 깨닫게 했다. 12월 2일 황급히 워싱턴으로 날아간 애틀리는 핵무기 사용에 있어 미국 정부의 독재권을 포기하도록 트루먼을 설득했고, 딘 애치슨(Dean Acheson)이 너무 심하게 양보했다고 불만스러워할 정도로 양해를 얻어내었다. 즉 애초의 희망대로 공동 결정권을 약속받지는 못했지만 적어도 한국전쟁에서 핵무기를 사용하지는 않으리라는 확약을 받아낸 것이다.

중공군에 밀려 후퇴하던 미국과 유엔군은 1951년 1월 4일에 서울을 포기하기로 결정했다. 한국에서의 지지부진한 전쟁은 제2차 세

37 나중에 처칠과 애틀리는 이 문제를 두고 설전을 벌였다.

계대전 당시 처칠이 품었던 미국 군사력에 대한 의구심을 다시 불러일으켰다. 처칠은 한국전쟁의 진행 과정과 미국의 전략적 실패에 대한 실망을 숨기지 않았으며, 1·4후퇴에 이르러서는 한국전쟁이 설명 불가능이라고 판단했다. 미국 측이 서울을 방어하지도 못했을 뿐만 아니라 더 남쪽으로 정한 방어선조차 지키지 못한 채 맥아더는 "대규모 중공군" 얘기만 하면서 책임을 면하려 한다는 것이었다.[38] 1951년 4월 10일, 전쟁이 진행 중인데도 트루먼에 의해 맥아더가 해임되자 공산군 측이 휴전 협상을 제의하고 나섰다. 처칠은 "우리나 미국이나 유엔이나 한국이나 모두 중국에 개입하는 것을 전혀 원하지 않는다"며 환영했다.

　노동당 정부가 중국 공산정권을 승인했을 때의 명분은 중국이 소련의 통제하에 있지 않다는 것이었다. 즉 마오쩌둥은 티토(Josip Tito)와 마찬가지여서 그들을 모스크바에 의해 조종되는 허수아비 정권으로 차치해 버리는 것은 잘못이며 서방 정책은 이 두 공산 세력의 분열을 추구해야 한다는 입장이었다. 그러나 중공군이 대거 한반도에 투입되면서 그런 입장은 설 자리를 잃게 되었다. 노동당 정부의 중국 노선에 반대해온 처칠은 1951년 5월 10일, 하원에서 중국 문제를 두고 정부를 맹공격했다. 처칠은 유엔이 중국을 "공격 세력"으로 규정하고 비난했는데 영국이 중국과 공식적 외교관계를 수립하고 있는 "불편하고도 비논리적"인 입장을 지적했다. 중국 공산정권이 명백히 러시아의 사주에 의해 그들 무기와 공급에 의존해 전쟁을 하고 있으며 중공군이 "유엔과 미국과 우리의 병사들을 죽이고" 있는데 외교관

38　Gilbert, *Winston S. Churchill* vol. VIII *Never Despair*, 583, 584 n 1.

계를 유지하는 것은 잘못이라는 것이었다.[39] 유화정책이 중국과의 평화를 가져올 것이라고 믿지 않은 그는 히틀러를 상대로 한 실패한 유화정책을 상기시키면서 다음과 같은 정의를 내렸다.

유화 자체는 상황에 따라 좋을 수도 있고 나쁠 수도 있습니다. 허약함이나 공포로부터 나오는 유화는 헛되고 치명적입니다. 힘으로부터 나오는 유화는 관대하고 고귀하며 세계 평화를 위한 유일한 길이며 확실한 길일 것입니다.[40]

그의 이러한 신념은 히틀러에 대항하기 시작한 1930년대 초부터 한국전쟁이 진행되고 있던 1950년대까지 초지일관 변하지 않은 신념이었다.

처칠의 두 번째 정부와 한국전쟁

1951년 10월에 실시된 총선에서 승리한 처칠은 두 번째 정부를 구성했다. 1945년 7월에 정권을 내어준 후 6년 3개월 만이었다. 처칠이 정권을 되찾을 수 있었던 배경에는 한국전쟁이 초래한 경제 문제와 복지 문제가 있었다. 한국전쟁 초만 해도 모든 사람들이 즉각적으로 북한의 침략을 징계하기로 한 유엔 결의를 1930년대의 실패한 유

---

39 Churchill, *His Complete Speeches* vol. VIII, 8198.
40 Ibid., 8143.

화정책과 비교하면서 환영했다. 노동당 내 좌파조차 그러했다. 그러나 전쟁 비용이 점점 증가하면서, 그리고 전쟁이 정치적으로 부담이 되면서 합의가 와해되었다. 무엇보다 정부를 궁지로 몰아넣은 문제는 재무장이었다. 재무장은 빵이냐, 총이냐라는 양자택일의 문제를 단도직입적으로 부각시켰다. 우선 공산 세력의 침략에 대비해 나토군을 강화해야 할 필요성이 있었다. 나토(NATO, 북대서양조약기구)는 1948년에 결성되었으나 독일의 재무장 및 포함 여부를 둘러싼 견해차로 총사령관이 임명되지 않은 채 아직 틀이 잡히지 않은 상태였는데, 한국전쟁은 조속히 나토를 강화시켜야 할 필요성을 분명히 해주었다.

1951년 7월 21일, 재무장 비용에 대한 의회 토론에서 처칠은 나빠진 경제 상황이 한국전쟁 때문이라고 변명하는 정부에게 맹공격을 가했다. 한국전쟁이 아니라면 문제없었다는 정부 주장은 전혀 사실이 아니며 문제의 원인은 노동당 정부가 1947년에 단행한 파운드 스털링화의 평가 절하와 무절제한 재정 지출이라는 주장이었다. 처칠은 영국 역사상 "현재 우리 정권보다 더 돈을 함부로 쓴 정부는 없었다"며 6년간의 사회주의 정부가 "히틀러가 한 것보다 더 많은 해를 끼쳤다"고 비난했다.[41] 처칠 주장의 옳고 그름을 떠나 재무장이 경제 부흥과 복지라는 두 가지 면에서 심각한 타격을 가한 것은 사실이다.[42] 재무장정책은 산업에 타격을 가해 영국 경제의 상대적 쇠퇴

---

[41] Churchill, *His Complete Speeches* vol. VIII, 8225.

[42] 한국전쟁과 영국의 경제적 쇠퇴에 관해서는 졸고 Jihang Park, "Wasted Opportunities?: the Rearmament Programme in the 1950s and the Failure of the British Economic Policy", *Journal of Contemporary History* vol. 32 no. 3(Summer 1997) 참조.

를 가속화했을 뿐만 아니라 노동당 정부가 야심차게 시작한 '요람에서 무덤까지'라는 복지국가에도 영향을 미쳤다. 국방비의 증가는 결국 복지정책의 희생에 의해서만 가능했기에 정부는 그때까지 완전 무상이던 국민의료서비스의 일부를 유상화 하는 법안을 의회에 제출했다. 당내 좌익의 대표인 사회복지부 장관 어나이린 베번(Aneurin Bevan)은 장관직을 걸고 반대하기로 결심했고, 그에 맞서 재무부 장관 휴 게이츠켈(Hugh Gaitskell)은 예산안이 부결되면 사직하겠다고 선언했다. 국방비를 둘러싼 당내 좌파와 우파의 갈등이 표면화한 것이다. 예산안을 표결에 부쳤을 때 정부 정책에 불복한 30명의 노동당 의원들이 기권하고 5명이 부표를 던졌지만 예산안은 결국 통과되었고, 베번은 내각에서 사퇴했다. 이제 완전 무상이던 의료서비스는 의치와 안경에 한해 환자가 요금을 부담하는 부분 유상제로 바뀌었다.

한국전쟁에 의해 부각된 재무장 계획에 국내 문제인 국민의료서비스 비용 부담과 대외 문제인 냉전이 함께 맞물려 노동당은 좌초했다. 1951년 10월 총선에서 보수당은 높은 물가와 "노동당이 저질러놓은 엉망진창"을 근거로 공략을 펼친 결과 321석을 얻어, 295석을 얻은 노동당을 누르고 정권을 되찾았다. 한국전쟁이 없었다면 노동당은 역사상 최초의 단독 사회주의 집권당으로서 더 오랫동안 사회주의를 추구했을 것이고 처칠의 두 번째 정부는 아마 1951년에 시작되지 않았을지 모른다.

두 번째 정부를 구성한 처칠은 한국에서의 분쟁이 조기에 타결되기를 원했다. 우선 중국과의 전쟁은 홍콩을 위태롭게 한다는 현실적 계산이 있었고, 보다 중요하게는 유럽의 안보가 걱정이었다. 처칠은 압도적인 소련 세력에 대항해 영국과 유럽의 방어 전선을 구축하는 것이 급선무라고 생각했고 따라서 한국에 너무 "깊숙이 빠져드는 걸 원치 않는다"고 천명했다. 중국과 관련해서는 더욱 그렇다는 입장이었다.[43] 한국전쟁을 계기로 처칠은 유럽통합을 더욱 신중하게 고려하게 되었고 '유럽군'의 조속한 창설을 주장했는데, 구체적으로 프랑스가 15개 연대, 영국이 6개 연대, 미국이 6개 연대, 베네룩스가 3개 연대. 나머지 5개 연대는 독일로 구성되는 총 35개 연대 규모의 유럽군 신설을 제안했던 것이다.[44] 그는 소련에 대비하기 위해서는 독일을 재무장시켜도 상관없다고 생각하게 되었다. 그러나 '유럽군'의 창설이라는 처칠의 제안은 몇 년 동안 부침을 겪다 결국 없는 일이 되어버렸다.

한국전쟁을 계기로 처칠이 또다시 확신하게 된 것은 무슨 수를 써서라도 미국과의 관계를 돈독히 해야 한다는 당위였다. 야당으로 있을 때나 다시 정권을 잡았을 때나 처칠은 미국과의 유대를 강화해야 할 필요성을 강조했다. 그는 미국을 도와 즉각 한국전쟁에 참전한 것까지는 좋았지만 애틀리 수상이 미국 대통령을 직접 만나 영-미 관계를 더욱 돈독하게 만들지 못한 것을 아쉬워했다. 당시 주미 영국대사였던 올리버 프랭크스(Oliver Franks)는 한국전쟁의 발발이 영국과 미국의 특별한 관계에 한 계기가 되었다고 말한다. 애틀리 정부는 전쟁이 발발하자 즉각 극동지역에 있는 영국 해군력을 미국 지휘하에 배치했으며 애틀리는 7월 6일에 트루먼에게 편지를 보내 "미국과 영국은 이들 지역에서 다른 침략이 발생할 경우 우리의 공통의 정책에

43 Churchill, *His Complete Speeches* vol. VIII, 8198.
44 McKinstry, *Attlee and Churchill*, 541.

도달하기 위해 가능한 한 최대한 미리 준비해야 한다"고 강조했다. 곧바로 프랭크스를 포함하여 양측 대표들이 참가하는 회의가 비밀리에 펜타곤에서 시작되었다. 태평양 지역에 또 다른 침공 가능 지역들을 점검하고 어떻게 대처할지를 의논하려는 것이었다.[45]

그럼에도 애틀리는 미국과의 더욱 돈독한 관계를 추구하지 않았는데 그 이유 가운데 하나는 영국 여론의 반미 정서였다. 한국전쟁이 시작된 후 영국인들의 반미 감정은 더욱 강화되었다. 애틀리 정부에서 가장 친미적 각료라 할 수 있는 게이츠켈에 의하면 그 반미 감정은 미국의 부에 대한 시기심과 미국이 영국을 새로운 전쟁에 끌어들이려 한다는 공포심이라는 두 가지 요인에 기인했다. 영국인들은 미국이 대(對)히틀러 전쟁에 일찍부터 참전해 경제적, 군사적 부담을 함께했어야 했다고 생각했다. 더군다나 영국인들은 미국의 거만함에 모욕을 느꼈는데, 미 행정부는 영미 간의 '특별한 관계'를 강조하지만 특히 마셜 플랜이 미 의회에서 토의되었을 때 그들의 태도는 마치 자선가와 같았다는 불만이었다. 프랭크스 대사도 미국과의 불평등한 관계를 "굴욕적"이라고 표현했다.[46]

처칠은 이러한 대중 정서를 알고 있었지만 동조하지 않았다. 제2차 세계대전을 겪으면서 처칠은 미래의 세력은 미국이라는 점을 숙지했고 미국과의 관계를 우호적으로 유지하는 데 정성을 기울였다.

---

45 Oliver Franks, "The 'Special Relationship' 1947–1952" in *Adventures with Britannia* edited by Wm. Roger Louis(Austin: University of Texas Press, 1995), 58–59.

46 Hugh Gaitskell, *The Diary of Hugh Gaitskell, 1945-1956* edited by Philip Williams (Jonathan Cape, 1983), 316~18; Lord Moran, *Churchill: the Struggle for Survival*, 381–382.

한국전쟁이 발발했을 때 처칠이 즉각적으로 호응한 것도 같은 노선이었다. 문제는 노동당 정부가 행여 미국에 거슬리는 행동을 하는지였고 1951년 5월 10일에 하원에서 처칠은 그 점을 강력히 지적했다. 즉 "테러 정권"을 수립한 중국 공산주의자들이 한반도에서 "유엔과 영국 병사들을 죽이고 있는" 상황, 그리고 미국이 전쟁의 "20분의 19를 담당"함으로써 실질적으로 한국전쟁의 전체 무게를 감당하고 있는 상황을 상기시키면서 처칠은 "미국과 영국 사이에 균열이 있는지"가 중요하다고 지적했다. 그것이 그의 뇌리를 떠나지 않은 가장 중요한 이슈였다. 미국이야말로 공산주의와 소련의 정복과 통제로부터 기독교 문명과 민주주의를 구해낼 수 있는 최선의 희망이기에 영국은 미국과 결코 분리되지 말아야 한다는 것이 처칠의 믿음이었다.[47]

1951년 10월에 총선에서 승리한 처칠은 곧바로 다음 해 1월에 트루먼 대통령을 방문하고 미국 의회에서 생애 세 번째 연설을 했다. 이때 트루먼은 남한이 몰락하도록 내버려둔다면 제3차 세계대전을 의미할 것이라는 생각을 밝혔는데 처칠은 그 말에 전적으로 동의했다. 트루먼은 당시 한국전쟁의 고비용과 인력 손실로 여론이 악화되고 인기가 떨어져 의기소침해 있었다. 그런 트루먼에게 처칠은 한국에 즉각 군대를 파병한 결정만으로도 "미국의 가장 위대한 대통령들 가운데 속할 수 있다"고 추켜세웠다. 처칠은 미국이 자유의 수호를 위해 아무리 멀리 떨어진 곳이라도 군사력 사용을 두려워하지 않음을 보여주었다는 것이 가장 중요한 사실이라며 트루먼에게 "다른

---

47 Churchill, *His Complete Speeches* vol. VIII, 8199; Gilbert, *Winston S. Churchill* vol VIII, 571.

누구보다도 대통령께서 서양 문명을 구하셨습니다"라며 찬사를 보냈다. 트루먼은 감동받았다.[48] 처칠의 칭송은 트루먼에게 큰 힘이 되었다. 처칠의 의회 연설도 성공적이었다. 그는 한국전쟁에서 피를 흘린 수십만 미국 병사들과 가족들에게 깊은 공감을 표하고 "우리도 그곳에서 우리 병사들을 잃고 있습니다"라는 말로 연대감을 강조했다. 그는 한국 상황이 어떻게 전개될지 예견하기 힘들다 해도 "우리 병사들이 헛되게 희생되지는 않을 것"을 확신한다며 평화, 정의, 자유를 지키기 위한 방법과 수단이 이제 "종이 위가 아니라 반석 위"에 놓였음을 강조했다. 특히 처칠이 강조한 것은 미국의 재무장이었다. 그는 미국의 재무장이 이미 세상의 균형을 바꾸었고 "제3차 세계대전의 위험을 회피"하게 만들 것이라는 점을 강조했다. 그는 비스마르크를 인용하며 연설을 맺었다.

비스마르크는 언젠가 19세기 최고의 사실은 영국과 미국이 '같은 언어'를 사용하는 것이라고 말했습니다. 20세기 최고의 사실은 두 나라가 '같은 길'을 걷는다는 것임을 확실하게 합시다.[49]

처칠은 이 연설에 심혈을 기울였고 결과는 만족스러웠다. 처칠의 주치의 모랜 경에 의하면 그는 미국인들과 소통하는 법을 알고 있었다.

한국전쟁이 처칠로 하여금 각성하게 만든 마지막 이슈는 핵무기였다. 처칠은 이미 1924년에 핵폭탄의 가능성에 대해 쓸 정도로 그 문

---

48 Churchill, *Memoirs of the Second World War*, 1011–1012.
49 Churchill, *His Complete Speeches* vol. VIII, 8326.

제에 관심과 지식이 있었다. 그는 50년 후의 세계를 상상한 에세이에서 수소 원자를 융합해 엄청난 에너지를 방출하게 될 날이 올 것을 예견했던 것이다.[50] 그러나 전쟁을 겪으면서 핵문제에 관한 처칠의 태도는 점차 회의적이 되어갔다. 1945년 여름 포츠담에서 트루먼으로부터 일본에 원자폭탄을 사용할 것이라는 통지를 받았을 때 처칠에게는 핵무기가 그가 헌신해온 모든 것의 종말을 의미할지 모른다는 생각이 없었다. 그러나 수소폭탄의 개발과 더불어 그의 전망도 변하게 된다. 처칠은 1952년 2월 26일에 의회 토론에서 작심하고 핵무기에 대한 전임 애틀리 정부의 이중적 태도에 비판을 가했다. 노동당 정부가 의회에 밝히지 않고 비밀로 거대한 예산을 핵무기 제조에 사용하고는 보수당만 '전쟁광'으로 비난한다는 것이었다. 그는 이때 전임 외무부 장관 허버트 모리슨(Herbert Morrison)이 미국과 한 약속을 공개했는데, 그 내용은 만약 한반도에서 중국 본토의 비행장으로부터 날아온 전투기가 영국 비행기를 공격하면 보복하겠다는 약속이었다. 처칠의 이러한 공개는 전임 정부의 극비 정책을 공개한 것으로 문제의 소지가 있었지만 노동당의 반격을 잠재우는 데 매우 효과적이었다.[51] 영국은 노동당 정부하에서 미국과 소련 다음으로 세 번째 핵무기 개발을 시작했다. 1947년 1월에 애틀리 정부는 핵무기 개발을 결정했고 베빈 외무부 장관은 "우리는 그 물건을 여기 가져야 합니다. 비용이 얼마나 들든지. 그리고 그 꼭대기에 영국 국기를 꽂아야 합니다"라고 선언했다.[52]

50 처칠, 『폭풍의 한가운데』, 396~397쪽.
51 Lord Moran, *Churchill: the Struggle for Survival*, 405.
52 Nic MacLellan, *Grappling with the Bomb*(Australian National University Press, 2018), 23.

그러나 핵무기는 어디까지나 전쟁 억제용이라는 것이 노동당 정부의 공식 입장이었다. 이에 대해 처칠은 먼저 공격당할 때까지 절대로 핵무기를 사용해서는 안 된다는 주장은 마치 "총에 맞아 죽을 때까지 총을 쏘아서는 안 된다는 주장"과 같다고 반박했다.[53] 처칠은 당시 미국만이 핵무기를 보유하고 있는 압도적 우위가 서방 세계를 지켜주고 있다고 확신했다. 스탈린의 태도에서도 그 사실을 확인할 수 있었는데, 미국이 일본에서 원자폭탄을 사용한 후 "러시아의 논조"가 바뀌었고 스탈린은 자기 마음대로 할 수 없다는 걸 알게 되었다는 것이 처칠의 판단이었다.[54] 그는 서유럽이 소련의 공격에서 제외되고 있는 것이 거의 전적으로 미국 핵무기 덕분이라고 보았고 한국에서 핵무기 사용이 취해진다 해도 영국의 안보는 위험하지 않으리라 판단했다.[55] 그러나 핵무기에 대한 처칠의 이런 낙관적 해석은 소련이 핵무기를 개발하면서, 그리고 핵무기의 치명적인 위력에 대해 알게 되면서 바뀌게 된다.

한편 한반도에서는 1951년 7월부터 휴전 협상이 진행 중이었지만 대규모 공격이 진행되는 등 전시 상황은 여전했다. 처칠은 1952년 5월 28일에 흔치 않게 영국 병력의 활동을 의회에 자세히 보고했다. 그에 의하면 캐나다. 오스트레일리아, 뉴질랜드, 인도 병력들이 영국군과 함께 활약 중이었다. 영연방 병력은 격전에 동원되지는 않지만 공격에 대비한 순찰에 참여하고 있으며 서울 근방을 지키는 연합 전선을 담당하고 있었다. 비행선에 포진해 있는 영국 비행중대도 대(對)

---

53 Gilbert, *Churchill*, 575.
54 Lord Moran, *Churchill: the Struggle for Survival*, 316, 322.
55 Churchill, *His Complete Speeches* vol. VIII, 8038.

잠수함 작전과 순찰 활동에 적극적으로 활동 중이었고 영국 공군 조종사들은 미국 비행중대와 함께 작전에 참여하고 있었다. 남아프리카와 오스트레일리아 비행중대들도 마찬가지였고 영국 구축함들은 북한 연안의 작전에 자주 동원되고 있었다. 처칠은 사상자 수도 공개했는데, 전쟁이 시작되고 난 후 그때까지 영국 측 사상자 수는 총 3,250명이었다. 513명이 사망하고 1,601명이 부상당했으며 939명이 포로로 잡히고 197명은 생사를 알 수 없었다.[56]

1952년경이 되면 처칠은 한국에서 무슨 일이 벌어지든 별로 상관하지 않게 되었다. 그해 6월의 각료회의에서 한국을 방문하고 돌아온 알렉산더 원수가 한국의 군사적, 정치적 발전 사항에 대해 영국 정부가 더 긴밀하게 지속적으로 정보를 얻어야 한다고 제안했지만 처칠은 "유엔이 전쟁 수행을 미국에 맡겼다"며 영국의 적극적 개입을 반대했다. 이제 "한국은 중요하지 않다"는 것이 처칠의 판단이었다. "나는 74세가 될 때까지 그 빌어먹을 나라의 이름조차 들어보지 못했다"는 것이 그의 솔직한 심경이었다.[57] 한반도 휴전 협상이 진행되는 동안 처칠은 남한 정부는 물론이고 미국이나 중국에 의해 전쟁이 확전되는 것을 우려했으며 이러한 처칠의 걱정은 다른 영연방 지도자들도 공유했다.

한편 휴전 협상이 진행되면서 포로 문제가 대두했다. 한국에서 1차 전쟁포로 교환이 이루어져 32명이 1953년 5월 1일에 영국에 도착할 예정이었다. 그중 다섯 명은 친 공산주의자로 베이징 라디오에 방송

56 Ibid., 8383-8384.
57 Lord Moran, *Churchill: the Struggle for Survival*, 451.

을 하고 공산주의 언론인 《데일리 워커(Daily Worker)》에 편지를 쓰는 등 적극적으로 협력한 사람들이었다. 내각의 의견은 그들이 돌아오는 걸 막자는 것이었지만 처칠은 아무 행동도 취하지 말고 지켜보라고 명했다.[58] 그러나 미국과 서방측이 공산주의자들에게 확고한 태도를 보여야 한다는 생각에는 변함이 없었다. 휴전협상이 지지부진하자 1953년 5월에는 미국이 모스크바에 접근해 협상에 도움을 주도록 하자는 미 군부의 제안이 있었는데, 처칠은 당장 아이젠하워 대통령에게 편지를 보내 나약한 모습을 보이지 마라고 충고했다. 지금 소련에 접근하는 것은 "나약함의 표시"라며 "당신은 강력한 집단의 우두머리"라고 부추겼던 것이다.[59] 한시라도 전쟁이 빨리 끝나기를 바라고 있던 처칠은 이승만 대통령에게 우호적이지 않았다. 처칠은 휴전협상이 지지부진한 이유가 "공산주의자들의 고집"만이 아니라 "이승만 정부가 제기하는 어려움" 때문이라며 책임을 중국만이 아니라 이승만에게도 돌렸다. 1953년 6월 18일, 이승만이 전격적으로 북한 반공포로들을 석방한 사건은 처칠에게도 충격이었다. 7월에 있은 몽고메리 원수와의 대화에서 처칠은 휴전 협상에 피로감을 드러내면서 자신이 책임자라면 "유엔군을 해안으로 물리고 이승만을 중국에 남겨두겠다"고 말했다. 그는 "이승만을 다루는 것"을 보면 미국이 "매우 강력하면서도 매우 서툴다"는 사실을 알 수 있다는 평도 덧붙였다.[60] 이승만 정부가 목소리를 낼 수 있게 된 것은 미국 정책의 결과

58 Gilbert, *Winston S. Churchill* vol VIII, 822.
59 Ibid., 834.
60 Gilbert, *Winston S. Churchill* vol VIII, 832-833; Lord Moran, *Churchill: the Struggle for Survival*, 436, 450.

였는데, 미국은 남한 군대를 키워서 시간이 지남에 따라 미군의 무거운 짐을 덜 수 있게 만들고자 했다. 미국의 계획대로 남한의 군대가 수적으로 유엔군을 넘어서고 전투에서 중요한 요인이 되자 이승만 정부의 목소리도 커졌던 것이다.[61]

1953년 7월에 드디어 유엔군과 공산주의자들 간의 휴전이 성립되었지만 앞날은 밝지 않았다. 언제든 휴전 협상이 깨져 다시 전쟁이 시작될 수 있다는 우려가 심각했던 것이다. 6월에 개최된 영연방 수상회의에서 처칠은 만약 한반도 휴전협정이 깨진다면 "미국은 적극적 공격을 개시할 수"도 있다고 염려했다. 그해 12월에 처칠은 버뮤다에서 아이젠하워 대통령과 회담을 가졌는데, 흥미롭게도 아이젠하워가 제기한 첫 번째 의제는 한국이었다. 아이젠하워는 중국과 북한이 다시 도전할 가능성이 있다고 판단했고 그럴 경우 도시나 민간인 대상이 아닌 "군사적 목표물에 핵무기"를 쓸 수밖에 없다고 말했다. 이에 처칠은 반대하지 않았으나 영국과 상의하거나 적어도 알리기 전에는 "한국에서 아무 행동도 하지 않겠다"는 약속을 받아내었다.[62] 아이젠하워는 핵무기를 전통적 무기의 일부로 간주해야 한다고 단정했는데 처칠은 거기에도 동의했다. 흥미롭게도 처칠과 아이젠하워가 만난 이때쯤 되면 영국과 미국의 대공산권 태도에 변화가 있었다. 즉 처칠이 철의 장막 연설을 했을 때와 정반대의 상황이 전개되고 있었던 것이다. 아이젠하워는 공산주의 세력에 대해 대단히 강경한 반면, 처칠은 오히려 그런 아이젠하워를 진정시켜 소련과의 관계 개선

---

61 Churchill, *His Complete Speeches* vol. VIII, 8487.
62 Gilbert, *Winston S. Churchill* vol VIII, 790.

을 추진하려는 입장이었다. 처칠은 1953년 3월에 스탈린이 사망한 후 러시아가 변했다는 점을 설득하려 했지만 아이젠하워는 러시아를 "창녀"로 부르며 "옷을 갈아입었는지는 몰라도 거리에서 쫓아내야 할 존재"임은 분명하다고 대꾸했다.[63]

핵무기에 대한 처칠의 낙관적 태도는 수소폭탄이 개발되고 소련 역시 핵무기 개발에 성공하면서 변하게 된다. 1946년 봄의 풀턴 연설 때만 해도 처칠은 원자폭탄 기술이 미국 손에 있다는 사실에 안심했다. 만약 상황이 반대여서 "어떤 공산주의 국가나 네오파시스트 국가가 핵폭탄을 독점하고 있다면, 우리 모두 안심하고 잠들 수 있었을까"[64]라는 것이다. 그러나 1955년경에 이르면 처칠은 인류의 미래에 대해 훨씬 더 암울해했다. 1955년 3월 1일, 그가 수상직을 이든에게 넘겨주면서 마지막 의회 연설을 했을 때 그의 '백조의 노래'의 주제는 수소폭탄이었다. 처칠은 연설에서 영국이 가장 최신의 핵무기를 가져야 한다고 말했지만 수소폭탄이 그의 마음의 평화를 앗아갔다. 그것은 항상 그의 머리를 짓누르고 있었다. 그는 핵폭탄에 대해 말하면서 "끔찍해, 끔찍해"를 연발했고 "몽골 이후로 우리 문명에 이처럼 위협적인 것은 없었다"고 신음했다.[65]

이렇게 한국전쟁 때문에 노동당 정부가 분열함으로써 처칠은 예상보다 빠르게 두 번째 정부를 구성할 수 있었다. 그는 한국전쟁을 계기로 영국과 미국의 더 긴밀한 관계를 추구했고 서방 민주주의 세계의 단결을 촉구했다. 처칠이 보기에 한국전쟁의 중요성은 미국의 재

63 Lord Moran, *Churchill: the Struggle for Survival*, 537.
64 Churchill, *His Complete Speeches* vol. VII 7287.
65 Lord Moran, *Churchill: the Struggle for Survival*, 673.

무장에 있었다. 그것이 아마 이 세상을 평화롭게 만들지 모른다는 것이 당시 그의 판단이었다. 처칠은 한국전쟁의 결과에 만족스러워하지 않았지만 적어도 남한이 독립적이고 자유롭게 남았고 "공격한 자들은 비싼 대가"를 치렀다는 사실에 만족해했다. 1951년 7월부터 한국전쟁이 지지부진한 휴전 협상 단계에 진입하자 처칠의 관심은 다시 유럽으로 향했다. 그때 이미 인도차이나에서는 공산주의 세력이 확장하고 있었지만 처칠은 "영국이 인도를 포기한 마당에 프랑스가 인도차이나를 포기하지 못할 이유가 뭐란 말인가"라는 태도를 취했다.[66] 중요한 것은 유럽에서 소련 세력을 견제하는 것이었다. 한국전쟁은 잠재적 침략 세력을 염두에 두고 철저히 준비해야 한다는 절대적 필요성을 다시금 확인시켜주었다. 처칠이 제안한 유럽 공동 방위군은 지지부진한 논의 끝에 무산되었지만 나토는 한국전쟁을 계기로 확실하게 자리 잡았다. 한국전쟁은 처칠에게 국가는 전쟁을 방지하되 필요하다면 '최대한 제한적으로 힘을 사용'함으로써 목적을 완수해야 한다는 점을 다시금 각인시켜주었다. 한국전쟁 중 의회에서 행한 유화정책에 대한 처칠의 정의, 즉 '허약함이나 공포로부터 나오는 유화'는 헛되고 치명적이며 '힘으로부터 나오는 유화'만이 세계 평화를 위한 유일하고 확실한 길이라는 것은 그 후 영국의 확고한 정책 노선이 되었다.

---

66 Ibid., 451.

11장
정치인의 덕목: 처칠의 리더십

1954년 11월 30일, 80세 생일에 처칠은 특별한 선물을 받았다. 정부와 의회 지도자들이 모두 모인 생일잔치가 열린 것이다. 그 자리에는 그가 가장 싫어한 노동당의 베번과 그의 부인도 참석했다. 답사에서 처칠은 제2차 세계대전을 회상하며 "사자의 심장을 가진 것은 우리 국민과 이 세상에 퍼져 있는 우리 인종이었고 나는 포효하라는 명령을 받은 행운을 누렸을 뿐"이라고 겸손을 보였다.[1] 그러나 그가 단순히 포효만 한 것이 아니라는 사실을 그 자리에 모인 사람들은 알고있었다. 처칠과 동시대를 살았던 사람들은 거의 모두 그에게 진 '빚'을 이야기한다. '만약 윈스턴이 없었다면 지금 우리는 어떻게 됐을까?'가 한동안 회자되었다. 노동당 내에서도 좌익으로 구분되는 라스

1 Lord Moran, *Churchill, the Struggle for Survival* taken from the Diaries of Lord Moran(Boston : Houghton Mifflin, 1966), 655.

키조차 "나라를 사랑하는 영국인이라면 누구도 이 나라가 처칠 씨에게 진 빚을 과소평가할 수 없을 것"이라고 칭송했다. 처칠과 라스키는 서로를 싫어하는 관계였지만 처칠에게 진 빚을 부인할 생각은 라스키에게 추호도 없었다. 마찬가지로 처칠을 싫어한 베번도 처칠이 영국의 사례를 "세계의 운명"으로 만들고 그가 "위대한 선구자"의 역할을 자임했다고 인정했다.

이처럼 쏟아진 찬사에도 불구하고 처칠이 수상이 되었을 때 그의 리더십에 대해 확신한 사람들은 그리 많지 않았다. 그가 그처럼 위대한 지도자가 될 것이라는 사실을 예견한 사람들이 많지 않았던 것이다. 1940년 5월, 처칠이 수상이 되었을 때 많은 사람들은 그를 신뢰하지도 좋아하지도 않았다. 여전히 체임벌린을 추종하던 보수당의 다수는 처칠 정부가 몇 개월을 버티지 못할 것으로 예상했다. 그러나 예상과 달리 처칠은 수상이 되자 국민들에게 동기를 부여하여 그들이 '하고 싶어 하지 않던 일을 하도록' 만들고 그것에 '자부심을 느끼도록' 만들었다. 처칠은 단순히 국민의 뜻을 집행하는 데 그치지 않았다. 처칠은 영감을 불러일으킨 지도자였다. 대부분의 영국인들은 전쟁을 하고 싶어 하지 않았다. 그런 그들을 전쟁으로 내몰고, 그들이 하고 싶어 하지 않던 임무를 떠맡게 만든 것은 처칠이었다. 그리고 그 과정에서 국민들은 그를 신뢰하고 존경하게 되었다. 남이 원하지 않는 일을 하도록 만드는 것, 그것을 폭력적 방법으로 강제하는 것이 아니라 영감을 주어 기꺼이 하도록 만드는 것, 그것이 위대한 지도자의 능력이다.

처칠은 운명을 믿었다. 그는 16세 때 자기는 런던과 영국을 이방인들의 침입으로부터 구할 것이라고 예언했다. 처칠은 루이 14세와의 전쟁에서 한 번도 패한 적이 없었던 자신의 조상 몰버러 공작과 나폴레옹을 존경했으며 자신도 비슷한 길을 걸을 운명의 인간이라는 느낌을 가졌다. 수상이 된 날, 그는 자신이 '운명과 함께 걷고 있음 (walking with destiny)'을 깨달았다. 자신에게는 신이 주신 소명이 있다고 느꼈고 그 소명을 다해야 한다는, 그리고 할 수 있다는 확신을 가졌던 것이다. 처칠의 리더십은 역사적 통찰력에 기반을 두고 있었다. 그는 모든 사건을 역사적 맥락에서 보았는데 역사적 통찰력이야말로 처칠을 다른 지도자들과 구분해주는 가장 큰 특징이다. 처칠은 언젠가 '더 멀리 과거를 돌아볼수록 더 멀리 미래를 내다볼 수 있다'는 말을 했다. 처칠은 통합의 정치인이었다. 그는 사람들의 가치가 서로 충돌한다는 사실을 인식하고 있었다. 인간이란 좌우 뇌를 함께 가지고 있고 둘 사이의 균형이 중요하다는 것이다. 그럼에도 그가 결코 타협할 수 없는 원칙들이 있었는데 그 원칙 가운데 가장 중요한 것은 개인의 자유였다. 그는 자유를 잃느니 차라리 죽는 게 낫다고 생각할 정도로 자유를 중히 여겼다. 그렇기 때문에 자유를 짓밟는 나치즘과 공산주의라는 전체주의에 대항해 끝까지 싸웠던 것이다. 마지막으로, 처칠의 통합의 정치의 정점에는 애국심이 있었다. 그에게는 그어떤 것도 조국에 대한 사랑을 능가할 수 없었다. 1940년에 고립무원의 영국 국민들에게 처칠이 '함께 갑시다'라고 했을 때 국민들은 주저 없이 그를 따랐다. 그 순간만큼 영국 국민들이 통합한 적은 역사상 없었다.

영감을 불러일으킨 지도자

리더십은 서로 갈등하는 요구와 가치, 그리고 목표를 의미 있는 행위로 전환시키도록 사람들을 고무하고 동기를 촉발시키는 힘으로 작용한다.[2] 처칠이 리더십을 가지고 가장 훌륭하게 행동한 일은, 1940년에 히틀러를 상대로 영국 홀로 전쟁을 계속하기로 결정한 것이다. 프랑스가 히틀러에게 항복했을 때 처칠은 국민들에게 한 연설에서 "이제 우리 혼자 남았습니다. 우리는 이 세상의 대의를 지키는 유일한 챔피언이 되었습니다. 이 고귀한 명예에 부응하기 위해 최선을 다할 것입니다"라고 선언했다.[3] 저명한 정치학자 벌린은 영국 국민들이 처칠의 연설에 고무되어 자기 연민에 빠지기는커녕 매우 신성한 역할을 맡게 된 것을 기쁘게 생각했다는 점에 그의 연설 효과의 핵심이 있다고 지적했다. 사람들은 원래 그렇게 어려운 삶을 원하지 않았지만 처칠의 연설은 그런 삶을 위대한 투쟁으로 묘사하고 국민에게 "역사적 순간을 살아가는 영웅"이라는 인식을 심어줌으로써 국민들이 일상적인 모습에서 벗어나게 만들었다는 것이다. 덕분에 "겁쟁이였던 사람들은 용감한 사람이 되어 빛나는 갑옷을 걸치고 목표를 달성했다."[4]

---

2 제임스 M. 번즈, 한국리더십연구회 옮김, 『리더십 강의(*Leadership*)』(미래인력센터, 2000), 86쪽.

3 Winston Churchill, *Memoirs of the Second World War*(New York: Bonanza, 1978), 323-324.

4 Isaiah Berlin, "Winston Churchill in 1940", *The Atlantic*(September 1949), 21. https://www.theatlantic.com/magazine/archive/1949/09/mr-churchill/303546/; 베스트, 『절대 포기하지 않겠다』, 268~269쪽.

거의 모든 사람들은 처칠이 영감을 불러일으킨 지도자였음을 증언한다. 캐링턴 경(Lord Carrington, Peter Caringtond)은 처칠이 "지도자였고 투사였으며 군인의 명예를 가지고 동반자들에게 영감을 불러일으켰다"고 회고했다. 그는 라디오에서 흘러나오던 처칠의 목소리, 그의 독특한 풍채, 모자, 그 강력한 얼굴, 그리고 저항의 구현으로서의 그의 모습을 떠올리며 그에게 진 빚을 결코 잊을 수 없을 것이라고 강조한다.[5] 처칠의 전기를 쓴 앤드류 로버츠(Andrew Roberts)는 히틀러를 만난 독일 국민들이 그가 무엇이든 성취할 수 있다는 믿음을 가졌다면 처칠을 만난 사람들은 스스로 무엇이든 성취할 수 있다는 확신을 갖게 되었다고 두 사람의 차이점을 설명한다.[6] 좌파 지식인 라스키도 1940년을 경험하고 나서 최상의 언어로 처칠을 찬양했다.

처칠의 에너지와 용기가 그 어떤 적도 무너뜨릴 수 없는 결의의 정신을 국민 가운데 불러일으켰다. 그는 이 나라에 통합의 마음, 항복하느니 차라리 죽겠다는 결심을 불러일으켰는데, 그것은 브리튼 전투가 진행되던 때 나치의 승리를 생각도 못 하게 만들었다. 외부 세계가 볼 때 영국의 운명은 한 줄기 실낱 같았지만 패배가 어쩔 수 없어 보이는 그 순간에 이 나라 국민들에게는 승리에 대한 믿음이 생겨났다. 그것은 처칠의 승리이고 어떤 누구의 것도 아니다. 물론 국민들 힘이었지만 영국 국민이 그것을 해낼 수 있었던 것은 처칠의 완벽한 리더십 덕분이었다.[7]

5 Tony Benn et al., "Churchill Remembered", *Transactions of the Royal Historical Society*, 6th series vol. 11(2001), 398.
6 앤드류 로버츠, 이은정 옮김, 『히틀러와 처칠, 리더십의 비밀(*Hitler & Churchill: Secrets of Leadership*)』(휴먼앤북스, 2003), 196쪽.

그렇다면 처칠은 어떻게 국민들에게 영감을 불러일으킬 수 있었나? 그것은 무엇보다도 그의 결단이 '도덕적'으로 옳은 결단이었기 때문이다. 1940년에 히틀러와 결연히 싸우려 결심했을 때 처칠의 결심은 유화주의자들이 그랬던 것처럼 단순히 어떻게 살아남을지의 문제가 아니었다. 그것은 싸우다 쓰러지더라도, 나라의 역사가 거기서 끝나더라도 옳은 것을 위해 싸워야 한다는 신념의 문제였다. 그의 결단은 임기응변이 아니라 원칙에 의한 결단이었다. 노예상태로 사는 것은 살 가치가 없다는 것. 나치 독일의 노예가 되느니 차라리 싸워서 죽겠다는 것, 바로 그걸 결정하기 위해 전쟁을 하고 있다는 것을 처칠은 명심하고 있었다. 그리고 그는 그 결정이 옳은 결정이라는 사실을 국민들에게 설득했다.

처칠이 영국 국민들에게 맡긴 임무는 조국을 지키는 것을 넘어 인류의 문명을 지켜야 한다는 사명이었다. 그 문명의 핵심은 국민 개개인의 '자유'인데, 나치즘과 공산주의는 그것을 대단히 하찮은 것으로 짓밟아버렸다. 반면 국가가 함부로 짓밟고 희생을 강요하지 않을 국민의 권리와 자유, 원할 때 언제든 정치 지도자를 갈아 치울 수 있는 자유, 원하는 종교를 신봉할 수 있는 자유는 처칠에게는 목숨을 바쳐서라도 지켜야 할 중요한 가치였다. 처칠은 사람들이 히틀러를 나폴레옹에 비유하는 것에 분노했다. 1941년 5월에 행한 대국민 방송 연설에서 그는 나폴레옹과 히틀러의 확실한 차이점을 대비시켰다. 나폴레옹 군대는 "강력한 해방과 평등주의"의 기운을 실어 날랐지만 히

---

7 Harold Laski, "Winston Churchill in War and Peace"(1942), 1. https://www.thenation. com/article/archive/winston-churchill-war-and-peace/

틀러의 제국은 "인종적 자만심, 스파이, 고문, 부패, 그리고 프러시아 군화"밖에는 아무것도 없다는 것이다.[8] 따라서 처칠은 민주국가 영국과 나치 세력 사이의 우정은 절대 있을 수 없다는 점을 확실히 했다. 나치는 기독교 윤리를 짓밟고 공격과 정복을 부추기고 사악한 질투심으로 희생자들을 박해하고 학살해 힘과 도착된 쾌락을 찾는다. 전쟁은 나치 독재의 "악성 전염병"으로부터 이 세상을 구하고 "인간에게 가장 성스러운 모든 것"을 방어하기 위한 것이다. 그 전쟁은 '인간의 위상을 회복'하려는 전쟁이다. 처칠은 체임벌린 정부가 '전쟁과 치욕' 가운데 치욕을 선택함으로써 전쟁도 따라왔지만 자신이 이끄는 전쟁은 명예를 위한 전쟁이라는 점을 국민들에게 주지시키려 노력했다.[9]

처칠이 준 영감의 두 번째 요소는 '용기'였다. 처칠은 용감했다. 그는 도덕적으로 용감했을 뿐만 아니라 육체적으로도 용감했다. 인도 국경지대에서의 치열한 전투에서 처칠은 몸을 사리지 않았다. 남아프리카에서 보어인들의 포로수용소에서 탈출에 성공한 후 처칠은 다시 전장으로 돌아갔다. 전장을 벗어나서도 그는 용감했다. 처칠은 1912년부터 비행기를 타기 시작했는데 그때는 비행 기술이 거의 초기 단계에 있었고 매우 위험했다. 당시 해군부 장관이던 처칠은 해군 산하 비행단을 신설하려는 목적으로 시험 비행에 탑승했으며 1917년

---

8 Richard Langworth ed., *Churchill By Himself*(New York: Public Affairs, 2008), 347.

9 Winston Churchill, *Blood, Sweat, and Tears*(New York: G. P. Putnam's Sons, 1941), 63; Ricks, Thomas E., *Churchill and Orwell: the Fight for Freedom*(Penguin, 2017), 64-65; Robert Rhodes James, *Churchill, A Study in Failure 1900-1939*(Weidenfeld and Nicholson, 1970), 338.

7월에 군수부 장관이 되면서 공무상 비행기를 많이 타게 되었다. 처칠은 책상머리에만 앉아 있는 장관이 아니었다. 군수부 장관으로서 그는 여러 차례 전선을 직접 찾았는데 긴급 상황 때문에 비행기를 자주 이용했다. 그러다 자신이 직접 비행 기술을 배우게 되는데 당시 비행기 조종은 대단히 위험했다. 그의 에세이에는 그가 겪은 위험한 순간들이 자세히 묘사되어 있다.[10] 처칠에게 조종술을 가르쳤던 공군 장교가 추락해서 죽는 일도 있었고 처칠 자신이 조종하던 비행기가 추락하는 일도 여러 번 있었다. 그는 여러 차례 죽음의 고비를 넘긴 끝에 부인과 친지들의 간곡한 권유로 비행기 조종을 그만두었다. 비록 조종은 그만두었지만 처칠은 제2차 세계대전 중에 전쟁을 지휘하고 다른 나라 지도자들과 만나 작전을 의논하는 등의 일로 누구보다 많이 돌아다녔고 긴박함 때문에 비행기 이동을 택했다. 전시에 비행기로 이동하는 것은 목숨을 건 행동일 수 있었다. 스탈린과 루스벨트는 비행기를 타려하지 않았기 때문에 두 사람을 만나기 위해서는 처칠이 움직여야했다. 1943년 11월에 있은 테헤란 회담 중 누군가가 처칠, 루스벨트, 스탈린을 가리켜 삼위일체인 것 같다고 말하자 스탈린은 그 경우 처칠이 "성령"일 거라고 대꾸했다. "수상은 너무나 많이 비행기를 타고 돌아다니니까."[11]

처칠은 항상 도전적이고 긍정적으로 보였고 두려움을 너무나 잘 극복하여 두려움 없는 사람이라는 평을 들었다. 친구였던 카터는 그가 "사소한 일에는 끄떡도 하지 않는 강한 면역력"을 가지고 있었다

---

10 처칠, 『폭풍의 한가운데』, 265~285쪽.
11 레이놀즈, 『정상회담』, 154쪽.

고 증언한다.[12] 1941년 모교 해로에서 한 그의 연설은 전설로 남았는데 그 연설에서 처칠은 그 유명한 "절대로, 절대로 포기하지 마라"고 말했다. '절대로 포기하지 마라'는 마치 처칠의 트레이드 마크처럼 되었는데 그 말을 한 것은 그때가 처음이 아니었다. 그는 1932년에 출간된 책에서도 청년들에게 "절대로 포기하지 마라", "절대 거부하지 말고 실패를 두려워하지 마라"고 당부했다.[13] 해럴드 니콜슨의 아들인 나이젤 니콜슨(Nigel Nicholson)은 처칠의 두 번째 정부의 수상 임기 중 하원에서 처칠을 처음 만났을 때 그에게 공적 삶에서 가장 중요한 자질이 무엇이냐고 물었다. 그러자 처칠이 간단명료하게 "패기(mettle)"라고 대답하고는 서류를 훑어보는 일에 돌아갔다.[14] 웨이블 원수는 장수에게 가장 필요한 것은 "정신적 건장함"인데 처칠은 그 자질을 충분히 가지고 있었다고 증언했다. 웨이블은 사실 제2차 세계대전 중인 1941년 6월에 처칠에 의해 면직되어 인도 부왕으로 쫓겨났기 때문에 두 사람의 관계는 껄끄러울 수밖에 없었다. 그럼에도 불구하고 웨이블은 처칠의 용기를 높이 칭송했다. 수상이 되고 영국군이 롬멜에게 승리하여 겨우 승기를 잡기 시작한 알라메인 전투(1942년 10월)까지의 매우 어려운 시기에 그 모든 "나쁜 소식과 어려움과 차질과 재앙"을 견디어낸 처칠에 경의를 표했던 것이다.[15] 영국군은 알라메인 전투까지 이겨본 적이 없었는데 그때까지 처칠이 혼자

---

12 미첨, 『처칠과 루스벨트』, 595쪽.
13 처칠, 『윈스턴 처칠, 나의 청춘』, 82쪽.
14 George Watson, "The Forgotten Churchill: We do remember the man", *The American Scholar*, 80/3(Summer 2011), 70.
15 Tony Benn et al., "Churchill Remembered", *Transactions of the Royal Historical Society* vol. 11(2001), 402.

서 겪어야 했던 좌절감을 웨이블은 잘 알고 있었다. 처칠은 알라메인의 승리를 "이것은 끝이 아니다. 끝의 시작조차 아니다. 겨우 시작의 끝일 것이다"로 표현하면서 아직도 갈 길이 멀다는 것을 국민들에게 인식시키려 했다.

그러나 처음부터 처칠이 용감했던 것은 결코 아니었다. 그의 용기는 분투 끝에 얻어낸 것이었다. 그는 어렸을 때 무척 소심한 소년이었다. 크리켓 공이 자신을 향해 날아오는 것이 무서워 나무 뒤로 숨던 나약한 소년이었고, 지적으로 지진아로 인식되어 해로 학교를 거의 꼴찌로 졸업하고 샌드허스트 육군사관학교에도 두 번 떨어지고 세 번째에야 합격할 수 있었다. 의회 연설을 할 때는 수십 번을 암기해야 했던 혀가 짧은 정치인이었으며, 아무도 상상하지 못했지만 '검은 개'라 불린 우울증을 숨기고 살았던 사람이다. 그런 그가 그 모든 어려움을 노력으로 이겨냈다. 1950년 12월에 한국전쟁에 대한 논의에서 처칠은 1930년대의 실패한 유화정책을 상기시키며 자신이 생각하는 유화정책을 정의했다. 즉 '나약함과 두려움으로부터 나오는 유화는 헛되고 치명적'인 반면 '힘으로부터 나오는 유화는 관대하고 고귀하며 세계 평화로의 유일하고도 확실한 길'이라는 것이다.[16] 그의 생애도 그 말을 닮았다.

처칠이 준 영감의 세 번째 요소는 '정직'이다. 처칠은 정직했다. 처칠은 진리를 말하는 데 비겁하지 않았다. 오늘날에도 귀감이 될 수 있는 처칠 리더십의 특징은 그가 원칙에 충실했다는 것이며 정치적 인기에 무관심했다는 것이다. 그는 듣기 좋은 말만 하는 정치가가 결

---

16 Winston Churchill, *His Complete Speeches* vol. VIII(Chelsea Publishers, 1974), 8143.

코 아니었다. 처칠은 자신에게는 단 하나의 의무가 있을 뿐인데 그것은 "옳다고 믿는 바를 실천하거나 말하는 데 두려움을 느껴서는 안 된다"는 것이라고 했다. 그것이 어려운 시기에 국민의 신뢰를 얻을 수 있는 단 하나의 길이라는 것이다.[17] 그에 대한 찬사 가운데 많은 정치인들이 받을 수 없었던 독특한 것은 '말과 행동 사이의 오래된 대립을 없앴다'는 찬사였다. 공직자 처칠과 개인 처칠은 다르지 않았다. 그에게는 위선이 없었다. 처칠이 좌파 지식인들에게서 가장 싫어한 요소는 바로 위선이었다. 처칠은 국민들에게 당면한 상황을 솔직하게 말해준 거의 유일한 정치인이었다. 그는 전쟁의 각 단계마다 명확하게 상황을 설명했다. 처칠의 연설은 종종 매우 길었는데 그런 긴 연설은 전쟁의 상황을 솔직하게 설명하려는 의도이기도 했다. 처칠은 국민들에게 영국 혼자 전쟁을 해나가야 한다는 그 어려운 임무를 맡기면서 장밋빛 전망을 제시하지 않았다. 그것이 얼마나 어렵고 험한 길인지를 숨기지도 않았다. 볼드윈과 체임벌린은 선거에서 이기기 위해, 혹은 자신의 권력을 연장하기 위해 국민들에게 국가 방위에 대해 솔직하게 말하지 않았다. 혼란에 빠진 국민들은 진실을 말해줄 사람을 목마르게 원했는데 처칠에게서 그런 사람을 발견했던 것이다.

루스벨트의 부인 엘리너 루스벨트(Eleanor Roosevelt)는 전쟁 중 처칠이 국민들에게 매우 솔직했다고 회고했다. 즉 영국 군대가 훈련받고 무장되려면 오랜 기간이 걸릴 것이며 급한 군수물자를 생산하는 문제도 매우 어렵다고 설명하면서 그동안 국민들은 인내해야 하며 최

---

17 Langworth ed., *Churchill By Himself*, 493.

선을 다해 물러서지 않겠다는 용기와 희망을 가져야 하지만 그것은 누구나 할 수 있는 쉬운 일은 아님을 역설했다는 것이다. 처칠이 국민들을 설득하는 방식에 대해 그녀는 언제나 감탄했다. 엘리너는 처칠이 영국 국민들에게 "내 남편이 미국인들에게 한 것보다 더 솔직했다"고 평가했다.[18]

여기서 처칠과 대중의 관계를 점검해보자. 처칠의 부인 클레먼타인은 "윈스턴은 일반인들의 삶에 대해 아무것도 몰라요. 그는 한 번도 버스를 탄 적이 없고 지하철도 총파업 때 단 한 번 타봤어요"라고 증언했다.[19] 그런 그가 대중에게 영감을 주고 지도자로 존경받았다. 사실 그는 귀족적 민주주의자였다. 그러나 그 근원이 봉건적이거나 가부장적인 이유라 해도 그의 감정은 진심이었고 국민도 그 진정성을 느꼈다. 엘리너 루스벨트에 의하면 프랭클린 루스벨트는 항상 지도자가 추종자들보다 너무 앞서가서는 안 된다고 말하곤 했다. 볼드윈도 민주주의에서는 정부가 국민보다 너무 앞서 나아가서는 안 된다고 주장했다.[20] 그러나 처칠은 조금 앞서서 대중을 이끈 지도자였다. 어떻게 정치 지도자의 가치를 판단할 수 있는지 어느 정치 평론가가 처칠에게 질문했을 때 그는 그들이 하는 말을 들으면 판단할 수 있다고 답변했다. 그들이 하는 말에 듣기 거북한 말이 하나도 없다면 그것은 공허한 말이라는 것이다. 사람들이 듣기 원하는 말이 아니라 그들이 들어야만 하는 말을 기꺼이 하는 사람이야말로 진정한 정

---

18 미첨, 『처칠과 루스벨트』, 110쪽.
19 Lord Moran, *Churchill: the Struggle for Survival*, 265.
20 미첨, 『처칠과 루스벨트』, 95쪽; John Charmley, *Churchill: the End of Glory*(New York : Harcourt Brace, 1993), 312.

치 지도자라는 것이다. 따라서 "정치인은 항상 자기 나라를 위해 장기적 안목에서 최선이라고 생각하는 것을 하려고 노력해야 한다. 비록 자신이 그동안 진실이라고 믿었던 거대한 교조로부터 떨어져 나올지라도."[21]

그는 국민들에게 어려움을 감수하라고 말했지만 동시에 그들의 고통에 공감할 줄 아는 지도자였다. 그 공감의 대상은 인간만이 아니라 무생물인 가옥이기도 했다. 제2차 세계대전을 겪으면서 처칠을 지켜본 노동당의 애틀리는 형에게 쓴 편지에서 처칠이 고통에 대해 매우 민감하다는 점을 지적했다. "수상은 고통에 대해 매우 민감했어요. 몇 년 전에 유대인들의 고초를 이야기하면서 눈물이 그득했어요. 폭격 맞은 집들을 보고는 '불쌍한, 불쌍한 집들'이라고 말하며 울었죠. 이 측면은 항상 평가받은 것이 아닙니다."[22] 이 사소해 보이는 점은 위대한 지도자와 그렇지 않은 지도자 사이의 차이를 잘 보여준다. 1945년 7월의 총선에서 크게 패배한 후 주변 사람들이 국민들의 감사할 줄 모름에 대해 말했을 때 처칠은 다르게 반응했다. "아니야. 난 그렇게 말하지 않겠네. 사람들은 매우 힘든 시간을 겪었어."[23] 처칠은 고통에 공감했고 그 누구도 미워하지 않았다.

21 Langworth ed., *Churchill By Himself*, 399-400, 493.
22 McKinstry, *Attlee and Churchill*, 274.
23 Lord Moran, *Churchill: the Struggle for Survival*, 307.

과거를 돌아보아야 미래를 내다볼 수 있다

처칠은 스스로를 역사가로 생각했으며 항상 "역사를 공부하라. 그 안에 통치학이 다 들어 있다"고 주장했다. 그는 젊은 기병장교로 인도에 있을 때 매일 네다섯 시간을 역사와 철학 책을 읽었는데 페이지 여백에 자기 생각들을 가득 써 넣었다. 그때 그는 처음으로 대학에 다니는 젊은이들을 부러워하게 되었고 군 경력을 끝내고 대학에 진학할 것을 진지하게 고려하기도 했다. 전쟁 동안 처칠을 가까이 관찰한 애틀리는 형에게 보낸 편지에서 처칠의 역사적 통찰력을 다음과 같이 평가했다:

> 또 하나는 역사에 대한 그의 강한 인식입니다. 수상은 모든 사건을 과거 사건의 과정 속에 위치시켰어요. 마치 미래의 역사가가 보듯. 그리스의 용맹, 우리 국민의 영웅주의, 프랑스인들의 도덕적 와해 등 모든 것을 역사적 관점에서 보았죠.[24]

처칠이 좋아한 역사는 위대한 인물들에 의해 만들어지는 역사였다. 그는 항상 영웅에게 맥을 못 추었고 자신을 그들과 일치시키는 경향을 보였다. 처칠의 영웅은 우선 자신의 조상 몰버러 공작이었다. 그 외 나폴레옹도 그에게 영감을 불러일으켰으며 20세기에 들어서서는 '아라비아의 로렌스'로 알려진 토머스 로렌스(Thomas Lawrence)도 그가 상정한 영웅이었다. 옴두르만 전투에서 하얗게 몰려오는 적들

---

24 McKinstry, *Attlee and Churchill*, 274.

을 보면서 처칠은 1066년의 헤이스팅스 전투를 떠올렸다.[25] 전쟁을 치르면서 처칠은 국민들에게 그들이 그 순간 역사의 어느 시점에 서 있는지를 알게 해주려 했다. 처칠의 연설은 이 점을 강조하고 있다. 그는 브리튼 전투를 이끌면서 스페인 무적함대의 침공을 무찌른 프랜시스 드레이크(Francis Drake), 그리고 나폴레옹과의 결전을 승리로 이끈 넬슨(Horatio Nelson)의 기억을 상기시켰다.

처칠은 회고록 『제2차 세계대전』에서 '위대한' 영국이 하찮은 이탈리아 파시스트들에게조차 멸시받는 상황을 개탄했다. 뮌헨 협정 이후에도 히틀러의 야망은 꺾이지 않았다. 이번에는 폴란드였다. 체임벌린과 핼리팩스는 무솔리니를 만나 히틀러와의 협상을 중개해 달라고 요청하기 위해 1939년 1월에 무솔리니를 방문했다. 무솔리니의 사위면서 이탈리아 외무부 장관인 차노(Galeazzo Ciano)는 당시 상황을 일기에 남겼다. 차노는 본질적으로 그들의 방문이 중요하지 않다고 평가하면서 "영국 사람들은 싸우기를 원치 않는다. 가능한 한 천천히 후퇴하기를 원한다"고 언급했다. 무솔리니도 "이 사람들은 프랜시스 드레이크와 그 외 영제국을 만든 위대한 모험가들과는 다른 사람들"이라고 단언했다. 그들은 "대대손손 유지되어온 부자들의 피곤한 자손들"일 뿐이라는 것이었다.[26] 처칠은 그러한 상황을 뒤집고자 했다. 그는 위대한 역사적 순간에 역사적 상상력을 발휘하도록 국민들을 고무했다. 그는 처음에는 패배한 것 같지만 '결국에는 승리한' 영국의 역사적 사례들을 국민들에게 상기시켰다. 처칠은 영국 인종의 지

---

25 처칠, 『윈스턴 처칠, 나의 청춘』, 227쪽.
26 Churchill, *Memoirs of the Second World War*, 144-145.

위와 특권을 믿은 낭만주의자였고 영국의 이상이 인류의 자유와 전진을 확대시키는 원동력으로서 '건전하고 우호적인 영향력'을 역사에 끼쳤다고 확신했다. 사실 간디조차 기꺼이 이에 동의했다.[27]

역사를 바라보는 처칠의 시각에는 낭만적 요소가 있었다. 처칠의 성격에서 본질적으로 낭만적인 본성은 생애 내내 지속되었다. 그의 둘째 딸의 말을 빌리면, 영국은 처칠에게 "장난치고 그를 즐겁게 해주고 그를 당혹시키고 그를 거부하기도 하는 연인"과 같았다. 그는 "영국 역사를 낭만"으로, "영국 국민성을 자신의 원대한 개념들"로 감쌌다.[28] 사람들은 처칠의 위대함이 그의 이성의 발휘에 근거를 둔 게 아니라는 걸 깨달았다. 벌린은 처칠이 어느 정치인보다도 상상력이 풍부했던 인물이라고 평했다. 상상력을 가장 풍부하게 갖추었던 영국 정치인은 디즈레일리인데 처칠의 정치적 상상력도 그와 비슷한 마력의 힘을 가지고 있다는 것이다. 처칠은 1940년대 일정 기간 동안 영국인들의 삶을 드라마틱하게 만들고 그들이 위대한 역사적 순간을 맞아 그에 맞게 행동하는 것처럼 보이게 만듦으로써 영국 국민을 "집단적이고 낭만적이고 영웅적인 전체"로 변화시켰다. 벌린은 처칠의 이러한 역사적 통찰력을 두고 "과거의 비전으로 현재를 설명함으로써 미래를 구했다"고 표현했다.[29] 처칠의 자기 확신과 '섬나라 인종'의 역사에 대한 비전은 비록 편향되었지만 그 당시 절박한 상황을 극복하도록 해주었던 것이다. 처칠은 결국 '정말 중요할 때' 옳았다. 물론 모든 사람이 처칠의 역사 강의를 좋아한 것은 아니었다. 훗날 노

---

27 Arthur Herman, *Gandhi and Churchill*(Bantam Books, 2009), 185.

28 James, *Churchill, A Study in Failure*, 347.

29 Berlin, "Winston Churchill in 1940", 31.

동당 지도자가 되는 마이클 풋의 형인 딩글 풋(Dingle Foot)의 회고에 의하면, 전시 내각에서 처칠이 반시간 동안 서구 문명의 발달에 대해 역사적 설명을 하는 걸 들어야 했던 사람들은 무엇을 해야 할지 알지 못한 채 회의장을 나왔다. 반면 애틀리가 주관할 때는 무엇을 해야 할지 정확히 알았다.[30]

이런 낭만적 통찰력과 함께 처칠은 역사로부터 매우 냉철한 현실적 통찰력도 찾아내었다. 그것은 당장의 기계적 계산이 아니라 긴 안목의 역사적 통찰력이었다. 처칠은 역사적 연속성을 믿었다. 그렇기에 그는 러시아 볼셰비키들이 과거와 역사를 송두리째 전복시키는 것에 경악했다. 처칠은 이미 1920년대부터 독일에서 불붙고 있는 민족주의적 열정을 우려했고 독일인들의 복수심을 파악했으며 히틀러와 같은 인물의 등장을 예상했다. 그의 역사적 통찰력은 1920년대에 독일군사력이 거의 와해되었지만 그런 물리적 상태가 오래 지속되지 않을 것임을 깨닫게 해주었다. "한마디로 독일의 실체는 프랑스보다 강하다"는 것이다.[31] 그의 역사적 통찰력은 항상 다른 사람보다 한 발 앞서 다가올 미래를 예견하게 해주었다. 영국 혼자 싸운 '브리튼 전투'가 끝나고 1941년 6월과 12월에 소련과 미국이 각각 참전하자 대독전쟁은 처칠에게 이미 두 번째 목표가 되어버렸다. 1943년쯤 되면 그의 우선적 관심사는 전후세계에서 소련에 어떻게 대처할 것인지였다. 그는 스탈린과 합의점을 도출해내려 했고, 전쟁이 끝나 미국이 떠나고 난 후 유럽을 영국과 소련의 영향권으로 분할할 것에 동

30 McKinstry, *Attlee and Churchill*, 507−508.
31 처칠, 『폭풍의 한가운데』, 360쪽.

의했다. 그것 때문에 처칠은 낡은 형태의 제국주의자라는 비난과 스탈린에게 유럽의 반을 내주었다는 비난을 동시에 받지만, 결국 역사는 처칠이 예견한 대로 진행되었다.

미국에 대한 처칠의 애착도 인종적, 문화적이 아니라 역사적, 문명적인 성격이었다. 제2차 세계대전이 발발했을 때 처음부터 처칠의 구상은 미국을 끌어들인다는 생각에 초점이 맞춰져 있었다. 핼리팩스 같은 유화주의 정치인들이 히틀러에게 적당히 저항한 다음 그럭저럭 그 상황에서 벗어날 수 있을 것만을 궁리할 때, 처칠은 미국과의 동맹과 그 동맹이 가져올 전면적 승리를 계획하고 있었다. 처칠은 언젠가 미국이 영국을 도와 참전하리라는 것을 알고 있었고 그것을 염두에 두고 전쟁을 수행했던 것이다. 그의 역사적 전망은 전쟁이 끝나기도 전에 미국이 이끌 자유세계와 소련이 이끄는 공산세계의 격돌을 예견하게 했는데 불행히도 미국은 그의 경고를 받아들이려 하지 않았다.

역사적 통찰력 덕분에 처칠은 공산주의가 당장은 기승을 부리겠지만 궁극적으로는 역사의 무대에서 사라질 것도 예견했다. 그가 역사에서 배운 교훈 가운데 하나는 바로 역사의 주된 흐름 가운데 하나는 '개인의 자유'의 확장이라는 신념이었다. 휘그적 역사 해석이라 불릴 수도 있는 이 전망을 그는 평생 견지했다. 전반적 역사의 흐름이, 그리고 특히 영국의 역사가 이 거대한 흐름을 확실히 보여준다고 확신했던 것이다. 1890년대에 아직 사관생도일 때 처칠이 처음으로 한 대중 연설의 주제도 바로 '영국인의 자유'라는 주제였다. 당시 도덕적 타락을 이유로 뮤직홀을 폐쇄하자는 운동이 전개되고 있었는데, 처칠은 연설에서 법을 준수하며 사는 국민의 삶에 국가가 개입하는 위험을 경고했다.[32] 처칠은 개인을 짓밟는 정치체제는 그 무엇이건 궁극적으로는 살아남을 수 없음을 확신했다. 개인과 개인의 자유에 대한 불변의 믿음에 나치즘과 공산주의에 대한 처칠의 저항이 기반을 두고 있었다. 처칠은 공산주의이건 나치즘이건 '국가는 지고한 것'이며 '개인들은 쓰고 버리는 도구'일 뿐이라는 전체주의적 발상에 격하게 반발했다. 그는 1941년 1월 26일에 미국 의회에서 행한 연설에서도 "나의 조국에서는, 당신들 나라에서도 마찬가지지만, 공인은 국가의 하인임을 자랑스러워하며 그 주인이 되는 것을 창피해 할 것입니다"라고 선언했다. 전쟁 동안 처칠은 그 전쟁이 개인의 권리를 확고한 반석 위에 올려놓으려는 것임을 끊임없이 강조했다.

나아가 처칠은 개인의 자유의 확장이라는 역사적 흐름의 한 가운데에 앵글로색슨족이 있다고 확신했다. 처칠은 앵글로색슨족이 만들어내고 발전시킨 민주주의의 독특한 우수성을 강조했다. 그에게 입헌 민주주의는 영국 역사가 보여주는 대로 자유, 자유주의적 헌정 질서, 의회 민주주의 정부, 마그나 카르타와 권리 청원을 의미했다. 그는 두 차례의 세계대전도 만약 독일의 정치 체제가 영국식 민주주의 체제였다면 일어나지 않았을 것이라고 확신했다. 그는 개인의 자유를 가장 잘 지켜주는 제도는 의회 민주주의라고 판단했다. 세계 여러 나라의 국회와 의회기구를 살펴보면 정치 지배기구의 역할을 역동적으로 수행하고 있는 곳은 유일하게 영국 의회뿐임을 알게 된다는 것이었다.[33] 전후에도 히틀러 하의 독일이 빠져들었던 야만주의는 예고

---

32 처칠, 『윈스턴 처칠, 나의 청춘』, 73~74쪽.
33 처칠, 『폭풍의 한가운데』, 333쪽.

되고 있었다. 이번에는 핵무기를 포함한 현대 무기와 공산권 전체주의 국가의 권력욕이 또 다시 문명을 파괴하려 위협하고 있었다. 처칠은 이러한 야만주의가 계속해서 살아나지 않도록 하기 위한 유일한 대책은 "영국 인종이 고안하고 영국인의 성격을 반영하는 위대한 정부 이론", 즉 "입헌 민주주의"밖에는 없다고 믿었다.[34]

그러나 처칠이 처음부터 맹목적으로 민주주의를 찬양한 것은 아니었다. 1935년까지만 해도 처칠은 대중 민주주의를 불안하게 바라본 게 사실이지만 마음을 바꿨고 궁극적으로 의회 민주주의의 챔피언이자 대변인이 되었다.[35] 20세기 초에 그를 잘 알고 있던 찰스 마스터만의 부인은 그가 '민주주의자는 아니다'라고 확언했다.[36] 그러나 그는 정치인으로 경험을 쌓으면서 점차 민주주의의 미덕과 필연성을 인식하게 되었고 그에 충성하게 되었다. 따라서 처칠은 선거에서 패했을 때 그것을 국민의 뜻으로 자연스레 받아들일 수 있었다. 1922년 11월의 총선에서 처칠은 정계 입문 후 22년 만에 처음으로 의석을 잃었다. 지지자들과 가진 작별 인사에서 그는 자신이 "언제나 민주주의자"였고 국민이 "그들 자신의 제도를 만들어낼 권리"가 있다는 것을 믿으며 이제 그 권리에 승복한다고 선언했다. 비록 그들이 "잘못 지도되었다고 생각하지만"이라는 사족을 붙임으로써 속내를 드러내

---

34 Martin Gilbert, *Winston Churchill, the wilderness years*(Macmilan, 1981), 111 ; Churchill, *Blood, Sweat, and Tears*, 22.

35 John Lukacs, *Churchill: Visionary. Statesman. Historian*(New Haven : Yale University Press, 2002), 138.

36 Violet Bonham Carter, *Winston churchill: An Intimate Portrait*(New York : Harcourt, Brace & World, 1965), 145.

기는 했다.[37] 1945년 전쟁 후에 치러진 총선에서 노동당에 정권을 넘겨주고 나서도 비슷한 말을 했다. 그러나 처칠은 모든 것이 다수결에 의해 결정되어야 한다는 주장에는 동의하지 않았다. 처칠은 특히 경제 정책이 대중에 의해 좌지우지되는 상황을 우려했다. 경제적 문제는 정치적 주제와 달리 아무리 국민의 뜻이라도 해결될 수 있는 것이 아니고 오로지 정확한 처방과 행동만이 요구되는 분야이다. "암을 치료하는 데 다수결로 할 수 있는가? 필요한 것은 정확한 치료 방법이다."[38] 누구나 국민이 보다 나은 생활을 원하는 줄은 알지만 어떻게 얻을 수 있을지는 대단히 까다로운 질문이며 이것은 단순히 다수결의 문제가 아니라는 것이다.

역사에 대한 처칠의 관심은 인문학 전반에 대한 관심과 병행했다. 그는 어릴 때 고전 공부를 싫어했지만 나이가 들어서는 고전을 공부하지 않은 것을 안타까워했다. 어린 처칠은 여러 과목 가운데 라틴어를 진정 싫어하고 역사와 시를 좋아했다. 성적은 거의 꼴찌였지만 매콜리의 「고대 로마의 노래(Lays of Ancient Rome)」를 한 줄도 틀림없이 암송해 상을 받기도 했다. 그가 1953년에 노벨문학상을 수상한 것은 운이 아니었다. 끊임없이 위대한 문장들을 읽고 암기하고 쓰고 고쳐 쓴 과정이 노벨상으로 이어진 것이다. 처칠은 셰익스피어와 디킨스를 합친 것보다 더 많은 양의 글을 썼다.[39] 그의 문장은 그의 연설과 마찬가지로 유려하지만 시대에 뒤떨어진 것 같은 문어체였는데 그것

---

37 Gilbert, *Churchill, A Life*, 456.

38 처칠, 「폭풍의 한가운데」, 345쪽.

39 처칠, 「윈스턴 처칠, 나의 청춘」, 32쪽; Andrew Roberts, *Churchill: Walking with Destiny* (New York: Viking, 2018), 972.

이 오히려 낭만적 환상을 불러일으켰다. 1946년에 애버딘에서 명예 박사학위를 받으며 행한 연설에서 처칠은 다음과 같이 인문학의 중 요성을 강조했다.

인문학에 대한 지식 없이, 과거와 고대인들의 위대한 기록과 이야기 없이, 위대한 그리스인들과 로마인들의 삶과 저작 없이는 우리나라처럼 위대한 나라에서 봉사하려는 사람들의 지침이 되어야 하는 광범위하고 영감을 주는 전망을 형성할 수 없습니다.[40]

이러한 믿음은 전쟁을 겪고 나서 한층 더 강해졌다. 이처럼 인문 학을 강조했지만 그의 과학적 지식과 상상력도 보통의 정치인들과 는 수준이 달랐다. 처칠은 사실 누구보다도 과학의 중요성을 일찍 깨 달았고 그 때문에 웰스의 미래 과학 소설에 환호했으며 탱크 등의 신 무기 개발에 앞장섰던 것이다. 그는 1920년대에 이미, 언젠가는 무 선 전화와 무선 텔레비전이 등장할 것을 예견했다. 즉 사람이 기기만 들고 다니면서 연결할 수 있는 설비가 되어 있는 장소라면 어디에서 나 쉽게 통화하게 될 것이라는 예언을 했던 것이다.[41] 우리는 현재 그 의 예언이 현실화된 세상을 살고 있는데 거의 100년 전에 그가 그런 상상력과 지식을 가졌다는 사실에 놀라지 않을 수 없다. 제2차 세계 대전이 끝난 후에 처칠은 영국 대학이 과학에 보다 많은 관심을 가질

---

40 R. V. Jones, "Churchill and Science" in *Churchill, A Major New Assessment of his Life in Peace and War* edited by Robert Blake & Wm. Roger Louis(New York: Oxford University Press, 2002), 440.

41 처칠, 『폭풍의 한가운데』, 397쪽.

선거 유세 중인 처칠, 1949년.

[좌] 영국 여왕 엘리자베스 2세를 만나는 처칠, 1953년.
      두 아이는 각각 찰스 3세와 앤 공주이다.
[우] 노벨 문학상 수상 중인 처칠, 1953년.

[좌] 처칠의 장례식, 1965년.
[우] 마틴 교회에 있는 처칠의 묘.

수 있도록 만들 프로젝트를 고민하기도 했고, 그의 이름을 딴 케임브리지의 처칠 컬리지(Churchill College)는 영국의 MIT를 만들겠다는 취지에서 건립되었다. 그렇지만 처칠은 과학의 한계를 너무도 잘 인식하고 있었다. 웰스와의 논쟁에서 드러나듯, 처칠은 과학자들이 통제하는 세상이 되어서는 안 된다는 확실한 믿음을 가지고 있었다. 그는 나치를 보면서 '왜곡된 과학에 의해 더욱 오래 지속될 새로운 암흑시대'가 다가올 수 있다는 전망에 몸서리를 쳤다. 그는 "석기시대는 과학의 빛나는 날개를 타고 돌아올지 모른다"고 경고했으며, 1948년의 연설에서는 과학자들이 많은 세상을 원하지만 과학자들의 세상을 원하지는 않는다고 선언했다.[42]

조국과 국민을 위한 정치

처칠은 단순히 어느 한 정당의 지도자가 아니었다. 그는 스스로를 기존의 독트린 속에 가두지 않았다. 처칠이 당적을 두 번이나 바꾼 것은 진실성 결여의 대표적 사례로 꼽혔는데 그것은 오히려 그가 정파를 초월한 정치인이었으며 정치에 대한 그의 생각이 열려 있었다는 증거가 된다. 처칠은 일찍부터 나라가 압도적인 하나의 정당에 의해 통치되는 것, 어떤 특정한 전망과 견해, 어떤 특정한 계급의 이익을 위해 통치되는 것은 불행이라고 생각했다. 모든 계급과 이해관계가 균형 있게 대표되고 중도적 관점에서 통치되어야 한다는 것이다. 1903년경, 처칠은 친구에게 쓴 편지에서 "절대 비밀인데 내 이상은 항상 일종의 중도 정부를 구성하는 것이었고 지금도 마찬가지"라고 토로했다. 그는 자신이 "역사적으로 영국 정당 중 어느 곳과도 항상 의견이 일치한 적이 없었다"고 고백했다.[43] 이때는 그가 보수당을 떠날 결심을 굳히고 있을 때였다. 20년 후에 보수당으로 돌아온 후 보수당은 그의 자연스런 고향으로 보였고 처칠은 1940년 이후에는 그 당을 이끈 지도자였지만 보수당과 항상 밀접한 관계를 맺지는 않았다. 그는 자신이 당 지도자로 있는 동안 자유주의자들이 다시 의회에 진입할 수 있도록 노력했는데, 1950년과 1951년 총선에서는 보수당에게 50개 선거구에서 자유당 후보들과 경쟁하지 않도록 설득했다.

그는 1930대에 발간한 청년시절에 대한 회고록에서 "굴복하는 자

---

42 R. V. Jones, "Winston Leonard Spencer Churchill, 1874-1965", *Biographical Memoirs of Fellows of the Royal Society* vol. 12(November 1966), 103.

43 Martin Gilbert, *The Will of the People*(Vintage Canada, Random House, 2006), 30, 31.

는 용서하고 오만한 자는 징벌한다"가 자신의 신조라고 밝혔다. 자신은 압도적 승리를 거둘 때까지 늘 전력을 다해 상대방과 논쟁하며 싸웠지만 패배한 사람들에게 우정의 손길을 내미는 것도 주저하지 않았다는 것이다.[44] 그는 일생을 통해 인간의 복합적 성향을 지적했다. 처칠은 1906년에 행한 연설에서 인간은 어떤 목표를 위해서는 개인주의자이고 다른 목표를 위해서는 집산주의자이며, 미래의 국정 운영은 이 대립하는 철학들을 조화롭게 결합하는 데 있다고 설파했다. 인간의 뇌가 좌뇌와 우뇌로 구분되어 있어서 오른손잡이든 왼손잡이든 어느 한쪽에만 능숙하다는 사실은 처칠에게 유감이었다. 그는 인간이 올바르게 만들어졌다면 상황에 따라 오른손이든 왼손이든 능수능란하게 사용할 수 있어야 한다고 믿었다. 그렇지 않다면 전쟁을 이길 수 있는 사람은 강화를 맺을 수 없고, 평화를 가져오는 사람은 결코 전쟁에서 승리할 수 없을 것이라는 논리였다.[45]

처칠의 통합의 정치를 보여주는 여러 사례가 있다. 됭케르크 철수 후에 영국사회에는 희생양을 찾으려는 분위기가 만연했는데 특히 체임벌린 정부의 허술한 국방 정책을 비판하고 그 정책에 책임져야 할 사람들을 지목하려는 움직임이 있었다. 처칠은 그것이 "어리석고 치명적 과정"이 될 것이라고 경고했다. 너무 많은 사람들이 연루되어 있다는 것이다. 처칠은 사람들에게 과연 자기 자신은 아무 책임이 없는지 양심을 돌아보고 자신이 한 말을 찾아보라고 촉구했다. "나는 자주 그럽니다." 처칠의 경고는 계속되었다. "만약 우리가 과거와 현

---

44 처칠, 『윈스턴 처칠, 나의 청춘』, 399~400쪽.
45 Langworth ed., *Churchill By Himself*, 383; 처칠, 『윈스턴 처칠, 나의 청춘』, 400~401쪽.

재 사이의 싸움을 시작한다면 우리는 미래를 잃었다는 사실을 알게 될 것입니다." 처칠의 이 발언과 당시 전쟁의 긴급한 상황이 이단 사냥을 잠재웠다.[46] 처칠의 통합적 태도는 1945년에 들어선 노동당 정부에 대한 태도에서도 드러난다. 그는 노동당 정부가 기간산업을 국유화하고 인도 독립을 허락하는 등의 정책을 추진할 때 크게 반대하지 않았다. 그러나 1946년에 그는 오랜 친구 앞에서 "영국 국민과 영제국이 이토록 나락에 빠지는 걸 보리라고는 생각도 못했다"며 눈물을 흘렸다.[47] 나서서 결사적으로 반대하지는 않았지만 그의 속마음이 그의 눈물에 담겨 있었던 것이다.

1951년에 다시 다우닝가로 돌아왔을 때 처칠은 전임 애틀리 정부의 정책을 가능한 한 유지하려 했다. 따라서 그의 정부는 전임 정부의 제도 개혁을 가능한 한 많이 계승하고 그들이 추진한 사회적, 산업적 관계를 적게 바꾸려 했다. 처칠 정부는 베번의 국민의료서비스를 비롯해 복지국가를 위한 제도들도 사소한 재정적 조율만 거친 후 계승했다. 그 자신은 국유화를 싫어했지만 애틀리가 추진한 철도, 항공, 가스, 전기 등 국유화에 대해서도 최대한 성공을 위해 노력할 것이라 약속했다. 처칠이 무척 신뢰했지만 세간에 친기업적이라 간주된 리틀턴(Oliver Littleton)이 아니라 버틀러(Samuel Butler)를 재무부 장관에 앉히고 유화적 태도의 몽크턴(Walter Monckton)을 노동부 장관에 임명한 것도 그의 타협적 태도의 반영이었다.[48] 보수당 강경파들은 처칠이 노동당 정책을 계승하는 것에 분개했지만 처칠은 사회 안

---

46 Gilbert, *Churchill, A Life,* 663 ; Churchill, *Memoirs of the Second World War,* 236.

47 Jones, "Winstern Leonard Spencer Churchill", 96.

48 Noel Annan, *Our Age: the Generation that made Post-Britain*(Fontana, 1990), 461.

정을 위해 필요한 조치라며 반박했다. 실제로 처칠은 만년에 '산업적 유화주의자'가 되었다. 그는 노동당 정부의 주택 건설 사업도 적극 계승했는데 주택 문제를 정파적 차원에서 생각하지 않았기 때문이었다. 주택 문제는 그가 20세기 초 상무부 장관 시절부터 지적해온 문제이기도 했다. 국민이 적절한 주거환경에서 사는 것은 당파적, 정치적 이득보다 더 중요한 문제라고 처칠은 생각했다. 이런 식으로 사물을 보는 그의 합리적 방법은 보수당 내 강경한 목소리를 잠재웠고 노동당의 반발도 무마할 수 있었다. 따라서 처칠이 두 번째 수상직 (1951~1955)에 있는 동안 하원에서의 그의 권위는 도전받지 않았다.

처칠의 두 번째 정부 때 그의 통합의 정치가 다시 한 번 빛을 발했다. 1953년 11월 3일, 처칠의 의회 개회 연설은 모든 사람들의 심금을 울렸다. 연설에서 그는 보수당과 노동당이 지난 총선에서 거의 비슷한 표를 얻었다는 사실을 언급한 뒤 다음과 같은 인상적인 발언을 했다.

한쪽을 지지한 1,400만 유권자가 모든 지혜와 미덕을 가졌고, 다른 쪽을 지지한 비슷한 수의 유권자가 전부 바보, 멍청이에 악당일 리는 없습니다. 그들 사이를 그처럼 날카롭게 구분하는 것은 넌센스입니다. 우리는 각자의 정당을 따라야 하지만 마찬가지로 조국과 국민을 도와야 한다는 점을 확실히 해야 합니다. 우리 의무는 이 둘 사이에 놓여 있습니다.[49]

---

49 Lord Moran, *Churchill: the Struggle for Survival*, 523-524. 이 연설은 처칠이 뇌졸중을 겪고 난 후 처음으로 한 의회 연설인데 그 성공으로 그는 자신감을 회복했다.

즉, 정치인들은 각자 소속된 당을 도와야 하지만 동시에 조국과 국민을 염두에 두어야 하며 어디에 충성심이 있는지는 명백하다는 점을 지적한 것이다. 처칠의 연설은 의원들을 감동시켰고, 연설 직후 모랜 경이 만난 노동당 의원은 눈물을 흘리고 있었다. "처칠은 진정 위대한 인물이오. 이 나라는 그분을 필요로 합니다"라고 그 의원은 중얼거렸다.[50] 1920년대 아일랜드 민족주의자들과의 협상을 제안하면서 그가 한 말, "죽이는 것을 멈추고 이제 대화를 합시다"도 처칠의 통합적 태도를 잘 보여준다. 1956년 4월에 흐루쇼프(Nikita Khrushchyov)가 공산당대회에서 스탈린을 전격적으로 비난함으로써 공산권 세계를 뒤흔들었을 때 처칠은 "스탈린을 조용히, 천천히 뭉개버렸다면 맹신자들에게 그렇게 큰 충격을 주진 않았을 것"이라고 언급했다.[51] 그의 스타일을 잘 보여주는 말이다.

가까운 친지들은 그의 가장 큰 장점을 관대함에서 찾았다. 그는 '지난 일은 지난 일이다'라고 몇 번이고 말했다. 그는 레닌과 히틀러를 미워했지만 다른 사람들은 미워하지 않았다. 평생 처칠을 가까이에서 관찰했던 비버브룩 경(Lord Beaverbrook, Max Aitken)은 과연 처칠의 강점이 무엇인지를 곰곰이 생각해 본 끝에 '관대함'이라고 결론지었다. 처칠은 남에게 거의 원한을 품지 않았다는 것이다. 그와 오랜 세월을 함께 보냈던 사람들은 처칠이 원한을 품은 사람은 단 한 명도 없었다고 확인했다. 처칠이 공산주의와 나치즘을 그토록 반대했던 이유도 그들이 '증오에 기초한 복음'을 퍼뜨리고 그것에 의해 권력을

---

50 Ibid., 525.
51 Martin Gilbert, *Winston S. Churchill* vol. VIII *Never Despair*(Hillsdale, Michigan: Hillsdale College Press, 1988), 1192.

행사했기 때문이었다. 히틀러는 질투와 불만이라는 인간의 가장 사악하고 강렬한 감정을 바퀴 삼아 국민의 마음을 파고들어 자기 연민의 감정을 손쉽게 악용했다. 이와 반대로 처칠의 심리에는 증오도 불만도 없었다. 그는 "질투는 나쁜 감정 중에서도 가장 비생산적인 감정이야"라고 말했다.[52] 그것은 진정 보통사람에게서는 결코 찾아볼 수 없는 개인적 매력이었다.

원래 기업가지만 전시 처칠 내각에 참여한 리틀턴은 기업가 출신답게 처칠의 관대함을 다음과 같이 표현했다. "그는 오늘이라는 회계 장부에 적힌 내용을 내일이라는 계정에 옮겨 적는 법이 거의 없었다." 그와 일격을 주고받으면서 날카롭고 신랄한 논쟁을 벌인 적이 여러 번 있었지만 다음날 아침이면 어김없이 인자하고 다정한 그의 미소를 보곤 했다는 것이다. 리틀턴은 처칠이 "아이디어가 충돌"하는 상황을 무척 즐겼지만 사람들 사이에 충돌이 일어나는 것은 원치 않았다고 했다.[53] 오웰은 1950년에 생애 거의 마지막에 쓴 글에서 아무리 처칠과 다른 생각을 하고 "아무리 처칠과 보수당이 1945년 선거에서 졌다는 사실을 감사한다 해도 우리는 처칠을 존경해야 한다"고 썼는데 그 이유를 처칠의 용기만이 아니라 그의 "관대함과 친절함"에서 찾았다.[54] 1951년에 처칠의 막내딸이 쓴 편지가 처칠의 본성을 잘 보여준다. "아버지의 자손들이 아버지의 천재성을 물려받는 것은 거의 불가능할 거예요. 그러나 저는 그들이 어떻게든 아버지의 따뜻한 가슴만은 물려받기를 진심으로 원해요." 카터도 처칠이 그 모든 어려

52 로버츠, 『히틀러와 처칠, 리더십의 비밀』, 360~361쪽.
53 미첨, 『처칠과 루스벨트』, 72, 391쪽.
54 Ricks, *Churchill and Orwell*, 234.

움을 초월할 수 있었던 것은 그의 "따뜻하고 폭넓은 인간애" 때문이라고 해석했다.[55] 수상 관저에서 근무한 어느 여비서는 애틀리 정부가 들어선 직후인 1945년 8월 1일 자 일기에 다음과 같이 처칠과 애틀리의 차이점을 명시했다. "새 수상을 위해 일하는 것은 매우 다르다. 대화도 없고 농담도 없고 딱딱 끊어지는 명령만 있다. 새 수상은 완벽하게 예의 바르지만 [예전과 비교하면] 샴페인과 그냥 물의 차이다."[56]

처칠의 통합의 정치의 정점에는 애국심이 있었다. 그는 조국 이외의 다른 충성의 대상을 생각할 수 없었다. 그러기에 사회주의자들이나 공산주의자들을 용납할 수 없었던 것이다. 그는 노동당 정부의 국유화정책을 비판하면서 산업을 국유화하기 전에 "그들 스스로를 국유화"하라고 훈계했다. 사회주의자일지라도 "우선 영국인이고 다음으로 사회주의자"임을 보여야 한다는 것이었다.[57] 처칠은 노동자들이 생존의 투쟁에서 보인 용기와 인내를 찬양했지만 1926년 총파업 때 그들이 국가의 권위에 도전했을 때 감히 응징하고자 했다. 사람들은 처칠이 '반은 미국인이지만 철저하게 영국인(half American, all British)'이라고 말하곤 했다. 처칠은 제1차 세계대전 당시 만난 클레망소에 깊이 감동받고 그에 대해 "그는 프랑스였다"고 말한 적이 있는데[58], 비슷하게 '처칠은 영국이었다'라고 말한다 해도 이의를 제기한 사람

---

55 Lukacs, *Churchill: Visionary. Statesman. Historian*, 154; 미첨, 『처칠과 루스벨트』, 595쪽.

56 McKinstry, *Attlee and Churchill*, 449.

57 Langworth ed., *Churchill By Himself*, 391.

58 Winston Churchill, *Great Contemporaries* edited by James W. Muller(Wilmington, Delaware: ISI Books, 2012), 290.

은 없었을 것이다. 영국을 구현하고 표현한 인물을 한 명 찾는다면 그 인물은 바로 처칠이다. 그러나 애국심의 중요성을 그처럼 강조한 처칠이 인도의 민족주의를 간과한 것은 큰 실수였다.

처칠의 애국심은 전시라는 시대적 배경 덕분에 더욱 빛을 발할 수 있었다. 국민들 역시 애국심으로 처칠에게 화답했다. 대표적인 것이 독일 암호체계인 에니그마의 해독이다. 에니그마 해독에 관한 비밀은 전쟁의 역사에서 가장 잘 보호된 비밀들 가운데 하나이다. 독일 잠수함 캠페인이 궁극적으로 실패한 것도, 노르망디 상륙 작전이 성공한 것도 에니그마 해독의 가장 중요한 업적이었다. 처칠은 제1차 세계대전 때부터 정보 수집에 열광했는데, 정보를 어떻게 사용할지를 그처럼 잘 알고 있던 지도자는 없었다는 평을 들었다. 버킹엄셔 블레츨리 파크(Bletchley Park)에 있던 정보통신 본부는 1940년 5월에 이미 독일 암호체계 해독에 성공했다. 전쟁 동안 처칠은 에니그마 해독 정보를 매일 보고받았는데 개인 비서실장조차 모를 정도로 극비였다.[59] 중요한 것은 이 비밀이 대중으로부터 30년 동안이나 지켜졌다는 진정 놀라운 사실이다. 저명한 역사학자인 로버트 블레이크(Robert Blake)는 자신이 전쟁 중 정보기관에서 일하면서 경험한 당시 영국인들의 애국심을 다음과 같이 증언한다. "우리는 함부로 떠벌리는 세대가 아니었다. 감히 말한다면 오늘날보다 더 애국적"이었다. 그들은 "국가적 소명을 믿었고 명령에 복종했으며 공무원 비밀법에 서명했고 그것을 지켰다"는 것이다.[60] 영국 국민들이 그처럼 압도적

---

59 Ian S. Wood, *Churchill*(New York: St. Martin's Press, 2000), 18.
60 Robert Blake, "Winston Churchill as Historian" in *Adventures with Britannia* edited by Wm. Roger Louis(Austin: University of Texas Press, 1995), 42–43.

애국심을 발휘한 데에는 처칠의 인간적 됨됨이의 압도적 힘도 일조했다. 기회주의자라는 일부의 비판과 달리 처칠은 죽도록 진지했고 그 진지함이 그를 위대한 지도자로 만든 본질이었다. 처칠의 최측근이던 브래큰은 처칠의 가장 중요한 특징을 성실함에서 찾았다.[61] 처칠은 유머를 즐겼지만 그는 극도로 진지한 인간이었다. 그가 '그 어떤 희생을 치르고라도 승리'라고 말했을 때 사람들은 그 말을 처칠식 수사법이라고 여겼을 것이다. 하지만 그것은 죽도록 진지한 말이었다.

처칠은 자신이 결의와 도전의 인물임을 확실히 입증했다. 그는 끈질긴 집요함으로 위대한 리더십이 어떻게 패배를 위대한 승리로 바꾸는지를 보여주었다. 몇 가지 과를 범했지만 처칠의 공과에 대한 평결은 공이 과를 크게 앞선다는 것이다. 전시에는 연합군 총사령관으로서, 그리고 나중에는 미국 대통령으로 처칠을 경험한 아이젠하워는 처칠을 두고 "내가 평생 만난 사람 중에서 위인의 요건을 가장 가깝게 충족"시켰다고 말했다. 자신은 더 훌륭한 인격자와 더 현명한 철학자, 더 이해심 깊은 선인을 만났지만 그보다 "더 위대한 사람은 보지 못했다"는 찬사였다.[62] 그러나 처칠은 위인이라기보다 거인이었다. 카터는 처칠이 운명적으로 남보다 "두 배의 인생"을 살도록, 그리고 "두 배의 인간미"를 지니도록 태어났던 것 같다고 말한다.[63] 지금 웨스트민스터 의사당에서 후세 사람들을 굽어보고 있는 실물보다 몇 배 큰 동상처럼 그는 어느 인간보다도 '거대한' 인간이었다. 영국인들

61 Lord Moran, *Churchill: the Struggle for Survival*, 824.
62 베스트, 『절대 포기하지 않겠다』, 470쪽.
63 미첨, 『처칠과 루스벨트』, 595쪽.

은 처칠이 '문명'을 구했다고 말한다. 그러나 문명이라는 단어보다는 '인간의 존엄과 가치'를 구해 냈다고 말하는 게 더 정확할 것이다. 처칠은 제2차 세계대전이 '개인의 권리를 확고한 반석 위에' 올려놓으려는 전쟁이며 '인간의 위상을 회복'하려는 전쟁이라고 선언했다. 인류가 인간의 가치와 자유의 가치를 존중하는 한 처칠의 이름은 영원히 기억될 것이다.

윈스턴 처칠 연보

1874	11월 30일 옥스퍼드셔 블레넘궁에서 7대 몰버러 공작의 셋째 아들 랜돌프 처칠 경의 장남으로 태어남
1888	해로 학교 입학
1893	샌드허스트 육군사관학교 입학
1895	제4경기병연대 장교 임관
1896~1899	인도 북서부 국경선과 수단 전투에 현역 투입
1899	《모닝포스트》 남아프리카 전쟁 종군특파원, 보어 포로수용소 탈출
1900	10월 올덤에서 보수당 의원으로 당선
1904	5월 자유당 입당
1905	12월 식민부 차관
1908	상무부 장관, 맨체스터 북서 보궐선거에서 패배, 던디에서 자유당 의원으로 당선, 4월에 클레먼타인 호지어와 결혼
1910	2월 내무부 장관
1911	10월 해군부 장관

1915	다르다넬스 작전, 5월 면직 후 랭카스터 공국 수상, 11월 사직 후 서부전선 투입
1916	1~5월 왕립 스코틀랜드 퓨질리어 연대 제6대대 지휘관
1917	7월 군수부 장관
1919	1월 전쟁부 – 공군부 장관
1921	식민부 장관(5월까지 공군부 장관 겸임)
1922	9월 켄트에 차트웰 장원 구입, 로이드 조지 연립정부 붕괴, 11월 던디에서 패배, 『세계의 위기(*The World Crisis*)』 제1권 출간(마지막 제5권은 1931년 출간)
1923	12월 총선에서 웨스트 레스터 지역구 자유당 후보로 패배
1924	3월 독립 반사회주의자 후보로 웨스트민스터 애비 구에서 패배, 10월 보수당 도움으로 에핑에서 당선, 재무부 장관
1925	4월 금본위제 복귀
1926	5월 총파업
1929	5월 볼드윈이 이끄는 보수당 정부가 총선에서 패배
1930	자서전 『윈스턴 처칠, 나의 청춘(*My Early Life*)』 출간
1931	인도 문제를 두고 그림자내각에서 사퇴
1933	전기 『몰버러: 그의 생애와 시대(*Marlborough: His Life and Times*)』 출간(마지막 제4권은 1938년 출간)
1935	공군국방연구소 위원회 참여
1936	에드워드 8세 퇴임 위기에서 왕을 지지
1937~1938	유화정책을 더 공개적으로 비판
1939	9월 해군부 장관
1940	5월 10일 수상 및 국방부 장관으로 취임
1945	5월 8일 유럽 전쟁 승리, 7월 26일 노동당이 총선에서 승리, 우드퍼드 의원직 유지
1946	3월 미주리주 풀턴에서 '철의 장막' 연설
1948	회고록 『제2차 세계대전(*The Second World War*)』 제1권 출간(마지막 제6권은 1954년 출간), 헤이그 통합유럽회의에 참석

1949	스트라스부르에서 열린 유럽위원회 1차 회의 참석
1950	2월 노동당이 총선 승리
1951	10월 총선에서 보수당 승리. 처칠의 제2차 정부 시작
1953	10월 노벨문학상 수상
1955	4월 5일 수상직 사임
1956	『영어권 국민들의 역사(*A History of the English Speaking Peoples*)』 제1권 출간(마지막 제4권은 1958년 출간)
1964	7월 하원의원직 사임
1965	1월 24일 런던에서 사망, 1월 30일 국장으로 블레넘 근처 블레이든 교회 묘지에 안장

참고문헌[1]

1. 윈스턴 처칠 저작

『윈스턴 처칠, 나의 청춘』, 임종원 옮김(행;북, 2020)

『제2차 세계대전』, 황성수, 이형석, 유영, 배종호 옮김(향우사, 1970)

『폭풍의 한가운데』, 조원영 옮김(아침이슬, 2003)

Arms and the Covenant compiled by Randolph S. Churchill(George G. Harrap & Co. 1938)

Blood, Sweat, and Tears(New York: G. P. Putnam's Sons, 1941)

Churchill and Roosevelt: the Complete Correspondence edited by Warren F. Kimball(Princeton: Princeton University Press, 1984)

    vol. I   *Alliance Emerging October 1933-November 1942*

    vol. II   *Alliance Forged November 1942-February 1944*

---

[1]   국내 미출간작의 경우 특기하지 않는 한 출판 장소는 런던이다.

vol. III *Alliance Declining February 1944-April 1945*

Great Contemporaries edited by James W. Muller(Wilmington, Delaware: ISI Books, 2012)

Liberalism and the Social Problem(Hodder & Stoughton 1909)

Memoirs of the Second World War(New York: Bonanza, 1978)

"Our Duty in India", http://wistonchurchill.org/resources/speeches1938-the-wilderness/our-duty-in-india/

The Speeches of Winston Churchill edited by David Cannadine(Penguin, 1990)

The World Crisis, the Aftermath(Thornton Butterworth, 1929)

Winston S. Churchill: His Complete Speeches 1897-1963 edited by Robert Rhodes James(Chelsea House Publishers, 1974)

<blockquote>

vol. I 1897-1908

vol. II 1908-1913

vol. III 1914-1922

vol. IV 1922-1928

vol. V 1928-1935

vol. VI 1935-1942

vol. VII 1943-1949

vol. VIII 1950-1963

</blockquote>

2. 공공기록물 보관소(런던, 워싱턴) 소장 사료, 정기 간행물

미국 국무부 문서: 795.00/11-3050

Cabinet Papers: CAB 128/18 C.M. 52(50)

Foreign Office: FO 371/84192, 800/462; FE 50/37, 50/41; FK 1202/2, 1202/2g.

Social Security bulletin(1939)

3. 그 외 저작

고세훈, 『조지 오웰』(한길사, 2012)

김승렬, 「유럽 국제평화의 기획」, 《서양사론》 108(2011년 3월)

김형진, 『벼랑 끝에서 만나는 처칠』(기파랑, 2006)

뒤로젤, 장-바티스트, 이규현·이용재 옮김, 『유럽의 탄생』(지식의 풍경, 2003)

레이놀즈, 데이비드, 이종인 옮김, 『정상회담』(책과함께, 2009)

로버츠, 앤드류, 『히틀러와 처칠, 리더십의 비밀』(휴먼앤북스, 2003)

미첨, 존, 이중순 옮김, 『처칠과 루스벨트』(조선일보, 2004)

박지향, 「간디 다시 읽기: 근대 문명 비판을 중심으로」, 《역사비평》 66(2004년
　　봄)

박지향, 「놓쳐버린 기회: 1950년대 재무장계획과 영국 경제정책의 실패」,
　　《서양사론》 47(1995년 12월)

박지향, 「아일랜드 역사에 나타나는 유혈과 폭력의 신화」, 《仁荷史學》 10
　　(2003년 2월)

박지향, 「영국 노동당 정부, 1945-51: 대외정책을 중심으로」, 『유럽사의 구
　　조와 전환』(느티나무, 1993)

박지향, 「영국 노동당 정부와 한국전쟁」, 《역사학보》 141(1994년 3월)

박지향, 『슬픈 아일랜드』(기파랑, 2008)

박지향, 『영국적인, 너무나 영국적인』(기파랑, 2006)

박지향, 『정당의 생명력: 영국 보수당』(서울대학교 출판문화원, 2017)

번즈, 제임스 M., 『리더십 강의』(한국리더십연구회 옮김, 미래인력센터, 2000)

베스트, 제프리, 김태훈 옮김, 『절대 포기하지 않겠다』(21세기북스, 2010)

스미스, 사이먼, 이태숙·김종원 옮김, 『영국 제국주의 1750-1970』(동문선,
　　2001)

윤성원, 「윈스턴 처칠과 유럽 통합」, 《통합유럽연구》 9(2)(2018년 9월)

이내주, 「제2차 세계대전과 처칠의 리더십」, 《군사》 50(2003년 12월)

이내주, 『군신의 다양한 얼굴, 제1차 세계대전과 영국』(아카넷, 2018)

조지형, 「국제연맹의 집단안전보장과 세계평화의 이상」, 《이대사원》 32(1999

년 12월)

존슨, 폴, 윤철희 옮김, 『지식인의 두 얼굴』(을유문화사, 2020)

풀릴, 마크 로버트, 김수진 옮김, 『역사를 바꾼 50인의 위대한 리더십』(말글 빛냄, 2008)

하프너, 제바스티안, 안인희 옮김, 『처칠, 끝없는 투쟁』(돌베개, 2019)

Addison, Paul, *The Road to 1945*(Quartet Books, 1977)

Addison, Paul, "Churchill's three Careers" in *Winston Churchill in the Twenty-First Century* edited by David Cannadine and Roland Quinault (Cambridge: Cambridge University Press, 2004)

Addison, Paul, "Churchill and Social Reform" in *Churchill, A Major New Assessment edited by Rbert Blake* & Wm. Roger Louis(New York: Oxford University Press, 2002)

Adelman, Paul, *Gladstone, Disraeli and Later Victorian Politics*(Longman, 1997)

Anderson, David G., "British Rearmament and the 'Merchants of Death': the 1935−36 Royal Commission on the Manufacture of and Trade in Armaments", *Journal of Contemporary History* vol. 29 No. 1(Jan. 1994)

Annan, Noel, *Our Age: the Generation that made Post-Britain*(Fontana, 1990)

Ash, Timothy Garton, "Why Orwell Matters", https://www.hoover.org/research/why−orwell−matters

Ball, Stuart, "Churchill and the Conservative Party", *Transactions of the Royal Historical Society* vol. 11(2001)

Barnett, Correlli, *The Collapse of British Power*(Phoenix Mill, Gloucestershire: Alan Sutton, 1993)

Beck, Peter J., "The League of Nations and the Great Powers, 1936−1940", *World Affairs*, 157/4(Spring 1995)

Benn, Tony et al., "Churchill Remembered", *Transactions of the Royal Historical Society* vol. 11(2001)

Bentley, Eric, "Bernard Shaw, Caesar, and Stalin", *The Antioch Review* vol. 3

no. 1(Spring 1943)

Berlin, Isaiah, "Winston Churchill in 1940", *The Atlantic*(September 1949), https://www.theatlantic.com/magazine/archive/1949/09/mr-churchill/303546/

Berthon, Simon and Joanna Potts, *Warlords*(Cambridge Mass: Da Capo Press, 2006)

Bew, Paul, *Ireland: the Politics of Enmity 1789-2006*(Oxford: Oxford University Press, 2007)

Bew, Paul, *Churchill and Ireland*(Oxford: Oxford University Press, 2016)

Blake, Robert & Wm. Roger Louis eds., *Churchill, A Major New Assessment of his Life in Peace and War*(New York: Oxford University Press, 2002)

Blake, Robert, "Winston Churchill as Historian" in *Adventures with Britannia* edited by Wm. Roger Louis(Austin: University of Texas Press, 1995)

Blake, Robert, "How Churchill Became Prime Minister" in *Churchill, A Major New Assessment*

Briggs, Asa, *The Collected Essays of Asa Briggs* vol. II(Urbana & Chicago: the University of Illinois Press, 1985)

Brown, Judith, "India" in *the Oxford History of the British Empire the Twentieth Century*(Oxford: Oxford University Press, 1999)

Cairncross, Alec, *Years of Recovery, British Economic Policy 1945-1951*(Methuen, 1985)

Cannadine, David and Roland Quinault eds., *Winston Churchill in the Twenty-First Century*(Cambridge: Cambridge University Press, 2004)

Carlton, David, "Churchill in 1940: Myth and Reality", *World Affairs* vol. 156 No. 2(Fall 1993)

Carlton, David, "Churchill and the two 'Evil Empires'" in *Winston Churchill in the Twenty-First Century* edited by David Cannadine & Roland Quinault(Cambridge: Cambridge University Press, 2004)

Carter, Violet Bonham, *Winston churchill: An Intimate Portrait*(New

York: Harcourt, Brace & World, 1965)

Charmley, John, *Churchill: the End of Glory*(New York: Harcourt Brace, 1993)

Charmley, John, "Churchill and the American Alliance", *Transactions of the Royal Historical Society* 6th series no. 11

Churchill, Randolph, *Winston S. Churchill 1874-1965* vol. I *Youth 1874-1900*(Hillsdale, Michigan: Hillsdale College Press, 1966)

Churchill, Randolph, *Winston S. Churchill 1874-1965* vol. II *Young Statesman 1901-1914*(Hillsdale, Michigan: Hillsdale College Press, 1967)

Coogan, Tim Pat, *Michael Collins*(Penguin, 2015)

Craig, Gordon, "Churchill and Germany", in *Churchill, A Major New Assessment*

Cyr, Arthur I., "Britain, Europe and the United States: change and continuity", *International Affairs* vol. 88 No. 6(November 2012)

Dalton, Dannis, *Mahatma Gandhi: Nonviolent Power in Action*(New York: Columbia University Press, 2000)

Darwin, John, *Britain and Decolonisation*(Macmillan, 1988)

Davanzati, Giglielmo Forges & Andrea Pacella, "Sidney and Beatrice Webb: Towards an Ethical Foundation of the Operation of the Labour Market." *History of Economic Ideas* vol. XII no. 3(2004)

Diamond, Robert W., "Beveridge on Unemployment and Cycles before 'the General theory'", *History of Economic Ideas* vol. 7 no. 3(1999)

Eade, Charles ed., *Churchill by His Contemporaries*(New York: Simon & Schuster, 1954)

Edmonds, Robin, "Churchill and Stalin" in *Churchill: A Major New Assessment*

Evans, T. F., "Introduction: the Political Shaw", *The Annual of Bernard Shaw Studies,* 11(1991)

Feis, Herbert, *Churchill, Roosevelt, Stalin: the War they Waged and the Peace they Sought*(Princeton: Princeton University Press, 1957)

Fleisher, Alexander and Eric Kocher, "British Contributory Pensions", *Social*

Security bulletin April 1939

Fleming, N. C., "Diehard Conservatives and the Appeasement of Nazi Germany, 19351940", *History* vol. 100 No. 3(341)(July 2015)

Franks, Oliver, "The 'Special Relationship' 1947–1952" in *Adventures with Britannia* edited by Wm. Roger Louis(Austin: University of Texas Press, 1995)

Gandhi, Mohandas, *The Gandhi Reader* ed. Homer A. Jack(Indiana University Press, 1956)

Geduld, H. M., "Bernard Shaw and Adolf Hitler", *The Shaw Review* vol.4 No.1(January 1961)

Gibbs, A. M. ed. *Shaw: Interviews and Recollections*(Macmillan, 1990)

Gilbert, Bentley B., "Winston Churchill versus the Webbs: the Origins of British Unemployment Insurance", *the AHR*, 71/3(April 1966)

Gilbert, Martin, *Winston S. Churchill 1874-1965*(Hillsdale, Michigan: Hillsdale College Press)

    vol. III   *The Challenge of War 1914-1916*(1971)

    vol. IV   *World in Torment 1916-1922*(1975)

    vol. V   *The Prophet of Truth 1922-1939*(1979)

    vol. VI   *The Finest Hour 1939-1941*(1983)

    vol. VII   *Road to Victory 1941-1945*(1986)

    vol. VIII   *Never Despair 1945-1965*(1988)

Gilbert, Martin, *Winston Churchill, the wilderness years*(Macmilan, 1981)

Gilbert, Martin, *Churchill, A Life*(Holt Paperbacks, NY: Henry Holt and Co. 1991)

Gilbert, Martin, *The Will of the People*(Vintage Canada, Random House, 2006)

Gini, Al & Ronald Green, *10 Virtues of Outstanding Leaders: Leadership and Character*(John Wiley, 2013)

Gopal, Sarvepalli, "Churchill and India" in *Churchill, A Major New Assessment*

Gorodetsky, Gabriel, "The Origins of the Cold War: Stalin, Churchill and the Formation of the Grand Alliance", *The Russian Review* vol. 47(April

1988)

Greenberg, Martin, "Churchill Revisited: Greatest of Leaders", *The Sewanee Review* vol. 119 no. 4(Fall 2011)

Grigg, John, "Myths about the Approach to Indian Independence", in *More Adventures with Britannia* edited by Wm. Roger Louis(Austin: University of Texas Press, 1998)

Guha, Ramachandra, *India After Gandhi, the history of the World's Largest Democracy*(New York: HarperColllins, 2007)

Harriman, W. Averell & Elie Abel, *Special Envoy to Churchill and Stalin 1941-1946*(London: Hutchinson, 1976)

Harris, Kenneth, *Attlee*(Weidenfeld and Nicholson, 1984)

Hennessy, Peter, *Never Again, Britain 1945-1951*(Vintage, 1993)

Hennessy, Peter, *Prime Minister, the Office and its Holders since 1945*(New York: Palgrave, 2000)

Hennessy, Peter, "Churchill and the Premiership", *Transactions of the Royal Historical Society* no. 11(2001)

Herman, Arthur, *Gandhi and Churchill*(Bantam Books, 2009)

Hill, Michael, *The Welfare State in Britain*(Aldershot, Hants: Edward Elgar, 1993)

Hittle, J. B. e., Michael Collins and the Anglo-Irish War(Lincoln, Nebraska: University of Nebraska Press, 2011)

Hollander, Paul, "Dictators and Intellectuals: Attractions and Affinities" in *Ideological Storms: Intellectuals, Dictators, and the Totalitarian Temptation* edited by Vladimir Tismaneanu and Jacob Bogdan(Central European University Press, 2019)

Holroyd, Michael, *Bernard Shaw III, 1918-1950 the Lure of Fantasy*(Chatto & Windus, 1991)

Hoppen, K. theodore, *Ireland since 1800: Conflict and Conformity*(Longman, 1989)

Howard, Michael, *The Lessons of History*(New Haven: Yale University Press, 1991)

Hughes, E. J., "Winston Churchill and the Formation of the United Nations Organization," *Journal of Contemporary History* vol.9 no.4(October 1974)

Hurst, L. J., "Churchill and the "Remarkable" Book"(16th October 2021), https://orwellsociety.com/churchill-and-the-remarkable-book/

Hyam, Ronald, "Churchill and the British Empire" in *Churchill, A Major New Assessment*

Isaacs, George, "Churchill and the Trade Unions" in *Churchill by His Contemporaries* ed. Charles Eade(New York: Simon & Schuster, 1954)

James, Robert Rhodes, *Churchill, A Study in Failure 1900-1939*(Weidenfeld and Nicholson, 1970)

James, Robert Rhodes, "Churchill the Parliamentarian, Orator, and Statesman" in Churchill, A Major New Assessment

Jenkins, Roy, "Churchill, the Government of 1951–1955" in *Churchill A Major New Assessment*

Johnson, Douglas, "Churchill and France" in *Churchill, A Major New Assessment*

Johnson, Paul, *Heroes*((New York: Harper Perennial, 2007)

Jones, R. V., "Churchill and Science" in *Churchill, A Major Assessment*

Jones, R. V., "Winston Leonard Spencer Churchill, 1874–1965", *Biographical Memoirs of Fellows of the Royal Society* vol. 12(November 1966)

Judd, Denis, *Empire*(Fontana, 1996)

Keegan, John, "Churchill's Strategy" in *Churchill, A Major New Assessment*

Kimball, Warren F., "Wheel Within a Wheel: Churchill, Roosevelt, and the Special Relationship" in *Churchill, A Major New Assessment*

Kimball, Warren F., "Churchill, the Americans, and Self-Determination" in *More Adventures with Britannia* edited by Wm. Roger Louis(Austin: University of Texas Press, 1998)

Langworth, Richard ed., *Churchill By Himself*(New York: Public Affairs, 2008)

Laski, Harold J., "Winston Churchill in War and Peace" November 30, 1942, https://www.thenation.com/article/archive/winston-churchill-war-

and-peace/

Lasterle, Philippe, "Could Admiral Gensoul Have Averted the Tragedy of Mers el-Kebir?" *Journal of Military History* vol. 67 No.3(July 2003)

Lenker, Lagretta Tallent, "Shaw: the Bellicose Pacifist", *Shaw* vol. 28(2008)

Love, Gary, "Making a 'New Conservatism': the Tory Reform Committee and Design for Freedom, 1942-1949," *English Historical Review* CXXXV, 574(June 2020)

Luce, Edward, *In Spite of the Gods*(New York: Doubleday, 2007)

Lukacs, John, *Churchill: Visionary. Statesman. Historian*(New Haven: Yale University Press, 2002)

Lyons, Justin D., "Churchill on Science and Civilization", *The New Atlantis* no. 28(Summer 2010)

MacLellan, Nic, *Grappling with the Bomb*(Australian National University, 2018)

Maguire, Lori, "'We Shall Fight': A Rhetorical Analysis of Churchill's Famous Speech", *Rhetoric and Public Affairs* vol. 17 no. 2(Summer 2014)

Markovits, Claude, *The Un-Gandhian Gandhi*(Anthem Press, 2004)

Mauter, Wendell, "Churchill and the Unification of Europe", *The Historian* vol. 61 no.1(Fall 1998)

McKinstry, Leo, *Attlee and Churchill: Allies in War, Adversaries in Peace*(Atlantic Books, 2019)

Meyers, Jeffrey, *Orwell, Wintry Conscience of a Generation*(W. W. Norton, 2000)

Lord Moran(Charles Wilson), *Churchill, the Struggle for Survival taken from the Diaries of Lord Moran*(Boston: Houghton Mifflin, 1966)

Morgan, Kenneth O., *Labour in Power 1945-1951*(Oxford: Oxford University Press, 1987)

Nanda, B. R. et al eds., *Gandhi and Nehru*(Delhi: Oxford University Press, 1979)

Newsinger, John, *Hope Lies in the Proles: George Orwell and the Left*(2018), https://www.jstor.org/stable/j.ctt21kk1wk.8

O'Neill, Robert, "Churchill, Japan, and British Security in the Pacific" in

Churchill, A Major New Assessment

Nickson, Richard, "Shaw on the Dictators: Labels and Libels", *The Independent Shavian* vol. 18 no. 1(1980)

Orwell, George, "Wells, Hitler and the World State"(1941), https://orwell.ru/library/reviews/wells/english/e_whws

Owen, Nicholas, "The Conservative Party and Indian Independence, 1945−1947", *Historical Journal* vol. 46 no. 2(2003)

Park, Jihang, "Wasted Opportunities?: the Rearmament Programme in the 1950s and the Failure of the British Economic Policy", *Journal of Contemporary History* vol. 32 no. 3(Summer 1997)

Parker, R. A. C., "British Rearmament 1936−9: Treasury, Trade Unions and Skilled Labour", *English Historical Review* vol. 96 no. 379(April 1981)

Parker, Thomas, "When Churchill Bombed France", *The National Interest* No. 145.(September/October 2016)

Partington, John S., "H. G. Wells and the World State: A Liberal Cosmopolitan in a Totalitarian Age" in *International Relations*(June 1, 2003), https://doi.org/10.1177/00471178030172007

Pelling, Henry, *Popular Politics and Society in Late Victorian Britain*(Macmillan, 1979)

Pelling, Henry, "Churchill and the Labour Movement" in *Churchill, A Major New Assessment*

Pedersen, Susan, *The Guardians: the League of Nations and the Crisis of Empire*(Oxford: Oxford University Press, 2017)

Pipel, Robert, "Churchill and Orwell" International Churchill Society, Finest Hour 142(May 13, 2013), https://winstonchurchill.org/publications/finest−hour/finest−hour−142/churchill−and−orwell/

Pollard, Sidney, *The Wasting of the British Economy*(Croom Helm, 1984)

Pugh, Michael, *Liberal Internationalism, the Interwar Movement for Peace in Britain*(Basingstoke, Hampshire: Palgrave Macmilan, 2012)

Quinault, Ronald, *British Prime Ministers and Democracy from Disraeli to Blair*(Continuum International Publishing Group, 2011)

Ramsden, John, "A Party for Owners or a Party for Earners? How Far Did the British Conservative Party Really Change after 1945?" *Transactions of the Royal Historical Society* vol. 37(1987)

Ramsden, John, *Man of the Century: Winston Churchill and his Legend since 1945*(Harper Collins, 2002)

Reynolds, David, *Britannia Overruled*(Longman, 2000)

Reynolds, David, "Churchill in 1940: the Worst and Finest Hour" in *Churchill, A Major New Assessment*

Ricks, Thomas E., *Churchill and Orwell: the Fight for Freedom*(Penguin, 2017)

Reynolds, David, "From World War to Cold War: the Wartime Alliance and post-war Transitions, 1941-1947", *Historical Journal* vol. 45 no. 1 (March 2002)

Ripsman, Norrin M. and Jack S. Levy, "Wishful thinking or Buying Time? the Logic of British Appeasement in the 1930s", *International Security*, Vol. 33 No. 2(Fall 2008)

Roberts, Andrew, *Hitler and Churchill: Secrets of Leadership*(New York: Phoenix, 2003)

Robbins, Keith, *Churchill*(Harlow, Essex: Longman, 1992)

Shaw, George Bernard, *Interviews and Recollections* edited by A. M. Gibbs (Macmillan, 1990)

Shaw, George Bernard, *Sixteen Self Sketches*(Constable and Co., 1949)

Shaw, George Bernard, *The Matter with Ireland*, edited by David Green & Dan Laurence(Rupert Hart-Davis, 1962)

Skidelsky, Robert, *Interests and Obsessions*(Macmillan, 1993)

Smith, David C., "Winston Churchill and H. G. Wells: Edwardians in the Twentieth Century", *Cahiers Victoriens & Edouardiens* N. 30(Oct 1989)

Taylor, A. J. P., "The Statesman" in Taylor et al., *Churchill Revised: A Critical*

Assessment(New York: Diall Press, 1969)

Toye, Richard, "From 'Consensus' to 'Common Ground': the Rhetoric of the Postwar Settlement ad its Collapse", *Journal of Contemporary History* vol. 48 no.1.(January 2013)

Warren, Spencer, "Churchill's Realism: Reflections on the Fulton Speech", *The National Interest* no. 42(Winter 1995/96)

Watson, George, "The Forgotten Churchill: We do remember the man", *The American Scholar* vol. 80 no. 3(Summer 2011)

Watt, Donald Cameron, "Churchill and the Appeasement" in *Churchill, A Major New Assessment*

Webb, Beatrice, *Our Partnership* edited by Barbara Drake & Margaret Cole (Longmans, Green and Co. 1948)

Weidhorn, Manfred, "Churchill and the British Literary Intelligentsia: Skirmishes with Shaw and His Contemporaries on the Frontier of Politics and Literature", *Shaw* vol. 8(1988)

Wells, H. G., *this Misery of Boots*(Boston: the Ball Publishing Co., 1908)

White, Timothy J., "Cold War Historiography: New Evidence behind Traditional Typographies", *International Social Science Review* vol. 75 no. 3/4(2000)

Willetts, David, *Modern Conservatism*(Penguin, 1992)

Wilson, A. N., *After the Victorians: the Decline of Britain in the World*(New York: Picador, 2005)

Whitman, Robert, *Shaw and the Play of Ideas*(Ithaca: Cornell University Press, 1977)

Wolpert, Stanley, *A New History of India*(Oxford: Oxford University Press, 1997)

Wood, Ian S., *Churchill*(New York: St. Martin's Press, 2000)

Young, John W., "Churchill and East–West Detente" in *Winston Churchill in the Twenty-First Century* edited by Cannadine and Quinault

찾아보기

■ 저자소개

박지향

서울대학교 문리과대학 서양사학과에서 학사와 석사를 마치고 뉴욕주립대학교(스토니 브룩 소재)에서 철학박사 학위를 받았다. 뉴욕 프랫대학교와 인하대학교를 거쳐 1992년 부터 서울대학교 인문대학 서양사학과 교수를 역임했으며, 현재 서울대학교 명예교수 이다. 도쿄대학교와 케임브리지대학교 연구원으로 활동했고, 서울대학교 중앙도서관 장(2011~2015), 한국영국사학회 회장, 국사편찬위원회 위원, 대통령 소속 인문정신특 별위원회 위원 등을 역임했다.

영국사와 서양근현대사 전공으로 민족주의와 제국주의를 집중 연구했으며 지난 10여 년간 영국, 아일랜드, 일본, 한국을 아우르는 비교사적 시각에서 역사를 바라보는 노력 을 진행해왔다. 저서로 *Profit-Sharing and Industrial Co-partnership in British Industry 1880-1920: Class Conflict or Class Collaboration?*(London & New York), 『평등을 넘어 공정으로』, 『제국의 품격』, 『정당의 생명력: 영국 보수당』, 『클래식 영국사』, 『대처 스타일』, 『슬픈 아일랜드』, 『영국적인, 너무나 영국적인』, 『제국주의: 신화와 현실』 등의 저서가 있고, *Past and Present, Journal of Social History, Journal of Contemporary History*, 《서양사론》, 《역 사학보》 등 국내외 저널에 60여 편의 논문을 발표했다.

윈스턴 처칠, 운명과 함께 걷다

대우학술총서 641

1판 1쇄 펴냄 | 2023년 4월 3일
1판 2쇄 펴냄 | 2023년 9월 15일

지은이 | 박지향
펴낸이 | 김정호

책임편집 | 신종우
디자인 | 이대웅

펴낸곳 | 아카넷
출판등록 | 2000년 1월 24일(제406-2000-000012호)
주소 | 10881 경기도 파주시 회동길 445-3
전화 | 031-955-9511 (편집) · 031-955-9514 (주문)
팩시밀리 | 031-955-9519
www.acanet.co.kr

Printed in Paju, Korea.

ISBN 978-89-5733-846-9 94990
ISBN 978-89-89103-00-4 (세트)

이 책은 대우재단의 지원을 받아 연구 및 출간되었습니다.